Histoire
du capitalisme

Du même auteur

Michel Beaud

Histoire du capitalisme

de 1500 à nos jours

3ᵉ édition revue et corrigée en 1987

Éditions du Seuil

EN COUVERTURE : photo Bruno Barbey/Magnum.

ISBN 2-02-006696-3.
(ISBN 1ʳᵉ publication : 2-02-005928-2.)

© 1981, Éditions du Seuil.

à Calliope

Remerciements

Je remercie les enseignants et étudiants de l'UER d'économie politique de l'université de Paris VIII qui, par leurs recherches propres, leurs interrogations, leurs critiques, m'ont incité à élargir et à approfondir ma réflexion.

Que soient également remerciés Marguerite Leblanc, directrice de la salle d'études économiques et statistiques, et Madeleine Julien, directrice de la bibliothèque de l'université de Paris VIII, qui m'ont aidé à consulter et à rassembler la documentation nécessaire, ainsi que leurs assistants et collaborateurs. Mes remerciements vont aussi à Patrick Allard, Denise Barbeyer, Jérôme Brassens, Bernadette Duvernay qui ont accepté de lire tout ou partie de ce livre et m'ont fait part de leurs remarques.

Je remercie encore les Éditions du Seuil, et notamment Edmond Blanc qui, en acceptant le projet de cette Histoire du capitalisme et celui du Socialisme à l'épreuve de l'histoire, m'ont encouragé à écrire ces deux livres. Que soient enfin remerciés Christine Mafart qui a préparé et suivi la composition typographique de ce livre, Christian Bansse qui en a dessiné les schémas, ainsi que tous ceux qui ont concouru à sa fabrication et à sa diffusion.

M. B.

Avant-Propos

J'achève ce livre au moment où sont démolis, sur ordre gouvernemental, les locaux de Vincennes de l'université de Paris VIII où j'enseigne depuis 1968.

Ce livre doit beaucoup aux débats et aux travaux qui ont été menés pendant douze ans à Vincennes ; d'abord, au sein de l'UER d'économie politique, avec un nombre trop grand d'enseignants et d'étudiants pour les nommer ici ; ensuite, avec des tenants d'autres disciplines : historiens, sociologues, géographes, spécialistes de sciences politiques ou d'aires géopolitiques, philosophes ; enfin, avec tant d'autres, venus débattre et contribuer à la réflexion collective, notamment lors des colloques sur la Crise (1975), sur la France et le Tiers Monde (1978), sur le Nouvel Ordre intérieur (1979).

Évoquant l'université de Paris VIII à Vincennes, je nommerai ici deux disparus. Nicos Poulantzas, dont les travaux nous aident à mieux analyser les classes sociales, l'État, le fascisme, la dictature, la démocratie. Jaimes Baire, étudiant à l'UER d'économie politique, torturé à mort par la garde nationale de Salvador, et dont la maîtrise fut soutenue *in absentia*. Que le nom de l'un et de l'autre nous rappelle le prix de la Liberté.

Université de Paris VIII
à Saint-Denis, octobre 1980.

Avertissement

Cet ouvrage, écrit en 1979-1980, a fait l'objet d'une première édition au Seuil, collection « Économie et société », en 1981, et d'une nouvelle édition en « Points Économie » en 1984.

La nouvelle édition de 1987 reprend pour l'essentiel le texte des éditions précédentes et est augmentée d'un nouveau chapitre sur la période 1978-1986.

La bibliographie — nécessairement sélective — a été mise à jour. Elle a été conçue pour aider le lecteur qui le désirerait à approfondir sa réflexion sur une période ou sur un thème.

Paris, décembre 1986.

Introduction générale

Ce livre est né d'une solide conviction : on ne peut comprendre l'époque contemporaine sans analyser les profonds bouleversements qu'a apportés, dans les sociétés du monde entier, le développement du capitalisme.

Il est né aussi du souci de saisir ce développement dans ses multiples dimensions : à la fois économique *et* politique *et* idéologique ; à la fois national *et* multi-national/mondial : à la fois libérateur *et* oppressif, destructeur *et* créateur...

Il est né enfin de l'ambition de mettre en perspective un ensemble de questions indissociables et trop souvent étudiées isolément : la formation de l'économie politique dans sa relation avec la « longue marche vers le capitalisme » ; l'affirmation de l'idéal démocratique contre les anciens régimes aristocratiques et, utilisant les nouvelles institutions démocratiques, la montée des nouvelles classes dirigeantes ; le lien entre développement des capitalismes nationaux, renforcement des mouvements ouvriers et conquêtes du monde du travail ; l'extension de plus en plus complète et complexe de la domination capitaliste dans le monde ; l'articulation entre domination de classes et domination de nations ; les crises comme indices de grippages et de blocages et comme moments de renouveau : notamment la « Grande Crise » actuelle.

On pourra suivre l'aveugle cheminement qui, en quatre siècles, mène des *conquistadores* à la *pax britannica,* des banquiers et négociants de Gênes, Anvers, Amsterdam à l'Angleterre, atelier et banquier du monde, du rouet au métier mécanique, du moulin à vent à la machine à vapeur, d'activités principalement marchandes et bancaires au capitalisme industriel, de Machiavel à Marx, du *Prince* au *Capital.*

Et puis, en un siècle, une fascinante spirale nous entraîne : de l'hégémonie britannique à l'affirmation de la puissance américaine, puis à sa mise en cause ; des progrès et des victoires du mouvement ouvrier à l'éclatement de ses contradictions face aux nouvelles situations nationales et mondiales ; du charbon au pétrole et à l'électricité et aux énergies nouvelles ; de la mécanisation et du taylorisme aux bouleversements actuels de la télématique et de la robotique ; des premières formes du capital financier à la mise en place d'un système impérialiste hiérarchisé et diversifié ; et, finalement, à travers des séquences liées de prospérité, de crise et de guerre, de la « Grande Crise » de 1885-1893 à la « Grande Crise » des années 1970-1980.

Dans un livre parallèle et en quelque sorte jumeau, nous étudions comment, face aux bouleversements de la révolution industrielle et de la révolution française, s'est constituée l'idée du socialisme, comment le mouvement ouvrier multiforme du xixe siècle s'est emparé de cette idée, mais comment aussi l'épreuve du réel a conduit de la révolution d'Octobre au collectivisme d'État. Occasion de réfléchir sur la nature des formations sociales qui se réclament aujourd'hui du socialisme — tant à l'Est qu'à l'Ouest et dans le Tiers Monde — et sur ce que peut encore être, en cette fin de xxe siècle, un projet socialiste qui prenne en compte les leçons du siècle passé et les redoutables défis du siècle qui vient.

PREMIÈRE PARTIE

De l'or au capital

> ... Le secret d'obliger tous les riches à faire
> travailler tous les pauvres.
>
> Voltaire.

Le capitalisme se forme au sein de sociétés marchandes
et monétaires d'Europe occidentale. Mais de nombreuses
sociétés marchandes et monétaires ont fonctionné dans le
monde sans que s'y développe cette forme nouvelle, douée
d'une exceptionnelle capacité créatrice et destructrice, le
capitalisme.

Nous allons suivre les développements qui, à travers les
XVIe, XVIIe et XVIIIe siècles, mènent au capitalisme industriel
britannique du XIXe siècle ; les transformations des classes
sociales et des modes de gouvernement ; la première vague
de la conquête du monde par les puissances européennes ;
mais aussi, les réflexions, les débats qui les accompagnent
et la progressive prise de conscience qu'ils traduisent.

1. La longue marche
vers le capitalisme

La société féodale est accomplie sous sa forme achevée au XIe siècle : dans le cadre du domaine s'effectue l'organisation de la production (servage, travail forcé, corvée) et l'extorsion du surtravail (sous la forme de la rente en travail) dont bénéficie le seigneur, propriétaire éminent et détenteur des prérogatives politiques et juridictionnelles.

Mais, à peine la société féodale constituée, s'amorce le processus de sa décomposition[1] : mutation de la rente en travail, en rentes en nature ou en argent, avec développement du travail libre et de formes de propriété paysanne ; simultanément, reprise du commerce : foires commerciales, réactivation de l'artisanat (dans le cadre des corporations), renaissance de la vie urbaine, formation d'une bourgeoisie commerçante... C'est dans cette décomposition de l'ordre féodal que va s'enraciner la formation du capitalisme marchand.

En ce sens, c'est sur plusieurs siècles que s'étend la « longue marche » vers le capitalisme, processus complexe où s'imbriquent la formation de bourgeoisies (marchandes et bancaires), l'affirmation du fait national et la constitution des États modernes, l'élargissement des échanges et la domination à l'échelle mondiale, le développement des techniques de transport et de production, la mise en place de nouveaux modes de production et l'émergence de nouvelles mentalités.

La première étape de cette longue marche est marquée par la conquête et le pillage de l'Amérique (XVIe siècle), la seconde par la montée et l'affirmation des bourgeoisies (XVIIe siècle).

---

1. Outre les travaux des historiens, G. Duby, M. Bloch, H. Pirenne..., voir M. Dobb et P. Sweezy, *Du féodalisme au capitalisme : problèmes de la transition.*

Pillage colonial et richesse du Prince (xvie siècle)

Les croisades avaient été l'occasion de constituer d'importants trésors, notamment celui, légendaire, des templiers. Les activités de commerce, de banque et de finance s'épanouissent dans les républiques italiennes aux xiiie et xive, puis en Hollande et en Angleterre. Avec l'invention de l'imprimerie, les progrès de la métallurgie, l'emploi de la houille blanche, l'utilisation de chariots dans les mines, une nette progression dans la production des métaux et des textiles marque la seconde moitié du xve siècle ; c'est alors que commencent à être fabriqués et utilisés les premiers canons et autres armes à feu ; l'amélioration de la construction des caravelles et des techniques de navigation permet l'ouverture de nouvelles routes maritimes[1].

Des capitaux, des marchandises plus abondantes, des vaisseaux et des armes : voilà les moyens de l'essor du commerce, des découvertes, des conquêtes.

Dans le même mouvement et sur la même base de la décomposition de l'ordre féodal, de grands monarques rassemblent, conquièrent, tissent par les mariages, forgent dans la guerre des empires et des royaumes. Bien avant que soit réalisée l'unité nationale, les États renforcés travaillent à élargir leur autonomie par rapport à la papauté. Le bouillonnement pour la réforme de l'Église débouche sur la Réforme qui devient une machine de guerre contre le pape. La morale du Moyen Age prônait le juste prix et prohibait le prêt à intérêt[2] ; elle est déjà sérieusement ébranlée lorsque Calvin justifie le commerce et le prêt à intérêt, avant de « faire du succès commercial un signe de l'élection divine[3] ».

1. Voir, par exemple, H. Heaton, *Histoire économique de l'Europe*, t. I, p. 194 s. ; Heaton situe en 1450 le début de ce qu'il nomme le « renouveau économique ».
2. « Le riche a des réserves ; que le pauvre vienne à manquer, le riche qui l'empêche de mourir de faim, sans être lui-même gêné, pourrait-il au remboursement exiger davantage qu'il n'avança ? Ce serait faire payer le temps, qu'au contraire de l'espace, on disait être la chose de Dieu et non des hommes » (G. Bataille, *La Part maudite*, p. 166).
3. H. Denis, *Histoire de la pensée économique*, p. 82.

Des monarques avides de grandeurs et de richesses, des États luttant pour la suprématie, des marchands et des banquiers encouragés à s'enrichir : voilà les forces qui animeront le commerce, les conquêtes et les guerres, systématiseront le pillage, organiseront le trafic des esclaves, enfermeront les vagabonds pour les contraindre au travail.

Au confluent de cette double dynamique s'inscrivent ce que l'histoire occidentale nomme les « grandes découvertes » : 1487, Diaz contourne le cap de Bonne-Espérance ; 1492, Christophe Colomb découvre l'Amérique ; 1498, Vasco de Gama, ayant contourné l'Afrique, atteint l'Inde. Une immense chasse aux richesses — commerce et pillage — s'ouvre.

1. *L'or de l'Amérique*

> D'après le rapport de Colomb, le Conseil de Castille résolut de prendre possession d'un pays dont les habitants étaient hors d'état de se défendre. Le pieux dessein de le convertir au christianisme sanctifia l'injustice du projet. Mais l'espoir d'y puiser des trésors fut le vrai motif qui décida l'entreprise (...). Toutes les autres entreprises des Espagnols dans le Nouveau Monde postérieures à celles de Colomb paraissent avoir eu le même motif. Ce fut la soif sacrilège de l'or (...)[1].

Cortez, conquérant du Mexique, l'avouait : « Nous, Espagnols, nous souffrons d'une maladie de cœur dont l'or seul est le remède. »

En 1503, le premier chargement de métaux précieux vient des Antilles ; en 1519, commence le pillage du trésor des Aztèques du Mexique ; en 1534, de celui des Incas du Pérou. Au Pérou :

> Les conquistadores virent 1 300 000 onces d'or en un seul tas. Ils trouvèrent quatre grandes statues de lamas et une douzaine de statues de femmes grandeur nature et en or. Le roi offrit comme rançon une chambre pleine d'or ; ses sujets avaient, dans leurs jardins, leurs maisons et leurs temples, des arbres, des fleurs, des oiseaux et des animaux d'or ; les ustensiles étaient en or, et des plaques d'argent

---

1. A. Smith, cité *in* A.-G. Frank, *L'Accumulation mondiale, 1500-1800*, p. 157.

longues de vingt pieds, larges de deux et épaisses de deux
doigts servaient de table[1].

Selon les données officielles, dix-huit mille tonnes d'argent et deux cents tonnes d'or furent transférées d'Amérique en Espagne entre 1521 et 1660 ; selon d'autres estimations, le double.

« L'or, observait Christophe Colomb, est la meilleure
chose au monde, il peut même envoyer les âmes au
paradis. » En un peu plus d'un siècle, la population
indienne va être réduite de 90 % au Mexique (où la
population tombe de vingt-cinq millions à un million et
demi) et de 95 % au Pérou. Las Casas estimait qu'entre
1495 et 1503 plus de trois millions d'hommes avaient
disparu sur les îles, massacrés dans la guerre, envoyés
comme esclaves en Castille ou épuisés dans les mines ou
par d'autres travaux : « Qui parmi les générations futures
croira cela ? Moi-même, qui écris ces lignes, qui l'ai vu de
mes yeux et qui n'en ignore rien, je peux difficilement
croire qu'une telle chose ait été possible[2]. »

La production de la canne, pour le sucre, le rhum et la
mélasse, le commerce des esclaves noirs, le pillage et
l'extraction des métaux précieux d'Amérique constituent
tout au long du siècle d'importantes sources de richesses
pour l'Espagne. Le roi rembourse ses énormes emprunts
étrangers (pour alléger cette charge, il réduit d'autorité en
1557 de deux tiers les intérêts qu'il doit), et finance ses
guerres ; lui, comme les aventuriers, les nobles et les
marchands enrichis, achète aux marchands d'Italie, de
France, de Hollande et d'Angleterre[3] ; par vagues, l'abondance des métaux précieux s'élargit en s'atténuant.

1. H. Heaton, *op. cit.*, p. 208 : Heaton, sous des rubriques telles que « l'expansion
européenne » ou « les effets économiques des découvertes », réunit d'utiles matériaux (p. 197 s.). Voir aussi A.-G. Frank, *op. cit.*
2. Cité par A.-G. Frank, *op. cit.*, p. 82.
3. Laissons parler un témoin de l'époque, Ramon Carande : « L'Espagne est
semblable à la bouche qui reçoit la nourriture et ne la mâche que pour l'envoyer
immédiatement aux autres organes, n'en retenant qu'un goût fugace ou quelques
miettes... » Cité par A.-G. Frank, *op. cit.*, p. 92.

2. *Richesse du Prince et paradoxes de la monnaie*

En même temps que les métaux deviennent plus abondants, les prix montent. En Europe occidentale, le prix moyen du blé qui avait peu augmenté entre le début et le milieu du siècle, quadruple entre le milieu et la fin du siècle. En Espagne même, les prix sont multipliés par trois ou quatre entre le début du xvıᵉ siècle et le début du xvııᵉ siècle ; en Italie, le prix du blé est multiplié par 3,3 entre 1520 et 1599 ; entre le premier et le dernier quart du xvıᵉ siècle, les prix sont multipliés par 2,6 en Angleterre et par 2,2 en France. En se diluant, l'afflux de métaux précieux atténue son effet sur les prix. Les salaires payés augmentent moins vite, on peut estimer que dans l'ensemble le salaire réel baisse de 50 % au xvıᵉ siècle. Le mécontentement populaire s'exacerbe ; des révoltes de la pauvreté éclatent.

Face à ce grand désordre des monnaies et des prix, les monarques édictent : l'édit de Villers-Cotterêts (1539) interdit en France les coalitions ouvrières ; les lois sur les pauvres, en Angleterre, interdisent le vagabondage et la mendicité dès la fin du xvᵉ siècle [1], à quoi s'ajoute, dans la seconde moitié du xvıᵉ siècle la création des *workhouses*, maisons de travail forcé. Les gouvernements cherchent aussi à arrêter la hausse des prix : en Espagne, la Couronne fixe les prix légaux maxima, sans succès ; En France, salaires et prix sont fixés par édits en 1554, 1567 et 1577 ; en Angleterre, le système des prix maximaux et les réglementations se révèlent aussi inefficaces et, après 1560, les salaires sont revus chaque année à Pâques par le juge du comté.

---

1. Il s'agit de la première vague de paysans chassés de leur terre et dont parle Thomas More (*L'Utopie*, 1516) : « Quand ils ont erré çà et là et mangé jusqu'au dernier liard, que peuvent-ils faire d'autre que de voler, et alors, mon Dieu, d'être pendus avec toutes les formes légales, ou d'aller mendier. Et alors on les jette en prison comme des vagabonds, parce qu'ils mènent une vie errante et ne travaillent pas, eux auxquels personne au monde ne veut donner du travail. » Sous le règne d'Henri VIII (1509-1547) les vagabonds sont fouettés et emprisonnés ; à la première récidive ils ont en outre la moitié de l'oreille coupée ; à la seconde récidive ils sont pendus : d'après Hollinshed, soixante-douze mille l'auraient été sous le règne d'Henri VIII. Voir K. Marx, *Le Capital*, Livre I, in *Œuvres, Économie*, Gallimard, La Pléiade, t. I, p. 1193.

Parallèlement se développent la réflexion et la discussion sur les monnaies et les prix. De l'*Information touching the Fall of Exchange* (1558) de Gresham, on retient la « loi » selon laquelle la mauvaise monnaie chasse la bonne, observation maintes fois formulée depuis le XIVᵉ siècle. Un débat confus s'engage où sont accusés pêle-mêle de la cherté des prix les fermiers, les intermédiaires, les exportateurs, les étrangers, les marchands et les usuriers, mais aussi les « rehaussements monétaires » qui réduisent le contenu des monnaies en métal précieux. De ce débat, se dégage aujourd'hui l'analyse de J. Bodin, juriste angevin, selon lequel « la cause principale et presque unique » de la montée des prix était « l'abondance d'or et d'argent qui est aujourd'hui plus grande qu'elle ne l'a jamais été pendant les quatre siècles précédents (...). La cause principale de l'élévation des prix est toujours l'abondance de ce avec quoi le prix des marchandises est mesuré [1] ».

Cette explication avait le grand avantage de correspondre à un aspect majeur de la réalité, tout en permettant d'éviter de mettre en cause d'autres sources de l'inflation : le luxe des rois et des grands, le coût des guerres, la charge de l'endettement, qui rendaient nécessaires les successifs « rehaussements ». Elle fut progressivement admise (ébauche grossière de la future théorie quantitative de la monnaie), coexistant avec l'autre idée force du XVIᵉ, pourtant peu compatible, selon laquelle c'est l'abondance des métaux précieux qui fait la richesse du royaume.

Cette idée, Machiavel l'avait formulée d'une manière quelque peu provocante dès le début du siècle : « Dans un gouvernement bien organisé, l'État doit être riche et les citoyens pauvres [2]. » Même si tout le monde n'admet pas cette formulation, même si d'autres souligneront plus tard le lien entre la richesse de l'État et celle des marchands, Machiavel met le doigt sur une question centrale du XVIᵉ siècle : comment augmenter et conserver la richesse du Prince ? Richesse du Prince, qui pour tous, comme pour

---

1. *Réponses aux paradoxes de M. de Malestroit, touchant l'enchérissement de toutes choses*, 1568. Voir F. Le Branchu, *Écrits notables sur la monnaie*, Alcan, 1934, t. I, p. 84.

2. *Le Prince*, 1514.

Claude de Seyssel[1] s'incarne dans ses réserves d'or et d'argent.

Dans un premier mouvement, les gouvernants prennent les mesures que dicte le bon sens ; ils cherchent à empêcher l'or et l'argent de sortir du royaume : en Espagne, dès le début du XVIe siècle, interdiction d'exporter l'or et l'argent sous peine de mort ; en France, prohibition des sorties de numéraire dès 1506, et encore en 1540, 1548, 1574 ; en Angleterre, deux tentatives, en 1546 et 1576, pour soumettre le négoce des monnaies, et même des lettres de change, au contrôle d'agents gouvernementaux : sans succès[2].

Aussi, vers le milieu du siècle, des textes circulent qui appellent d'autres mesures :

> Par l'arrêt de l'importation des marchandises fabriquées à l'étranger, et qui pourraient l'être chez nous, par la restriction de l'exportation à l'état brut de nos laines, peaux et autres produits, par la venue, sous le contrôle des cités, d'artisans habitant en dehors, fabriquant des marchandises susceptibles d'être exportées, par l'examen de ces marchandises (…), je pense que nos cités pourraient bientôt retrouver leur ancienne richesse[3].

Des recommandations semblables sont formulées par Ortiz[4] : créer de nombreuses manufactures et interdire l'exportation des matières premières textiles. J. Bodin préconise cette même politique, dans *la République* (1576).

Les rois d'Espagne, de France et d'Angleterre vont prendre des mesures dans ce sens : premières créations de manufactures, monopoles ou privilèges pour de nouvelles productions, prohibitions ou tarifs contre l'entrée de marchandises étrangères, interdictions d'exporter des matières premières. La formation de l'unité nationale, c'est aussi la constitution, à peine amorcée alors, d'un marché national.

Ainsi, les idées dominantes de cette période, en matière économique, collent étroitement aux préoccupations du

---

1. *La Grande Monarchie de France,* 1515.
2. Voir P. Deyon, *Le Mercantilisme,* p. 19 et s.
3. *A Compendious, or Brief Examination of certain ordinary complaints,* écrit en 1549 et publié en 1581, cité *in* J.-Y. Le Branchu, *Écrits notables sur la monnaie,* t. II, p. 188. Le gentilhomme britannique John Hales formule les mêmes idées dans le *Discourse of the common Weal of this Realm of England,* également écrit en 1549 et publié en 1581.
4. *Pour que la monnaie ne sorte pas du royaume,* 1558.

Prince : il faut assurer la richesse du Prince, pour lui, mais aussi pour financer les guerres incessantes. Les recettes sont simples : empêcher les métaux précieux de sortir, par la prohibition de leur sortie et la limitation des importations ; faciliter leur entrée, en encourageant les exportations de ce qui n'est pas nécessaire au Royaume ; l'une et l'autre conduisant à l'encouragement des productions nationales. A l'abri de cette idée se développe celle de l'enrichissement public : « Chaque individu est membre de la " richesse publique " [*common weal*], écrivait Hales dans son *Discourse (...)*, et tout métier lucratif pour l'un peut l'être aussi pour qui voudra l'exercer également ; ce qui est profitable à l'un le sera donc aussi à son voisin et en conséquence à tout le monde[1]. » La voie est ouverte à l'idée selon laquelle la richesse du royaume repose sur celle de ses marchands et de ses manufacturiers.

Avec l'afflux des métaux précieux d'Amérique et le développement des productions, le commerce a progressé en Europe ; avec le travail forcé en Amérique (notamment pour la production du sucre) et la baisse des salaires réels liée à l'inflation européenne, un surplus supplémentaire a été dégagé ; avec le début des *enclosures* en Angleterre, une main-d'œuvre est libérée : vagabonds, mendiants pourchassés, emprisonnés et comme à merci. Les bourgeoisies marchandes et bancaires se renforcent. Après Venise et Florence, Anvers, Londres, Lyon et Paris se développent, dépassant cinquante mille, voire cent mille habitants.

Ces bourgeoisies se retrouvent pour partie dans les idées de la Réforme, pour d'autres dans l'affirmation des droits de l'individu face au souverain (La Boétie, *Le Contr'un,* 1552 ; Théodore de Bèze, *Du droit du magistrat sur ses sujets,* 1575), et pour la plupart dans les différentes expressions de la pensée humaniste dont témoignent les œuvres d'Érasme, de Rabelais ou de Montaigne. L'art et l'esprit universel de Michel-Ange témoigne de cette époque au cours de laquelle un astronome polonais, Copernic, émet l'idée que la terre tourne et n'est pas le centre immobile de l'univers.

Mais n'exagérons pas : chacun peut voir que le soleil et

1. Cité par H. Denis, *op. cit.,* p. 88.

SCHÉMA I

**CLASSES SOCIALES ET CIRCULATION DE LA VALEUR
ET DES RICHESSES EN FRANCE AU XVIᵉ SIÈCLE**

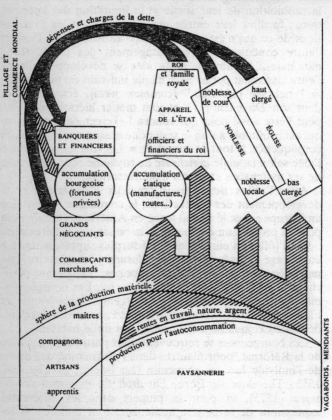

les étoiles tournent autour de la terre dans l'ordre immuable fixé par Dieu, et l'Église veille à ce que nul ne mette en doute cette vérité. Le paysan continue de cultiver et d'être écrasé de taxes et de corvées ; le noble de chasser et de festoyer ; le roi de régner et de guerroyer. Qui pourrait alors concevoir que se prépare la domination sur le monde d'un nouveau dieu : le capital ? Peut-être Thomas More le pressent-il, quand il écrit son *Utopie* en 1516 ; ne fait-il pas dire à Hythlodée, navigateur portugais : « Mon cher More, pour te dire le fond de ma pensée, là où tous mesurent toutes choses d'après l'argent, dans ces pays-là, il est à peu près impossible que la justice et la prospérité règnent dans la chose publique... »

3. *L'ancien et le nouveau*

Pour ne parler que des formations sociales où s'épanouira le capitalisme, l'ancien continue d'être prédominant : population essentiellement rurale, production principalement agricole, échange relativement restreint (une grande partie de la population vivant en autosubsistance). La rente (en travail, en nature ou en argent) est prélevée sur la grande masse paysanne au profit du clergé, de la noblesse et de l'État royal : à travers leurs dépenses, elle permet l'accumulation de fortunes privées de grands négociants et de banquiers.

L'échange marchand concerne principalement la production artisanale qui s'inscrit dans l'ordre défini par les corporations ; il ne touche qu'une faible partie de la production agricole.

Cette petite production marchande peut être résumée par la formule ($Ma \rightarrow A \rightarrow Mi$) : le petit producteur marchand, en vendant la marchandise *a* qu'il a produite, reçoit une somme d'argent A qui lui permet d'acheter d'autres marchandises *i*. Les commerçants interviennent comme intermédiaires, achetant les marchandises *i* pour les revendre en réalisant un bénéfice ΔA ; ce qui peut être résumé par la formule ($A \rightarrow Mi \rightarrow A'$, avec $A' = A + \Delta A$). Ce ΔA provient soit du surtravail imposé aux petits artisans ou aux compagnons et apprentis, soit d'une partie de la rente extorquée de la paysannerie.

Des formes capitalistes de production, dans certains cas même avec salariat, peuvent exister : elles restent mineures.

Les deux formes principales d'accumulation sont :
– une accumulation étatique (manufactures royales, routes royales, ports...) ;
– une accumulation bourgeoise (fortunes privées, monnaie, métaux précieux, biens immobiliers).

La source principale en est, comme pour les siècles précédents et comme pour d'autres formations sociales, le surtravail paysan ; à quoi il faut bien sûr ajouter le pillage des Amériques.

Car, si l'on regarde maintenant la dimension internationale, ce qui est nouveau, ce n'est pas le commerce lointain ; celui-ci est présent dans toutes les formations où domine un mode de production tributaire[1] ; et, en 1500, les trafics de Venise touchent « en prise directe » la Méditerranée et l'ensemble de l'Europe occidentale et s'étendent, grâce à des relais, au-delà des Échelles du Levant vers l'océan Indien, mais aussi dans l'intérieur de l'Europe, et au Nord dans la Baltique et vers la Norvège[2].

SCHÉMA II

**COMMERCE MONDIAL ET PILLAGE DE L'AMÉRIQUE
AU XVIᵉ SIÈCLE**

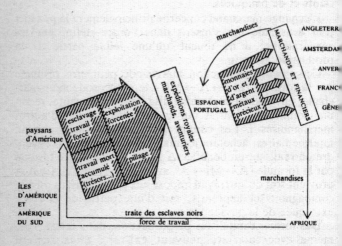

1. Dans les « modes de production tributaire », la soumission d'une très large masse productive, paysanne et artisanale, permet de dégager un tribut grâce auquel peut vivre dans l'aisance, parfois dans le luxe, une oligarchie qui détient les armes et contrôle les religions : c'est le cas des modes de production esclavagiste, féodal, asiatique et africain. Voir, par exemple, Samir Amin, *Classe et Nation*, Éd. de Minuit, 1979, p. 54 s.
2. F. Braudel, *Civilisation matérielle, Économie et capitalisme*, t. III, *Le Temps du monde*, p. 18.

Ce qui est nouveau c'est le fabuleux pillage de l'Amérique qui s'analyse en deux flux liés :

– le pillage des trésors trouvés sur place (travail mort accumulé dans l'extraction de métaux précieux et la fabrication d'œuvres d'art) ;

– la production nouvelle de valeur (travail forcé et esclavage) soit dans les mines d'or et d'argent soit dans la culture (canne à sucre, etc.).

Conquête, pillage, extermination ; telle est la réalité d'où sort l'afflux des métaux précieux en Europe au xvie siècle. Mais l'océan est immense, et à travers les trésors royaux d'Espagne et du Portugal, les caisses des marchands, les comptes des banquiers, cet or est totalement « lavé » lorsqu'il arrive dans les coffres des financiers de Gênes, d'Anvers ou d'Amsterdam.

Cet or, or du Prince, or de l'État (ces « cassettes » ne sont alors guère distinctes l'une de l'autre), comment le conserver quand on l'a ? Comment le drainer quand on en manque ? La recette des thésaurisateurs, correspondant à une vue statique du monde — interdire que les métaux précieux sortent du royaume —, a été inopérante. Une autre recette est proposée par les mercantilistes : acheter moins et vendre plus aux autres pays ; et pour cela produire plus et de meilleure qualité. N'est-ce pas là à la fois l'intérêt du Prince et celui des marchands ?

Ainsi, au xvie siècle, se mettent en place et se développent les conditions du développement ultérieur du capitalisme : des bourgeoisies bancaires et marchandes disposant à la fois d'immenses fortunes et de réseaux bancaires et financiers ; des États nationaux disposant des moyens de conquête et de domination ; une conception du monde valorisant la richesse et l'enrichissement. C'est en ce sens seulement que l'on peut dater du xvie siècle l'ère du capitalisme[1]. Mais il faut un regard moderne, éclairé par la connaissance du développement ultérieur du capitalisme

---

1. « Bien que les premières ébauches de la production capitaliste aient été faites de bonne heure dans quelques villes de la Méditerrannée, l'ère capitaliste ne date que du xvie siècle » (Marx, *Le Capital*, La Pléiade, t. I, p. 1170) ; et encore : « Le commerce mondial et le marché mondial inaugurent au xvie siècle la biographie moderne du capitalisme » (cité par F. Perroux, *Le Capitalisme*, p. 35) ; « L'histoire moderne du capital date de la création du commerce et du marché des deux mondes au xvie siècle » (cité *in* A.-G. Frank, *op. cit.*, p. 32).

industriel pour saisir et nommer le « capitalisme marchand » du xvie siècle, qui n'est encore que l'embryon de
ce qui pourra plus tard être nommé capitalisme.

La montée des bourgeoisies (xviie siècle)

De même il aurait fallu être exceptionnellement perspi-
cace pour voir, dans le développement de la manufacture
au xviie siècle, l'amorce d'un nouveau mode de production.

Les neuf dixièmes de la population vivent encore de
l'agriculture : labours superficiels, semis serrés, manque de
fumier ; les rendements des grains sont médiocres (quatre
ou cinq, parfois trois ou deux, pour un) ; les jachères
stérilisent la moitié des terres labourables dans le Sud, le
tiers dans le Nord ; les moissons se font à la faucille ; le
bétail est peu nombreux et mal nourri. L'alimentation est
de soupe et de pain, et la famine sévit en cas de mauvaises
récoltes.

La noblesse est attachée à son rang et à ses privilèges :
aux états généraux de 1614, le lieutenant civil Henri de
Mesme avait déclaré que « les trois ordres étaient frères,
enfants de leur mère commune, la France » ; les nobles
répliquèrent qu' « ils ne voulaient pas que des enfants de
cordonniers et savetiers les appelassent frères et qu'il y
avait autant de différence entre eux et nous comme entre le
Maistre et le Valet [1] ».

L'Église veille au maintien de l'ordre dans le domaine
des idées. Érasme est à l'index depuis 1559. Giordano
Bruno, autre grand humaniste, est brûlé comme hérétique
en 1600. Campanella passe vingt-sept ans en prison entre
1599 et 1629. Galilée, qui a publié en 1632 ses *Dialogues sur
les principaux systèmes du monde,* est forcé par l'Inquisi-
tion, en 1633, d'abjurer ses « erreurs et hérésies ».

Seules les Provinces-Unies se détachent nettement de ce
tableau général : le commerce y est développé et actif,

1. Cité in *Histoire générale des civilisations*, t. IV, p. 153.

l'agriculture moderne, la noblesse quasi inexistante, la bourgeoisie puissante. Sa tolérance est renommée : c'est en Hollande que Descartes s'installe (1625). Il y écrira et publiera son *Discours sur la méthode pour bien conduire sa raison et chercher la vérité dans les sciences* (1637) et ses *Méditations métaphysiques* (1641). Ces Provinces-Unies, qui acquièrent leur indépendance politique par rapport à l'Espagne en 1609, paraissent alors peser d'un faible poids par rapport à ce puissant pays.

Depuis 1580, le Habsbourg d'Espagne rassemble sous son autorité toute la péninsule Ibérique, toute l'Amérique latine, l'Amérique centrale, les Philippines, le Milanais, le royaume de Naples, la Sardaigne et la Sicile, plus les restes de l'ancien État bourguignon ; il a un allié puissant en son cousin le Habsbourg d'Autriche, qui ajoute à ses États patrimoniaux les royaumes de Bohême et de Hongrie. Mais cette puissance territoriale ne doit pas faire illusion. La défaite de l' « Invincible Armada », en 1588, symbolise l'amorce d'un déclin : les quantités d'or et d'argent arrachées à l'Amérique latine diminuent à partir de 1590 ; elles sont deux fois moins importantes en 1650 qu'en 1550 ; le commerce de Séville se réduit (de 55 navires et 20 000 tonneaux en 1600-1604, à 8 navires et 2 500 tonneaux en 1701-1710[1]) ; les dépenses de guerre s'alourdissent ; les impôts supplémentaires ne suffisent pas ; le budget est en déséquilibre ; la production intérieure n'a pas été suffisamment développée ; le roi d'Espagne ne trouve plus de prêteur ; la monnaie se déprécie : l'activité économique se ralentit ; la population tombe à six millions à la fin du XVIe siècle. L'Espagne s'enfonce dans un inexorable déclin[2].

Quant à son allié l'empire d'Autriche, occupé à faire face aux vagues successives de la guerre de Trente Ans, il n'en sort qu'au prix d'importantes concessions à la paix de Westphalie (1648).

Ce n'est ni en Espagne ni en Autriche, c'est principalement en Hollande, en Angleterre et en France, que va se

1. Moyennes annuelles ; P. et H. Chaunu, *Séville et l'Atlantique*, cité par P. Léon, *Économie et Sociétés pré-industrielles*, t. II, p. 32.
2. Mais la production artistique reste florissante au début du siècle : avec Cervantès (*Don Quichotte*, 1605, et *Nouvelles exemplaires*, 1613) et le Greco (Assomption de la Vierge, 1614) et plus tard encore avec Lope de Vega et Calderon, Velasquez et Murillo.

poursuivre, au XVIIᵉ siècle, la longue marche vers le capitalisme.

1. *Expansion coloniale et capitalisme en Hollande*

Sous l'impulsion d'une active bourgeoisie marchande et bancaire, ouverte aux idées nouvelles et accueillante aux hommes d'initiative, le capitalisme marchand et manufacturier va connaître un fort développement en Hollande. Il repose sur trois solides piliers.

Premier pilier : la Compagnie (hollandaise) des Indes orientales.

> Six Chambres de marchands se groupèrent en 1602 et constituèrent la Compagnie des Indes orientales. Elle compta soixante-treize directeurs, tous administrateurs de Compagnies de commerce. La direction des affaires communes était assurée par un Collège des Dix-Sept, nommé par les Chambres, dont huit par la Chambre d'Amsterdam qui supportait la moitié des dépenses communes. Chaque Chambre décidait du commerce de ses membres, des achats à effectuer aux Indes, des sommes d'or à envoyer, de la vente des marchandises reçues. Le Collège des Dix-Sept décidait à la majorité de l'organisation des flottes, de leur destination, du tarif des marchandises. La Compagnie jouissait du monopole du commerce avec les Indes. Elle pratiquait aux colonies le *mare clausum*, prétendait interdire les Indes aux Anglais, aux Portugais et aux Français. Elle exerçait des droits régaliens, guerre, paix, traités avec les païens, nomination de gouverneurs et de conseils ayant la justice civile et criminelle dans les comptoirs de la Compagnie. Elle finit par avoir aux Indes une armée de terre de dix à douze mille hommes, une armée de mer de quarante à soixante vaisseaux, par apporter en Europe tous les ans pour dix à douze millions de marchandises, par donner des dividendes de 25 à 30 %, de sorte que ses actions passèrent de trois mille à dix-huit mille florins vers 1670 [1].

Second pilier : la banque d'Amsterdam ; les changeurs ayant été accusés d'être responsables du désordre moné-

---

1. *Histoire générale des civilisations*, t. IV, p. 245.

taire, la ville d'Amsterdam[1] les supprime, crée une banque
et lui accorde le monopole du change (1609).

> [La Banque d'Amsterdam] reçoit tous les dépôts en
> monnaies ou lingots à partir de trois cents florins. La
> sécurité les fait affluer même de l'étranger. Ainsi la banque
> peut fournir aux marchands la monnaie de n'importe quel
> pays, ce qui permet l'achat des marchandises de n'importe
> quelle origine et attire les commerçants étrangers. Elle
> joue aussi le rôle de banque de paiement : elle effectue
> gratuitement, par virements, par simples jeux d'écritures,
> sans manipulations de métal, tous les paiements pour les
> marchands, dans la limite de leurs dépôts. Pour cela elle
> utilise une monnaie de compte, le florin banco, de valeur
> stable, rassurante pour les clients. Enfin la Banque d'Ams-
> terdam devient progressivement une banque de crédit. Elle
> commence par des avances à la ville d'Amsterdam en cas
> de guerre, à la Compagnie des Indes orientales ; à la fin du
> siècle, elle fera des prêts aux entreprises privées. Cepen-
> dant les banques privées subsistent pour le prêt et l'es-
> compte des lettres de change[2].

Troisième pilier : la flotte. Comme les Anglais, les
Hollandais avaient pour la route du Levant ou celle des
Indes des lourds vaisseaux, solidement construits et armés.
Mais pour les routes maritimes de l'Europe du Nord et de
l'Ouest, ils construisent le *fluitschip*, embarcation légère et
mince, mais capable de transporter des cargaisons lourdes
et encombrantes (de l'ordre de cent à neuf cents tonnes).
En payant rapidement, ils obtiennent des planches et des
mâts de Norvège, à meilleur prix que les constructeurs
norvégiens ; ils standardisent la production et utilisent des
machines pour la construction (scieries à vent, grues...).
Sur ces bateaux, « les Hollandais employaient des étrangers[3] à un salaire inférieur, car, à cette époque, les
matelots étaient devenus la lie des travailleurs. Les équipages étaient soumis à une dure discipline, astreints à la

---

1. Amsterdam a largement profité de la destruction et du déclin d'Anvers, pris par
les Espagnols en 1585. Les bourgeois d'Amsterdam choisirent de ne pas reprendre la
Belgique par crainte de la concurrence que leur ferait Anvers une fois devenue
hollandaise. Cf. Heaton, *op. cit.*, t. I, p. 242, et Violet Barbour, *Le Capitalisme à
Amsterdam au XVIIᵉ siècle.*
2. *Histoire universelle*, La Pléiade, t. III, p. 133-134.
3. Souvent anglais ou français.

propreté et nourris avec frugalité[1] ». A elle seule, la flotte hollandaise employait en 1614 plus de marins que les flottes espagnole, française, anglaise et écossaise réunies.

Des vaisseaux hollandais arrivent au Japon en 1600 ; en Chine en 1601. En 1621, est créée la Compagnie (hollandaise) des Indes occidentales ; mais les Hollandais ont du mal à s'implanter solidement sur les côtes d'Amérique : s'ils prennent pied à Pernambouc, Surinam, Caracas (1630) et Curaçao (1632), le rêve d'un empire hollandais du Brésil s'écroule en 1653 ; et la Nouvelle-Amsterdam, créée en 1626, sera prise par les Anglais en 1664 pour devenir New York. En revanche, de 1619 à 1663, les Hollandais dominent les routes d'Extrême-Orient : ils s'installent à Batavia (1619), massacrent les Anglais d'Amboine (1624), se font ouvrir l'îlot de Deshima face à Nagasaki (1638) ; ils s'installent à Malacca (1641), prennent le Cap aux Portugais (1652), s'établissent à Aden, à Mascate, à Cochin (1663), à Singapour. Ils prennent pied aussi en Tasmanie (1642).

Important d'Extrême-Orient le poivre et les épices (66 % des achats en 1648-1650, 23 % en 1698-1700) et des textiles (respectivement 14 % et 55 % des achats aux mêmes dates)[2] ; ravitaillant l'Espagne même les années de guerre (la moitié de l'or et de l'argent acquis par l'Espagne arrivait à Amsterdam) ; développant la culture de la canne à sucre à Java ; commerçant et avec l'Afrique et avec l'Europe du Nord, la Hollande tirait de ce commerce mondial de substantiels bénéfices. On comprend qu'elle ait alors ardemment défendu le principe de la « mer libre » *(mare liberum)*, sauf dans ses colonies où elle imposait le *mare clausum.*

Puissance commerciale, la Hollande développe des activités de transformation : industrie lainière à Leyde et industrie de la toile à Haarlem ; teinture et tissage de la soie, puis filés de soie, et taille des diamants à Amsterdam ; raffinage du sucre, finissage et apprêt des draps anglais, brasserie, distillerie, préparation du sel, du tabac, du

_____

1. H. Heaton, *op. cit.*, t. I, p. 237. Le lecteur saura reconstituer, à partir de la formulation très « convenable » de Heaton, ce que pouvait être la situation de ces équipages.
2. K. Glamann, *Dutch-Asiatic Trade*, cité *in* P. Léon, *op. cit.*, p. 33.

cacao, travail du plomb à Rotterdam ; polissage des verres optiques, fabrication des microscopes, des pendules et des instruments de navigation, établissement des cartes terrestres et maritimes, impressions de livres dans toutes les langues... La moitié de la population hollandaise (deux millions et demi d'habitants) vit alors dans les villes.

Une riche bourgeoisie anime ces activités et domine le pays. Le négociant Louis Trip possède en 1674 plus d'un million de florins ; le soyeux Jean de Neufville, venu sans fortune en 1647, meurt à la fin du siècle en laissant près de huit cent mille florins ; en 1674 cinquante-six bourgeois détiennent entre deux cent et quatre cent mille florins ; cent quarante entre cent et deux cent mille. Cette bourgeoisie mène le négoce, développe les industries, organise les « chambres de marchands », contrôle les compagnies coloniales, surveille l'université de Leyde ; elle s'est dotée de la Banque d'Amsterdam et a fait de la ville la grande place financière du moment ; elle est tentée d'imposer l'hégémonie de la province de Hollande à l'ensemble des Provinces-Unies.

D'où les conflits, non exempts de compromis, avec la famille d'Orange qui s'appuie sur les forces traditionnelles des autres provinces et qui réussit à s'imposer, notamment dans les périodes de guerre et de tension internationale : Maurice de Nassau, prince d'Orange, contre le Grand Pensionnaire Oldenbarnvelt, en 1619, et Guillaume III d'Orange contre Jean de Witt, en 1672.

Avec la montée du capitalisme anglais et du protectionnisme français, avec les trois guerres menées contre l'Angleterre (celle de 1652-1654 et surtout celles de 1665-1667 et de 1672-1674), avec la guerre menée contre la France en 1672 et surtout la participation à la guerre dite de succession d'Espagne (1702-1714), avec la dépression économique et la chute des prix coloniaux qui marquent la seconde moitié du XVIIe siècle, le capitalisme hollandais s'endette, s'affaiblit, et finalement perd sa position dominante. Il n'empêche que la Hollande a bien été, dans la première moitié du XVIIe siècle, « la nation capitaliste par excellence » (K. Marx) et, plus précisément, « le symbole du capitalisme commercial et financier » (H. Sée).

Témoins, entre autres, de la puissance passée de cette

bourgeoisie, les toiles de Rembrandt : le syndic des drapiers (1661), le constructeur de bateaux et sa femme
(1643), le peseur d'or (1639), Jean Six, bourgmestre
d'Amsterdam (vers 1650) — mais aussi ses dessins de
paysans pauvres, de mendiants et de nègres.

2. *Du mercantilisme au libéralisme en Angleterre*

Alliée du monarque sur la base de l'expansion coloniale
et du mercantilisme, la bourgeoisie anglaise saura utiliser
les mécontentements populaires dans sa lutte contre l'absolutisme, c'est-à-dire pour le renforcement de son propre
pouvoir.

a) *Expansion coloniale et mercantilisme*

La puissance maritime et coloniale de l'Angleterre s'est
imposée face à l'Espagne à la fin du xvie siècle, s'oppose à
la Hollande au xviie, s'affrontera à la France au xviiie.
L'Angleterre est engagée, dès le début du xviie siècle,
dans l'expansion coloniale. La Compagnie (anglaise) des
Indes orientales a été créée en 1600, avec une charte de la
reine Élisabeth ; quinze ans plus tard, elle a une vingtaine
de comptoirs en Inde, dans les îles, en Indonésie et à
Hirats, au Japon. Elle est en Perse en 1628 et à Bombay en
1668. Les Anglais s'installent aussi à la Barbade en 1625,
prennent Québec (1629) et la Jamaïque (1655), avant de
prendre La Nouvelle-Amsterdam (1664) ; après les pèlerins
du *Mayflower* (1620), d'autres émigrés fondent des colonies
en Amérique du Nord.
Le commerce extérieur anglais décuple entre 1610 et
1640. La production se développe. Vers 1640, certaines
houillères produisent dix à vingt-cinq mille tonnes par an,
contre quelques centaines de tonnes un siècle plus tôt. Des
hauts fourneaux, des forges avec de grands marteaux à eau,
des fabriques d'alun et de papier emploient plusieurs
centaines d'ouvriers ; des marchands et des fabricants de
textile font travailler plusieurs centaines, parfois plusieurs
milliers, de filateurs ou de tisserands à domicile. La
bourgeoisie, qui anime cet essor commercial et manufacturier, a besoin à la fois d'encouragement et de protection.

Dès 1621, dans son *Discours sur le commerce de l'Angleterre à destination des Indes orientales,* Thomas Mun souligne l'importance du commerce extérieur : il ne s'agit pas tellement d'accumuler les métaux précieux, mais de les faire circuler pour dégager un solde positif. Le *Rapport au Conseil privé de la Commission sur la draperie,* de 1622, reflète bien l'état d'esprit mercantiliste :

> Les remèdes que nous proposons humblement sont les suivants : pour empêcher la fabrication à l'étranger, qu'il soit interdit sous les peines les plus sévères d'exporter d'Angleterre, d'Irlande et d'Écosse la laine des toisons, de la terre à fouler et des cendres de bois (...), pour empêcher les fabrications et les teintures frauduleuses et de mauvaise qualité, qu'un règlement clair soit édicté (...) ; que dans chaque comté une corporation soit constituée des personnes les plus aisées et les plus compétentes pour contrôler la bonne et loyale fabrication, teinture et apprêt des draps et autres étoffes (...) ; que pour alléger les droits pesant sur nos draps exportés, Sa Majesté soit humblement priée de négocier avec l'archiduchesse des Pays-Bas et les états généraux (...). En ce qui concerne la rareté des espèces dans le royaume, que l'on prenne garde d'empêcher le transport de nos monnaies et que les contrevenants soient sévèrement punis (...). Mais surtout qu'il soit remédié au déficit de notre commerce extérieur, car si les importations de vanité et de luxe l'emportent sur les exportations de nos produits, les réserves de ce royaume seront gaspillées, car il faudra exporter des espèces pour rétablir l'équilibre [1].

Effectivement, Jacques Ier puis Charles Ier distribuent privilèges et monopoles, réglementent et organisent le contrôle des fabrications, prohibent les exportations de laine, élèvent les taxes sur les importations de tissus français et hollandais ; des actes du Parlement vont même jusqu'à rendre obligatoire l'usage de draps de laine pour les vêtements de deuil et les linceuls. « L'État régentait l'économie, multipliait les monopoles, contrariait les innovations agricoles techniquement justifiées [2]. »

1. Cité *in* P. Deyon, *op. cit.,* p. 93-4.
2. R. Marx, *L'Angleterre des révolutions,* p. 87. Contre ces privilèges et ces règlements, des protestations bientôt s'élèvent ; ainsi, au Long Parlement, Sir John Colepeper s'indigne : « C'est un flot de vermine qui a rampé sur tout le pays. Je veux dire les monopoleurs (...). » Cité in *Histoire générale des civilisations,* t. IV, p. 248.

Dans son *England's Treasure by foreign Trade,* écrit entre 1622 et 1650 et publié en 1664, Thomas Mun élargit la perspective : « Le commerce extérieur est la richesse du souverain ; l'honneur du royaume, la noble vocation des marchands, notre subsistance et l'emploi de nos pauvres, l'amélioration de nos terres, l'école de nos marins, le nerf de notre guerre, la terreur de nos ennemis » ; et encore : « Si nous considérons la beauté, la fertilité, la puissance maritime et terrestre de l'Angleterre (...) nous conviendrons que ce royaume est capable d'être maître de l'Univers, car quelle autre nation est si richement et naturellement dotée de choses nécessaires à la nourriture, l'habillement, la paix et la guerre, non seulement pour sa suffisance mais aussi pour fournir ses voisins et en tirer chaque année abondance d'espèces et parachever sa félicité [1]. »

Grandeur nationale, enrichissement de l'État et des marchands, maîtrise de l'univers : il y a là la base d'un compromis entre la bourgeoisie et le souverain.

Compromis difficile : pour n'avoir pas respecté la prérogative du Parlement de voter l'impôt, à laquelle tiennent les classes riches, Charles Ier aura, dans un grand mouvement populaire de mécontentement, la tête tranchée en 1649. Une tentative de république oligarchique, avec Cromwell, tournera à la dictature ; celle-ci ne survivra guère au « Lord protecteur d'Angleterre, d'Écosse et d'Irlande ».

Aux Affaires, Cromwell a, lui aussi, mené une politique mercantiliste, mais plus offensive. En 1651, face à la crise, il a édicté le premier acte de navigation : les marchandises européennes ne peuvent être transportées que sur des navires anglais ou des navires de leur pays d'origine ; les produits d'Afrique, d'Asie et d'Amérique ne peuvent être importés que sur des navires d'Angleterre ou des colonies. Le second acte de navigation, en 1660, précisera que le capitaine et les trois quarts au moins de l'équipage doivent être anglais. Les guerres contre la Hollande de la seconde moitié du siècle marquent combien, dans cette phase de dépression, s'aiguise la rivalité entre ces deux capitalismes nationaux.

---

1. Cité par P. Deyon, *op. cit.*, p. 54-5.

b) L'affirmation de la bourgeoisie

Avec son estimation de la population et de la richesse établie pour l'Angleterre et le pays de Galles, en 1688, Gregory King donne un intéressant tableau de la société anglaise du XVIIᵉ siècle. Le tableau 1 présente les couches sociales classées par revenu familial annuel décroissant.

Le monde rural reste, on le voit, très largement prédominant : grande, moyenne et petite noblesse terrienne tirant principalement ses ressources du travail des couches de la paysannerie qui lui sont soumises ; une paysannerie nettement stratifiée et qui produit la plus large part des richesses d'origine nationale dont bénéficient les classes dominantes et l'État.

Les couches les plus pauvres de cette paysannerie — petits paysans, laboureurs, pauvres qui réussissaient à vivre grâce aux communaux — sont touchées de plein fouet par une nouvelle vague des enclosures. Déjà, John Hales écrivait, au milieu du XVIᵉ siècle :

> Ma foi ! ces enclosures seront notre perte ! A cause d'elles, nous payons pour nos fermes des loyers plus lourds que jamais, et nous ne trouvons plus de terres pour les labourer. Tout est pris pour les pâturages, pour l'élevage des moutons ou du gros bétail : si bien qu'en sept ans, j'ai vu, dans un rayon de six milles autour de moi, une douzaine de charrues mises au rancart ; là où plus de quarante personnes trouvaient à vivre, maintenant un homme avec ses troupeaux a tout pour lui seul. Ce sont ces moutons qui font notre malheur. Ils ont chassé de ce pays l'agriculture, qui naguère nous fournissait toutes sortes de denrées, au lieu qu'à présent ce ne sont plus que moutons, moutons et encore moutons [1].

Et Lupton, en 1622 : « Les enclosures rendent gras les troupeaux et maigres les pauvres gens. » Elles suscitent de nouveaux soulèvements paysans au début du XVIIᵉ, à l'occasion desquels apparaissent les appellations de *Levellers* (Niveleurs) et *Diggers* (Piocheurs) parce qu'ils « piochaient et plantaient les communaux » [2].

1. *A discourse of the commonweal of this realm of England* (1549), cité *in* P. Mantoux, *La Révolution industrielle au XVIIIᵉ siècle*, p. 143.
2. B. Moore, *Les Origines sociales de la dictature et de la démocratie*, p. 23.

TABLEAU N° 1

CLASSES SOCIALES ET REVENUS
EN ANGLETERRE AU XVIIᵉ SIÈCLE

	nombre de familles	revenu annuel par famille *	revenu total de la couche *
lords	186	2 590	481 800
baronets	800	880	704 000
chevaliers	600	650	390 000
écuyers	3 000	450	1 350 000
négociants (commerce maritime)	2 000	400	800 000
gentilshommes	12 000	280	3 360 000
officiers de l'État	5 000	240	1 200 000
négociants (commerce terrestre)	8 000	200	1 600 000
juristes et hommes de loi	10 000	140	1 400 000
employés de l'État	5 000	120	600 000
riches agriculteurs	40 000	84	3 360 000
officiers de la flotte	5 000	80	400 000
officiers de l'armée	4 000	60	240 000
haut clergé	2 000	60	120 000
sciences et professions libérales	16 000	60	960 000
paysans moyens	140 000	50	7 000 000
bas clergé	8 000	45	360 000
commerçants, boutiquiers	40 000	45	1 800 000
fermiers	150 000	44	6 600 000
artisans	60 000	40	2 400 000
matelots	50 000	20	1 000 000
laboureurs et journaliers	364 000	15	5 460 000
soldats	35 000	14	490 000
paysans pauvres et sans terre	400 000	6.10s	2 600 000
vagabonds	(30 000 pers.)	2	60 000

* En livres.
Source : d'après Peter Mathias, *The first industrial Nation*, p. 24.

Dans le mouvement de mécontentement profond d'où surgira le premier renversement du roi, les revendications paysannes reprennent et donnent lieu à une agitation multiforme. Les aspirations modérées s'expriment à travers le programme des Levellers (1648) :

> Nos espérances étaient que vous eussiez assis l'autorité suprême du peuple dans cette honorable Chambre et éloigné toute apparence de pouvoir contraire du roi ou des lords (...), promulgué des lois ordonnant l'élection annuelle de députés (...), soumis les rois, les reines, les princes, les ducs, les comtes, les lords et tous les citoyens également à toutes les lois du pays, existantes ou à venir (...), libéré tous les hommes du peuple de la juridiction des lords dans tous les procès (...), libéré tout le négoce et le commerce de tout monopole et accaparement, par des compagnies ou autrement (...), aboli l'excise et toutes les taxes à l'exception des subsides (...), fait abattre toutes les clôtures récentes de *fens* et d'autres terres communes, ou fait enclore exclusivement ou principalement au bénéfice des pauvres (...), aboli le pesant fardeau des dîmes (...), pris pour vous-mêmes et tous les Parlements à venir l'engagement à ne pas abolir la propriété, de ne pas rechercher l'égalité des propriétés foncières ou la communauté de tous les biens[1]...

En quelques mots : démocratie parlementaire, liberté, propriété : ce sont là les aspirations de paysans moyens ou aisés, de commerçants, d'artisans, de notables locaux.

Plus populaires apparaissent les discours des Diggers : « Pleurez donc, hurlez, vous autres, riches. Dieu viendra vous punir de toutes vos oppressions ; vous vivez du travail des autres hommes, mais ne leur donnez que du son à manger, extorquant à vos frères loyers et impôts énormes. Mais qu'allez-vous faire désormais ? Car le peuple ne sera plus soumis à votre esclavage, puisque la connaissance du Seigneur l'éclairera[2]. » On imagine le fermier pressuré, le laboureur exténué sensibles, le temps d'une révolte, à de tels cris.

Parallèlement, un nouveau mode d'extorsion de valeur se développe : il résulte de la domination indirecte que des négociants exercent sur les artisans. En témoigne cette complainte, *les Délices du patron drapier,* de la fin du XVIIe siècle :

1. Cité *in* R. Marx, *op. cit.*, p. 202-3.
2. *La Lumière brillant dans le Buckinghamshire*, cité in *Histoire générale du socialisme*, t. I, p. 98.

Nous amassons des trésors, nous gagnons de grandes
richesses — A force de dépouiller et de pressurer les
pauvres gens — C'est ainsi que nous emplissons notre
bourse, — Non sans nous attirer plus d'une malédiction (...).
Et d'abord, les peigneurs, nous les réduirons — De huit
groats les vingt livres à une demi-couronne. — Et s'ils
murmurent, et disent : « C'est trop peu ! » — Nous leur
donnerons le choix entre cela et pas de travail. — Nous leur
ferons croire que le commerce ne va pas ; — Ils n'ont
jamais été si tristes, mais que nous importe ? (...)
Nous ferons travailler à bas prix les pauvres tisserands. —
Nous trouverons des défauts, qu'il y en ait ou non, de
manière à rogner encore leur salaire. — Si les affaires sont
mauvaises, ils s'en apercevront aussitôt ; — Mais si elles
s'améliorent, ils n'en sauront jamais rien. — Nous leur
dirons que le drap ne va plus aux pays d'outre-mer — Et
que nous ne nous soucions guère de continuer à
vendre (...).
Puis ce sera le tour des fileurs : — Nous leur ferons filer
trois livres de laine au lieu de deux. — Quand ils nous
rapportent l'ouvrage, ils se plaignent, — Et nous disent
qu'avec leur salaire ils n'ont pas de quoi vivre. — Mais, s'il
manque seulement une once de fil, — Nous ne serons pas
embarrassés pour leur rabattre trois pence...
C'est ainsi que nous acquérons notre argent et nos terres —
Grâce à de pauvres gens qui travaillent soir et matin. —
S'ils n'étaient pas là pour peiner de toutes leurs forces. —
Nous pourrions aller nous pendre, sans autre forme de
procès. — Les peigneurs, les tisserands, les foulons aussi,
— Avec les fileurs qui s'exténuent pour un salaire infime,
— C'est grâce à leur travail que nous emplissons notre
bourse, — Non sans essuyer plus d'une malédiction[1]...

Ces artisans pauvres, ces ouvriers qui travaillent pour des
négociants-fabricants, ce n'est pas la liberté, ce n'est pas la
démocratie qu'ils réclament — c'est la protection du
règlement, avec toujours les mêmes objectifs : le relèvement du tarif ou du salaire ; la réduction de la journée de
travail ; la protection contre la concurrence extérieure.
   La démocratie, la liberté, ce sont les membres de la
bourgeoisie du négoce et de la banque, les juristes et les
hommes de loi qui la réclament ; ils trouvent des soutiens

1. Cité *in* P. Mantoux, *op. cit.*, p. 58-9.

SCHÉMA III

CLASSES SOCIALES ET EXTORSION DE LA VALEUR EN ANGLETERRE AU XVIIᵉ SIÈCLE

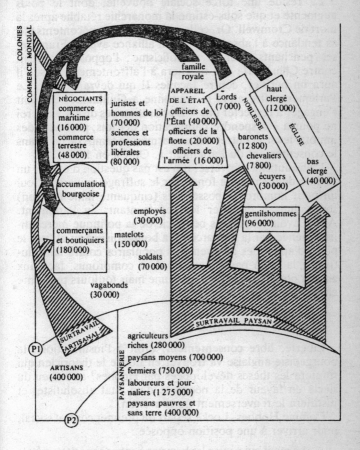

* D'après le tableau dressé par Gregory King, pour l'Angleterre et le Pays de Galles, en 1688. (D'après Peter Mathias, *The first industrial Nation*, p. 24.) Les chiffres entre parenthèses indiquent les effectifs totaux de chaque classe ou couche.

Les deux cercles du bas indiquent les deux sphères de la production matérielle (P1) et de la production pour l'autoconsommation (P2). Les flèches marquent les grands flux de circulation de la valeur.

dans les professions libérales, chez les notables ruraux, chez les commerçants et cultivateurs enrichis, ainsi que dans une partie de la gentry.

Là réside une force sociale nouvelle, dont le poids augmente et que sous-estime la monarchie rétablie après la mort de Cromwell. Or, celle-ci multiplie les mécontents par sa tendance à l'absolutisme, son alliance avec la France et ses penchants pour le catholicisme ; l'opposition renaît contre Charles II ; elle tournera à l'affrontement, lorsqu'il aura un héritier, contre Jacques II qui devra s'exiler. Le Parlement offre alors la couronne à Guillaume, qui doit s'engager à respecter une « Déclaration des droits » : le roi ne pourra « suspendre l'application des lois, percevoir des impôts, lever et entretenir une armée en temps de paix sans le consentement du Parlement ». On est en 1689.

L'absolutisme renversé, il n'est pas question d'établir un régime démocratique fondé sur le suffrage universel. Seul un petit nombre de possédants (cinquante mille environ) sont admis à désigner les représentants au Parlement. Après avoir longtemps bénéficié de la politique mercantiliste menée par la monarchie, la bourgeoisie a su utiliser le point d'appui des mouvements populaires contre l'absolutisme ; la voilà passant un prudent compromis, face aux classes populaires, avec l'ancienne mais toujours puissante classe dominante, la noblesse.

c) *Liberté et libéralisme*

Liberté, libre consentement, droit à l'insurrection ; la bourgeoisie anglaise va trouver en Locke le théoricien qui réfutera les thèses développées par Hobbes[1] au milieu du siècle en faveur de la nécessité d'un État absolutiste, et justifiera le renversement du souverain.

Comme Hobbes, Locke repart du premier contrat social, pour arriver à une position opposée :

> Le motif qui pousse les hommes à entrer en société, c'est la sauvegarde de leur bien propre, et le but qu'ils visent en élisant et instituant un corps législatif, c'est l'établissement de lois et de règles pour garder et protéger les biens de tous

_____
1. *Le Léviathan*, 1651.

les membres de la société, pour limiter le pouvoir et
tempérer l'autorité de chacun de ses groupes et de chacun
de ses membres. On ne peut jamais supposer que la société
consente à attribuer au corps législatif le pouvoir de
supprimer ce que les hommes ont cherché à sauvegarder
par la constitution d'une société civile, et ce qui motive la
soumission du peuple aux législateurs de son choix. Dès
lors, chaque fois que les législateurs s'en prennent aux
biens propres du peuple et leur portent atteinte, chaque
fois qu'ils tentent de réduire ce dernier en esclavage en lui
imposant un pouvoir arbitraire, ils se mettent en état de
guerre avec lui[1].

Ainsi, ce qui, pour Locke, fonde la société et le
gouvernement, c'est le libre consentement des citoyens :

Ce qui a donné naissance à une société politique et qui l'a
établie, n'est autre chose que le consentement d'un certain
nombre d'hommes libres capables d'être représentés par le
plus grand nombre d'eux ; et c'est cela et cela seul qui peut
avoir donné commencement dans le monde à un gouvernement légitime (...). Sans le consentement du peuple, on ne
peut jamais ériger aucune nouvelle forme de gouvernement[2].

Et ce fondement même justifie le droit d'insurrection :

Le peuple, en vertu d'une loi qui précède toutes les lois
positives des hommes et qui est prédominante (...), s'est
réservé un droit qui appartient généralement à tous les
hommes lorsqu'il n'y a point d'appel sur la terre, savoir : le
droit d'examiner s'il a juste sujet d'en appeler au Ciel (...).
Un peuple généralement maltraité contre tout droit n'a
garde de laisser passer une occasion dans laquelle il peut se
délivrer de ses misères, et secouer le pesant joug qu'on lui a
imposé avec tant d'injustice[3].

Ainsi, Locke conçoit le gouvernement civil comme « vrai
remède aux inconvénients de l'état de nature » ; il rejette
l'absolutisme, qui place le souverain au-dessus des lois et
donc hors de la société civile.

Mais qu'on ne se méprenne pas : né d'une famille de

---

1. *Essai sur le gouvernement civil*, 1690, cité par R. Marx, *op. cit.*, p. 286.
2. *Second Traité du gouvernement civil*, 1690, cité par J.-J. Chevallier, *Les Grandes Œuvres politiques*, p. 92-3.
3. *Ibid.*, p. 97.

marchands et d'hommes de loi, médecin de Lord Ashley en
1666, secrétaire du Board of Trade de 1672 à 1675, ayant
voyagé en France puis séjourné en Hollande, Locke né
reconnaît pas aux classes laborieuses la capacité de gouverner. Face aux pauvres il préconise la force ; ses carnets de
1679 comme son rapport à la Commission du commerce de
1699 en témoignent : « Les vagabonds valides de quatorze
à cinquante ans, pris à mendier, devaient être condamnés à
servir trois ans sur la Flotte, pour ceux des comtés
maritimes, ou à travailler trois ans en *workhouse,* pour les
autres. Les jeunes mendiants de moins de quatorze ans
devaient être fouettés et mis dans une école de travail[1]. »
Pour lui, les hommes libres, ceux qui passent le contrat
social, ce sont les membres de la noblesse, du clergé, de la
gentry, de la bourgeoisie commerçante et financière :
notamment ces propriétaires éclairés, ces bourgeois qui ont
montré leur capacité dans la gestion de leurs biens ; c'est à
eux que revient la responsabilité des charges gouvernementales.

Les idées de Locke sont celles d'un grand bourgeois
éclairé, d'où leur succès dans les classes dirigeantes d'Angleterre et de Hollande et, au siècle suivant, chez les
juristes et les philosophes français.

Un an après la publication de l'*Essai sur le gouvernement
civil,* en 1691, un gentilhomme anglais, admirateur de
Descartes, qui fut commerçant en Turquie, haut fonctionnaire et maire de Londres, Sir Dudey North, énonce dans
ses *Discours sur le commerce* des positions qui s'éloignent
nettement de celles du mercantilisme.

> Du point de vue du commerce, le monde entier n'est
> qu'une seule nation ou qu'un seul peuple, à l'intérieur
> duquel les nations sont comme des personnes (...).
> La monnaie exportée dans le commerce constitue une
> augmentation de la richesse de la nation (...). Toute
> mesure en faveur d'un commerce ou d'un intérêt et contre
> un autre est un abus et diminue d'autant le profit du public
> (...). Il n'appartient en aucun cas à la loi de fixer les prix
> dans le commerce, car leurs niveaux doivent se fixer et se
> fixent d'eux-mêmes (...). Quand une nation est devenue
> riche, l'or, l'argent, les bijoux et toute chose utile ou

1. *Histoire générale des civilisations,* t. IV, p. 346.

désirable (...) sont abondants (...). Aucun peuple n'est jamais devenu riche par des interventions de l'État, mais c'est la paix, l'industrie et la liberté, rien d'autre, qui apportent le commerce et la richesse[1].

La coïncidence peut frapper : pratiquement dans le même temps sont énoncés les principes de la liberté politique et est affirmée la nécessité du libéralisme économique. C'est que la bourgeoisie, ayant été assez forte pour défier l'absolutisme, avait besoin de légitimer le nouveau mode de gouvernement mis en place. Et dans le même mouvement certains de ses membres voient que, compte tenu des atouts dont elle dispose, elle trouvera dans le libre-échange le stimulant qui permettra un nouvel essor du commerce et de la production.

La liberté d'exporter les grains, moyen de stimuler l'agriculture, a été décidée dès 1670. En 1703, le traité de Methuen, avec le Portugal, ouvrira le marché du Brésil ; en 1713, à la paix d'Utrecht, l'Angleterre obtient de l'Espagne l'ouverture de l'immense marché que représente son empire. En 1694, est créée la Banque d'Angleterre.

3. *Mercantilisme et absolutisme en France*

C'est en France que le couple absolutisme-mercantilisme apparaît le plus nettement ; il correspond à l'alliance entre une bourgeoisie encore faible et un monarque dont l'absolutisme s'accomplit avec Louis XIV ; alliance face à une noblesse encore puissante et, quand besoin est, face aux soulèvements de la misère : fronde de la noblesse (1648-1653), qui marqua profondément le jeune Louis XIV ; guerres paysannes (notamment entre 1636 et 1639) et révoltes urbaines (fréquentes entre 1623 et 1652), qui mettent en cause le fisc royal de la manière la plus directe qui soit — les collecteurs d'impôts, ou leurs commis, étant souvent tués, dépecés, percés de clous...

Car, mauvaise récolte ou baisse de prix, les divers prélèvements — impôts, loyers, rentes en argent ou en nature, champart, dîme ecclésiastique — deviennent rapi-

1. *Discourses upon Trade*, 1691, cité par H. Denis, *op. cit.*, p. 132-3.

dement insupportables pour les paysans ; et, dans les villes,
la misère des vagabonds, des mendiants et des chômeurs
rencontre le mécontentement des salariés : car les corporations se ferment, les patrons exigent des journées de douze
à seize heures et pèsent pour réduire le nombre de jours de
congé. Des syndicats occultes se forment ; une résistance
aux formes multiples se cherche.

La bourgeoisie française reste fascinée par l'État royal et
la noblesse. Les offices de finance, de justice et de police
sont les plus recherchés ; le roi multiplie les offices pour les
vendre et les taxer. Des négociants, des fabricants s'enrichissent. Ainsi :

> Sainctot, Nicolas Le Camus qui a neuf millions de fortune
> et rafle d'un coup deux cent mille écus de marchandises à la
> foire de Francfort, le drapier Claude Parfaict, le marchand
> d'étamines Edouard Colbert, oncle du futur ministre, et
> nombre d'autres dans toutes les grandes villes, commandi-
> tent des fabriques de canons, d'armes, de salpêtre, de
> soieries, de tapisseries, des draperies, des établissements
> métallurgiques. Ils acquièrent des terres, poussent leurs
> familles dans des charges d'État, de ville, d'Église [1].

Ils s'attachent à « vivre noblement », aspirent à être un
jour anoblis. La noblesse les rejette. C'est donc au roi
qu'ils apporteront leur capacité, sachant qu'ils en seront,
d'une manière ou d'une autre, récompensés.

a) L'idéal mercantiliste

Montchrestien exprime bien, en ce début de siècle, le
mercantilisme français. Né en 1576, fils d'un apothicaire, il
écrit et fréquente la noblesse ; en 1605, il tue son adversaire
en duel et s'enfuit en Angleterre ; après un séjour en
Hollande, il épouse une veuve riche et noble, puis crée une
fabrique d'ustensiles et d'outils. Persuadé que la richesse
de l'État ne va pas sans la richesse des bourgeois, que la
prospérité publique (économique) et celle du Trésor (politique) sont indissociables [2], il présente en 1616 son *Traité*

---

1. *Histoire générale des civilisations*, t. IV, p. 153.
2. Il est tout à fait explicite : « On peut fort à propos maintenir, contre l'opinion
d'Aristote et de Xénophon, que l'on ne saurait diviser l'économie de la politique sans

d'économie politique au Garde des Sceaux ; l'ouvrage est apprécié et lui vaut le titre de Baron. « Ce n'est point l'abondance d'or et d'argent, la quantité de perles et de diamants, qui fait les États riches et opulents, écrit-il, c'est l'accommodement des choses nécessaires à la vie et au vêtement. » Mais, en même temps : « Il est impossible de faire la guerre sans hommes, d'entretenir des hommes sans solde, de fournir à leur solde sans tributs, de lever des tributs sans commerce. » Ce qui le conduit à cette conclusion : « Les marchands sont plus qu'utiles à l'État, et leur souci de profit qui s'exerce dans le travail et l'industrie fait et cause une bonne part du bien public. Pour cette raison on doit leur permettre l'amour et quête du profit. » A condition, bien sûr, qu'il s'agisse de marchands nationaux ; car : « Les marchands étrangers sont comme des pompes qui tirent hors du royaume (...) la pure substance de nos peuples (...) ; ce sont des sangsues qui s'attachent à ce grand corps de la France, tirent son meilleur sang et s'en gorgent. »

Il résume d'une phrase la pensée mercantiliste : « Il faut de l'argent, et, n'en ayant point de notre cru, il faut en avoir des étrangers. » Pour ce faire, il recommande d'encourager le commerce national ; d'empêcher les marchands étrangers de faire sortir l'or et l'argent du Royaume, de réglementer les professions, de créer « dans les diverses provinces de France, plusieurs ateliers des métiers (...) donnant la surintendance et la conduite de ceux-ci, avec privilèges utiles et honorables, à des esprits capables et pleins de l'intelligence requise ». Il préconise la conquête coloniale, bien sûr pour « faire connaître le nom de Dieu, notre créateur, à tant de peuples barbares, privés de toute civilisation, qui nous appellent, qui nous tendent les bras, qui sont prêts à s'assujettir à nous afin que par de saints enseignements et de bons exemples nous les mettions dans la voie du salut ». « Comme Dieu lui-même promet à ceux qui cherchent son royaume d'y ajouter par-dessus le comble de tout bien, il ne faut point douter qu'outre la

---

démembrer la partie principale du Tout, et que la science d'acquérir des biens, qu'ils nomment ainsi, est commune aux républiques aussi bien qu'aux familles. » Voir H. Denis, *op. cit.*, p. 89 s., et P. Deyon, *op. cit.*, p. 49 s.

bénédiction de Dieu, qui viendrait à ce grand et puissant
État pour des entreprises si pieuses, si justes et si charita-
bles (...), il s'ouvrirait par ce moyen, tant ici que là-bas, de
grandes et inépuisables sources de richesse. »

Richelieu, puis Colbert, œuvreront à la réalisation de
cette politique.

b) La politique mercantiliste

Après l'assassinat de Henri IV, avec la régence de Marie
de Médicis, le pouvoir royal traverse une période d'affaiblissement. En 1624, le cardinal de Richelieu est appelé
aux affaires ; il restera chef du Conseil jusqu'en 1642,
composant avec le Parlement, brisant l'orgueil des grands
et leurs complots, amenant à merci les protestants[1],
organisant l'État — en un mot, instaurant l'absolutisme.
Parallèlement il encourage les conflits qui affaiblissent les
Habsbourg, y engageant la France quand nécessaire. Il
veille à restaurer les moyens de la richesse : l'agriculture,
les routes, les canaux et les ports, quelques productions
manufacturières, et particulièrement les compagnies de
commerce. Comme il le rapporte lui-même en ses
Mémoires :

> Cette grande connaissance que le cardinal avait prise de la
> mer fit qu'il représenta en l'assemblée des notables qui se
> tenait lors, plusieurs propositions nécessaires, utiles et
> glorieuses ; non tant pour remettre en France la marine en
> sa première dignité que, par la marine, la France en son
> ancienne splendeur. Il leur remontra (...) qu'il n'y a de
> royaume si bien situé que la France et si riche de tous les
> moyens nécessaires pour se rendre maître de la mer ; que,
> pour y parvenir, il faut voir, comme nos voisins s'y
> gouvernent, faire de grandes compagnies, obliger les
> marchands d'y entrer leur donner de grands privilèges,
> comme ils font ; que faute de ces compagnies et pour ce que
> chaque petit marchand trafique à part et de son bien et
> partant, pour la plupart, en de petits vaisseaux et assez mal
> équipés, ils sont la proie des corsaires et des princes nos
> alliés parce qu'ils n'ont pas les reins assez forts, comme
> aurait une grande compagnie, de poursuivre leur justice

1. Siège de la Rochelle, 1627-1628 ; « Édit de grâce » d'Alès, 1629.

jusques au bout. Que ces compagnies seules ne seraient pas néanmoins suffisantes si le Roi de son côté n'était armé d'un bon nombre de vaisseaux pour les maintenir puissamment en cas qu'on s'opposât par force ouverte à leurs desseins, outre que le Roi en tirerait cet avantage qu'en un besoin de guerre il ne lui soit pas nécessaire d'avoir recours à mendier l'assistance de ses voisins[1].

Si certaines tentatives échouent — celles de la Compagnie du Morbihan (fondée en 1625), et de la Compagnie de la Nacelle Saint-Pierre fleurdelysée (fondée en 1627 et dont le monopole devait s'étendre au monde entier) —, d'autres réussissent — la Compagnie des Cent Associés développe ses activités au Canada, celle du Cap Vert au Sénégal, celle des Îles d'Amérique (1635) aux Antilles et celle des Indes orientales à Madagascar. En 1628 un comptoir français a été établi à Alger, et en 1631 les premiers consuls français se sont installés au Maroc.

Après Richelieu, des mesures protectionnistes seront prises, notamment, en 1644, le tarif protecteur sur les textiles et, en 1659, la taxe de cinquante sous par tonneau sur les vaisseaux étrangers.

Mais c'est à l'évidence avec Louis XIV et Colbert que triomphent le mariage de l'absolutisme et du mercantilisme, l'alliance du Roi-Soleil et de la bourgeoisie. A la noblesse, certes, reste la Cour. Mais la bourgeoisie, de plus en plus, accède aux responsabilités de l'État. Le roi choisit parmi la bourgeoisie de robe ses ministres, ses conseillers, ses intendants : Le Tellier, Colbert, Louvois, Barbezieux ; il les anoblit, les admet à la Cour, créant en fait une noblesse de robe. La vieille aristocratie désapprouve : « Ce fut un règne de vile bourgeoisie », grogne Saint-Simon.

Sous ce règne, avec Colbert[2], pour qui « les compagnies de commerce sont les armées du roi et les manufactures de France sont ses réserves », le mercantilisme atteint en France son apogée. Parce qu'il « n'y a que l'abondance d'argent dans un État qui fasse la différence de sa grandeur

---

1. *Mémoires* du cardinal de Richelieu, 1627, cité par P. Deyon, *op. cit.*, p. 94 et 95.
2. C'est-à-dire de 1663 à 1685. Signes architecturaux de cette période : les « arcs de triomphe » de la porte Saint-Denis (1673) et de la porte Saint-Martin (1674), la colonnade du Louvre (1667-1674), la place des Victoires avec la statue de Louis XIV (1686).

et de sa puissance » et qu' « on ne peut augmenter l'argent dans le royaume qu'en même temps l'on en ôte la même quantité dans les États voisins », Colbert voit les gains qu'il y aurait à libérer le commerce extérieur de la France de la tutelle hollandaise :

> Outre les avantages que produira l'entrée d'une plus grande quantité d'argent comptant dans le royaume, il est certain que, par les manufactures, un million de peuples qui languissent dans la fainéantise gagneront leur vie. Qu'un nombre aussi considérable gagnera sa vie dans la navigation et sur les ports de mer ; que la multiplication presque à l'infini des vaisseaux multipliera de même la grandeur et la puissance de l'État. Voilà à mon sens, les fins auxquelles doivent tendre l'application du Roi, sa bonté et son amour pour ses peuples [1].

Ce sont d'abord des mesures défensives : le prélèvement effectif de la taxe sur les vaisseaux étrangers, le tarif protecteur de 1664, puis celui de 1667.

C'est ensuite la politique de développement de la production. Dès 1663, Colbert entreprit :

> (...) une vaste enquête sur les ressources de la France, sur les prédispositions de chaque région pour l'agriculture, le commerce, l'industrie, les méthodes employées, l'esprit des populations. Ces renseignements recueillis, Colbert dresse un plan : la liste de ce qu'il faut produire et des lieux où il faut le produire. Pour la production, on fera venir de l'étranger ce dont on a besoin : les machines, en particulier celles qu'on ne connaît pas encore en France, par exemple celle qui sert à faire des bas « dix fois plus promptement qu'à l'aiguille », puis les techniciens : Allemands et Suédois pour le travail du fer, Hollandais pour celui du drap, Vénitiens pour la broderie et les glaces, Milanais pour la soie, les uns et les autres recrutés par les consuls français. Le cas le plus célèbre est celui du Zélandais Josse Van Robais de Middlebourg, installé à Abbeville avec tout son personnel pour y fabriquer du drap, avec un privilège de vingt ans [2].

Dans cette perspective, il veille à la fondation de plus de quatre cents manufactures. Manufactures « collectives »

---

1. *Lettres, mémoires et instructions* de Colbert, cité *in* P. Deyon, *op. cit.*, p. 100 et 101.
2. *Histoire universelle*, t. III, p. 142.

réunissant plusieurs centres artisanaux bénéficiant ensemble de privilèges accordés : draperie de Sedan ou d'Elbeuf, bonneterie de Troyes, manufacture d'armes de Saint-Étienne... Manufactures « privées », entreprises individuelles (Van Robais à Abbeville) ou grandes compagnies ayant des succursales dans plusieurs provinces, notamment pour les mines, la grande métallurgie (Compagnie Dallier de la Tour : forges, canons, ancres, armes), les lainages... Manufactures du roi, enfin, propriété du souverain : Gobelins, Sèvres, Aubusson, Saint-Gobain — mais aussi arsenaux et fonderies de canons. Les privilèges accordés (monopoles de production ou de vente, exemptions, financement) ont pour contrepartie de stricts contrôles (normes, quantité, qualité). Par cette politique, sont développées les productions de luxe et d'exportation (tapisseries, porcelaines, verrerie, tissus de luxe), mais aussi les productions de base (sidérurgie, papeterie, armement) et les productions de consommation courante (tissus de laine et de lin, draps...).

En même temps, c'est le brutal apprentissage de la discipline manufacturière. Les mendiants, enfermés dans les hôpitaux, doivent apprendre un métier ; les oisifs, les filles célibataires, les personnels des couvents peuvent être contraints de travailler aux manufactures ; les enfants doivent aller en apprentissage. Pour les ouvriers, la messe en début de journée, le silence ou des cantiques pendant le travail ; les amendes, le fouet ou le carcan en cas de faute ; la journée de douze à seize heures ; les bas salaires ; la menace de la prison en cas de rébellion.

Et puis, enfin, c'est la politique commerciale[1]. La Compagnie des Indes orientales (1664) reçoit pour cinquante ans le monopole du commerce et de la navigation dans l'océan Indien et le Pacifique ; sa réussite est médiocre et elle ne connaîtra la prospérité qu'au siècle suivant. La Compagnie du Levant (1670) bénéficie de subventions et d'accords avec les manufactures de drap et de sucre ; après une brève prospérité, elle souffre des attaques des négociants marseillais et de la concurrence hollandaise, et cesse

---

1. « Le commerce, écrivait Colbert, est la source des finances, et les finances sont le nerf de la guerre. »

son activité vers 1680. La présence française dans le monde s'élargit : Saint-Domingue (1665), vallée du Mississippi (1673), Pondichéry (1674).

Ainsi dans un contexte général de dépression économique, face aux puissants capitalismes marchands hollandais et anglais, c'est à travers l'action de l'État royal que s'établissent, en France, les bases à la fois solides et modestes d'un capitalisme manufacturier et colonial. L'État royal, l'État absolu a massivement soutenu l'effort de développement de la production manufacturière et du commerce mondial ; c'est sous sa protection que s'est formée la bourgeoisie française : elle en portera longtemps la marque...

c) Le mercantilisme mis en cause

Mais bientôt les critiques sourdent. Les intérêts, d'abord, se rebiffent, dès qu'ils sont lésés : fabricants gênés par les manufactures, commerçants de Nantes, Rouen et Marseille gênés par les compagnies de commerce ou par les représailles hollandaises ou anglaises. Ainsi, dans le *Mémoire pour servir à l'histoire* de 1668, on lit :

> ... Monsieur Colbert ne prend pas garde qu'en voulant mettre les Français en état de se pouvoir passer de tous les autres peuples, [il les conduit] à songer aussi à faire la même chose de leur côté, car il est certain qu'ils ont pris une autre route pour aller chercher ailleurs la plupart des choses, dont ils se venaient fournir dans nos provinces. Puisqu'une des principales causes de la disette d'argent, que nous voyons en France, au milieu d'une si grande abondance de blés et de vins, procède de ce que les Hollandais ne les viennent plus enlever, comme ils faisaient autrefois, parce que la conduite que nous tenons avec eux à l'égard du commerce leur fait voir clairement que nous en voulons rien prendre en échange (...). De sorte qu'après avoir essuyé bien des fâcheux inconvénients, il faudra que nous revenions par nécessité au même état où nous étions ou n'avoir plus de liaison avec personne, qui est une chose impossible [1]...

1. Cité *in* P. Deyon, *op. cit.*, p. 102-3.

Boisguilbert, observant à la fin du siècle la misère paysanne et la baisse du revenu dans les campagnes, met en cause les impôts, « l'incertitude de la taille » et les barrières douanières, « les aides et les douanes sur les passages et sorties du royaume » (*Le Détail de la France*, 1695). Dans *Le Factum de la France* (1707), il prend conscience de l'interdépendance des activités dans un système marchand généralisé :

> Il faut convenir d'un principe, qui est que toutes les professions, quelles qu'elles soient dans une contrée, travaillent les unes pour les autres, et se maintiennent réciproquement, non seulement pour la fourniture de leurs besoins, mais même pour leur propre existence. Aucun n'achète la denrée de son voisin ou le fruit de son travail qu'à une condition de rigueur, quoique tacite et non exprimée, savoir que le vendeur en fera autant de celle de l'acheteur, ou immédiatement, comme il arrive quelquefois, ou par la circulation de plusieurs mains ou professions interposées ; ce qui revient toujours au même (...). La nature donc, ou la Providence, peut seule faire observer cette justice, pourvu encore une fois que qui que ce soit autre ne s'en mêle ; et voici comment elle s'en acquitte. Elle établit d'abord une égale nécessité de vendre et d'acheter dans toutes sortes de trafics, de façon que le seul désir du profit soit l'âme de tous les marchés, tant dans le vendeur que dans l'acheteur ; et c'est à l'aide de cet équilibre ou de cette balance que l'un et l'autre sont également forcés d'entendre raison et de s'y soumettre (...). La dérogeance à cette loi, qui devrait être sacrée, est la première et la principale cause de la misère publique, attendu que l'observation en est plus ignorée [1].

Dans le *Testament politique de M. de Vauban* (1712), il réclame la liberté de prix et la liberté du commerce extérieur.

---

1. Cité par H. Denis, *op. cit.*, p. 135-6.

Propos d'étape 1

Au terme de cette « longue marche » de plusieurs siècles vers le capitalisme, le capital, en tant que rapport social de domination pour l'extorsion de plus-value, n'est nulle part encore accompli dans sa maturité. Et c'est seulement à la lumière de son épanouissement ultérieur que l'on peut alors parler de « capital usuraire » ou de « capital commercial », de « capitalisme marchand » et même de « capitalisme manufacturier ».

Dans les formations sociales européennes où se développera le capitalisme, le mode principal d'extorsion de surtravail reste de nature « tributaire » : rentes de diverses natures et de formes variées versées par la paysannerie à la noblesse, à l'Église, à l'État royal.

A cela s'ajoutent l'afflux de richesses résultant du pillage des trésors de l'Amérique, l'extorsion de surtravail fondé sur la traite des esclaves d'Afrique, et le développement dans les Amériques de productions minières et agricoles fondées sur le travail forcé ou l'esclavage — exploitation brutale des Africains et des Américains.

C'est de ces deux sources de valeur que se nourrit principalement l'enrichissement des bourgeoisies d'Europe : soit à travers le commerce des marchandises (A → M → A'), soit à travers le commerce de l'argent (A → A').

La création des manufactures, la soumission du travail artisanal par des négociants fabricants qui lui imposent leur loi, les premières fabriques, sont bien l'amorce de la mise en place d'un nouveau mode de production qui organise toute la production (P) en vue de la création d'une valeur supplémentaire (transformation de M en M'), à partir de laquelle pourra être réalisé le profit Δ A = A' − A. Processus que l'on peut résumer dans la formule A → M →

P → M' → A'. Mais cela reste encore tâtonnant, embryonnaire, étroitement localisé (sectoriellement et géographiquement).

Ces différentes sources de valeur, et principalement les deux premières, rendent possibles deux formes principales d'accumulation :

— une accumulation étatique (routes, canaux, ports, flotte, mais aussi manufactures royales...)

— une accumulation bourgeoise (monnaies, métaux précieux, diamants, marchandises, navires, mais aussi outils de production et manufactures).

Face à la classe dominante de la société féodale et post-féodale — la noblesse —, la classe montante — la bourgeoisie bancaire et commerçante — utilise le plus souvent une stratégie d'alliance avec le souverain, sur la base de ce que l'on peut appeler le « compromis mercantiliste » : mise en avant de la « richesse du prince », puis de la coïncidence entre la prospérité de l'État et celle des marchands, pour promouvoir une politique de défense par rapport aux concurrents étrangers, d'expansion commerciale et coloniale, de développement de la production.

Lorsque la bourgeoisie se sent suffisamment forte pour dominer le marché mondial, elle sait abandonner les thèses mercantilistes pour mettre en avant les vertus du libre-échange. Quand elle se sent assez forte pour affronter l'absolutisme, elle sait à la fois s'armer des nouvelles idées de liberté et de libre consentement (trouvant ainsi des appuis petit-bourgeois et populaires) et s'allier aux couches éclairées de la noblesse (face au danger des soulèvements paysans et du mécontentement populaire[1]). Dans l'un et l'autre cas, elle est présente au plus haut niveau de l'appareil d'État (grands commis, intendants, officiers d'État — mais aussi de Parlement et de Justice) premier embryon d'une « techno-bureoisie » d'État, qui tirera un réel pouvoir de sa connaissance et de sa pratique des affaires de l'État.

---

1. Fort et conquérant, le capitalisme hollandais était libre-échangiste et mondialiste. Obligé de s'affirmer, le capitalisme anglais est nationaliste et protectionniste : alliées, la monarchie et la bourgeoisie mettent en œuvre une politique mercantiliste ; une fois les principaux succès obtenus, les idées libre-échangistes et libérales émergent. Une séquence du même type se retrouve en France, avec un bon demi-siècle de retard.

Ce que l'on doit en tout cas retenir, c'est l'importance de l'État dans la naissance même du capitalisme ; c'est aussi, et d'une manière liée, la dimension nationale de la formation du capitalisme : pas de capitalisme sans bourgeoisie ; celle-ci se renforce dans le cadre de l'État-nation et en même temps que se forge la réalité nationale : et c'est dans ce cadre qu'est progressivement créée, modelée, adaptée la main-d'œuvre nécessaire. Enfin, pour le capitalisme dominant, pour la bourgeoisie triomphante, le cadre géographique d'activité est le monde : c'est à l'échelle internationale qu'elle se procure la main-d'œuvre et les matières de base, qu'elle vend, qu'elle trafique et qu'elle pille.

Dès sa formation même, le capitalisme est national *et* mondial, privé *et* étatique, concurrentiel *et* monopoliste.

2. Le siècle des trois révolutions (XVIIIᵉ siècle)

Siècle des Lumières, de l'esprit français, du despotisme éclairé, c'est ainsi qu'est habituellement présenté le XVIIIᵉ siècle : siècle d'élargissement des échanges marchands, notamment du commerce mondial [1], et de progression de la production marchande [2], agricole et manufacturière, avec hausse des prix [3] et croissance de la population [4] ; tout cela principalement dans la seconde moitié du siècle et avec, comme résultats simultanés, la multiplication des richesses [5] et l'aggravation de la pauvreté.

C'est aussi le siècle du renforcement du capitalisme anglais : car le capitalisme s'affaiblit en Hollande, végète dans une France largement rurale dominée par la Cour et les salons, émerge à peine dans les pays où, comme en Prusse, les « despotes éclairés » adoptent les vieilles recettes mercantilistes. Capitalisme encore très largement colonial, marchand et manufacturier ; mais déjà capable de s'adapter à la nouvelle situation qu'entraînera l'indépen-

1. La valeur du commerce extérieur français est multipliée par 3,2 entre le lustre qui suit la mort de Louis XIV (1716-1720) et celui de 1751-1755 ; puis elle double entre cette période et 1787-1789 ; dans ce mouvement, sa part dans la production marchande passe de 10 % à 20 ou 25 % (J. Marczewski, « Some aspects of economic growth », *Economic Development and cultural change*, t. IX, nº 3, p. 372). Le commerce extérieur anglais double entre 1700-1709 et 1750-1759, puis est multiplié par 2,6 entre cette période et 1795-1804 (Ph. Deane et W. A. Cole, *British economic growth (1688-1959)*, p. 48).
2. A prix constant le revenu national anglais est passé de 50 millions de livres sterling en 1688 à 134 en 1770 et 139 en 1798 (P. Bairoch, *Révolution industrielle et Sous-Développement*, p. 271). En France, augmentation des deux tiers du produit marchand entre 1701-1710 et 1781-1790 (P. Léon, *op. cit.*, p. 202).
3. Hausse particulièrement nette pour les prix agricoles en Europe ; plus faible pour les « produits coloniaux » et les produits industriels. Cf. C. E. Labrousse, *Esquisse du mouvement des prix et des revenus en France au XVIIIᵉ*, et W. Beveridge, *Prices and wages in England from the 12 th to the 19 th century*.
4. La population européenne passe de 120 millions au début du siècle, à environ 190 millions à la fin du siècle (*Histoire universelle*, t. III, p. 234).
5. Selon Arnoult, la « masse circulante » serait passée en France de 731 millions de francs en 1715 à 2 milliards en 1788 (P. Léon, *op. cit.*, p. 202).

dance des colonies d'Amérique et de créer, avec la nouvelle vague des enclosures et la prolétarisation de masses rurales, avec le mouvement cumulatif d'accumulation, avec les progrès techniques, les conditions de la grande révolution industrielle du XIXe siècle.

C'est donc le siècle où s'accentuent les contradictions liées au développement des rapports marchands et du capitalisme : contradictions de la domination coloniale, avec les guerres entre la France et l'Angleterre et l'indépendance des colonies d'Amérique ; contradictions entre la noblesse et la bourgeoisie en France, qui explosent dans la révolution de 1789 ; contradictions entre le développement des échanges marchands et les limites de la production manufacturière, d'où surgit l'amorce de la révolution industrielle en Angleterre.

Domination coloniale, rivalités entre grandes puissances et révolution américaine

Les guerres menées par Louis XIV ont épuisé la France. L'Angleterre, elle, a gagné aux traités de 1703 et 1713 l'ouverture du marché du Brésil et de celui de l'empire espagnol, et bénéficie d'une nette prépondérance maritime.

Le pillage et l'exploitation des colonies vont s'intensifier. De 1720 à 1780, la production d'or en Amérique espagnole et au Brésil est en moyenne de vingt tonnes par an, alors qu'aux siècles précédents, elle a été au maximum de dix tonnes pour une année. La production du sucre est aussi une importante source d'enrichissement à partir du travail des esclaves noirs pour les Anglais (dans les Barbades et à la Jamaïque), pour les Français (à Saint-Domingue, à la Martinique et en Guadeloupe) et pour les Portugais (au Brésil)[1]. La traite des esclaves atteint aussi de hauts

1. Importations légales de sucre vers la métropole (moyennes annuelles en milliers de tonnes) :

	France	Angleterre	Portugal
1741-1745	65	41	34
1766-1770	78	74	20

D'après A.-G. Frank, *L'Accumulation mondiale*, p. 212.

niveaux : cinquante-cinq mille par an en moyenne pour l'ensemble du siècle (alors qu'elle était de l'ordre de deux mille par an au XVIe siècle), avec des périodes où elle atteint cent mille par an ; un des armateurs qui participe au trafic croit aux idées avancées de son siècle et baptise ses bateaux : *Voltaire, Rousseau, Le Contrat social*[1]. Des millions d'Africains arrachés à leurs sociétés et à leur terre par la violence et le troc[2] ; des millions de travailleurs non payés, dont beaucoup ne recevaient pas de quoi reproduire leurs forces et s'épuisaient en quelques dizaines de mois : c'est là, ne l'oublions jamais, une base essentielle (mais largement gommée dans la pensée occidentale) de l'enrichissement bourgeois des XVIe, XVIIe et XVIIIe siècles.

Car l'Amérique latine dominée « joue un rôle décisif dans l'accumulation des richesses, par la bourgeoisie d'Europe occidentale », l'Afrique noire « jouant le rôle de périphérie de la périphérie » et « réduite au rôle de fournisseur de travail serf pour les plantations[3] ». En effet, le travail forcé des esclaves noirs et des populations d'Amérique du Sud permet de dégager une énorme masse de plus-value ; celle-ci est appropriée sous forme monétaire par des négociants et des fabricants, des banquiers et des financiers d'Angleterre, principalement, mais aussi d'Europe et des colonies d'Amérique du Nord : soit directement, soit indirectement, par la vente de produits manufacturés (tissus, armes...)[4] ou du service de transport.

Elle permet, d'une part, de développer l'enrichissement privé en Europe et, d'autre part, d'accroître les achats dans le reste du monde, et notamment en Asie[5].

Dans ce mouvement général, les compagnies de commerce existantes développent leurs activités, avec parfois

---

1. D'après M. Goulart, environ 3,5 millions d'Africains transportés au Brésil entre 1500 et 1851 ; d'après Pitman, 2,1 millions importés dans les colonies britanniques d'Amérique (treize colonies et Antilles) entre 1680 et 1786 (F. Mauro, *L'Expansion européenne*).
2. En témoigne le film d'Ousmane, *Ceddo*.
3. S. Amin, *Sous-Développement et Dépendance en Afrique noire*.
4. Entre 1700 et 1790, en Angleterre, la production des industries d'exportation est multipliée par 3,8 ; celle des industries nationales par 1,4 seulement (Ph. Deane et W. A. Cole, *op. cit.*, p. 59).
5. La consommation de thé se généralise en Angleterre. Pendant le siècle, les importations sont multipliées par 70 en volume, par 16 seulement en valeur, à cause de la baisse du prix (P. Léon, *op. cit.*, p. 186).

COMMERCE DE L'ANGLETERRE AVEC SES COLONIES D'AMÉRIQUE AU XVIIIᵉ SIÈCLE

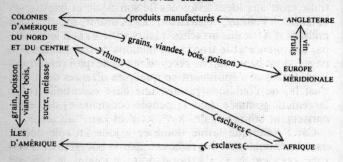

D'après P. Mauro. *L'Expansion européenne (1600-1870).*

L'EXTORSION DE LA VALEUR À L'ÉCHELLE MONDIALE AU XVIIIᵉ SIÈCLE

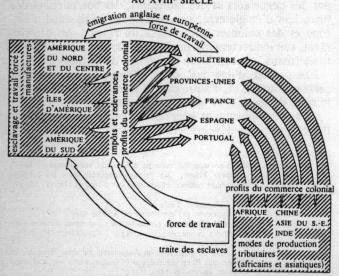

d'énormes bénéfices[1]. De nouvelles compagnies sont créées : l'United Company (nouvelle compagnie anglaise des Indes, 1709), la Compagnie anglaise de la mer du Sud (1710), la Compagnie française d'Occident (1717), la Compagnie d'Ostende (1722) ; la Compagnie française des Indes est reconstituée en 1723. Des colonies anglaises sont créées en Amérique du Nord : celle de Caroline en 1729, celle de Géorgie en 1732 ; La Nouvelle-Orléans est fondée en 1718, et les Français vont peu à peu remonter la vallée du Mississippi. Dupleix est gouverneur de Chandernagor en 1730 et, en 1742, gouverneur général de l'Inde française, où la Compagnie française a mené une active politique commerciale et multiplié les comptoirs. Les draps français à cette époque concurrencent les draps anglais. Les marchands français gênent de plus en plus le commerce anglais. L'île de Malte est devenue un relais essentiel du commerce français en Méditerranée.

Marchands et manufacturiers anglais pensent qu'il est temps de donner un coup d'arrêt à l'expansion française dans le monde.

Mais c'est à l'Espagne que l'Angleterre s'attaque d'abord en 1739 ; car le pouvoir royal espagnol s'efforce de limiter les activités des commerçants anglais dans son empire. Et la guerre dite de Succession d'Autriche (1740-1748), où la France et l'Espagne, avec le soutien à éclipses de la Prusse, s'opposent à l'Angleterre et l'Autriche, débouche à Aix-la-Chapelle sur une paix qui ne règle pas les principales questions ; pour l'opinion française, compte tenu des succès remportés, on s'est battu « pour le roi de Prusse » ; pour les colons anglais d'Amérique du Nord, on n'a pas réussi à réduire le vaste domaine que s'est taillé la petite colonie française ; pour les commerçants anglais, la concurrence française reste menaçante.

Ceux-ci vont trouver en Pitt, Premier ministre en 1756, un ferme soutien : « Quand le commerce est menacé, déclare-t-il, le recul n'est plus possible : il faut se défendre ou périr. » En 1754, des incidents de frontière opposent dans la vallée de l'Ohio des colons français et anglais. En 1755, la flotte anglaise attaque un convoi transportant des

1. Les taux de bénéfice peuvent atteindre 100 %, et parfois dépasser 200 %.

renforts français au Canada ; puis elle s'empare de trois cents bâtiments français. Au cours de la guerre dite « de Sept Ans », les Anglais remportent de nets succès dans les colonies dont la France néglige la défense : ils prennent Calcutta et Chandernagor (1757), Louisbourg et Fort-Duquesne (1758), Québec (1759), Montréal (1760), Pondichéry et Mahé (1761). Au traité de Paris (1763), l'Angleterre élargit d'une manière considérable son empire : elle obtient de la France tout le Canada et la partie de la Louisiane située à l'est du Mississippi, et de l'Espagne, la Floride ; elle obtient en outre aux Antilles plusieurs îles (la Dominique, Saint-Vincent, Tabago, la Grenade et les Grenadines) et en Afrique Saint-Louis et les postes français du Sénégal ; elle a enfin les mains libres pour mener une politique d'annexions territoriales aux Indes.

S'ouvre ainsi pour l'Angleterre une période de suprématie mondiale ; et c'est sur une base territoriale élargie que le capitalisme anglais va développer ses marchés, étendre sa domination, organiser l'accumulation. Car c'est bien à cela que doivent servir les colonies : quoi de plus naturel ?

> Les colonies ne doivent jamais oublier ce qu'elles doivent à la mère patrie pour la prospérité dont elles jouissent. La gratitude qu'elles lui doivent les oblige à rester sous sa dépendance immédiate et à subordonner leurs intérêts aux siens. Elles doivent, en conséquence :
> 1° donner à la métropole un plus grand débouché pour ses produits ;
> 2° donner de l'occupation à un plus grand nombre de ses manufacturiers, artisans, marins ;
> 3° lui fournir une plus grande quantité des objets dont elle a besoin [1].

Si la mise en valeur du Sud de l'Amérique du Nord est principalement agricole et esclavagiste [2], celle du Nord-Est a déjà la triple dimension agricole, commerciale (participation au « commerce triangulaire ») et manufacturière (transformation des produits agricoles, mais aussi du fer, du bois...). La construction navale a beaucoup bénéficié

---

1. Postlethwayt, *Britain's commercial interest explained*, 1747, cité par H. Sée, *Les Origines du capitalisme moderne*, p. 118.
2. Les esclaves étaient au nombre de cinq cent mille, soit 40 % de la population de cette région. A.-G. Frank, *op. cit.*, p. 180.

des actes de navigation du siècle précédent[1]. Enfin, l'expansion territoriale vers l'ouest se heurtait à un double obstacle : le premier, la présence française et espagnole, fut levé, on l'a vu, en 1763 ; contre la présence des populations indiennes, les colons américains menèrent une incessante guérilla (avec des primes par Indien tué), s'élargissant en de véritables guerres, par exemple contre les Cherokees en Géorgie et dans les Carolines, entre 1759 et 1761. Ainsi, dans le « creuset » de l'immigration américaine, se constituent une aristocratie rurale esclavagiste dans le Sud, et, diversement réparties dans l'ensemble des colonies, une paysannerie de colonisation (avec les durs affrontements et les travaux de première mise en valeur que cela représente), une bourgeoisie marchande et manufacturière, une petite bourgeoisie urbaine et les couches, sans cesse renouvelées, de travailleurs des ports et des villes.

Les colonies d'Amérique du Nord, comme toutes les colonies anglaises, étaient soumises au régime de l'exclusif : la métropole ayant le monopole d'acheter et de vendre. Après 1763, le gouvernement britannique, pour rétablir ses finances, décide d'imposer des taxes sur le sucre (1764) et le timbre (1765). Fidèles à la tradition de la bourgeoisie anglaise, les nouveaux bourgeois d'Amérique rétorquent qu'ils conservent le droit fondamental de consentir l'impôt, et que, n'étant pas représentés au Parlement d'Angleterre, ils n'ont pas à payer l'impôt voté par lui. Ils obtiennent largement satisfaction en 1766, mais le second gouvernement Pitt impose de nouveaux droits sur le papier, le verre, le plomb et le thé importés : boycottage et contrebande sont la réponse des marchands d'Amérique. Ces droits sont levés en 1770 par Lord North, sauf pour le thé. Mais c'est la vente directe, par la Compagnie des Indes (avec l'accord du gouvernement), des stocks de thé en excédent qui met le feu aux poudres : les cargaisons de trois navires sont jetées à la mer à Boston en 1773. Boston et le Massachusetts sont soumis en 1774 à un régime militaire par les Anglais, qui rattachent les territoires du Nord-Ouest, jusqu'à l'Ohio, au Québec...

1. L. A. Harper a pu évaluer que, vers 1776, le tiers de la flotte anglaise avait été construit dans les colonies. Cité par A.-G. Frank, *op. cit.*, p. 185.

En 1774 un premier congrès continental réunit les
représentants de treize colonies. Le second congrès, réuni
en 1775-1776, n'ayant pu avoir l'appui des Canadiens, et
soucieux d'obtenir le soutien de la France, adopte, le
4 juillet 1776, la Déclaration d'indépendance et d'entente,
largement influencée par les philosophes d'Europe :

> Nous tenons pour évidentes par elles-mêmes les vérités
> suivantes : tous les hommes ont été créés égaux ; ils sont
> doués par leur Créateur de certains droits inaliénables ;
> parmi ces droits se trouvent la vie, la liberté et la recherche
> du bonheur. Les gouvernements sont établis parmi les
> hommes pour garantir ces droits et leur juste pouvoir
> émane du consentement des gouvernés. Toutes les fois
> qu'une forme de gouvernement devient destructive de ce
> but, le peuple a le droit de la changer ou de l'abolir et
> d'établir un nouveau gouvernement [1].

La guerre d'Indépendance va durer six ans. Les Américains bénéficient de l'alliance de la France (1778), puis de
l'entrée dans la guerre de l'Espagne (1779) et de la
Hollande (1780). C'est en effet l'occasion d'affaiblir la principale puissance d'Europe que d'aider ses anciennes colonies d'Amérique à conquérir leur indépendance. Une fois
celle-ci assurée, Louis XVI, qui n'obtient pour la France,
au traité de Versailles, que la restitution des îles Tabago et
Sainte-Lucie et des établissements du Sénégal, accorda
aux États-Unis un don de douze millions de livres et un
prêt de six millions pour la reconstruction économique.

Ainsi, la première colonisation débouchait sur une
première guerre d'indépendance. D'autres mouvements
échouaient : révolte de Tupac Amaru au Pérou (1780-
1781), soulèvement mené par Toussaint Louverture à
Saint-Domingue dans le grand ébranlement de la révolution française (1791-1795). Les guerres napoléoniennes,
l'occupation puis l'affaiblissement de l'Espagne, l'insurrection générale de ses colonies d'Amérique ouvriront la voie
à une nouvelle vague d'indépendances : Argentine (1816),
Colombie (1819), Pérou, Mexique, Venezuela (1821)...

Ainsi, comme à sa naissance, dans son premier développement sous la forme marchande et manufacturière, le

---

1. Cité in *Histoire générale des civilisations*, t. V, p. 329.

capitalisme est national — donc marqué par les rivalités commerciales et les guerres — *et* mondial — donc caractérisé par l'extorsion de valeur et de richesses dans les régions dominées. Mais, en se développant, il suscite les forces qui le combattent, et arrachent, en Amérique du Nord, la première décolonisation : d'où surgira, plus tard, un nouveau et formidable essor du capitalisme, puis de l'impérialisme.

La bourgeoisie contre la noblesse en France : de la lutte idéologique à la révolution

> Par toutes les recherches que j'ai pu faire, depuis plusieurs années que je m'y applique, j'ai fort bien remarqué que, dans ces derniers temps, près de la dixième partie du peuple est réduite à la mendicité, et mendie effectivement ; que des neuf autres parties, il y en a cinq qui ne sont pas en état de faire l'aumône à celle-là, parce qu'eux-mêmes sont réduits, à très peu de chose près, à cette malheureuse condition ; des quatre autres parties qui restent, les trois sont fort mal aisées, et embarrassées de dettes et de procès ; et que dans la dixième, où je mets tous les Gens d'Épée, de Robe, Ecclésiastiques et Laïques, toute la Noblesse haute, la Noblesse distinguée, et les Gens en charge militaire et civile, les bons Marchands, les Bourgeois rentés et les plus accommodés, on ne peut pas compter sur cent mille Familles et je ne croirais pas mentir, quand je dirais qu'il n'y en a pas dix mille petites ou grandes, qu'on puisse dire être fort à leur aise[1].

1. *La bourgeoisie contre la noblesse*

Dix mille familles fort à leur aise. Il s'agit d'une part de la haute noblesse[2] (les trois ou quatre mille familles présen-

---

1. Vauban, *La Dîme royale*, 1707. Cité in *Les Écrivains témoins du peuple*, Éd. J'ai lu, 1964, p. 71.
2. L'ensemble de la noblesse était évalué par l'abbé Coyer, en 1756, à quatre-vingt mille familles, soit quatre cent mille personnes environ. La plus large partie vit à l'aise sur ses terres. Une autre partie connaît la pauvreté (H. Sée, *La France économique et sociale au XVIIIe siècle*, p. 725). Selon les régions, la noblesse possède entre 11 % et 40 % des terres ; *ibid.*, p. 14.

tées à la Cour, qui bénéficiaient des plus grands privilèges,
des charges et des pensions lucratives), de qui se rapproche
de plus en plus, au XVIIIe siècle, les grandes familles de la
noblesse de robe (intendants, conseillers d'État et parlementaires). Il s'agit d'autre part de la haute bourgeoisie :
banquiers, grands commerçants des ports maritimes, fabricants, hommes d'affaires, encore faibles dans la société
française, mais qui trouvent des alliés remuants et bouillon-
nants d'idées chez les avocats, les juristes, les amis des
lettres tenant salons, des officiers des finances.

Or, après la mort de Louis XIV, la noblesse, longtemps
écartée des affaires, veut y revenir ; le régent Philippe
d'Orléans crée sept conseils, composés de nobles et qui
doivent, à la place des ministres, s'occuper d'une branche
du gouvernement : les intrigues, le manque d'assiduité et
de travail conduisent cette tentative à l'échec. Ce sera donc
le retour à la monarchie absolue ; mais c'est principalement
parmi les nobles que le monarque choisira ses conseillers.

Plus : les sièges parlementaires, la haute administration,
la haute magistrature, se ferment aux roturiers ; le haut
clergé leur est fermé ; l'accès aux postes d'officiers, dans
l'armée, verrouillé ; mépris, brimades, distances — le fossé
se creuse entre nobles et roturiers. Et pourtant, nombre de
ceux-ci développent leurs affaires et s'enrichissent. La
tentative, puis la faillite de Law (1716-1720) ont donné une
impulsion. La Bourse de Paris est créée en 1724. La
politique libérale du cardinal Fleury (de 1726 à 1743)
facilite l'activité des négociants. La corvée royale permet
l'amélioration des routes ; l'école des Ponts et Chaussées
est créée en 1743 et le corps d'ingénieurs dans les années
1750. Avec le développement du commerce colonial et de
la traite des esclaves, Bordeaux, Nantes, Le Havre grandis-
sent : négociants, armateurs, raffineries de sucre, manufactures textiles s'y développent ; Marseille continue à commercer avec le Levant et participe plus activement au
commerce colonial. La production dans des manufactures
reste encore circonscrite dans des îlots localisés. Ainsi, à
Reims, plus de la moitié des métiers à laine sont groupés
dans un petit nombre de manufactures. En effet, « les
marchands ont intérêt à grouper les ouvriers sous le même
toit pour surveiller leur travail et éviter les frais de

transport ». C'est le cas aussi de nombreuses manufactures du Midi[1].

C'est encore l'artisanat et la production à domicile organisée par le marchand qui prédominent. Par exemple :

> En Bretagne, l'industrie de la toile est exclusivement rurale et domestique ; ceux qui s'y emploient, ce sont de petits propriétaires, des fermiers (qui souvent font travailler leurs domestiques), des journaliers qui fabriquent la toile pendant les mois de chômage. Les salaires des tisserands sont fort médiocres et les profits vont surtout aux fabricants, c'est-à-dire aux marchands qui recueillent les produits fabriqués et avancent souvent la matière première.
> Dans les régions où l'agriculture est plus prospère, comme la Normandie orientale, la Picardie, la Flandre, les paysans qui pratiquent l'industrie rurale sont ceux qui possèdent trop peu de terres pour vivre de leur culture. Dans la Normandie orientale, le Parlement de Rouen, dès 1722, nous montre les paysans abandonnant la culture de la terre pour filer ou carder le coton, et il se plaint du dommage qui en résulte pour l'agriculture. Il n'est aucun village normand qui n'ait ses fileuses et ses tisserands ; cent quatre-vingt mille personnes sont ainsi occupées par la « manufacture » de Rouen[2].

Parfois, production regroupée et production à domicile se combinent[3] : les douze « manufactures royales » de laine font faire les apprêts en ateliers groupés, mais la filature et le tissage à domicile par les paysans ; à Abbeville, les Van Robais font travailler en atelier mille huit cents ouvriers et à domicile environ dix mille. De même, à partir du fer, les clous, les poêles, les chaudrons sont souvent fabriqués par les paysans chez eux.

Combien sont-ils ? Cinq cent mille, un million ? Les estimations sont difficiles et les chiffres fluctuent selon les saisons et la conjoncture...

Entre les ouvriers disponibles dans les villes, les artisans prêts à travailler pour un négociant, les paysans disponibles pour un travail saisonnier, la concurrence s'aiguise. Le négociant a beau jeu de durcir ses conditions. La journée

---

1. H. Sée, *Les Origines du capitalisme moderne*, p. 139.
2. H. Sée, *La France économique et sociale au* XVIIIe *siècle*, p. 36-7.
3. Voir *Histoire générale des civilisations*, t. V, p. 132, et *Histoire universelle*, t. III, p. 298.

SCHÉMA VI

CLASSES SOCIALES ET EXTORSION DE LA VALEUR
EN FRANCE AU XVIIIᵉ SIÈCLE

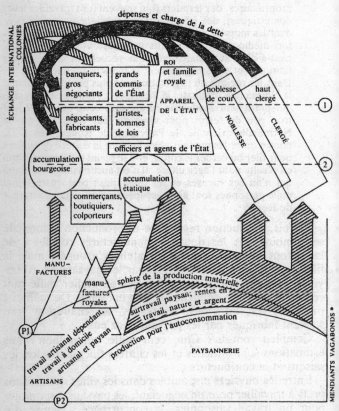

Au dessus de la ligne ① les « dix mille familles fort à leur aise » selon Vauban. Au dessus de la ligne ② les « cent mille familles aisées » selon Vauban (un dixième de la population).
Ⓟ① : sphère de la production matérielle. — Ⓟ② : sphère de la production pour l'autoconsommation.
   • D'après Vauban, vagabonds et mendiants représentent un dixième de la population.

de travail s'allonge : « Toujours, note l'abbé Berthelon, l'ouvrier fabricant devance l'aurore et prolonge ses travaux bien avant dans la nuit, pour pouvoir, par la longueur du temps, compenser la modicité des salaires insuffisants [1]. »

Dans les campagnes, vagabonds, mendiants, hommes et femmes sans travail et sans ressource constituent une masse instable de main-d'œuvre disponible : « journaliers isolés qui, n'appartenant plus à personne, n'ayant plus de maîtres, ni par conséquent de protecteurs intéressés à les défendre, à les soulager, se trouvent livrés sans ressource à la discrétion de l'avarice même qu'ils enrichissaient » ; paysans pauvres à la limite de la misère dès que survient une mauvaise récolte. Ainsi, pendant l'hiver 1710, « l'on voyait les hommes et les femmes, enfants grands et petits, le visage et les mains terreuses, raclant la terre avec leurs ongles, cherchant certaines petites racines qu'ils dévoraient lorsqu'ils en avaient trouvé. Les autres moins industrieux paissaient l'herbe avec les animaux ; les autres entièrement abattus, étaient couchés le long des grands chemins en attendant la mort [2] ». Et, en 1739, le marquis d'Argenson note dans ses mémoires : « La misère depuis un an avance donc au-dedans du royaume à un degré inouï ; les hommes meurent comme des mouches, de pauvreté et en broutant l'herbe (...). Le Duc d'Orléans porta dernièrement au Conseil un morceau de pain de fougère (...), disant " Sire, voilà de quel pain se nourrissent aujourd'hui vos sujets ". »

Parfois, le mécontentement se cristallise. Une révolte éclate, vite matée.

Ainsi, d'un côté, une noblesse qui a resserré les rangs autour du Roi et de la Cour, qui se réserve l'accès aux offices et veille jalousement sur le respect de ses privilèges et prérogatives. De l'autre, une bourgeoisie qui, grâce au commerce colonial et à l'expansion de la production manufacturière, s'enrichit, se renforce, mais souffre de rester écartée des affaires de l'État.

C'est dans les salons, dans le luxe des velours, des dentelles et des ors, là où germent et circulent les découver-

1. Cité par H. Sée, *La France...*, *op. cit.*, p. 139.
2. *Registre paroissial de Lain* (Yonne), cité in *Les Écrivains témoins du peuple*, p. 67.
3. Cité in *Les Écrivains témoins du peuple*, p. 89.

tes des savants et les idées des philosophes que va pouvoir
se développer le courant multiforme de la contestation.

2. *Le bouillonnement idéologique*

Connaître, observer, expliquer, comprendre, douter,
débattre, découvrir... A condition d'avoir le ton, tout peut
être dit, ou presque.

C'est une époque d'exceptionnel engouement pour l'observation de la matière et de la nature.

> Les collections d'animaux, de plantes, de pierres, les
> « cabinets » de physique sont chaque jour plus nombreux :
> des ducs, des magistrats, des abbés, des médecins, des
> dames, des congrégations religieuses en ont. Louis XV eut
> les siennes propres, et, en outre, Buffon développa le
> Cabinet du Roi et le Jardin du Roi, qu'avait fondé
> Louis XIII : il doubla les jardins, construisit des serres, un
> amphithéâtre pour l'enseignement (...). Des cours publics
> répandaient le goût de la science. A Paris, depuis 1734,
> l'abbé Nollet faisait un cours de physique uniquement
> expérimental (...). Lorsqu'en 1753 le roi fonda pour lui le
> cours de physique expérimental du Collège de Navarre,
> celui-ci dut s'ouvrir aux amateurs : Nollet avait six cents
> auditeurs. Au Jardin du Roi, le chimiste Rouelle commen-
> çait son cours public en perruque et en manchettes de
> dentelle. Mais il s'échauffait, enlevant manchettes et perru-
> que, puis ôtait son habit, finissait par arracher son gilet,
> terminait son cours en corps de chemise, et sa passion se
> communiquait à l'auditoire (...). Les livres de vulgarisation
> se multipliaient, quelques-uns de grande valeur, comme le
> *Spectacle de la nature* de l'abbé Pluche, les *Leçons de
> physique expérimentale* de l'abbé Nollet (1748) ; l'*Histoire
> naturelle* de Buffon ; l'*Histoire de l'électricité* de Priestley
> (1775), avec une multitude d'abrégés, de dictionnaires, de
> manuels, sans cesse mis à jour et réédités[1].

C'est aussi une époque de recherche scientifique et de
découvertes : d'Alembert systématise les principes de
mécanique (1743) ; Lavoisier analyse la composition de
l'air (1770-1771), puis de l'eau (1783) ; Berthollet étudie le

---

1. *Histoire générale des civilisations*, t. V, p. 11.

chlore (1772) ; Lagrange établit les principes de la mécanique analytique (1787).

Dans ce contexte fleurissent les idées des philosophes[1] : l'évidence, la clarté, la conformité à la raison ; un univers admirable, mécanique obéissant à des lois éternelles établies par un être suprême, Dieu, à la fois « tout-puissant et tout intelligent »[2] ; un monde fondé sur des lois naturelles, un droit naturel, une morale naturelle, qu'il convient de redécouvrir ; le bonheur, le plaisir, l'égoïsme, l'utilitarisme, mais aussi l'indulgence, la tolérance, une certaine humanité. Et puis, s'imposant de plus en plus, l'idée de Progrès[3] : le progrès humain se frayant à travers le progrès intellectuel des individus, le développement de l'esprit, des connaissances, des lumières. Idées cultivées dans les milieux de la noblesse de robe, des financiers, des juristes, et, car toute l'aristocratie européenne parle et pense français, diffusées dans les cours des despotes éclairés.

L'*Encyclopédie* (1751-1764) en est la somme philosophique et scientifique, destinée à remplacer la *Somme théologique* de saint Thomas d'Aquin : « œuvre de cent trente collaborateurs, avocats, médecins, professeurs, prêtres, académiciens, industriels, fabricants, la plupart de situation confortable et pourvus de titres officiels, s'adressant par son prix à la grande bourgeoisie éclairée, c'est un ouvrage bourgeois[4] ».

L'Église condamne l'*Encyclopédie* une première fois en 1752 et une seconde fois en 1759, ce qui n'entrave pas son succès dans l'étroit public qui lit.

a) Démocratie, liberté, volonté générale

Inépuisable, éclairée par les révolutions anglaises et les écrits de Hobbes et de Locke, nourrie par les aspirations de

1. Quelques points de repères : Voltaire, *Histoire de Charles XII* (1731), *Lettres anglaises* (1734), *Le Siècle de Louis XIV* (1751), *Essai sur les mœurs* (1756), *Dictionnaire philosophique* (1764) ; Diderot, *Pensées philosophiques* (1746), *Lettre sur les aveugles* (1758) ; Rousseau, *Discours sur les sciences et les arts* (1750), *Discours sur l'origine de l'inégalité* (1754), *Lettre à d'Alembert* (1758), *Le Contrat social* (1762).
2. Certains sont matérialistes et athées : La Mettrie, *L'Homme machine* (1747) ; Helvetius, *De l'esprit* (1758) ; le baron d'Holbach, *Système de la nature* (1770), Diderot...
3. De Turgot (*Discours sur l'histoire universelle*, 1750) à Condorcet (*Esquisse du tableau des progrès de l'esprit humain*).
4. *Histoire générale des civilisations*, t. V, p. 75.

la noblesse à être le pilier du royaume, comme par la revendication de la grande bourgeoisie d'être consultée par le monarque et de peser sur les affaires de l'État, la réflexion se poursuit sur le pouvoir, les régimes politiques, les lois et les droits, l'intérêt général, le contrat social, la volonté générale[1].

Dans *l'Esprit des lois* (1748), Montesquieu, ciselant les formules, avait passé au crible de son examen les « espèces de gouvernement » : « le républicain, le monarchique et le despotique ». Dans la république démocratique, « la volonté du souverain est le souverain lui-même ». Mais Montesquieu cerne immédiatement les limites de ce qu'on nomme aujourd'hui démocratie directe : « Le peuple, dans la démocratie, est, à certains égards, le monarque ; à certains autres le sujet (...). Le peuple qui a la souveraine puissance doit faire par lui-même tout ce qu'il peut bien faire ; ce qu'il ne peut bien faire, il faut qu'il le fasse par ses ministres (...). Le peuple est admirable pour choisir ceux à qui il doit confier quelque partie de son autorité (...). Mais saura-t-il conduire une affaire, connaître les lieux, les occasions, les moments, en profiter ? Non : il ne le saura pas[2]. » Monarchiste, fasciné comme tant d'esprits éclairés de son temps par la monarchie parlementaire anglaise, il prône ensemble l'équilibre des puissances — le peuple, la noblesse et le monarque — et la séparation des pouvoirs — le législatif, l'exécutif et le judiciaire. Il n'a rien d'un utopiste : « Autant que le ciel est éloigné de la terre, autant le véritable esprit d'égalité l'est-il de l'esprit d'égalité extrême. » Rien non plus d'un cynique : « Un homme n'est pas pauvre parce qu'il n'a rien, mais parce qu'il ne travaille pas (...). Dans une bonne démocratie, où l'on ne doit dépenser que pour le nécessaire, chacun doit l'avoir ; car, de qui le recevrait-on ? » Et, dans le cas où l'on n'a su prévenir la misère, « l'État a besoin d'apporter un prompt secours, soit pour empêcher le peuple de souffrir, soit pour éviter qu'il ne se révolte[3] ».

Démocratie, liberté, contrat social : ces idées nouvelles

---

1. Montesquieu, *L'Esprit des lois*, 1748, Helvetius, *De l'esprit*, 1758 ; Rousseau, *Le Contrat social*, 1762.
2. Montesquieu, *L'Esprit des lois*, 1748, Éd. Garnier, 1949, t. I, p. 11-13.
3. Cité *in* M. Leroy, *Histoire des idées sociales en France*, t. I, p. 127-8.

trouvent en J.-J. Rousseau un ardent propagandiste :
« L'homme est né libre et partout il est dans les fers », ainsi
s'ouvre le premier chapitre du *Contrat social*[1]. « Renoncer
à sa liberté, c'est renoncer à sa qualité d'homme, aux droits
de l'humanité, même à ses devoirs (...). Une telle renoncia-
tion est incompatible avec la nature de l'homme ; et c'est
ôter toute moralité à ses actions que d'ôter toute liberté à
sa volonté. (...) Trouver une forme d'association qui
défende et protège de toute la force commune la personne
et les biens de chaque associé, et par laquelle chacun,
s'unissant à tous, n'obéisse pourtant qu'à lui-même, et
reste aussi libre qu'auparavant. Tel est le problème fondamental dont *le Contrat social* donne la solution (...) Ce que
l'homme perd par le contrat social, c'est sa liberté naturelle
et un droit illimité à tout ce qui le tente et qu'il peut
atteindre ; ce qu'il gagne, c'est la liberté civile et la
propriété de tout ce qu'il possède[2]. »

Souveraineté du peuple, volonté générale, Rousseau la
présente : inaltérable, indivisible, infaillible si elle est bien
informée, absolue tout en s'interdisant de « passer les
bornes des conventions générales », et donc « sacrée » et
« inviolable ». Il distingue le souverain du gouvernement :
« Le gouvernement reçoit du souverain les ordres qu'il
donne au peuple ; et, pour que l'État soit dans un bon
équilibre, *il faut,* tout compensé, *qu'il y ait égalité entre* le
produit ou *la puissance du gouvernement pris en lui-même,*
et le produit ou la *puissance des citoyens, qui sont souve-
rains d'un côté et sujets de l'autre*[3]. » Il étudie, après
Montesquieu, les formes de gouvernement : les simples
(démocratie, aristocratie, monarchie) et les mixtes ; la
diversité des conditions fait que « toute forme de gouvernement n'est pas propre à tout pays ».

La démocratie le fascine : « S'il y avait un peuple de
dieux, il se gouvernerait démocratiquement. Un gouvernement si parfait ne convient pas à des hommes. » D'ailleurs : « A prendre le terme dans la rigueur de l'acception,

1. J.-J. Rousseau, *Du Contrat social et autres œuvres,* Éd. Garnier, 1957, p. 236.
Auparavant Rousseau a eu cette phrase que devraient méditer nos gouvernants :
« Si j'étais prince ou législateur, je ne perdrais pas mon temps à dire ce qu'il faut
faire ; je le ferais, ou je me tairais. » *Ibid.,* p. 235.
2. *Ibid.,* p. 239, 243 et 247.
3. *Ibid.,* p. 249 et 273.

il n'a jamais existé de véritable démocratie, et il n'en existera jamais. Il est contre l'ordre naturel que le grand nombre gouverne et que le petit soit gouverné. On ne peut imaginer que le peuple reste incessamment assemblé pour vaquer aux affaires publiques, et l'on voit aisément qu'il ne saurait établir pour cela des commissions, sans que la forme de l'administration change [1]. »

Hostile à l'absolutisme, Rousseau donne l'impression de réserver la démocratie (pour nous, la démocratie directe) aux petits États [2] ; et de préférer ailleurs un moindre mal, l'aristocratie élective (en quelque sorte, notre démocratie représentative).

En fait, il ne tranchera pas. Dans une lettre de 1767 au marquis de Mirabeau, il n'est plus sûr qu'il soit possible de trouver une « forme de gouvernement qui mette la loi au-dessus de l'homme » ; si ce n'est pas possible : « … il faut passer à l'autre extrémité et mettre tout d'un coup l'homme autant au-dessus de la loi qu'il peut l'être, par conséquent établir le despotisme arbitraire et le plus arbitraire qu'il est possible : je voudrais que le despote pût être Dieu. En un mot, je ne vois point de milieu supportable entre la plus austère démocratie et le hobbisme le plus parfait : car le conflit des hommes et des lois qui met l'État dans une guerre intestine continuelle est le pire de tous les états politiques [3] ».

Souveraineté du peuple, volonté générale, liberté : les grands thèmes de la révolution bourgeoise sont en place. Souveraineté du peuple, démocratie directe, liberté : de grands thèmes des mouvements populaires sont là aussi. D'autres débats se développent : sur la richesse, l'égalité, la propriété.

b) *Égalité et propriété*

Face à la réalité — non encore cernée ni nommée, mais qui s'élargit — du capitalisme marchand, et surtout face au spectacle de la pauvreté et de la misère dans les campagnes et les villes, aux spectaculaires enrichissements de quel-

1. *Ibid.*, p. 280-1.
2. « Plus l'État s'agrandit, plus la liberté diminue », écrit-il. *Ibid.*, p. 274.
3. Cité par J.-J. Chevallier, *op. cit.*, p. 172.

ques-uns, certains s'indignent ; quelques-uns prolongent et renouvellent la fascinante tradition de l'utopie [1] ; d'autres s'apitoient et recommandent la charité [2].

Chargé de l'article « Économie politique » de l'*Encyclopédie* (1755), Rousseau résume brutalement le pacte social que propose le riche au pauvre :

> Vous avez besoin de moi car je suis riche et vous êtes pauvre ; faisons donc un accord entre nous ; je permettrai que vous ayez l'honneur de me servir, à condition que vous me donniez le peu qui vous reste pour la peine que je prendrai de vous commander [3].

Tout au long de son œuvre, tout au long de sa vie il vitupère la richesse et les riches : « C'est l'État des riches, écrit-il à Mme Francueil dans la lettre où il explique pourquoi il a mis ses enfants aux Enfants Trouvés (1751), c'est votre État qui vole au mien le pain de mes enfants. » Les riches étant inhumains, c'est parmi eux qu'il choisit Émile afin de l'éduquer : « Nous serons sûrs au moins d'avoir un homme de plus ; au lieu qu'un pauvre peut devenir homme de lui-même. »

Le riche « ne trouve point étrange que le profit soit en raison inverse du travail et qu'un fainéant, dur et voluptueux, s'engraisse de la sueur d'un million de misérables, épuisés de fatigue et de besoin ». Rousseau dénonce : « Dans nos sociétés, les richesses accumulées facilitent toujours les moyens d'en accumuler de plus grandes, et (...) il est impossible à celui qui n'a rien d'acquérir quelque chose [4]. » Le *Discours sur l'origine de l'inégalité parmi les hommes* (1754) s'achève sur ces mots : « Il est manifestement contre la loi de nature, de quelque manière qu'on la définisse (...) qu'une poignée de gens regorge de superfluités tandis que la multitude affamée manque du nécessaire [5]. »

---

1 Morelly, *La Basiliade*, 1753 ; *Le Code de la nature*, 1755.
2. N'est-il pas établi, depuis des siècles, que « Dieu donnant la vie à chacun » — c'est « le riche qui fait vivre le pauvre » ? Cette idée survit aujourd'hui puisque le riche « donne du travail », « crée des emplois »...
3. Cité *in* A. Chabert, « Rousseau économiste », *Revue d'histoire économique et sociale*, 1964, n° 3, p. 349.
4. Cité par A. Lichtenberger, *Le Socialisme au xviiie siècle*, Alcan, 1895, p. 147.
5. *Discours...*, in *Du Contrat social...*, *op. cit.*, p. 92.

Dans ce *Discours,* J.-J. Rousseau lie explicitement le problème de l'inégalité et la question de la propriété :

> Le premier qui ayant enclos un terrain s'avisa de dire : « Ceci est à moi », et trouva des gens assez simples pour le croire, fut le vrai fondateur de la société civile. Que de crimes, de guerres, de meurtres, que de misères et d'horreurs n'eût point épargnés au genre humain celui qui, arrachant les pieux ou comblant le fossé, eût crié à ses semblables : « Gardez-vous d'écouter cet imposteur ; vous êtes perdus si vous oubliez que les fruits sont à tous, et que la terre n'est à personne ! » Mais il y a grande apparence qu'alors les choses en étaient déjà venues au point de ne pouvoir plus durer comme elles étaient [1].

Rousseau ne préconise pourtant pas l'abolition de la propriété privée ; car, écrit-il dans l'article « Économie politique » de l'*Encyclopédie,* « le droit de propriété est le plus sacré de tous les droits des citoyens » ; mais il envisage de le limiter, notamment à travers le droit des successions et par l'impôt :

> C'est précisément parce que la force des choses tend toujours à détruire l'égalité que la force de la législation doit toujours tendre à la maintenir (...). C'est donc une des plus grandes affaires du gouvernement de prévenir l'extrême inégalité des fortunes, non en enlevant les trésors à leurs possesseurs, mais en ôtant à tous les moyens d'en accumuler ; ni en bâtissant les hôpitaux pour les pauvres, mais en garantissant les citoyens de le devenir [2].

Frère de Condillac, l'abbé Mably reprend la critique de la propriété privée : « Quelle est la principale source de tous les malheurs qui affligent l'humanité ? C'est la propriété des biens [3]. » Il s'en arme contre les physiocrates :

> Quand la propriété foncière serait beaucoup plus favorable à la reproduction des richesses, qu'elle ne l'est en effet, il faudrait encore préférer la communauté des biens. Qu'importe cette plus grande abondance, si elle invite les hommes à être injustes et à s'armer de la force et de la fraude pour s'enrichir ? Peut-on douter sérieusement que

1. *Ibid.,* p. 66.
2. Cité par H. Denis, *op. cit.,* p. 233.
3. *Des droits et des devoirs des citoyens,* 1758, cité in *Histoire générale du socialisme,* t. I, p. 243.

dans une société où l'avarice, la vanité et l'ambition seraient inconnues, le dernier des citoyens ne fût plus heureux que ne le sont aujourd'hui nos propriétaires les plus riches[1] ?

Il leur oppose les Spartiates et les Indiens du Paraguay : « L'État, propriétaire de tout, distribue aux particuliers les choses dont ils ont besoin. Voilà, je l'avoue, une économie politique qui me plaît (...)[2]. »

Mais Diderot, s'il déplore qu' « entre les hommes, l'indigence condamne les uns au travail, tandis que d'autres s'engraissent de la peine et de la sueur des premiers[3] », voit une protection de l'individu dans la propriété privée.

Helvétius[4], préoccupé du bonheur du genre humain, reprend la critique de l'inégalité : « Il n'est dans la plupart des nations que deux classes de citoyens : l'une qui manque du nécessaire, l'autre qui regorge du superflu. La première ne peut pourvoir à ses besoins que par un travail excessif. » Il en appelle au gouvernement pour « diminuer la richesse des uns, augmenter celle des autres ». « Tous les citoyens ont-ils quelque propriété ? Tous sont-ils dans une certaine aisance et peuvent-ils par un travail de sept ou huit heures subvenir abondamment à leurs besoins et à ceux de la famille ? Ils sont aussi heureux qu'ils peuvent l'être. » D'Holbach[5], autre esprit éclairé, acharné à remplacer la religion par la morale naturelle, demande au gouvernement de taxer le luxe, de donner au pauvre la possibilité de vivre de son travail, d'empêcher le cumul des richesses en peu de mains. Outre les ateliers pour les indigents, il propose que « tout terrain inculte devrait rentrer dans la masse commune pour être donné à ceux qui peuvent le faire valoir utilement pour eux et pour la société ».

L'abbé Raynal, homme des salons et ami de Diderot, célèbre pour son *Histoire philosophique des deux Indes* (1770), dénonce, lui aussi, l'inégalité et la richesse :

1. *Doutes proposés aux philosophes économistes sur l'ordre naturel et essentiel de sociétés politiques*, 1768, cité par H. Denis, *op. cit.*, p. 237.
2. *Doutes...*, cité par A. Lichtenberger, *op. cit.*, p. 229.
3. *Principes de la philosophie morale*, cité in *Histoire générale du socialisme*, t. I, p. 159.
4. *De l'homme*, 1772, cité in *Histoire générale du socialisme*, t. I, p. 161.
5. *Éthocratie, ou le gouvernement fondé sur la morale*, cité par A. Lichtenberger, *op. cit.*, p. 267.

« Craignez l'affluence de l'or qui apporte, avec le luxe, la corruption des mœurs, le mépris des lois ; craignez une trop inégale répartition des richesses, qui montre un petit nombre de citoyens opulents et une multitude de citoyens dans la misère ; d'où naît l'insolence des uns et l'avilissement des autres. » Il a cette formule : « Partout le riche exploite le pauvre », envisage la suppression de l'héritage, et va jusqu'à écrire : « Pendez-les, s'il le faut, ces perfides riches et recouvrez votre dignité[1] ! »

Avec Linguet, avocat et publiciste, la dénonciation se précise : il publie en 1767 la *Théorie des lois civiles ou principes fondamentaux de la société* et, de 1777 à 1792, avec plusieurs suspensions, les *Annales politiques, civiles et littéraires.*

Société et propriété ont la même base, la violence : « L'avarice et la violence ont usurpé la terre (...) de sorte que la possession aujourd'hui, porte, par un bout, sur l'usurpation la plus criante. » Et l'esprit de propriété, dès qu'il « a commencé de s'emparer des âmes (...) les a rétrécies, matérialisées pour ainsi dire. Il les a fermées presque à tout autre motif qu'à l'intérêt ». Linguet examine la situation des manouvriers de son temps — successeurs des esclaves et des serfs, leur sort lui paraît infiniment plus misérable que celui de leurs pères[2] :

> Ils gémissent sous les haillons dégoûtants qui sont la livrée de l'indigence. Ils n'ont jamais part à l'abondance dont leur travail est la source. La richesse semble leur faire grâce, quand elle veut bien agréer les présents qu'ils lui font (...). Elle leur prodigue le mépris le plus outrageant (...). Ce sont là les domestiques qui ont vraiment remplacé les serfs parmi nous ; c'est sans contredit une très nombreuse et la plus nombreuse portion de chaque nation. Il s'agit d'examiner quel est le gain effectif que lui a procuré la suppression de l'esclavage. Je le dis avec autant de douleur que de franchise : tout ce qu'ils ont gagné, c'est d'être à chaque instant tourmentés par la crainte de mourir de faim, malheur dont étaient du moins exempts leurs prédécesseurs dans ce dernier rang de l'humanité. La misère les réduit à

---

1. *Histoire philosophique des deux Indes,* 1770, cité par M. Leroy, *op. cit.,* p. 234.
2. *Théorie des lois civiles,* Amsterdam, 1767, cité par A. Lichtenberger, *op. cit.,* p. 291 à 296 et 303.

se mettre aux genoux du riche pour obtenir de lui la permission de l'enrichir.

Voilà à quoi la « liberté » condamne les manouvriers : ainsi « les déclamations [du riche] contre la servitude ressemblent aux cris que jette un oiseau de proie en déchirant la colombe qu'il a liée de ses serres ».

Linguet n'a rien d'un utopiste : « Vouloir rendre tout le monde heureux, dans un État, est un projet aussi faux en politique que celui de chercher la pierre philosophale l'est en chimie [1]. » Les économistes nous abusent en nous promettant d'accroître les richesses : car « le secret d'augmenter les richesses d'un peuple n'est que celui d'augmenter le nombre de ses malheureux ». En effet, ce n'est pas la richesse qui est source de la vie du « mercenaire » ; c'est la vie du « mercenaire » qui fait l'opulence des riches : « Vous avez raisonné précisément comme un homme qui voudrait qu'une rivière entretînt les ruisseaux dont elle est formée, au lieu que ce sont les ruisseaux qui entretiennent la rivière [2]. » Le journalier est pris au piège du « libre » marché : « Il n'a à vendre que le loyer de ses bras, dont on peut se passer deux jours, trois jours ; et on lui vend du pain dont il ne peut se passer vingt-quatre heures [3]. » « C'est donc une triste ironie de dire que les ouvriers sont libres et n'ont pas de maître. Ils en ont un, et le plus terrible, le plus impérieux des maîtres (...). Le pauvre n'est point libre et il sert en tout pays. Ils ne sont pas aux ordres d'un homme en particulier, mais à ceux de tous en général. » On comprend qu'à la veille des États généraux Linguet ait pu se dire l'interprète des vœux du quatrième ordre : « Dans ce moment où il s'agit en France d'une assemblée destinée à opérer une réforme générale, il faut qu'il y ait au moins un interprète des gémissements de la classe la plus nombreuse, la plus maltraitée et la plus dépourvue des moyens de se faire entendre. »

Tandis que Linguet analyse et dénonce la situation du prolétaire (journalier, manouvrier, mercenaire) qui n'a à vendre que la force de ses bras, Turgot et les physiocrates

---

1. *Lettre sur la théorie des lois civiles*, Amsterdam, 1770 ; *ibid.*, p. 293.
2. *Réponse aux docteurs modernes*, Londres, 1771 ; *ibid.*, p. 294 et 299.
3. *Du pain et du blé*, Londres, 1774, *ibid.*, p. 300.
4. *Annales*, t. XIII, 1788, *ibid.*, p. 297 et 302.

en France et Adam Smith en Angleterre voient la nécessité
des « avances », c'est-à-dire d'une part du « produit net »
utilisée pour l'accumulation du capital : chacun mettant
ainsi en lumière une face du capitalisme.

c) Les idées des économistes

Corrosif, Voltaire a posé la question centrale : « Quoi ?
depuis que vous êtes établi en corps du peuple, vous n'avez
pas encore le secret d'obliger tous les riches à faire
travailler tous les pauvres[1] ? » C'est sans doute là une
définition possible du capitalisme : le système qui oblige les
riches à faire travailler toujours plus les pauvres.

A cette logique, Rousseau oppose celle du droit des
travailleurs, qui sous-tendra la pensée socialiste :

> Il est impossible de concevoir l'idée de la propriété naissant
> d'ailleurs que de la main-d'œuvre ; car on ne voit pas ce
> que, pour s'approprier les choses qu'il n'a point faites,
> l'homme y peut mettre de plus que son travail. C'est le seul
> travail, qui, donnant droit au cultivateur sur le produit de la
> terre qu'il a labourée, lui en donne par conséquent sur le
> fonds, au moins jusqu'à la récolte et ainsi d'année en
> année[2].

Dans la seconde moitié du siècle, un large débat se
développe autour de la question de la production. Comment produire mieux ? Comment produire plus pour dégager un « produit net » ? Qui est productif ? Comment
dégager un surplus nécessaire à l'accumulation ? Parmi les
philosophes, les « économistes » vont plus particulièrement examiner ces questions.

Quesnay est le chef indiscuté de l'école « physiocratique ». Né en 1694 près de Versailles d'une famille de
paysans aisés, il s'obstine à s'instruire, s'installe comme
chirurgien à Nantes et publie plusieurs ouvrages médicaux ;
entré au service de Mme de Pompadour (1748), « médecin
ordinaire du roi », il est annobli en 1752 et achète une
propriété dans le Nivernais en 1755.

---

1. Cité *in* M. Foucault, *Histoire de la folie à l'âge classique*, p. 63.
2. *Discours sur l'origine de l'inégalité parmi les hommes*, 1754, in *Du Contrat social...*, *op. cit.*, p. 75.

La France, par sa population et sa production, est alors principalement rurale et agricole (pour plus des trois quarts) ; alors que la Hollande et l'Angleterre ont déjà largement adopté les nouvelles méthodes de culture, l'agriculture française reste très traditionnelle : les terres restent caillouteuses, les labours superficiels, les semailles tardives, les rendements faibles ; la pratique de la jachère continue à stériliser la moitié, les deux tiers de la superficie cultivable, et parfois plus. « Incurie des grands propriétaires ; inertie des paysans, découragés par les charges qui les accablent ; insuffisance des voies de communication et surtout mauvais état des chemins de traverse ; entraves au commerce des denrées agricoles et à la liberté des cultures : autant de raisons qui expliquent le faible développement de l'agriculture[1]. »

Dans l'article « Fermiers » de l'*Encyclopédie* (1757), Quesnay montre la supériorité du fermage sur le métayage et les avantages du cheval par rapport au bœuf pour les labours. Dans l'article « Grains » (1757), il dresse l'état actuel de la petite et grande culture des grains, montre ce que pourrait donner une bonne culture des grains, et récapitule dans un tableau la différence.

COMPARAISON DES PRODUITS DE LA CULTURE ACTUELLE DU ROYAUME
AVEC CEUX DE LA BONNE CULTURE[2]

	culture actuelle	bonne culture	différence
pour les propriétaires ..	76.500.000	400.000.000	323.500.000 plus de 4/5
pour la taille	27.000.000	165.000.000	138.000.000 plus de 5/6
pour les fermiers	27.500.000	165.000.000	137.500.000 plus de 5/6
pour la dîme	60.000.000	155.000.000	105.000.000 plus de 2/3
pour les frais	415.000.000	930.000.000	515.000.000 plus de 5/9
produit, frais déduits ...	178.000.000	885.000.000	707.000.000 près de 4/5
produit total	595.000.000	1.815.000.000	1.220.000.000 plus de 2/3

1. H. Sée, *La France économique et sociale au XVIIIe siècle*, p. 34-5.
2. F. Quesnay, « Grains » (1757), in *François Quesnay et la Physiocratie*, INED, 1958, t. II, p. 478.

Il écrit : « Les revenus sont le produit des terres et des hommes[1] », avant de formuler ses *Maximes de gouvernement économique,* où percent déjà ses idées forces : productivité exclusive de la terre, stérilité de l'industrie et rejet de la mesure de l'enrichissement par la balance du commerce.

L'article « Homme » a été écrit par Quesnay en 1757, mais n'a pas été publié dans l'*Encyclopédie :* celle-ci ayant perdu le soutien du gouvernement, il préféra conserver le manuscrit. Son idée que les richesses viennent de l'agriculture s'y précise :

> Ne nous amusons donc point, nous qui sommes si riches en biens-fonds, à un petit commerce de luxe, qui ne rend que les frais de main-d'œuvre ; fertilisons nos terres, vendons des grains, des vins, des chanvres, des étoffes de nos laines, le plus qu'il est possible. Le produit multipliera réellement les richesses ; et ces richesses annuelles toujours renaissantes nous assureront des manufactures et des ouvrages d'industrie en tout genre.
> Car l'opulence est la mère des arts et du luxe[2].

Cette idée est progressivement précisée dans les différentes éditions du *Tableau économique* (1758-1759), dans la *Philosophie rurale* (1763), écrite avec Mirabeau qui la signa, et dans l'*Analyse de la formule arithmétique du tableau économique* (1766) qui commence par ces lignes :

> La nation est réduite à trois classes de citoyens : la classe productive, la classe des propriétaires et la classe stérile. La classe productive est celle qui fait renaître par la culture du territoire les richesses annuelles de la nation, qui fait les avances des dépenses des travaux de l'agriculture, et qui paye annuellement les revenus des propriétaires des terres. On renferme dans la dépendance de cette classe tous les travaux et toutes les dépenses qui s'y font jusqu'à la vente des productions à la première main ; c'est par cette vente qu'on connaît la valeur de la reproduction annuelle des richesses de la nation.
> La classe des propriétaires comprend le souverain, les possesseurs des terres et les décimateurs. Cette classe subsiste par le revenu ou produit net de la culture, qui lui est payé annuellement par la classe productive, après que celle-ci a prélevé, sur la reproduction qu'elle fait renaître

1. *Ibid.*, p. 484.
2. *Ibid.*, p. 559.

annuellement, les richesses nécessaires pour se rembourser de ses avances annuelles et pour entretenir ses richesses d'exploitation.

La classe stérile est formée de tous les citoyens occupés à d'autres services et à d'autres travaux que ceux de l'agriculture, et dont les dépenses sont payées par la classe productive et par la classe des propriétaires, qui eux-mêmes tirent leurs revenus de la classe productive [1].

Analyse de la circulation des richesses ; analyse liée des classes et de la production-utilisation de ces richesses ; mise en valeur d'un produit net, c'est-à-dire d'un surplus disponible ; rôle souligné des « avances », c'est-à-dire de l'utilisation d'une partie de ce surplus pour améliorer le bien-fonds en vue d'une production renouvelée ou élargie — Quesnay a été le théoricien d'un capitalisme agraire qui n'avait rien d'absurde à une époque où :

— la France, principalement rurale, avait une agriculture susceptible d'augmenter sensiblement sa production selon des méthodes déjà éprouvées en Angleterre et en Hollande ;

— le capitalisme restait largement à un stade marchand, colonial, et n'était guère développé en France dans son stade manufacturier.

Turgot, grand commis de l'État royal — il est intendant avant d'être contrôleur général —, influencé par Gournay qu'il accompagne dans ses tournées, chargé des articles « Foire » et « Fondation » pour l'*Encyclopédie,* et qui connaît Voltaire (1760), Du Pont de Nemours (1763), Adam Smith (1764), publie en 1766 les *Réflexions sur la formation et la distribution des richesses.*

Il est largement influencé par la pensée physiocratique : « C'est toujours la terre qui est la première et unique source de toute richesse [2]. » Mais, n'ayant pas l'esprit doctrinaire de Quesnay, et ayant une suffisante connaissance de la réalité économique, il s'interroge :

Quelles sont les richesses d'un État ? Qui donne la valeur aux terres, si ce n'est le nombre des habitants ? (...) Si le travail est la vraie richesse, si l'argent n'en est que le signe,

1. *Ibid.,* p. 793-4.
2. *Réflexions sur la formation et la distribution des richesses,* 1766, *in* Turgot, *Textes choisis,* Dalloz, 1947, p. 106.

le pays le plus riche n'est-il pas celui où il y a le plus de travail ? N'est-il pas celui où les habitants plus nombreux se procurent les uns aux autres de l'emploi[1] ?

Mais il ne met pas les *uns* et les *autres* sur le même plan :

Quiconque a vu l'atelier d'un tanneur, sent l'impossibilité absolue qu'un homme, ou même plusieurs hommes pauvres s'approvisionnent de cuirs, de chaux, de tan, d'outils, etc., fassent élever les bâtiments nécessaires pour monter une tannerie, et vivent pendant plusieurs mois jusqu'à ce que les cuirs soient vendus (...). Qui donc rassemblera les matières du travail, les ingrédients et les outils nécessaires à la préparation ? Qui fera construire des canaux, des halles, des bâtiments de toute espèce ? Qui fera vivre jusqu'à la vente des cuirs le grand nombre d'ouvriers dont aucun ne pourrait seul préparer un seul cuir, et dont le profit sur la vente d'un seul cuir ne pourrait faire subsister un seul ? Qui subviendra aux frais de l'instruction des élèves et des apprentis ? Qui leur procurera de quoi subsister jusqu'à ce qu'ils soient instruits en les faisant passer par degrés d'un travail facile et proportionné à leur âge, jusqu'aux travaux qui demandent le plus de force et d'habileté ? Ce sera un de ces possesseurs de capitaux ou de valeurs mobilières accumulées qui les emploiera, partie aux avances de la construction et des achats de matières, partie aux salaires journaliers des ouvriers qui travaillent à leur préparation. C'est lui qui attendra que la vente des cuirs lui rende non seulement toutes ses avances, mais encore un profit suffisant pour le dédommager de ce que lui aurait valu son argent, s'il l'avait employé en acquisition de fonds, et, de plus, du salaire dû à ses travaux, à ses soins, à ses risques, à son habileté même ; car sans doute, à profit égal, il aurait préféré de vivre, sans aucune peine, du revenu d'une terre qu'il aurait pu acquérir avec le même capital. A mesure que ce capital lui rentre par la vente des ouvrages, il l'emploie à de nouveaux achats pour alimenter et soutenir sa fabrique par cette circulation continuelle : il vit sur ses profits, et il met en réserve ce qu'il peut épargner pour accroître son capital et le verser dans son entreprise en augmentant la masse de ses avances, afin d'augmenter encore ses profits[2].

Ainsi, dès 1766, Turgot voit bien la perspective du développement d'un capitalisme manufacturier, tout en

1. *Questions importantes sur le commerce* (1755), *ibid.*, p. 261.
2. *Réflexions* (...), *op. cit.*, p. 111.

conservant celle du développement du capitalisme dans l'agriculture. Sur cette base, il pousse plus avant l'analyse des classes : la classe industrieuse est « subdivisée en deux ordres : celui des entrepreneurs manufacturiers, maîtres, fabricants, tous possesseurs de gros capitaux, qu'ils font valoir en faisant travailler par le moyen de leurs avances ; et le second ordre, composé de simples artisans qui n'ont d'autres biens que leurs bras, qui n'avancent que par leur travail journalier et qui n'ont de profit que leur salaire [1] ». « La classe des cultivateurs, se partage comme celle des fabricants en deux ordres d'hommes, celui des entrepreneurs ou des capitalistes qui font toutes les avances, celui des simples ouvriers salariés [2]. » Malgré les formulations, on est plus près de Marx que de Quesnay. Enfin, la « profession de marchand (...) se divise en une infinité de branches et pour ainsi dire de degrés [3] ».

Turgot n'est pas seulement le témoin du développement du capitalisme manufacturier. Il plaide en sa faveur. Il prône de bas taux d'intérêt : « C'est l'abondance des capitaux qui anime toutes les entreprises et le bas intérêt de l'argent est tout à la fois l'effet et l'indice de l'abondance des capitaux [4]. » Il est opposé au dirigisme et au protectionnisme : s'agissant de nourrir, d'assurer les bonnes mœurs, d'éduquer, « faut-il accoutumer les hommes à tout demander, à tout recevoir, à ne rien devoir à eux-mêmes ? » demande-t-il. « Les hommes sont-ils puissamment intéressés au bien que vous voulez leur procurer, *laissez-les faire,* voilà le grand, l'unique principe [5]. » Il prône la liberté économique ; car « un homme connaît mieux son intérêt qu'un autre homme à qui cet intérêt est entièrement indifférent (...). Or, il est impossible que, dans le commerce abandonné à lui-même, l'intérêt particulier ne concoure pas avec l'intérêt général [6] ».

Il tentera d'appliquer ces idées, qui se répandent dans la

1. *Ibid.,* p. 112.
2. *Ibid.,* p. 114.
3. *Ibid.,* p. 116.
4. *Ibid.,* p. 132.
5. Article « Fondation » de l'*Encyclopédie,* 1757, *ibid.,* p. 177.
6. *Éloge de Vincent de Gournay,* 1759, *ibid.,* p. 147.

seconde moitié du siècle [1], quand il sera aux « affaires » en
1774-1776. La liberté du commerce des grains est décrétée
en 1774, comme elle l'avait déjà été en 1763 et 1770, et une
nouvelle fois suspendue. L'édit de 1776, portant suppression des maîtrises et jurandes et donnant liberté à toute
personne d'exercer telle espèce de commerce et de profession d'arts et métiers, se heurtera à de fortes résistances, ne
sera pas appliqué et occasionnera sa chute. Plus tard, des
traités de commerce seront signés avec l'Angleterre, en
1786, et avec la Russie, en 1787.

Le schéma de Quesnay décrit assez bien la production et
la circulation des richesses telles qu'on pouvait les observer
dans la France agricole du XVIIIe siècle, en ouvrant la
perspective du développement d'une agriculture capitaliste.

Le schéma de Turgot reprend cette perspective d'un
développement du capitalisme dans l'agriculture, mais en
la présentant symétriquement avec une réalité de l'époque
qu'avait négligée Quesnay : le développement d'un capitalisme manufacturier.

Ainsi, dans le bouillonnement des idées du XVIIIe siècle
en France, se constitue un arsenal idéologique d'une
extrême diversité : des armes pour contester la monarchie
(contrat social, volonté générale, démocratie), pour mettre
en cause les privilèges de la noblesse (liberté, égalité), pour
rallier les paysans et artisans des villes (liberté, égalité,
propriété), pour répondre aux aspirations des fabricants et
des négociants (liberté, encore, mais de produire et de
commercer)...

Le long face-à-face de la noblesse et de la bourgeoisie se
dénouera dans les crises de la fin du siècle, la bourgeoisie
sachant, dans un premier temps, s'appuyer sur le mécontentement paysan et sur le mouvement populaire et trouvant des alliés dans certaines couches de la noblesse et du
clergé.

Dans le grand mouvement de la révolution de 1789
seront réalisées les principales aspirations de la bourgeoisie

---

1. Avec notamment Mercier de la Rivière, *L'Ordre naturel et essentiel des sociétés
politiques*, 1767 ; Du Pont de Nemours, *De l'origine et des progrès d'une science
nouvelle* ; et Bigot de Sainte-Croix ; *Essai sur la liberté du commerce et de l'industrie*,
1775.

SCHÉMA VII

CLASSES SOCIALES ET PRODUIT NET
SELON QUESNAY ET TURGOT

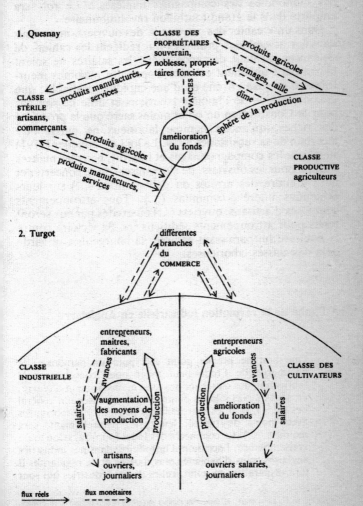

1. Quesnay

CLASSE DES PROPRIÉTAIRES
souverain, noblesse, propriétaires fonciers

produits agricoles

fermages, taille

dime

produits manufacturés, services

CLASSE STÉRILE
artisans, commerçants

AVANCES

amélioration du fonds

sphère de la production

produits agricoles

produits manufacturés, services

CLASSE PRODUCTIVE
agriculteurs

2. Turgot

différentes branches du COMMERCE

CLASSE INDUSTRIELLE

entrepreneurs, maîtres, fabricants

avances

salaires

augmentation des moyens de production

production

artisans, ouvriers, journaliers

CLASSE DES CULTIVATEURS

entrepreneurs agricoles

avances

salaires

amélioration du fonds

production

ouvriers salariés, journaliers

flux réels   flux monétaires

montante : abolition des privilèges, démantèlement de
l'ordre corporatif des jurandes et des maîtrises, abolition
des privilèges des compagnies commerciales, suppression
des monopoles des compagnies minières... Le roi sera
emporté dans le grand tourbillon révolutionnaire.

Dans un « cahier des pauvres », des ouvriers, non admis
dans les assemblées primaires qui rédigent les cahiers de
doléances, avaient demandé « que les salaires ne soient
plus aussi froidement calculés d'après les maximes meurtrières d'un luxe effréné ou d'une cupidité insatiable ; que
la conservation de l'homme laborieux et utile ne soit pas
pour la Constitution un objet moins sacré que la propriété
des riches, qu'aucun homme laborieux ne puisse être
incertain de sa subsistance [1]... ». La loi Le Chapelier (1791)
supprime les compagnonnages et interdit, pour les maîtres
comme pour les ouvriers, de s'organiser, de se concerter et
de « prendre des arrêtés ou délibérations (...) sur leurs
prétendus intérêts communs (...). Tous attroupements
composés d'artisans, ouvriers (...) ou excités par eux seront
tenus pour attroupements séditieux [2] ». Sa victoire contre
la noblesse lui paraissant assurée, la bourgeoisie se garde
déjà des classes laborieuses.

A l'aube de la révolution industrielle en Angleterre

Que l'on ne prenne point ceci pour un paradoxe : le
commerce de l'Inde peut avoir pour conséquence la
fabrication des marchandises avec moins de main-d'œuvre,
et, sans que les salaires diminuent, un abaissement général
des prix. Car si les marchandises peuvent être fabriquées
avec moins de travail, leur prix, naturellement, sera
moindre (...). Le commerce des Indes fournira, selon toute
vraisemblance, l'occasion d'introduire, dans nos industries
anglaises, plus d'habileté, plus d'ordre et de régularité. Il
fera disparaître, en effet, celles de ces industries qui sont

1. Cité *in* E. Levasseur, *Histoire des classes ouvrières et de l'industrie en France*,
t. II, p. 855.
2. Cité in *Histoire économique et sociale de la France*, t. III, vol. 1, p. 12.

les moins utiles et les moins profitables. Les gens qui y étaient employés chercheront d'autres occupations, les plus simples et les plus faciles qu'ils pourront trouver : ou bien ils s'appliqueront à des tâches partielles et spéciales dans des industries plus compliquées. Car le travail le plus simple est le plus vite appris, et celui que les ouvriers exécutent avec le plus de perfection et de diligence. Ainsi le commerce des Indes aura le résultat suivant : l'on confiera les opérations différentes dont se composent les travaux les plus difficiles à plusieurs ouvriers qualifiés, au lieu de laisser trop à faire à l'habileté d'un seul (...). Enfin le commerce des Indes orientales, en nous apportant des articles fabriqués à plus bas prix que les nôtres, aura très probablement pour effet de nous obliger à inventer des procédés et des machines qui nous permettront de produire avec une main-d'œuvre moindre et à moindre frais, et par là d'abaisser les prix des objets manufacturés [1].

Ces extraits d'un texte anonyme de 1701, *Considerations upon the East India Trade,* témoignent d'une remarquable clairvoyance.

En effet la production en Angleterre, au début du siècle, est encore à prédominance agricole et artisanale ; le bois sert comme combustible, mais aussi pour le tannage des peaux, et fournit la potasse pour les fabrications de textile et de verre, et le goudron pour les navires ; dès qu'il commence à manquer, ces activités en souffrent. De très nombreux artisans, souvent à demi paysans, propriétaires de leurs outils, produisent étoffes, couteaux (Sheffield), armes, quincaillerie, bimbeloterie (Birmingham), épingles (Bristol) ; de plus en plus, des marchands-fabricants donnent à transformer la matière première.

Dans ce cadre, le ferment de transformation va être le commerce mondial, largement fondé, on l'a vu, sur l'exploitation coloniale.

1. Cité *in* P. Mantoux, *op. cit.,* p. 123-5. Voir aussi T. S. Ashton, *La Révolution industrielle, 1760-1830,* ainsi que H. Heaton et P. Léon, *op. cit.*

1. *Exploitation coloniale et marché mondial*

A la fin du xviie siècle, la Compagnie des Indes a fait l'objet de vives attaques ; des commerçants sans privilèges (*interlopers*) s'efforcèrent, après la révolution de 1688, de faire supprimer son monopole ; ils forment une compagnie concurrente en 1698 ; un accord intervient, en 1702, qui conduit à la fusion des deux compagnies (1708) en une nouvelle qui prend le nom d'*United Company* (1709).

> C'est à ce moment que le thé, introduit en Angleterre dès le début de la Restauration, devient un article d'importation régulière, que les porcelaines de Chine, appréciées depuis longtemps par les Hollandais, et mises à la mode par la reine Marie, font fureur à la Cour et parmi la haute société anglaise ; enfin, que les tissus de coton, indiennes, perses, calicots, mousselines, dont les noms seuls dénoncent l'origine orientale, se répandent au point d'alarmer les fabricants d'étoffe de laine. Le commerce des Indes s'étend aux produits les plus variés, prend toutes les formes, devient, de plus en plus, l'un des éléments indispensables de la richesse de l'Angleterre [1].

Dans le même temps est créée la Banque d'Angleterre (1694). A l'origine, un groupe de financiers qui s'engagent à prêter à la Couronne (à 8 %) un million cinq cent mille livres sterling, nécessaires pour faire face aux dépenses de la guerre de Flandre ; en contrepartie, ils reçoivent « le titre de *Corporation*, avec le droit de recevoir des dépôts, d'escompter des effets de commerce, de faire, en un mot, toutes les opérations de banque [2] ». Elle obtient en 1708 le monopole d'émission des billets pour l'Angleterre et le pays de Galles ; mais, fidèle à la tradition des financiers de Londres, liée à la haute aristocratie, c'est surtout aux échanges mondiaux qu'elle s'intéresse, empruntant pour prêter (notamment aux compagnies de commerce et aux États), acceptant ou garantissant des lettres de change, assurant des paiements dans le monde entier. Et ce sont des

1. P. Mantoux, *op. cit.*, p. 83-4.
2. *Ibid.*, p. 81.

banques provinciales, souvent créées par des manufacturiers — parmi elles, les Lloyds et les Barclays —, qui répondront aux besoins, plus « modestes », des industriels et des négociants-fabricants[1]. Sur la place de Londres il y a 24 banques en 1725, 42 en 1770, 52 en 1786 ; mais de 12 en 1755, le nombre des Country Banks passe à 150 en 1776 et 400 en 1793[2].

L'expansion commerciale est puissante. Dans le siècle, la valeur des échanges commerciaux est multipliée par 5,5, tandis que quadruple le revenu national. Le commerce d'Angleterre est le premier du monde : commerce d'exportation (produits fabriqués, houille et, de moins en moins, blé) ; commerce de roulage, pour le compte de commerçants d'autres pays ; commerce d'entrepôt, au cœur du réseau serré d'échanges qui croissent entre les Amériques, les Indes, l'Europe méditerranéenne, l'Europe de la Baltique. L'Angleterre entière va en être transformée.

> Le développement du commerce triangulaire, de la marine marchande et de la construction navale stimula l'essor des grandes villes portuaires (...). C'est le commerce des esclaves et du sucre qui fit de Bristol la seconde ville anglaise pendant les trois premiers quarts du XVIIIe siècle (...). Quand Bristol eut été supplantée dans le commerce des esclaves par Liverpool, elle se détourna du commerce triangulaire pour s'intéresser au commerce direct du sucre (...). L'Écosse ne fut autorisée à participer au commerce colonial qu'en 1707, avec l'*Union Act*. Autorisation qui donna la prospérité à la ville au XVIIIe siècle (...). Le développement de Manchester était étroitement associé à celui de Liverpool, à son débouché vers la mer et le marché mondial. Le capital accumulé par Liverpool grâce au commerce des esclaves arrosait l'arrière-pays et fertilisait les énergies de Manchester. Les produits de Manchester destinés à l'Afrique étaient amenés sur les côtes africaines par les négriers de Liverpool (...). Les armes à feu constituaient une part régulière de toute cargaison africaine. Birmingham devint le centre du commerce des armes comme Manchester était le centre du coton[3].

1. T. S. Ashton, *La Révolution industrielle, 1760-1830*, p. 131 s.
2. P. Léon, *Économies et Sociétés pré-industrielles, 1650-1780*, t. II, p. 315.
3. Éric Williams, *Capitalism and Slavery*, cité in A.-G. Frank, *op. cit.*

Avec le développement des échanges, l'amélioration des moyens de transport devient nécessaire. Dès le milieu du siècle, des travaux sont entrepris pour le réseau routier ; non pas sur la base de la corvée comme en France et dans plusieurs pays du continent, mais sous l'initiative de groupes locaux (grands propriétaires, commerçants, pasteurs, fermiers...) qui empruntent, financent et perçoivent des péages ; les voitures de rouliers vont remplacer les chevaux de bât ; les voyageurs de commerce, prenant des commandes sur échantillon, vont concurrencer les marchands des foires. Mais surtout, s'ouvre l'ère des canaux : à la requête des drapiers de Leeds, Wakefields et Halifax, l'Aire et la Calder ont été rendues navigables ; les travaux menés le long de la Trent et de la Derwent favorisent le développement industriel de Derby et Nottingham ; la canalisation de la Mersey, vers 1720, facilite les échanges entre Liverpool et Manchester ; d'autres travaux sur des rivières et le creusement de canaux vont faciliter le transport de la houille d'abord vers Liverpool et Manchester, permettant d'en réduire de moitié le coût. Vers la fin du siècle, un véritable réseau de canaux facilite la circulation des marchandises entre les différents centres d'activité anglais.

Produire plus pour vendre plus, voilà un pas de la spirale bien engagé en Angleterre, avec les bouleversements qu'il implique dans l'agriculture, les mines, les activités de transformation.

2. *L'émergence de la production capitaliste : la fabrique*

Le mouvement des enclosures reprend avec vigueur au XVIIIe siècle, particulièrement à partir de 1760 : il prend de plus en plus la forme de lois votées par le Parlement (*enclosure acts*). Des *squatters* qui vivaient sur les communaux sont chassés ; des paysans pauvres qui possédaient d'infimes parcelles ne peuvent supporter les frais de l'enclosure et ne peuvent vivre sur les mauvais terrains qu'ils ont reçus ; ils partent, comme d'autres que rend inutiles l'extension de l'élevage ; comme d'autres encore, amenés à vendre leur ferme au grand propriétaire voisin. Aussi voit-on « le riche accroître sa puissance et le pauvre périr de misère[1] ». Sous l'impulsion de l'aristocratie terrienne, Lord Townshend en tête, et des grands propriétaires, les méthodes modernes de culture et d'élevage sont mises en œuvre : assèchement de marais, charrues de fer, croisement et sélection des races, rotation des cultures.

Par ces transformations dans la propriété et l'exploitation agricole, une main-d'œuvre nombreuse est rendue disponible, privée qu'elle est, souvent, de l'essentiel. C'est avec elle que la production minière et manufacturière va pouvoir être accrue.

Stimulée par la pénurie de bois, facilitée par l'abaissement des coûts de transport, la production de charbon double une première fois pendant la première moitié du siècle (de 2,5 à 5 millions de tonnes), et une nouvelle fois pendant la seconde moitié (pour atteindre 10 millions de tonnes en 1800 : les deux tiers de l'ensemble de la production européenne[2]). Le salariat s'étend ; mais en Écosse, juridiquement jusqu'en 1775, avec quelques survivances jusqu'à la fin du siècle, les ouvriers des mines de houille (comme des salines) sont des serfs, attachés à la mine (ou à la saline), vendus avec elle et portant un collier où était gravé le nom du propriétaire[3].

Dans les activités de transformation, l'artisanat reste important, concurrencé par les autres formes de production ; le travail à domicile pour un marchand-fabricant s'étend à d'anciens artisans indépendants et à des familles paysannes, et constitue la forme principale du capitalisme manufacturier britannique : le négociant envoie ses placiers « distribuer des fournitures, soit directement aux fileurs et tisserands dispersés, soit aux fabricants de campagne qui, à leur tour, les répartissaient[4]... » : la manufacture,

---

1. « Village paisible et souriant, le plus délicieux de la plaine
Tes jeux ont fini, tes charmes s'en sont allés ;
Sur tes bocages s'appesantit une main tyrannique (...)
Un seul maître t'usurpe tout entier (...)
Et tremblants, reculant devant le spoliateur,
Tes enfants quittent le pays et s'en vont loin, bien loin (...)
Les riches se partagent cette terre sans clôture ;
Et même le communal au sol inculte (...) »
(Oliver Goldsmith, « The deserted village », cité *in* P. Mantoux, *op. cit.*, p. 171.)
2. H. Heaton, *op. cit.*, p. 93.
3. P. Mantoux, *op. cit.*, p. 55-6.
4. T. S. Ashton, *op. cit.*, p. 41-2.

réunissant dans un local des travailleurs nombreux produisant selon les méthodes traditionnelles, n'a jamais connu en Angleterre d'importants développements et, en tout cas, n'y a jamais été dominante. Ce qui va se développer en revanche dans la seconde moitié du siècle, dans un mouvement d'abord lent puis qui s'accélère, c'est le système des fabriques.

Pendant toute cette période des améliorations, des inventions techniques répondent au souci d'accroître la production. Au début du siècle, John Lombe va dérober à Livourne les secrets des machines italiennes à filer la soie ; avec son frère, il construit une fabrique (1717) qui reçoit un privilège pour quatorze ans ; à la même époque, les Darby, maîtres de forge à Coalbrookdale, améliorent la production de fonte avec des mélanges de coke, de tourbe et de poussier, et en utilisant une soufflerie puissante ; et, dans les mines, on se sert, pour évacuer l'eau, de pompes atmosphériques à vapeur. En 1733, le tisserand John Kay invente la « navette volante » qui permet de produire plus, et des pièces plus larges ; sa maison est détruite par des artisans et ouvriers en colère, mais l'emploi de la navette volante est général vingt-cinq ans plus tard. En 1735, les Darby réalisent la fonte du fer au coke, qui sera généralisée en Angleterre vers 1760. En 1749, Huntsmann, horloger de la région de Sheffield, fabrique de l'acier fondu, mais en petites quantités.

De 1730 à 1760, l'utilisation de fer augmente de 50 % (outils et instruments pour l'agriculture et pour la transformation, notamment). De 1740 à 1770, la consommation de coton augmente de 117 % ; mais le développement du tissage crée une pénurie de fil : en 1764, James Hargreaves, tisserand, met au point la *spinning jenny*, rouet perfectionné à main permettant de filer plusieurs fils à la fois ; en 1767, l'ouvrier peignier Thomas Highs, et en 1768-1770, le coiffeur Arkwright, utilisent avec le *waterframe* l'énergie de l'eau courante pour actionner les rouets. La *spinning jenny* se répand chez les travailleurs à domicile, malgré les mouvements de colère et les destructions de machines des artisans privés d'emploi (par exemple, en 1777-1779). Combinant ces deux inventions, Compton, fileur et tisserand, met au point en 1779 la *mule jenny* : des filatures vont s'établir au fil de l'eau.

Parallèlement, Watt, savant ne dédaignant pas la technique, réalise, dans les années soixante, la machine à vapeur à simple effet ; de tels moteurs sont utilisés dans l'industrie vers 1775. La production du fer progresse : on fabrique en 1776 les premiers rails en fer (dont l'emploi va se généraliser dans les mines), en 1779 le premier pont en fer, en 1787, malgré les risées des incrédules, le premier bateau en fer. Le puddlage du fer, par décarburation de la fonte, est mis au point en 1783 par Henry Cort, maître de forge, et Peter Onions, contremaître.

En 1783, Watt réalise la machine à vapeur à double effet et, en 1785, est construite à Nottingham la première filature animée par des machines à vapeur. C'est désormais le tissage qui est en retard, face à une production de fils abondante : en 1785, le pasteur Cartwrigh réalise un métier à tisser mécanique, dont la mise au point sera progressive et dont l'emploi se généralisera à la fin du siècle. Parallèlement, des progrès techniques ont lieu pour les autres domaines de la production textile (machines à battre, à carder, à filer en gros, blanchiment, teinture...) et pour d'autres industries (papeterie, scierie et travail du bois...).

C'est dans ce mouvement que se met en place une nouvelle forme de production : la fabrique.

La fabrique utilise une énergie (houille noire pour la chaleur, houille blanche pour actionner les mécanismes) et des machines. Ce n'est qu'à la fin du siècle que les moteurs à vapeur, conçus et expérimentés par Watt entre 1765 et 1775, seront utilisés pour actionner des machines (il y en aura environ cinq cents en service vers 1800). Avec cette énergie est animé un système de machines d'où découle nécessairement l'organisation de la production et les cadences du travail, et qui implique une nouvelle discipline pour les travailleurs qui le servent. Les filatures sont construites, bâtiments de brique de quatre ou cinq étages employant plusieurs centaines d'ouvriers ; des fabriques de fer et de fonte rassemblent plusieurs hauts fourneaux et plusieurs forges.

Les anciens artisans et travailleurs à domicile répugnent à aller travailler dans ces fabriques, où ils sont « soumis à

un règlement inflexible, entraînés comme un rouage, dans
le mouvement impitoyable d'un mécanisme sans âme.
Entrer dans une fabrique, c'était comme qui eût dit entrer
dans une caserne ou une prison[1] ». C'est donc dans le
prolétariat misérable chassé des campagnes que les premiers industriels trouvent leur main-d'œuvre :

> Le personnel des fabriques fut au début composé des
> éléments les plus disparates : paysans chassés de leur
> village par l'extension des grandes propriétés, soldats
> licenciés, indigents à la charge des paroisses, le rebut de
> toutes les classes et de tous les métiers. Ce personnel
> inexpérimenté, peu préparé au travail en commun, le
> manufacturier avait à l'instruire, à l'entraîner, à le discipli-
> ner surtout : il avait à le transformer pour ainsi dire en un
> mécanisme humain, aussi régulier dans sa marche, aussi
> précis dans ses mouvements, aussi exactement combiné en
> vue d'une œuvre unique que le mécanisme de bois et de
> métal dont il devenait l'auxiliaire. Au laisser-aller qui
> régnait dans les petits ateliers se substitue la règle la plus
> inflexible : l'entrée des ouvriers, leur repas, leur sortie ont
> lieu au son de la cloche. A l'intérieur de la fabrique, chacun
> a sa place marquée, sa tâche étroitement délimitée et
> toujours la même ; chacun doit travailler régulièrement et
> sans arrêt, sous l'œil du contremaître qui le force à
> l'obéissance par la menace de l'amende ou du renvoi,
> parfois même par une contrainte plus brutale[2].

Dans le textile, c'est très largement parmi les femmes et
les enfants, notamment les enfants assistés, fournis par les
paroisses, qu'est formée la main-d'œuvre : en 1789, par
exemple, dans les trois ateliers d'Arkwright en Derbyshire,
qui emploient 1 150 personnes, les deux tiers sont des
enfants[3].

Ainsi s'amorce en Angleterre la transformation capitaliste de la production, dont un aspect sera plus tard mis en
relief sous le nom de « révolution industrielle » : la domination coloniale, le commerce mondial, le capitalisme
marchand entraînent, avec le développement des échanges, l'accroissement de la fourniture en produits de base

1. P. Mantoux, *op. cit.*, p. 430.
2. *Ibid.*, p. 391-2.
3. T. S. Ashton, *op. cit.*, p. 151.

(thé, sucre, coton) et l'accroissement des débouchés (textiles, produits manufacturés) ; les enclosures et la première modernisation de l'agriculture fournissent un prolétariat déraciné et disponible ; l'esprit scientifique et technique appliqué à la production suscite une suite d'inventions qui font boule de neige ; des capitaux disponibles, notamment à partir du commerce et de l'agriculture, permettent la construction des fabriques. La production va croître puissamment[1], le salariat s'élargir, les luttes ouvrière se multiplier et s'organiser.

L'État y a largement son rôle, avec les mesures protectionnistes, les privilèges et les monopoles de la politique mercantiliste ; avec le soutien politique et militaire à l'expansion commerciale et coloniale ; avec la police des pauvres et la répression des révoltes ouvrières : loi de 1769 qualifiant de *felony* la destruction volontaire de machines et des bâtiments les contenant, et instituant à l'égard des coupables la peine de mort ; troupe envoyée contre l'émeute, comme en 1779 dans le Lancaster et en 1796 dans le Yorkshire ; loi de 1799 interdisant les coalitions ouvrières en vue d'obtenir augmentation de salaires, réduction de la durée du travail ou toute autre amélioration de l'emploi ou du travail[2].

Au cœur de ce mouvement, hétérogène, diverse, active, l'ébauche en fusion de la future bourgeoisie : membres de l'aristocratie animant des entreprises commerciales, mais aussi des exploitations agricoles ou minières ; grands marchands ou grands financiers marquant leur réussite par l'achat de terres ; marchands se faisant fabricants puis créant leurs fabriques ; fabricants et négociants se faisant banquiers : ils tiennent l'ensemble des affaires du pays. Avec les hommes de loi, les notables locaux, les fermiers aisés, les hommes d'Église et d'Université, ils sont maintenant quatre cent cinquante mille disposant du droit de vote : c'est leurs intérêts que reflètent les votes du Parlement (*enclosure acts,* lois sur les pauvres, lois anti-ouvriè-

---

1. Les Darby produisaient cinq à six cents tonnes par an vers 1717, dix à quatorze mille tonnes vers 1790. Le coton brut importé, et donc pour l'essentiel transformé en Angleterre, passe de cinq millions de livres en 1781, à trente-trois en 1789 et soixante en 1802.

2. P. Mantoux, *op. cit.,* p. 419 s. et 468 s.

res...). Leur poids est d'autant plus lourd que la politique
du pays échappe largement aux deux « rois allemands »,
Georges Ier (1714-1727) et Georges II (1727-1760). Sous
cette monarchie constitutionnelle, l'aristocratie traditionnelle et la bourgeoisie montante détiennent la réalité du
pouvoir. Une réalité que Pitt a résumée d'une formule
célèbre : « La politique britannique, c'est le commerce
britannique. »

3. *Progrès de l'économie politique et du libéralisme*

Progression des idées libérales et prise de conscience de
la nouvelle réalité économique : ces deux aspects d'un
double mouvement sont liés.

Déjà, le banquier anglais Richard Cantillon, dans son
Essai sur la nature du commerce en général (écrit en 1734 et
publié en 1755), élargit la rupture avec la pensée mercantiliste, montrant notamment que « la trop grande abondance
d'argent qui fait, tant qu'elle dure, la puissance des États,
les rejette insensiblement, mais naturellement dans l'indigence » ; il prépare la physiocratie en exaltant le rôle
économique des propriétaires fonciers. David Hume, dans
ses *Essais économiques* (1752), souligne à son tour que la
richesse ne réside pas dans l'abondance des métaux précieux, puisque celle-ci, entraînant la hausse des prix,
conduit au déséquilibre de la balance commerciale. Il
analyse plus avant en quoi réside « l'avantage du commerce avec l'étranger, du point de vue de l'augmentation
de la puissance de l'État, aussi bien que des richesses et du
bonheur des sujets » :

> Il augmente la quantité de travail dans la nation et le
> souverain peut orienter la part jugée nécessaire vers le
> service de l'État. Le commerce avec l'étranger par ses
> importations procure des matières premières pour de
> nouvelles manufactures : et par ses exportations il engen-
> dre du travail incorporé dans des marchandises particuliè-
> res qui ne pourraient pas être consommées dans le pays. En
> bref, un royaume qui a d'abondantes importations et
> exportations doit posséder davantage d'industries, et de
> celles qui s'occupent de choses délicates et luxueuses,

qu'un royaume qui se contente de ses marchandises nationales. Il est donc plus puissant, aussi bien que plus riche et
plus heureux [1].

Il souligne jusqu'à la caricaturer la logique libérale selon
laquelle ce n'est pas par la réglementation et le contrôle —
c'est par l'intérêt — qu'il faut gouverner les hommes : « Il
faut rendre leur avarice insatiable, leur ambition démesu-
rée et tous leurs vices profitables au bien public » (*L'Indépendance du parlement*, 1741). Se situant dans la perspective newtonienne de l'attraction universelle, l'idée est en
train de se forger que de l'attraction des multiples intérêts,
des multiples égoïsmes individuels, peut surgir une nouvelle harmonie sociale.

Adam Smith va être plus explicite. Disciple de Hume, il
poursuit la réflexion que ce dernier avait développée dans
son *Traité de la nature humaine* (1738). Dans sa *Théorie des
sentiments moraux* (1759), A. Smith s'efforce de justifier
l'ordre social fondé sur la recherche des intérêts individuels ; il souligne et approfondit la notion de sympathie ; il
justifie la jouissance de la grandeur et des richesses dont
bénéficient quelques-uns :

> L'illusion qu'elle nous donne excite l'industrieuse activité
> des hommes, et les tient dans un mouvement continuel.
> C'est cette illusion qui leur fait cultiver la terre de tant de
> manières diverses, bâtir des maisons au lieu de cabanes,
> fonder des villes immenses, inventer et perfectionner les
> sciences et les arts [2]...

Il met en avant — nouvel avatar de Dieu, garant de
l'harmonie universelle — la « main invisible » :

> Une main invisible semble les forcer à concourir à la même
> distribution des choses nécessaires à la vie qui aurait eu lieu
> si la terre eût été donnée en égale portion à chacun de ses
> habitants ; et ainsi sans en avoir l'intention, sans même le
> savoir, le riche sert l'intérêt social et la multiplication de
> l'espèce humaine. La Providence, en partageant, pour ainsi
> dire, la terre entre un petit nombre d'hommes riches, n'a
> pas abandonné ceux à qui elle paraît avoir oublié d'assigner
> un lot, et ils ont leur part de tout ce qu'elle produit [3]...

1. Cité par H. Denis, *op. cit.*, p. 142.
2. *Ibid.*, p. 177.
3. *Ibid.*, p. 177.

Fermant les yeux sur la tragique misère qui l'entoure, il va jusqu'à écrire des pauvres :

> Pour tout ce qui constitue le véritable bonheur, ils ne sont inférieurs en rien à ceux qui paraissent placés au-dessus d'eux. Tous les rangs de la société sont au même niveau, quant au bien-être du corps et à la sérénité de l'âme, et le mendiant qui se chauffe au soleil le long d'une haie possède ordinairement cette paix et cette tranquillité que les rois poursuivent toujours [1].

Choisi comme précepteur d'un jeune gentilhomme, il voyage en Europe (1765-1766). Il rencontre Voltaire, Quesnay, Turgot, d'Alembert, Helvétius ; il fréquente les salons. Dix ans plus tard, il publie ses *Recherches sur la nature et les causes de la richesse des nations* (1776).

Il rejette, au nom de l'intérêt des consommateurs, le système mercantile. Il égratigne Quesnay, « médecin très spéculatif », tout en reconnaissant l'importance de l'apport des physiocrates à la science économique, leur principale erreur étant de considérer « la classe des artisans, manufacturiers et marchands comme totalement stérile et non productrice ». Il prône « le système simple et facile de la liberté naturelle », où :

> Tout homme, tant qu'il n'enfreint pas les lois de la justice, demeure pleinement libre de suivre la route que lui montre son intérêt et de porter où il lui plaît son industrie et son capital, concurremment avec ceux de toute autre classe d'hommes. Le souverain se trouve entièrement débarrassé d'une charge qu'il ne pourrait essayer de remplir sans s'exposer infailliblement à se voir sans cesse trompé de mille manières, et pour l'accomplissement convenable de laquelle il n'y a aucune sagesse humaine ni connaissance qui puissent suffire : la charge d'être le surintendant de l'industrie des particuliers, de la diriger vers les emplois les mieux assortis à l'intérêt général de la société [2].

Dans ce système :

> Le souverain n'a que trois devoirs à remplir (...) : défendre la société contre tout acte de violence ou d'invasion (...) ; protéger, autant qu'il est possible, chaque membre de la société contre l'injustice ou l'oppression de tout autre

---

1. *Ibid.*, p. 178.
2. A. Smith, *Textes choisis*, Dalloz, 1950, p. 275.

membre (...) ; ériger et entretenir certains ouvrages publics et certaines institutions [1].

On est bien sûr très loin du mercantilisme...

Et puis, Smith observe et analyse la réalité de son temps. Il décrit avec minutie la division du travail dans une manufacture d'épingles ; il voit son lien avec l'étendue du marché et avec la mécanisation : « C'est à la division du travail qu'est originairement due l'invention de toutes ces machines propres à abréger et à faciliter le travail [2]. » Mais ne faisons pas d'erreur de perspective : son monde n'est pas celui de la grande industrie ; pas même celui de la fabrique utilisant la vapeur et les systèmes de machines.

Le monde de Smith est celui du capitalisme manufacturier ; ses « fabriques » (clous, épingles) réunissent des ouvriers ayant un « tour de main » ; les métiers auxquels il se réfère restent artisanaux (foulonnier, fileur, tisserand, teinturier, maître tailleur, cordonnier, maçon, charpentier, menuisier, ébéniste, coutelier, serrurier...) ; il voit les commerçants (épicier, apothicaire, boucher, boulanger, joaillier, orfèvre, coiffeur) ; les transporteurs (voiturier, portefaix, porteur de chaise, matelot), les fermiers, les bergers, les bûcherons.

Il souligne dès l'entrée de son livre l'importance du travail : « Le travail annuel d'une nation est le fonds primitif qui fournit à sa consommation annuelle toutes les choses nécessaires et commodes à la vie ; et ces choses sont toujours : ou le produit immédiat de ce travail, ou achetées des autres nations avec ce produit [3]. » Le travail est « la mesure réelle de la valeur en échange de toute marchandise [4] » ; et le travail du mari et de la femme doit pouvoir « leur rapporter quelque chose de plus que ce qui est précisément indispensable pour leur subsistance », si l'on veut qu'ils soient en mesure d'élever une famille.

Cette réflexion sur travail productif (« qui ajoute de la valeur à l'objet sur lequel il s'exerce ») et travail improductif, Smith l'associe étroitement à son analyse de l'accumula-

1. *Ibid.*, p. 275.
2. *Ibid.*, p. 51.
3. *Ibid.*, p. 39.
4. *Ibid.*, p. 70.

tion du capital. Car, au fond, c'est le capital qui intéresse Smith.

Ce capital, il le voit fonctionner sous ses yeux, en quelque sorte, à l'échelle humaine :

> On peut l'employer :
>
> 1° à fournir à la société le produit brut qu'il lui faut pour son usage et sa consommation annuelle ; ou bien :
>
> 2° à manufacturer et à préparer ce produit brut, pour qu'il puisse immédiatement servir à l'usage et à la consommation de la société ; ou :
>
> 3° à transporter, soit le produit brut, soit le produit manufacturé, des endroits où ils abondent à ceux où ils manquent ; ou :
>
> 4° enfin, à diviser des portions de l'un et de l'autre de ces produits en parcelles assez petites pour pouvoir s'accommoder aux besoins journaliers des consommateurs.
>
> C'est de la première manière que sont employés les capitaux de tous ceux qui entreprennent la culture, l'amélioration ou l'exploitation des terres, mines et pêcheries ; c'est de la deuxième que le sont ceux de tous les maîtres manufacturiers et fabricants ; c'est de la troisième que le sont ceux de tous les marchands en gros ; et c'est de la quatrième que le sont ceux de tous les marchands en détail [1].

Il observe comment fonctionne ce capital : ainsi, pour celui du maître manufacturier, une partie « est employée comme capital fixe dans les instruments de son industrie (...). Une partie de son capital circulant est employée à acheter des matières (...) ; mais une grande partie de ce même capital se distribue toujours annuellement (...), entre les différents ouvriers qu'emploie le maître [2] ».

Mais, en même temps, il perçoit la logique globale de ce capital, celle de l'accumulation. Rejetant le critère (alors dominant) de la balance du commerce, il souligne l'importance d'une « autre balance » qui « occasionne, selon

1. *Ibid.*, p. 214.
2. *Ibid.*, p. 217. Quand il parle du capital du fermier, les idées physiocratiques, qu'il critique plus loin, resurgissent : « Aucun capital, à somme égale, ne met en activité plus de travail productif que celui du fermier. Ce sont non seulement ses valets de ferme, mais ses bestiaux de labour et de charrois qui sont autant d'ouvriers productifs. D'ailleurs, dans la culture de la terre, la nature travaille conjointement avec l'homme ; et quoique son travail ne coûte aucune dépense, ce qu'il produit n'en a pas moins sa valeur, aussi bien que ce que produisent les ouvriers les plus chers. » (*Ibid.*, p. 217.)

qu'elle se trouve être favorable ou défavorable, la prospérité ou la décadence d'une nation » :

> C'est la balance entre le produit annuel et la consommation. Comme on l'a déjà observé, si la valeur échangeable du produit annuel excède celle de la consommation annuelle, le capital doit nécessairement grossir annuellement en proportion de cet excédent. Dans ce cas, la société vit sur ses revenus, et ce qu'elle en épargne annuellement s'ajoute naturellement à son capital, et s'emploie de manière à faire naître encore un nouveau surcroît dans le produit annuel [1].

Puis il classe les activités en fonction de ce critère :

> Après l'agriculture, ce sera le capital employé en manufactures qui mettra en activité la plus grande quantité de travail productif, et qui ajoutera la plus grande valeur au produit annuel. Le capital employé au commerce d'exportation est celui des trois qui produit le moins d'effet (...). Ainsi, suivant le cours naturel des choses, la majeure partie du capital d'une société naissante se dirige d'abord vers l'agriculture, ensuite vers les manufactures, et en dernier lieu vers le commerce étranger [2].

Ainsi, à l'époque où s'achève le capitalisme manufacturier et où se prépare, avec les fabriques, l'ère du capitalisme industriel, Smith analyse le capital dont l'accumulation, sur la base du travail productif, va permettre d' « enrichir à la fois le peuple et le souverain ». Influencé par l'idéologie des Lumières, des lois naturelles, de l'harmonie universelle, il fait confiance au « système de la liberté naturelle » qui s'exerce à travers le marché. Il est contre les ententes des commerçants et manufacturiers : « Des gens de même profession s'assemblent rarement, même pour se délasser ou se divertir, sans qu'en résulte un complot quelconque contre leurs clients ou quelque combinaison propre à faire s'élever les prix [3]. » Il s'oppose à tout ce qui pourrait restreindre la « liberté du travail » : « Le patrimoine du pauvre est dans la force et l'adresse de ses mains ; et l'empêcher d'employer cette force et cette

1. *Ibid.*, p. 264.
2. *Ibid.*, p. 221.
3. Cité par T. S. Ashton, *op. cit.*, p. 168.

adresse de la manière qu'il juge la plus convenable, tant qu'il ne porte de dommage à personne, est une violation manifeste de cette propriété primitive. C'est une usurpation criante sur la liberté légitime, tant de l'ouvrier que de ceux qui seraient disposés à lui donner du travail [1]. » Ce qui implique d'accepter l'inégalité et de défendre, s'il le faut, l'ordre social existant : « Le gouvernement civil en tant qu'il a pour objet la sûreté des propriétés, est, dans la réalité, institué pour défendre les riches contre les pauvres [2]. »

Thomas Paine va plus loin dans l'expression de l'utopie libérale. En 1776, dans *Common Sense,* il marque la distinction entre société et gouvernement : « La société est le produit de nos besoins, le gouvernement de nos faiblesses (...). La société est dans tous les cas une bénédiction alors que le gouvernement, même dans son meilleur état, n'est qu'un mal nécessaire. » Et si les gouvernements approchant de la forme républicaine ont un avantage, c'est que le souverain y a moins à faire. En 1791, dans *Rights of Man,* Paine voit, à la limite, se dissoudre la nécessité du gouvernement dans la formation d'une société de marché généralisé.

> La dépendance mutuelle et l'intérêt réciproque que les hommes éprouvent créent cette grande chaîne qui lie la société. Le propriétaire foncier, le fermier, le manufacturier, le commerçant, et toutes les activités prospèrent grâce à l'aide que chacun reçoit de chacun et de tous. L'intérêt commun règle leurs rapports et forme leur loi (...). En bref, la société réalise pour elle-même presque tout ce qui est attribué au gouvernement (...). De la circulation incessante des intérêts qui, passant à travers des millions de canaux, irrigue l'humanité, beaucoup plus que de ce que peut faire le meilleur gouvernement, dépend la sécurité et la prospérité de l'individu et de la collectivité [3].

Sans aller jusqu'à prévoir ou réclamer le dépérissement de l'État, la classe dirigeante, la bourgeoisie capitaliste, trouvera là un inépuisable matériau idéologique. Et c'est

---

1. Cité par P. Rosanvallon, *Le Capitalisme utopique,* p. 73.
2. *Ibid.,* p. 86.
3. *Ibid.,* p. 145 et 146.

un de ses hommes d'État, chef de gouvernement, William Pitt, qui déclare en 1796 au Parlement :

> Considérez les cas où l'intervention des pouvoirs publics a gêné le développement de l'industrie, et où les meilleures intentions ont produit les effets les plus désastreux (...). Le commerce, l'industrie, l'échange, trouveront toujours leur niveau d'eux-mêmes, et ne pourront être que dérangés par des mesures artificielles qui, venant troubler leur opération spontanée, en empêchent les heureux effets [1].

1. Cité *in* Mantoux, *op. cit.*, p. 412-3.

Propos d'étape 2

Avec la fabrique, le XVIIIe siècle est bien le siècle où le capitalisme se met en place avec le mode de production qui lui est propre.

Mais il le fait sur la base d'une accumulation de richesses qui continue de venir de deux sources principales :
- l'extorsion, traditionnelle, de surtravail paysan,
- la surexploitation coloniale sous des formes diverses : pillage, travail forcé, esclavage, échange inégal, taxes et impôts coloniaux...

Le développement des marchés (intérieur et mondial), l'élargissement des échanges rendent nécessaire une augmentation de la production : d'abord, dans les formes traditionnelles (manufacture, travail à domicile), puis, avec de nouvelles techniques et dans le cadre de la fabrique utilisant une source d'énergie. Là réside une troisième source de valeur — encore limitée mais en pleine progression.

Ainsi, à côté de la circulation de l'argent $(A \to A')$, de la petite production marchande $(Ma \to A \to Mi)$, de l'échange commercial $(A \to M \to A')$, se développe la production organisée pour la mise en valeur du capital :

$$A \to M \begin{cases} mp \\ \\ ft \end{cases} \to P \to M' \to A'$$

Un fabricant, disposant d'une somme d'argent A achète des marchandises M (moyens de production mp et force de travail ft), les combine dans la production P de marchandises, lesquelles « portent » une valeur M', supérieure à M. La vente de ces marchandises lui permettra de recevoir une somme d'argent $A' = A + \Delta A$.

La manufacture amorçait cette évolution. La fabrique l'accomplit. Et cela, d'autant plus facilement qu'une main-d'œuvre est rendue disponible par l'accroissement de la population et la modernisation de la production agricole.

Dès lors, si l'accumulation étatique continue dans les mêmes domaines qu'aux siècles précédents (routes, canaux, ports, flottes, moyens d'administration), l'accumulation bourgeoise amorce une mutation décisive : certes, elle se poursuit à travers l'accroissement des fortunes privées et des stocks de marchandises, mais elle se fait de plus en plus sous la forme de capital productif (matières premières, machines, fabriques).

Des esprits attentifs, Quesnay, Turgot, Smith, voient la nouvelle logique qui se met en place : du travail productif, dégager un « produit net », qui permettra notamment de constituer des « avances » grâce auxquelles pourront être élargies, ou améliorées, les bases de la production.

L'agent principal de ce mouvement est la bourgeoisie qui se forme à partir des bourgeoisies bancaire et commerciale, des négociants et fabricants enrichis et, en Angleterre, d'une partie de la noblesse. Cette nouvelle classe dirigeante cultive partout un maître mot : liberté.

En Angleterre, où elle est associée aux affaires de l'État, il s'agit surtout de liberté économique : liberté de commercer, de produire, de payer la main-d'œuvre aux prix les plus bas... et donc de se défendre contre les coalitions et les émeutes ouvrières.

En France, où elle reste écartée des affaires de l'État, il s'agit surtout de la liberté politique : suppression des privilèges, constitution, légalité ; mais les aspirations au libéralisme économique sont aussi présentes.

Avec les révolutions française et américaine, avec le développement de la « révolution industrielle », une nouvelle période s'ouvre, marquée par l'irrésistible montée du capitalisme.

3. L'irrésistible montée du capitalisme industriel (1800-1870)

Voit-on assez le chemin parcouru en trois siècles ? En 1500, au nom de Dieu et du roi, des expéditions armées conquièrent de larges contrées des Amériques, massacrent, pillent et ramènent de fabuleux trésors. A la fin du XVIIIe siècle, au nom de la Nature et de la Liberté, les économistes, soucieux de découvrir l'origine des richesses, décrivent les conditions de l'accumulation du capital.

Il s'est agi d'abord de la richesse du prince ; puis, pour de bonnes finances royales, de l'enrichissement de la nation, notamment par les exportations ; ensuite, dans la même perspective, de l'importance du travail national et des manufactures. Maintenant est mis en lumière le travail productif : celui qui permet de dégager un surplus, moyen de produire à une échelle élargie.

Autour du roi, s'est forgée l'unité nationale, contre la féodalité mais aussi contre les autres rois, dans une terrible succession de guerres. La classe montante, pour se développer, s'abrite sous l'autorité royale contre la noblesse ; elle utilise les idées mercantilistes pour promouvoir ses propres intérêts, avant que ses fractions les plus fortes et les plus avancées n'adoptent les idées libérales. A la fin du XVIIIe siècle, l'idée de nation s'affirme contre le roi.

Dieu et la noblesse, la religion et l'ordre issu de la féodalité assuraient la cohésion sociale. Dieu se déchire avec la Réforme et se désagrège ou s'abstrait avec les philosophes ; la noblesse, entre le roi et les bourgeois, va perdre son pouvoir et ses privilèges. La réflexion sur le contrat social, sur les régimes politiques, sur la démocratie va donner à la bourgeoisie les formes institutionnelles et les justifications des types de gouvernement qu'elle contrôlera : elle pourra, désormais, se passer d'un roi.

La domination coloniale, le pillage, l'exploitation des

esclaves importés ou des indigènes mis sous le joug constituent pendant toute la période une source fondamentale d'enrichissement pour les pays colonisateurs. Au XVIᵉ siècle, l'essentiel passait d'abord par les caisses royales ; au XVIIIᵉ, c'est d'abord l'affaire des compagnies coloniales et des financiers. Mais déjà les conflits d'intérêts dressent contre les bourgeoisies d'Europe et au nom de leurs idées de démocratie et de liberté les descendants de colons venus d'Europe ; les mêmes qui, chez eux, font travailler les esclaves et massacrent les Indiens.

Le monopole *et* la concurrence ; l'action de l'État *et* l'initiative privée ; le marché mondial *et* l'intérêt national sont, sous des formes différentes, présents ensemble tout au long de la formation du capitalisme. Cette formation est animée par des bourgeoisies nationales ; soutenue ou défendue par des États nationaux ; supportée par les travailleurs de ces pays et par les peuples soumis ou dominés à travers le monde.

En ces années 1790-1815, ce qui éclate aux yeux de tous, c'est la Révolution française, ce sont les guerres qui déchirent l'Europe. Moins spectaculaire, une autre révolution s'est engagée, en Angleterre, à travers laquelle se met en place et s'élargit la logique capitaliste de production : exploitation d'un nombre croissant de travailleurs *et* production d'une masse toujours plus grande de marchandises ; accumulation vertigineuse de richesses, à un pôle, élargissement et aggravation de la misère, à l'autre. A travers le mouvement d'industrialisation du XIXᵉ siècle, cette logique va s'imposer avec de plus en plus de force à des secteurs de plus en plus larges de la société.

Dès le tournant du siècle, d'âpres affrontements idéologiques traduisent l'aiguisement des contradictions que développe cette évolution.

Au tournant du siècle, le choc des idées

Au début du XIXᵉ siècle, le développement capitaliste de l'industrie, amorcé en Angleterre, est loin d'être dominant. Une nouvelle génération de manufacturiers, de fabricants, d'industriels s'affirme (J.-B. Say, en France, D. Ricardo, en Angleterre, en apparaissent les porte-parole) ; mais la bourgeoisie industrielle est loin de constituer déjà une couche sociale cohérente. Les travailleurs des fabriques, et parmi eux, en grand nombre, femmes et enfants, sont soumis à l'impitoyable discipline de la production mécanique et à la terrible menace de la misère nue : déracinés, déculturés, sans stabilité, ils ne constituent pas une classe.

Au contraire, les classes de l'ancienne société sont encore bien là : noblesse et propriétaires fonciers ; agriculteurs, artisans, boutiquiers. Elles sont sensibles au changement qui commence à les affecter : et c'est souvent parmi elles que des voix s'élèvent pour critiquer les transformations en cours, soit au nom des valeurs du passé (Burke, en Angleterre ; Bonald et Maistre, en France), soit au nom d'une autre société conçue en fonction des normes de la raison et de l'équité (Godwin et Owen, en Angleterre ; Saint-Simon et Fourier, en France).

Dans les débats menés alors, les principales idées sont affirmées qui seront reprises dans toute la première moitié du siècle, et pour certaines tout au long du siècle, voire jusqu'à nos jours.

1. *Des pauvres et des riches*

A son tour, et parmi d'autres, W. Godwin dénonce l'inégalité et les riches qui en bénéficient :

> Quoi de plus injurieux que l'accumulation en un petit nombre de mains des superfluités et des moyens de luxe, avec la suppression totale du bien-être, de la subsistance simple mais large du grand nombre ? On peut calculer que le roi, même d'une monarchie limitée, reçoit comme salaire de son office un revenu équivalent au travail de cinquante mille hommes ! Et représentons-nous encore les parts faites à ses conseillers, à ses nobles, aux riches bourgeois qui veulent imiter la noblesse, à leurs enfants et alliés. Est-ce miracle qu'en de tels pays, les ordres inférieurs de la communauté soient épuisés sous un fardeau de misère et de fatigue immodérés [*penury and immoderate fatigue*][1] ?

1. *An Enquiry concerning political Justice and its Influence on Moral and Happiness* (1793), cité in J. Jaurès, *Histoire socialiste de la Révolution française*, t. IV, p. 516.

C'est déjà, fondamentalement, l'exploitation du travail qu'il dénonce :

> Toute richesse, dans la société civilisée, est le produit de l'humaine industrie. Être riche, c'est essentiellement posséder une patente qui autorise un homme à disposer du produit de l'industrie d'un autre homme (...). La partie dominante et gouvernante de la communauté est comme le lion qui chasse avec les animaux plus faibles. Le propriétaire du sol prend d'abord une partie disproportionnée du produit, le capitaliste suit et se montre également vorace. Et pourtant on pourrait se passer de ces deux classes, sous la forme où elles apparaissent aujourd'hui, avec un autre mode de société (...). C'est le système, quelles qu'en soient d'ailleurs les formes particulières, qui donne à un homme la faculté de disposer des produits de l'industrie d'un autre homme. Il n'y a presque aucune espèce de richesse, de dépense ou de luxe existant dans une société civilisée, qui ne procède expressément du travail manuel (...). Tout homme peut calculer, à chaque verre de vin qu'il boit, à chaque ornement qu'il attache à sa personne, combien d'individus ont été condamnés à l'esclavage et à la sueur, à une incessante besogne, à une insuffisante nourriture, à un labeur sans trêve, à une déplorable ignorance et à une brutale insensibilité, pour qu'il ait ces objets de luxe (...). La propriété est produite par le travail quotidien des hommes qui existent maintenant. Tout ce que leurs ancêtres ont légué aux possédants d'aujourd'hui, c'est une patente moisie qu'ils exhibent comme un titre à extorquer de leur prochain ce que leur prochain produit[1].

Et c'est la logique sociale de cette exploitation qu'il met à nu :

> Si, l'inégalité étant ainsi introduite, les membres plus pauvres de la communauté sont, ou assez dépravés pour vouloir, ou dans une situation assez malheureuse pour devoir se faire eux-mêmes les serviteurs salariés, les ouvriers d'un homme plus riche, cela non plus n'est probablement pas un mal qui puisse être corrigé par l'intervention du gouvernement. Mais, quand nous sommes parvenus à ce point, il devient difficile de mettre des bornes à la croissance de l'accumulation chez un homme, de la pauvreté et de l'infortune chez un autre[2].

1. *Ibid.*, p. 519 et 522. Le mot « industrie » est utilisé ici dans le sens large, courant à l'époque, d'activité, travail.
2. *Ibid.*, p. 526-7.

Elle envahit le domaine des idées et des valeurs :
« L'esprit d'oppression, l'esprit de servilité, l'esprit de
fraude, voilà les fruits immédiats du système actuel de la
propriété[1]. »

Le révérend Thomas Robert Malthus observe la même
inégalité, la même misère, le même écrasement des plus
démunis ; mais ce sont les pauvres qu'il met, lui, en
accusation. Il part de deux postulats :

> Premièrement que la nourriture est nécessaire à l'homme ;
> secondement que la passion entre les sexes est nécessaire
> et se maintiendra, à peu de choses près, telle qu'elle existe
> maintenant. (...) Considérant mes postulats comme assu-
> rés, je dis que le pouvoir de la population est infiniment
> plus grand que le pouvoir de la terre à produire les
> subsistances nécessaires à l'homme. La population, si elle
> ne rencontre pas d'obstacles, s'accroît suivant une progres-
> sion géométrique. Les subsistances s'accroissant selon une
> progression arithmétique. Une faible connaissance des
> nombres suffit à montrer l'immensité du premier pouvoir
> en comparaison du second.
> De par cette loi de notre nature qui fait que la nourriture
> est indispensable à la vie de l'homme, les effets de ces deux
> pouvoirs inégaux doivent cependant être tenus pour égaux.
> Ceci implique que la pénurie de subsistances agit comme
> un frein puissant et constant sur la population. Cette
> pénurie doit s'appliquer quelque part et doit nécessaire-
> ment être ressentie par une large portion de l'humanité[2].

Le philanthrope, le législateur n'y peuvent rien : « Il
n'est pas au pouvoir des riches de fournir aux pauvres de
l'occupation et du pain, et en conséquence les pauvres par
la nature même des choses n'ont aucun droit à leur en
demander[3]. » « Aucun sacrifice possible des riches, particulièrement en argent, ne pourra prévenir à aucun moment
le retour de la détresse parmi les classes inférieures de la
société (...)[4]. » Car, fondamentalement, pour Malthus,

1. *Ibid.*, p. 531.
2. *Essai sur la loi de la population et ses effets sur le perfectionnement futur de la société, avec des remarques sur les spéculations de M. Godwin, M. Condorcet et d'autres auteurs*, 1798, cité in J.-M. Poursin et G. Dupuy, *Malthus*, Seuil, 1972, p. 16 et 17.
3. *Ibid.*, p. 32.
4. *Ibid.*, p. 34.

c'est un problème de morale individuelle : « Il importe à chacun pour son bonheur de différer son établissement jusqu'à ce qu'à force de travail et d'économie il se soit mis en état de pourvoir aux besoins de sa famille [1]. » Dès lors, le pauvre, le miséreux est coupable de n'avoir pas respecté la loi de la nature :

> Livrons donc cet homme coupable à la peine prononcée par la nature. Il a agi contre la voie de la raison qui lui a été clairement manifestée, il ne peut accuser personne et doit s'en prendre à lui-même si l'action qu'il a commise a pour lui des suites fâcheuses. L'accès à l'assistance des paroisses doit lui être fermé. Et si la bienfaisance privée lui tend quelque secours, l'intérêt de l'humanité requiert impérieusement que ces secours ne soient pas trop abondants. Il faut qu'il sache que les lois de la nature, c'est-à-dire les lois de Dieu, l'ont condamné à vivre péniblement, pour le punir de les avoir violées (...). Il paraîtra peut-être bien dur qu'une mère et des enfants qui n'ont rien à se reprocher soient appelés à souffrir de la mauvaise conduite du chef de la famille. Mais c'est encore là une loi immuable de la nature [2].

Reprenant ces idées dans un ouvrage plus complet et plus élaboré, *Essai sur le principe de population* (1803), le révérend Malthus atteint au lyrisme dans un passage célèbre, mais qui ne sera pas repris dans les éditions ultérieures :

> Un homme qui est né dans un monde déjà possédé, s'il ne peut obtenir de ses parents la subsistance qu'il peut justement leur demander, et si la société n'a pas besoin de son travail, n'a aucun droit de réclamer la plus petite portion de nourriture, et, en fait, il est de trop. Au grand banquet de la nature, il n'y a pas de couvert vacant pour lui. Elle lui commande de s'en aller, et elle mettra elle-même promptement ses ordres à exécution, s'il ne peut recourir à la compassion de quelques-uns des convives du banquet. Si ces convives se serrent et lui font place, d'autres intrus se présentent immédiatement, demandant la même faveur. Le bruit qu'il existe des aliments pour tous ceux qui arrivent remplit la salle de nombreux réclamants. L'ordre et l'harmonie des festins sont troublés, l'abondance

1. *Ibid.*, p. 33.
2. *Ibid.*, p. 33.

qui régnait auparavant se change en disette, et le bonheur
des convives est détruit par le spectacle de la misère et de la
gêne qui règnent dans toutes les parties de la salle, et par la
clameur importune de ceux qui sont justement furieux de
ne pas trouver les aliments sur lesquels on leur avait appris
à compter. Les convives reconnaissent trop tard l'erreur
qu'ils ont commise en contrecarrant les ordres stricts à
l'égard des intrus, donnés par la grande maîtresse du
banquet[1].

Voilà pour les âmes pieuses de quoi rendre parfaitement
soutenable la terrible misère ouvrière et populaire de
l'époque. Pour les esprits rationnels, les économistes
montreront sa « nécessité scientifique » : ne résulte-t-elle
pas de la « loi d'airain des salaires » ? Jean-Baptiste Say
décrit en ces termes comment se détermine le salaire :
« Quand (...) la demande reste en arrière de la quantité de
gens qui s'offrent pour travailler, leurs gains déclinent au-
dessous du taux nécessaire pour que la classe puisse se
maintenir au même nombre. Les familles les plus accablées
d'enfants et d'infirmités dépérissent ; dès lors l'offre de
travail décline ; et le travail étant moins offert, son prix
remonte[2]. » Ricardo, ayant décrit le même mouvement, le
juge nécessaire : « Ainsi que tout autre contrat, les salaires
doivent être livrés à la concurrence franche et libre du
marché, et n'être jamais entravés par l'intervention du
législateur. » Ce qui le conduit à dénoncer les lois anglaises
sur les pauvres : « Au lieu d'enrichir les pauvres, elles ne
tendent qu'à appauvrir les riches[3]. »

2. *Les deux utopies face à face*

Plus largement, sont formulées dès le début du siècle
deux visions utopiques d'un monde à venir ; l'une et l'autre
garantissent le bonheur de tous : la vision libérale, d'un
côté, et, de l'autre, la vision fondée sur l'organisation de la

1. Cité in *Histoire générale des civilisations*, t. V, p. 526.
2. *Cours complet d'économie politique pratique*, 1828-1829, cité par H. Denis, *op.
cit.*, p. 295.
3 *Principes de l'économie politique et de l'impôt*, 1817, trad. fr., Calmann-Lévy,
1970, p. 76 et 77.

société et qui sera dans le deuxième tiers de siècle qualifiée de « socialiste ».

« Laissez-faire », avaient dit Turgot et Smith face à l'organisation corporatiste, à la politique mercantiliste, aux monopoles des grandes compagnies et des manufactures bénéficiant de privilèges. « LAISSEZ-FAIRE », vont dire sans restriction les « économistes » du XIXe siècle.

Pour Say, Propriété, Liberté, Prospérité sont indissociables : propriété du fonds productif et des revenus qu'on en peut tirer ; liberté d'user de ce fonds : « Toute restriction qui n'est pas nécessaire pour protéger les droits d'autrui est un attentat à la propriété [1] » ; prospérité pour tous — pour le pauvre et pour le riche —, car « leurs intérêts sont exactement les mêmes ». Certes, « c'est un grand malheur que d'être pauvre, mais ce malheur est bien plus grand lorsqu'on est entouré de pauvres comme soi. A défaut de richesse pour soi, on doit en souhaiter pour les autres. Un indigent a infiniment plus de moyens de gagner sa vie et de parvenir à l'aisance s'il se trouve au milieu d'une population riche, que s'il n'est entouré que de pauvres comme lui. Et remarquez qu'ici l'espoir du pauvre ne se fonde pas sur la charité du riche. Il se fonde sur son intérêt. C'est pour son intérêt que le riche fournit au pauvre un terrain pour le cultiver, des outils, des engrais et des semences et qu'il le nourrit jusqu'à la récolte [2] ».

Pour Ricardo, le libre jeu des marchés, c'est-à-dire la loi de l'offre et de la demande, assure l'équilibre : équilibre économique, mais aussi équilibre entre les trois classes de la société (propriétaires fonciers, possesseurs de capitaux et travailleurs), même si leurs intérêts apparaissent contradictoires ; équilibre aussi entre les nations, le jeu des coûts comparatifs et de la spécialisation garantissant l'intérêt réciproque de toutes.

Dans cet esprit se développe et s'affirme ce que l'on peut nommer l' « utopie libérale » : propriété, libre initiative et libre jeu de marché doivent assurer le monde le meilleur possible. Cela implique de réduire le plus possible tout ce qui vient de l'État : « L'action gouvernementale est essen-

---

1. *Cours complet...*, in J. B. Say. *Textes choisis*, Dalloz, 1953, p. 195.
2. *Cours complet d'économie politique pratique*, ibid., p. 194.

tiellement bornée à faire régner l'ordre, la sécurité, la justice, écrira Bastiat. En dehors de cette limite, elle est usurpation de la conscience, de l'intelligence, du travail, en un mot de la Liberté humaine [1]. » Et pour le reste ? Laissez-faire ! Sauf, bien sûr, « pour *empêcher* les choses deshonnêtes ». Mais « quant aux choses innocentes par elles-mêmes comme le travail, l'échange, l'enseignement, l'association, la banque, etc., il faut pourtant opter. Il faut que l'État *laisse faire ou empêche de faire*. S'il laisse faire, nous serons libres et économiquement administrés, rien ne coûtant moins que le *laisser-faire*. S'il *empêche de faire*, malheur à nos libertés et à notre bourse [2] ».

Cette « utopie libérale » a eu dès l'origine l'habileté de se présenter comme « fondée scientifiquement » : « Les Économistes [c'est-à-dire les Libéraux], écrit encore Bastiat, observent l'homme, les lois de son organisation et les rapports sociaux qui résultent de ces lois. » A quoi il oppose la démarche des socialistes : « Les Socialistes imaginent une société de fantaisie et ensuite un cœur humain assorti à cette société [3]. »

Car à l'utopie libérale s'opposent les utopies égalitaristes, sociales, associationnistes, que dans les années 1830 on qualifiera d'un mot : socialistes.

En témoignent, sous la Révolution française, les écrits de l'Ange et de Babeuf, la conjuration des Égaux. Quelques phrases du *Manifeste des Égaux*, rédigé par Sylvain Maréchal, donnent le ton :

> Peuple de France !
> Pendant quinze siècles tu as vécu esclave, et par conséquent malheureux. Depuis six années tu respires à peine, dans l'attente de l'indépendance, du bonheur et de l'égalité.
> L'Égalité ! premier vœu de la nature, premier besoin de l'homme, et principal nœud de toute association légitime (…).
> Eh bien ! nous prétendons désormais vivre et mourir égaux comme nous sommes nés : nous voulons l'égalité réelle ou la mort ; voilà ce qu'il nous faut (…).

---

1. Préface aux *Harmonies économiques*, 1845, cité *in* Louis Baudin, *Frédéric Bastiat*, Dalloz, 1962, p. 24.
2. *Jacques Bonhomme*, n° 1, juin 1848, *ibid.*, p. 161.
3. Préface aux *Harmonies économiques*, *ibid.*, p. 19.

La Révolution française n'est que l'avant-courrière d'une autre révolution bien plus grande, bien plus solennelle, et qui sera la dernière (...). L'instant est venu de fonder la RÉPUBLIQUE DES ÉGAUX, ce grand hospice ouvert à tous les hommes. Les jours de la restitution générale sont arrivés. Familles gémissantes, venez vous asseoir à la table commune dressée par la nature pour tous ses enfants (...). Dès le lendemain de cette véritable révolution, ils se diront tout étonnés : Eh quoi! le bonheur commun tenait à si peu ? Nous n'avions qu'à le vouloir. Ah, pourquoi ne l'avons-nous pas voulu plus tôt[1] ?

En témoignent aussi Saint-Simon et Fourier, admirateurs de Newton et fascinés par l'harmonie née de l'attraction universelle. Dans son rêve de 1803, Saint-Simon voit l'administration de la terre confiée à un « Conseil de Newton » composé de savants et d'artistes[2]. Dans sa *Théorie des quatre mouvements* (1808), Fourier dégage la loi unique, constante et générale de l' « attraction passionnée » ; les phalanges, sociétés complètes et autonomes de mille huit cents personnes, doivent être, dans leurs phalanstères, les cellules de base d'une nouvelle « harmonie universelle ». L'Utopie est là, puissante : certitude vivante d'un autre monde, d'une autre société à portée de la main. Saint-Simon sera plus attentif à l' « Industrie », c'est-à-dire aux diverses formes de l'activité productive ; il mettra en avant le rôle des industriels ; il s'adressera aux ouvriers et se préoccupera de l'amélioration des conditions de vie « de la classe la plus nombreuse et la plus pauvre[3] ». Fourier critique les incohérences de la société qu'il nomme « monde à rebours » et l'asservissement au « travail répugnant » ; il prône le « monde à droit sens » — ce « nouveau monde » réalisant l'état sociétaire, sur la base de l' « industrie naturelle attrayante véridique », et dont le phalanstère sera la cellule de base[4].

---

1. *Le Manifeste des Égaux* (1796) n'a pas alors été publié à cause de deux phrases auxquelles n'ont pu souscrire l'ensemble des Égaux : « Périssent, s'il le faut, tous les arts, pourvu qu'il nous reste l'égalité réelle », et : « Disparaissez enfin, révoltantes distinctions (...) de gouvernants et de gouvernés. » *In* G. M. Bravo, *Les Socialistes avant Marx*, Maspero, 1970, t. I, pp. 65-8.
2. *Lettre d'un habitant de Genève à ses contemporains*, 1803.
3. *L'Industrie*, 1817-1818 ; *Du système industriel*, 1821 ; *Henry de Saint-Simon à Messieurs les ouvriers*, 1821 ; *Nouveau Christianisme*, 1825.
4. *Traité de l'association domestique et agricole*, 1822 ; *Le Nouveau Monde industriel et sociétaire*, 1829 ; *Pièges et Charlatanisme des deux sectes de Saint-Simon et*

Plus pragmatique, Owen a été, au terme d'une fulgurante carrière — à dix-neuf ans directeur de la production
d'une filature, à vingt-huit ans patron d'une grosse filature —, un des tout premiers « patrons sociaux » de
l'industrie capitaliste : pendant tout le premier quart du
XIXᵉ siècle, son usine de New Lanark est un modèle que
l'on vient visiter de toute part. Puis Owen envisage de
réformer la société tout entière ; il met en cause la religion
et la famille, et perd l'appui de la bourgeoisie libérale ; il
entreprend, avec la création de New Harmony aux USA, la
réalisation concrète de l'utopie — mélange de coopération
et de communisme — qu'il a en tête : c'est un échec (1824-
1829) ; il deviendra alors un animateur du mouvement
ouvrier britannique, puis un infatigable propagandiste de
ses convictions et de ses croyances[1].

Ainsi, face à l'utopie libérale (le bonheur humain assuré
par le libre jeu de l'offre et de la demande dans tous les
domaines), se déploient les utopies socialistes (le bonheur
humain assuré par une organisation adéquate de la
société). La première s'est très vite couverte des apparen-
ces de la science (« loi de l'offre et de la demande », « loi
d'airain du salaire ») ; les secondes ont eu tendance à
dégénérer en croyances mystiques et sectaires. La première
a été reprise et utilisée par l'aile marchande de la bourgeoisie chaque fois qu'elle avait besoin d'avoir le champ libre
(contre les règlements et les corporations, contre les
monopoles et les privilèges, contre les lois sur les pauvres,
contre le protectionnisme) ; les secondes trouveront des
échos chez les techniciens (Saint-Simon), mais surtout dans
la petite bourgeoisie (artisans, boutiquiers) et dans les
couches populaires (hommes de métiers et ouvriers).

Marx donnera de l'utopie socialiste une version scientifique, en établissant sur la base de l'analyse historique et
économique du capitalisme, que le communisme doit
« nécessairement » lui succéder ; les multiples réalisations

d'Owen, 1831 ; *La Fausse Industrie morcelée, répugnante, mensongère, et l'antidote,
l'industrie naturelle, attrayante, véridique*, 1835-1836.
1. *A New View of Society*, 1812-1813 ; *Observations on the effects of the
manufacturing system*, 1815 ; *Report to the country of Lanark*, 1815-1821 ; *Book of the
new moral world*, 1840 ; *Lectures on the rational system of society*, 1841 ; *On the
employment of children in manufactories*, 1848 ; *The life of Robert Owen, written by
himself*, 1857-1858.

associationnistes et coopérativistes, les luttes populaires et ouvrières, la formation et la maturation des classes ouvrières enracineront et concrétiseront le projet socialiste[1].

3. *D'où viennent les richesses ?*

Cette question fondamentale, les Économistes la reprennent à partir du livre d'Adam Smith ; elle oppose notamment l'Anglais David Ricardo au Français Jean-Baptiste Say.

Né en 1772, fils d'un banquier israélite émigré en Hollande, courtier en valeurs à partir de vingt-deux ans, enrichi par des spéculations réussies, David Ricardo se retire des affaires à quarante-deux ans, achète une propriété foncière et devient membre du Parlement en 1819, deux ans après avoir publié son principal ouvrage : *Principes de l'économie politique et de l'impôt*. Né en 1767, fils d'un négociant protestant revenu de Genève (où sa famille s'était exilée après l'édit de Nantes) à Lyon, Say travaille comme commis dans une banque, voyage en Angleterre, s'engage comme volontaire lors de la campagne de 1792 ; il fréquente ensuite les cercles « idéologiques » de l'époque, collabore à *la Décade*, et publie en 1803 son *Traité d'économie politique, ou simple exposition de la manière dont se forment, se distribuent et se consomment les richesses* ; désapprouvant les mesures autoritaires de l'Empire, il refuse les postes qui lui sont offerts et crée une filature de coton (1806-1814) ; sous la Restauration, l'économie politique — alors teintée d'anticléricalisme et de libéralisme — étant jugée subversive, il ne peut enseigner qu'à l'Athénée, institution privée d'enseignement supérieur (1816-1817 et 1818-1819) et au Conservatoire des arts et métiers (à partir de 1820) ; il devra attendre 1830 pour avoir, peu avant sa mort, une chaire au Collège de France[2].

Ses positions fondamentales, Say les a résumées dans son *Catéchisme d'économie politique* de 1817 :

---

1. Voir M. Beaud, *Le Socialisme à l'épreuve de l'histoire*, chap. I.
2. Voir L. Le Van-Lemesle, « Les méthodes de promotion de l'économie politique en France au XIXe siècle », *Recherches et Travaux*, UER d'histoire de Paris I, déc. 1977.

— *Est-ce une chose possible que de créer de la richesse ?*
— Oui, puisqu'il suffit pour cela de créer de la valeur ou d'augmenter la valeur qui se trouve déjà dans les choses qu'on possède.
— *Comment donne-t-on de la valeur à un objet ?*
— En lui donnant une utilité qu'il n'avait pas.
— *Comment augmente-t-on la valeur que les choses ont déjà ?*
— En augmentant le degré d'utilité qui s'y trouvait quand on les a acquises (...) [1].
— Produire, c'est donner de la valeur aux choses en leur donnant de l'utilité ; et l'action d'où résulte un produit se nomme Production (...) [2].
— *A qui appartiennent les produits journellement créés dans une nation ?*
— Ils appartiennent aux industrieux, aux capitalistes, aux propriétaires fonciers, qui, soit par eux-mêmes, soit par le moyen de leur instrument, sont les auteurs de ces produits et que nous avons en conséquence nommés producteurs [3].

Voilà posée une des bases idéologiques de la pensée économique des XIXe et XXe siècles : produire, c'est accroître l'utilité ; trois « facteurs de production », travail, capital et terre, y concourent ; ils sont rémunérés au prorata de leur contribution.

Ricardo est en désaccord avec Say sur ces deux points : « L'utilité, écrit-il à Say à propos de son *Catéchisme,* est certainement le fondement de la valeur, mais le degré d'utilité ne peut jamais être la mesure par laquelle on estime la valeur. Une marchandise difficile à produire aura toujours plus de valeur que celle qui est produite aisément (...). Une marchandise doit être utile pour avoir de la valeur, mais la difficulté de sa production est la vraie mesure de sa valeur. Pour cette raison, le fer, bien que plus utile, est de moindre valeur que l'or [4]. » Dans ses *Principes de l'économie politique et de l'impôt* publiés également en 1817, Ricardo explicite son analyse : il consacre à la valeur un important premier chapitre. Les longs titres des sections de ce chapitre disent en peu de phrases l'essentiel : « La

1. J.-B. Say, *Catéchisme d'économie politique*, 1817, Mame, 1970, p. 37.
2. *Ibid.*, p. 41.
3. *Ibid.*, p. 118.
4. Cité par P. Lantz, *Valeur et Richesses*, p. 197-8.

valeur d'une marchandise, ou la quantité de toute marchandise contre laquelle elle s'échange, dépend de la quantité relative de travail nécessaire pour la produire et non de la rémunération plus ou moins forte accordée à l'ouvrier[1]. » « La valeur des marchandises se trouve modifiée, non seulement par le travail immédiatement appliqué à leur production, mais encore par le travail consacré aux outils, aux machines, aux bâtiments qui servent à les créer[2]. »

Ainsi définie la valeur, dont le prix est l'expression monétaire, la répartition des richesses produites va se jouer sur le salaire. Or, « Le prix naturel du travail est celui qui fournit aux ouvriers en général les moyens de subsister et de perpétuer leur espèce sans accroissement ni diminution. » Dès lors, « En supposant que le blé et les objets manufacturés se vendent toujours au même prix, les profits seront toujours élevés ou réduits selon la hausse ou la baisse des salaires[3]. »

Avec Say, les intérêts des ouvriers, des capitalistes et des propriétaires étaient en concordance. Avec Ricardo, ils sont en opposition ; c'est des thèses ricardiennes et de la critique de leurs points de faiblesse que Marx repartira pour développer son analyse du Capital.

Sur la question des machines, les positions de Say et de Ricardo se rejoignent. « Le service des machines », écrit Say dans son *Catéchisme,* n'est funeste à la classe des ouvriers « qu'à l'époque où l'on commence à se servir d'une nouvelle machine ; car l'expérience nous apprend que les pays où l'on fait le plus d'usage des machines, sont ceux où l'on occupe le plus d'ouvriers[4] ». Ricardo, discutant les thèses de Mac Culloch, écrit en 1820 : « L'emploi de machines, je pense, ne diminue jamais la demande de travail, elle n'est jamais cause d'une chute dans le prix du travail, mais l'effet de son augmentation[5]. » Il abandonne cette position en 1821, en ajoutant un chapitre à la

---

1. D. Ricardo, *Principes de l'économie politique et de l'impôt,* 1817, trad. fr., Calmann-Lévy, 1970, p. 13.
2. *Ibid.,* p. 23.
3. Cité par H. Denis, *op. cit.,* p. 313 et 315.
4. J.-B. Say, *Catéchisme...,* op. cit., p. 75.
5. Cité *in* P. Lantz, *Valeur et Richesse,* p. 209.

troisième édition de ses *Principes :* « Je suis convaincu que la substitution des forces mécaniques aux forces humaines pèse quelquefois très lourdement, très péniblement sur les épaules des classes laborieuses. » Cependant : « Il serait toujours dangereux pour un État d'entraver l'emploi des machines, car si l'on n'accorde pas dans un pays, au capital, la faculté de recueillir tous les profits que peuvent produire les forces mécaniques perfectionnées, on le pousse dehors, et cette désertion des capitaux sera bien plus fatale à l'ouvrier que l'utilisation, même la plus coûteuse, des machines[1]. »

Ces débats ne sont pas menés « en l'air ». Ils s'enracinent dans les préoccupations quotidiennes, les confrontations d'intérêts qui accompagnent le développement de l'industrie mécanique.

Le développement capitaliste de l'industrie

En effet, au cours du XIXᵉ siècle, c'est principalement à travers la mise en place de l'industrie mécanisée que s'opère l'extension du mode de production capitaliste. Les « fabriques », que l'on a vues naître en Angleterre à la fin du XVIIIᵉ siècle, se multiplient : en Angleterre même, mais aussi en Belgique, en France, en Suisse, en Allemagne, aux États-Unis ; leur développement est particulièrement marquant dans les secteurs « moteurs » de l'époque, le textile et la métallurgie ; d'anciens manufacturiers ou négociants, mais aussi des fils d'artisans, des contremaîtres deviennent fabricants et font travailler, avec le souci d'en tirer le maximum, une main-d'œuvre rendue disponible par la transformation des campagnes ou par l'immigration. C'est dans des conditions de misère et d'oppression insoutenables que se constituent alors les premiers noyaux des classes ouvrières modernes.

Ce mouvement prolonge celui qui s'était engagé en Angleterre au siècle précédent, mais avec une nette

---

1. Voir P. Lantz, *op. cit.*, p. 209 s.

accélération, que permet de saisir l'augmentation du taux annuel de croissance de l'industrie mondiale.

TABLEAU N° 2

TAUX ANNUELS MOYENS DE CROISSANCE DE L'INDUSTRIE ET DU COMMERCE MONDIAUX

	industrie mondiale	commerce mondial
XVIIIᵉ siècle	1,5[a]	1,1[b]
1780-1830	2,6	1,4
1830-1840	2,9	2,8
1840-1860	3,5	4,8
1860-1870	2,9	5,5

a. Période 1705-1785-b. Période 1720-1780.
Source : W. W. Rostow, *The World Economy*, tableau II-7 et II-1, p. 67 et 49.

---

1. *L'avance du capitalisme britannique*

L'industrialisation capitaliste à l'échelle mondiale s'est opérée en trois grands flux successifs : 1780-1880, 1880-1950, la troisième étant en cours aujourd'hui. Chaque flux est caractérisé par une certaine extension, à la fois sectorielle (par type d'industrie) et géographique (régionale et nationale).

Pour la période 1780-1880, trois industries ont eu un poids, un taux de croissance et un effet entraînant tels qu'elles peuvent être qualifiées de motrices : celles du coton, de la fonte et des rails de chemin de fer ; c'est en Grande-Bretagne que leur développement a été le plus précoce et le plus marquant.

Utilisation de la houille blanche et des moteurs à vapeur, qui permettent de donner son plein rendement à la mécanisation, *et* mise au travail d'une main-d'œuvre abondante, totalement désarmée et peu coûteuse : les quantités produites augmentent fortement. L'avance britannique est écrasante pendant toute la première moitié du siècle, et reste importante après 1850, même si elle est réduite pour certaines productions. Les chiffres des quantités produites sont éloquents.

TABLEAU Nº 3

INDUSTRIES MOTRICES DE LA PREMIÈRE GÉNÉRATION
DANS LES QUATRE PRINCIPAUX PAYS CAPITALISTES

	industrie du coton	fonte	rails de chemins de fer
Grande-Bretagne			
(a)	1780-1789	1790-1799	1830-1839
(b)	1780-1869	1780-1889	1830-1879
France			
(a)	après 1815	1850-1859	1840-1849
(b)	(c)	1830-1959	1840-1889
Allemagne			
(a)	1830-1839	1850-1859	1840-1849
(b)	(c)	1850-1959	1840-1889
États-Unis			
(a)	1805-1815	1840-1849	1830-1839
(b)	1820-1879	1840-1920	1830-1899

(a) période où l'on repère le taux d'expansion maximal — (b) période pendant laquelle le secteur est estimé moteur pour l'industrie nationale — (c) le secteur n'a pas atteint un poids suffisant pour jouer un rôle moteur.
Source : d'après W. W. Rostow, *op. cit.*, tableaux V-2, V-7, V-10, V-13 et V-19, p. 379, 393, 400, 407 et 422.

En Angleterre et, avec retard, en France et en Allemagne, cette évolution prolonge, en l'accentuant et en l'accélérant, le mouvement engagé au XVIIIᵉ siècle ; aux États-Unis, une nouvelle période a été ouverte par l'indépendance, et l'industrie manufacturière naissante a pu bénéficier des difficultés rencontrées par les producteurs et les commerçants d'Europe pendant la période de guerres du début du siècle.

A eux quatre, ces pays représentent alors entre les deux tiers et les trois cinquièmes de la production industrielle mondiale, la part de la Grande-Bretagne reculant de moins d'un quart à plus d'un cinquième.

Ce développement industriel inaugure, puis accentue la rupture par rapport à des millénaires de productions à

TABLEAU Nº 4

PRODUCTIONS INDUSTRIELLES DE LA PREMIÈRE GÉNÉRATION DANS LES QUATRE PRINCIPAUX PAYS CAPITALISTES

	Grande-Bretagne	France	Allemagne	États-Unis
filés de coton (en millions de livres)				
1830	250	68	16	77
1850	588	140	46	288
1870	1 101	220	147	400
houille (en millions de tonnes)				
1800	10	1	1	–
1830	16	2	1,7	–
1850	49	5	6,7	7
1870	110	13	26	30
fonte (en milliers de tonnes)				
1800	200	60	40	–
1820	400	140	90	20
1840	1 400	350	170	180
1860	3 800	900	500	900
puissance des machines installées (en milliers de CV)				
1840	350	34	20	nd
1870	900	336	900	nd
chemins de fer construits (en milliers de km)				
1850	10,5	3	6	nd
1870	24,5	17,5	19,5	52

Source : J.-P. Rioux, *La Révolution industrielle, 1780-1880*, p. 67, 80, 93, 95 et 96.

dominante agricole de sociétés à dominante rurale. Certes,
dans des cités ou de petits pays, le poids d'une ville, avec
ses activités manufacturières et commerciales, a pu prédominer. Mais cela va se produire, pour la première fois, dans
un grand pays : la Grande-Bretagne, avant de s'étendre à
d'autres, France et Allemagne notamment.

TABLEAU N° 5

RÉPARTITION DE LA PRODUCTION INDUSTRIELLE MONDIALE *

	Grande-Bretagne	France	Allemagne	reste de l'Europe	États-Unis
1820	24	20	15	37	4
1840	21	18	17	38	5
1860	21	16	15	34	14

* En pourcentage.
Source : W. W. Rostow, *op. cit.*, t. II-2, p. 52.

Si l'on divise la production matérielle en deux grands
secteurs, l'agriculture et l'industrie, l'évolution apparaît
particulièrement marquée en Grande-Bretagne : la part de
l'industrie y passe de 42 % en 1801 à 60 % en 1831, pour
atteindre 73 % en 1871. En France, cette même part de la
production industrielle dans la production matérielle
s'élève de 43 % en 1781-1790 à 55 % en 1835-1844, mais
elle stagne ensuite à ce niveau jusqu'en 1865-1874 [1].
   Non seulement la transformation est dès le premier tiers
du siècle plus sensible en Grande-Bretagne qu'en France,
mais surtout elle se poursuit au cours du deuxième tiers du
siècle au pays de la reine Victoria, tandis qu'en France le
recul relatif de l'agriculture est très fortement ralenti. A
cela il faut ajouter que le poids de l'artisanat et des activités
manufacturières traditionnelles reste plus lourd en France
— alors que la mécanisation, la motorisation, donc la
fabrique et l'usine, se développent plus en Angleterre.
Enfin le développement industriel britannique porte beaucoup plus et plus rapidement sur les moyens de production,

1. Voir J. Marczewski, *Cahiers de l'ISEA*, n° 163, juil. 1965, t. 17, p. XLVIII.

dont la part s'élargit régulièrement — alors qu'en France continue à prédominer la production des biens de consommation.

C'est ainsi qu'en Grande-Bretagne le poids de la production de moyens de production dans l'ensemble du produit industriel, qui était de 29 % en 1783 et 31 % en 1812, s'élève à 40 % en 1851 et 47 % en 1881 ; en France, cette même part reste faible tout au long du siècle : 18 % en 1781-1790, 21 % en 1803-1812, 22 % en 1875-1884[1].

Dans le même temps, la nature des « occupations », des activités, évolue ; leurs poids relatifs changent : une nouvelle structure de classes se met en place.

2. *Une nouvelle structure de classes*

Les chiffres globaux permettent de saisir les mouvements de fond : développement de l'emploi industriel, urbanisation, salarisation. Dans tous ces domaines, c'est en Grande-Bretagne que la transformation est la plus nette.

La prédominance quantitative du monde agricole et rural reste éclatante en France et aux États-Unis ; en Grande-Bretagne au contraire, le monde de l'industrie, de l'échange, des services et des bureaux, qui constitue déjà les deux tiers des emplois au début du siècle, en représente plus des quatre cinquièmes en 1871 (voir tableau n° 6).

Pourtant, pendant cette période, la population active employée dans l'agriculture ne décroît pas en Grande-Bretagne (1,7 million en 1801, et encore 1,8 million en 1871) ; mais les effectifs employés dans l'industrie augmentent rapidement : 1,4 million en 1801, 3,3 millions en 1841, 5,3 millions en 1871. En France, la population active agricole s'accroît (5,5 millions en 1781-1790, 7,2 millions en 1865-1874) ; et, même s'ils doublent, les effectifs employés dans l'industrie restent nettement moins importants : 1,6 million en 1781-1790, 3,5 millions en 1835-1844, 3,8 millions en 1865-1874.

Quoique les effectifs y restent stables, l'agriculture, les campagnes britanniques sont une source importante de

main-d'œuvre pour l'industrie : l'exode hors de l'agriculture passe d'environ 25 000 par décennie entre 1751 et 1780
à 78 000 pour la décennie 1781-1790, 138 000 en 1801-1810,
214 000 en 1811-1820 et 267 000 en 1821-1830 ; il se ralentit
sensiblement après cette période[1].

TABLEAU Nº 6

**POPULATION ACTIVE
EN ANGLETERRE, EN FRANCE ET AUX ÉTATS-UNIS**[*]

Angleterre	agriculture	industrie et commerce[**]	autres
1811	35	45	20
1841	20	43	37
1871	14	55	31

France	agriculture, forêt, pêche	industrie, transport, commerce, banque[**]	autres
1851	64,5	27,5	8
1866	50	37	13

États-Unis	primaire[***]	secondaire	tertiaire
1820	73	12	15
1850	65	17,5	17,5
1870	54	22,5	23,5

[*] En pourcentage. — [**] Incluant la construction et les mines. — [***] Incluant les mines.
Sources : pour l'Angleterre et la France : P. Bairoch, *op. cit.*, p. 267 et 342, pour les États-Unis, J. Fourastié, *La Civilisation en 1960*, PUF, p. 260.

Avec l'exode agricole, auquel il faut ajouter un flux
d'artisans ruinés, la poussée démographique suscite la
formation d'une masse de main-d'œuvre misérable et
disponible dont se nourrissent à la fois la constitution de la
classe ouvrière britannique et l'émigration britannique
(2,6 millions entre 1821 et 1850 ; 4,6 millions entre 1851 et
1880)[2]. Les famines sont particulièrement meurtrières en
Irlande. Témoigne de cette misère cette observation de
Fourier : « Les journaux de Dublin, 1826, disent : " Il
règne ici une épidémie parmi le peuple : les malades qu'on

---

1. *The Cambridge economic History of Europe*, vol. VII, t. I, p. 141 ; et P. Deane
et W. A. Cole, *British economic growth, 1688-1959*, p. 106 s et 143.
2. A. G. Kenwood et A. L. Longheed, *The Growth of the international Economy,
1820-1960*, p. 60.

amène à l'hôpital guérissent dès qu'on leur donne à manger. " Leur maladie est donc la faim : il ne faut pas être sorcier pour le deviner puisqu'ils sont guéris dès qu'ils trouvent à manger[1]. »

Cette population disponible s'accumule dans les villes dans lesquelles se développent les activités industrielles et où s'entassent les travailleurs de l'industrie : « C'est dans les grandes villes que l'industrie et le commerce se développent le plus parfaitement ; c'est donc là également qu'apparaissent le plus clairement et le plus manifestement les conséquences qu'ils ont pour le prolétariat[2]. » « Les grandes villes sont le foyer du mouvement ouvrier ; c'est là que les ouvriers ont commencé à réfléchir à leur situation et à la lutte ; c'est là que s'est manifestée d'abord l'opposition entre prolétariat et bourgeoisie[3]. » Accompagnant l'industrialisation capitaliste, l'urbanisation est particulièrement précoce en Grande-Bretagne.

TABLEAU N° 7

RÉPARTITION DE LA POPULATION TOTALE
EN POPULATION URBAINE ET POPULATION RURALE

	population totale *	répartition **	
		rurale	*urbaine*
Grande-Bretagne (1851)	18	48	52
France (1851)	36	75	25
Russie (1851)	59	93	7
États-Unis (1850)	23	87	13
Allemagne (1871)	41	64	36

* En millions. — ** En pourcentage.
Source : J.-P. Rioux, *op. cit.*, p. 148 et H. U. Faulkner, *Histoire économique des États-Unis d'Amérique*, p. 231.

En 1851, dix villes dépassent 100 000 habitants en Grande-Bretagne (contre cinq en France). Londres atteint 2,3 millions, alors que Paris dépasse juste le million ;

1. *Le Nouveau Monde industriel et sociétaire*, 1829, *in* E. Poisson, *Fourier*, Alcan, 1932, p. 58-9.
2. F. Engels, *La Situation de la classe laborieuse en Angleterre*, 1845, Éditions sociales, 1960, p. 57-8.
3. *Ibid.*

Manchester dépasse 400 000 habitants, Glasgow 300 000, Birmingham 200 000.

Manchester est la ville de l'industrie cotonnière par excellence :

> En 1835, le rayon de Manchester — y compris le West Riding, les comtés voisins de Chester et Derby — groupe 80 % des ouvriers d'usines [de cette industrie], 85 % en 1846. La ville bénéficie d'une situation incomparable. Elle est proche de Liverpool, où se font les importations de coton. De plus, elle est entourée de tous côtés, sauf au sud, par un puissant bassin houiller qui s'étend d'Ormskirk à Bury et Ashton ; la production est difficile à chiffrer ; en tout cas, elle doit dépasser largement les sept cent à neuf cent mille tonnes que consomme la seule ville de Manchester.
>
> Cela suffit pour que deux groupes d'usines distinctes coexistent dans un périmètre relativement étroit. Le premier, le plus ancien, est presque tout entier situé dans la plaine, au sud de Preston. Il s'était constitué au XVIIIe siècle autour de Bolton, principal centre des étoffes légères. Il a maintenant pour capitale Manchester, qui renferme en 1820 le quart des broches britanniques. Le nombre croissant des usines — on en construit une trentaine encore de 1820 à 1830 — suscite néanmoins certaines difficultés, qui tiennent au renchérissement de la main-d'œuvre et au manque de terrains : on a dû élever des usines de quatre à huit étages, le double parfois, et l'industrie commence à envahir la banlieue résidentielle. Aussi voit-on se développer, surtout après 1821, un second ensemble [1].

La salarisation est aussi plus avancée en Grande-Bretagne : la part des salariés dans la population active y atteint dès le dernier tiers du siècle les trois quarts. En France, elle est de 55 % en 1851, de 57,5 % en 1866 et de 57 % en 1882 ; aux États-Unis, elle est de 63 % en 1880, et en Allemagne de 64 % en 1882 [2]. Cependant la salarisation ne concerne pas que les travailleurs de l'industrie ; et les travailleurs productifs de l'industrie ne sont pas tous salariés.

---

1. M. Lévy-Leboyer, *Les Banques européennes et l'Industrialisation internationale dans la première moitié du XIXe siècle*, p. 33-4.
2. J. Marchal et J. Lecaillon, *La Répartition du revenu national*, t. I, Génin, 1958, p. 81-2.

3. *Hétérogénéité de la classe ouvrière*

Étudiant la situation de la classe laborieuse en GRANDE-BRETAGNE, au début des années 1840, F. Engels commence par les « ouvriers d'usine proprement dits », « ceux qui tombent sous le coup de la loi sur les fabriques », c'est-à-dire qui travaillent « dans les usines où l'on file ou tisse la laine, la soie, le coton et le lin en utilisant la force hydraulique ou la machine à vapeur » ; il traite ensuite des « autres branches d'industrie » (bonneterie, dentelle, impression des tissus, fabrication des tissus d'habillement, métallurgie, poterie, industrie de verre), puis du prolétariat des mines et du prolétariat agricole. Comme de nombreuses études de l'époque, il fait apparaître la dureté des conditions de travail et de vie et la faiblesse des salaires ; mais il souligne « l'esclavage où la bourgeoisie a enchaîné le prolétariat » à travers le « système industriel » :

> Le travailleur est en droit et en fait l'esclave de la classe possédante, de la bourgeoisie ; il en est l'esclave au point d'être vendu comme une marchandise, et son prix monte et baisse tout comme celui d'une marchandise (...). Par contre, la bourgeoisie se trouve beaucoup plus à son aise dans ce système que dans le cas de l'esclavage antique ; elle peut congédier ses gens lorsque l'envie l'en prend, sans perdre pour autant un capital investi, et de plus elle obtient du travail à bien meilleur compte [1].

Au milieu du siècle, le système industriel britannique est d'une très grande diversité. L'ancien subsiste avec l'artisanat, le travail à domicile, la manufacture et les *workhouses* [2], mais aussi la fabrique, apparue à la fin du XVIIIᵉ siècle ; c'est ainsi que, dans le tissage du coton, les tissages à la main restent dominants jusqu'en 1829-1831.

Ce qui se développe, c'est principalement le *factory system*, avec des fabriques dont la taille s'accroît ; mais c'est aussi le *sweating system*, nouvelle forme de travail à domicile.

1. F. Engels, *op. cit.*, p. 122 et 123.
2. Dans *Passé et Présent*, Carlyle parle de 1,4 million d'indigents et de 2 millions de personnes astreintes au travail dans les *workhouses*.

TABLEAU N° 8

TRAVAILLEURS OCCUPÉS AU TISSAGE DU COTON
EN ANGLETERRE

	tissages à la main	fabriques	total
1819-1821	240 000	10 000	250 000
1829-1831	225 000	50 000	275 000
1844-1846	60 000	150 000	210 000

Source : F. Mauro, *Histoire de l'économie mondiale*, p. 13.

A partir d'une force motrice, houille blanche ou machine à vapeur, la fabrique regroupe un système de machines que « sert » une main-d'œuvre ouvrière composée en large partie de femmes et d'enfants : « le grand principe de la manufacture moderne, c'est, à travers l'union du capital et de la science, de réduire le travail des ouvriers au simple exercice de la vigilance et de la dextérité ; facultés qui atteignent une sorte de perfectionnement chez les enfants [1]. »

En 1834, les enfants de moins de treize ans représentent 13 % des effectifs de l'industrie cotonnière anglaise ; ce chiffre tombe à 5 % vers 1850, mais remonte avec les crises à 14 % en 1874 [2]. Règlements de fabriques d'une extrême sévérité, répression par amendes, privation de salaire ou licenciement, insalubrité des locaux, dureté du travail, longueur de la journée de travail, maladies, accidents : de nombreux témoignages attestent l'inhumaine exploitation sur la base de laquelle s'est développée l'industrie au XIXᵉ siècle.

Le *sweating system,* « système de la sueur », est apparemment un avatar du travail à domicile puisqu'un entrepreneur donne à exécuter des tâches à des familles pauvres ; mais il se développe maintenant comme prolongement du travail de fabrique, notamment dans la confection et la chaussure : les matières étant préparées en usine, les travailleurs du *sweating system* les reçoivent (par exemple

1. A. Ure, *The Philosophy of Manufactures,* 1845, cité *in* B. Coriat, *L'Atelier et le Chronomètre,* p. 34.
2. P. Rioux, *La Révolution industrielle, 1780-1880,* p. 170.

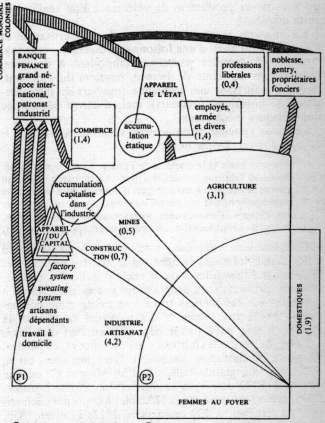

SCHÉMA VIII

**CLASSES SOCIALES ET EXTORSION DE LA VALEUR
EN GRANDE-BRETAGNE AU XIXe SIÈCLE**

COMMERCE MONDIAL COLONIES

BANQUE
FINANCE
grand né-
goce inter-
national,
patronat
industriel

professions
libérales
(0,4)

noblesse,
gentry,
propriétaires
fonciers

APPAREIL
DE L'ÉTAT

COMMERCE
(1,4)

accumu-
lation
étatique

employés,
armée
et divers
(1,4)

accumulation
capitaliste
dans
l'industrie

AGRICULTURE
(3,1)

APPAREIL
DU
CAPITAL

MINES
(0,5)

CONSTRUC
TION (0,7)

*factory
system*

*sweating
system*

artisans
dépendants

travail à
domicile

INDUSTRIE,
ARTISANAT
(4,2)

DOMESTIQUES
(1,9)

P1

P2

FEMMES AU FOYER

P1 : sphère de la production matérielle. — P2 : sphère de la production pour l'autoconsommation. Les chiffres entre parenthèses représentent, en millions, le nombre d'actifs travaillant en 1861 dans l'activité concernée. D'après M.G. Mulhall, *A Dictionary of Statistics*, 1898, cité *in* P. Bairoch, *op. cit.*, p. 267.

chaque semaine) et doivent faire un certain type d'opération (montage, couture, finition). La rémunération est aux pièces, ce qui permet, par des taux très bas, de forcer ces travailleurs à de très longues journées de travail. La diffusion de la machine à coudre à pédale a facilité l'extension de ce type de production : en 1830, à Londres, un tiers de la production de vêtements était réalisée de cette manière[1].

En FRANCE, le monde de la production artisanale et industrielle est aussi d'une foisonnante diversité : artisanat traditionnel, familles paysannes fabriquant à domicile, compagnons du Tour de France, ouvriers du bâtiment, ouvriers maîtrisant une technique (ouvriers du livre, ferronniers, bronziers, fondeurs), main-d'œuvre déqualifiée des fabriques mécanisées...

Le vieux système manufacturier subsiste. Ainsi dans *le Député d'Arcis*, Balzac note :

> Presque toute la bonneterie de France, commerce considérable, se fabrique autour de Troyes. La campagne, dans un rayon de dix lieues, est couverte d'ouvriers dont les métiers s'aperçoivent par les portes ouvertes, quand on passe par les villages. Ces ouvriers correspondent à des facteurs, lesquels aboutissent à un spéculateur appelé fabricant.

Dans la soierie lyonnaise, un millier de « négociants » ou « marchands-fabricants » achètent la matière première et la donnent à travailler à des « chefs d'ateliers », maîtres ouvriers qui, eux, sont propriétaires des métiers établis à domicile ; sur ces métiers travaillent trente mille compagnons, payés aux pièces et qui reçoivent en général la moitié du prix payé par le négociant au chef d'atelier[2].

Enfin, de véritables fabriques se développent, en général de petite ou moyenne dimension. Quelques-unes, rares, atteignent une grande taille : Dollfus-Mieg et Cie occupe dès 1834 4 200 employés et ouvriers sur 26 000 broches, 3 000 métiers mécaniques et 120 tables à imprimer ; Schneider, au Creusot, a 230 ouvriers en 1812, 3 250 en 1850, 12 500 en 1870 ; Wendel, en Lorraine, à 9 000 salariés en 1870[3].

1. *Histoire générale du travail*, t. III, p. 83.
2. *Histoire générale du travail, op. cit.*, p. 78 et 137.
3. P. Rioux, *op. cit.*, p. 162 et 163.

Ainsi, en France sous le second Empire, l'emploi artisanal est plus de deux fois plus important que l'emploi industriel. Et l'entreprise industrielle reste généralement de petite dimension, puisque la moyenne est de quatorze salariés par patron de l'industrie.

TABLEAU N° 9

**RÉPARTITION DE LA POPULATION ACTIVE
DANS L'INDUSTRIE ET L'ARTISANAT
EN FRANCE EN 1860-1865**

1. Industries textiles *

	industrie	*artisanat*	*travail familial*	*total*
patrons	14	175		
employés	28			
ouvriers	742	267		
enfants	74	165		
total	858	607	136[a]	1 601

2. Ensemble de l'industrie
et de l'artisanat *

	industrie	*artisanat*	*total*
patrons	80	1 420	1 500
ouvriers	1 150	1 600	2 750
total	1 230	3 020	4 250
(nombre d'ouvriers par patron)	(14,5)	(1,1)	(1,8)

* En milliers.
a. Chiffre nettement sous-estimé.
Source : T. J. Markovitch, *Cahiers de l'ISEA*, avr. 1967, p. 87 et 97.

Longues journées de travail, insalubrité, sous-alimentation, travail des enfants, maladies, accidents : analogue à celle observée en Grande-Bretagne, la misère ouvrière en France au xixe siècle a maintes fois été décrite. La subordination des ouvriers est solidement assurée : l'interdiction faite par la loi Le Chapelier des grèves et coalitions a été reprise et aggravée dans le Code pénal en 1811 ; le livret ouvrier a été rétabli en 1803 ; et en cas de contestation, le Code civil a établi à l'avance de quel côté est la vérité : « Le maître est cru sur son affirmation pour la quotité des gages, pour le paiement du salaire, etc. »

C'est un médecin de Nantes, qui écrit de l'ouvrier, en 1825 :

> Vivre, pour lui, c'est de ne pas mourir. Au-delà du morceau de pain qui doit nourrir lui et sa famille, au-delà de la bouteille de vin qui doit lui ôter un instant la conscience de ses douleurs, il ne prétend à rien, il n'espère rien (...). Le prolétaire rentre dans sa misérable chambre où le vent siffle à travers les fentes ; et après avoir sué au travail après une journée de quatorze heures, il ne changeait pas de linge en rentrant parce qu'il n'en avait pas [1].

Ainsi, en France comme en Grande-Bretagne, l'industrialisation capitaliste du XIXᵉ siècle s'est développée sur la base d'une très dure exploitation des masses ouvrières utilisées dans les industries motrices de l'époque : le textile, la métallurgie, les charbonnages. Ce fut le cas pour tous les pays d'Europe et d'Amérique où s'opéra, avec un plus ou moins grand décalage, ce développement capitaliste de l'industrie.

4. *Affirmation de la bourgeoisie*

La formation d'un capitalisme national, c'est à la fois la constitution d'une classe ouvrière et l'ascension d'une nouvelle classe dirigeante. Grandes familles de la haute finance et du négoce international, commerçants, fabricants, armateurs, banquiers ; mais aussi : parlementaires, juristes, hommes de lois ; et encore : familles de l'aristocratie et de la *gentry* dont certaines branches s'adonnent aux affaires ; de multiples liens se tissent : liens du mariage et de la parenté, éducation commune, entreprises menées en commun, intérêts convergents ; et, même si les groupes demeurent distincts, ils tendent, par l'adoption d'une conception de la vie et de la société relativement homo-

---

1. A. Guépin, *Nantes au XIXᵉ siècle*, 1825, cité *in* E. Dolléans, *Histoire du mouvement ouvrier*, t. I, p. 16 et 17. On pourrait le citer longuement, ainsi que Villermé (*Tableau de l'état physique et moral des ouvriers employés dans les manufactures de coton, de laine et de soie*, 1840), ou d'autres écrits de médecins, philanthropes ou auteurs socialistes.

gène, par leur attitude lors des grands affrontements
sociaux, par le poids dont ils pèsent sur les divers aspects de
la vie nationale, à s'imposer comme la classe dirigeante de
la société capitaliste : la bourgeoisie.

En GRANDE-BRETAGNE, au cours du deuxième tiers du
XIXe siècle, se produit un changement décisif dans la
composition du patrimoine national : les différentes composantes de ce patrimoine liées au développement du
capitalisme (avoirs outre-mer, chemins de fer, capital
industriel, commercial et financier, à quoi il faudrait
ajouter une part des immeubles) deviennent dominantes
par rapport au patrimoine foncier traditionnel (terres et
fermes).

TABLEAU Nº 10

STRUCTURE DU PATRIMOINE NATIONAL EN GRANDE-BRETAGNE*

	1798	1812	1832	1885
1 terres	55,0	54,2	54,1	18,1
2 fermes	8,7	9,3	9,2	5,2
(1 + 2 = patrimoine fon-cier)	(63,7)	(63,5)	(63,3)	(23,3)
3 immeubles	13,8	14,9	14,1	22,1
4 avoirs outre-mer	a	a	4,7	8,2
5 chemins de fer				10,5
6 patrimoine industriel, commercial et financier	} 20,8	} 19,8	} 16,2	30,2
(4 + 5 + 6 = patrimoine lié au développement du capitalisme)	(20,8)	(19,8)	(20,9)	(48,9)
7 patrimoine public b	1,7	1,8	1,7	5,7

* En pourcentage.
a. Probablement négligeable.
b. Non compris les routes et le patrimoine militaire.
Source : d'après Ph. Deane et W. A. Cole, *op. cit.*, t. 70, p. 271.

Cette évolution exprime le recul relatif de la base
économique de l'ancienne classe dominante (noblesse et
gentry) par rapport à celle de la classe montante : la
bourgeoisie. Et il pourrait être tentant de présenter les
grandes réformes du XIXe siècle britannique comme les
victoires successives de la bourgeoisie libérale montante sur

l'aristocratie conservatrice déclinante : sans être entièrement fausse, puisque l'aristocratie terrienne va perdre au
cours du siècle le quasi-monopole du pouvoir politique et
de l'administration locale, cette présentation serait pour le
moins simpliste.

En effet, d'une part, le renversement de l'absolutisme
royal au XVIIᵉ siècle a scellé une sorte de pacte non écrit
entre l'aristocratie terrienne et les grandes familles de la
finance, de la banque et du négoce international. D'autre
part, entre ces deux pôles, il n'y eut jamais de barrière
intranchissable : des membres de la première investissent
dans des affaires de finance et de commerce, voire dans des
mines et des manufactures ; et, pour les banquiers, les
manufacturiers ou les négociants enrichis, l'achat d'un
domaine fut, avant de devenir un signe social, un moyen
d'entrer au Parlement. Enfin, l'aristocratie et la bourgeoisie ont, face aux soulèvements populaires qui menacent la
propriété et aux mouvements radicaux, un réflexe de
« solidarité ».

En outre, la paysannerie, qui dans les autres pays
d'Europe constitue une large masse conservatrice, est en
Grande-Bretagne soumise depuis trois siècles à la logique
des enclosures et de la rentabilité, divisée, d'un faible poids
politique. La classe ouvrière, hétérogène, se concurrençant
elle-même, cherche encore son expression politique. Dès
lors, si s'opposent conservatisme et libéralisme, cela ne
correspond pas à un face-à-face entre deux classes aux
intérêts irréductiblement antagoniques.

C'est le *Tory* réformateur Peel qui abolit, en 1829, le *Bill
of Test* et permet aux catholiques d'accéder aux charges
publiques. De même, la réforme électorale de 1832 est
acceptable pour une large partie de l'aristocratie puisqu'elle ne fait passer le nombre des électeurs que de
500 000 à 813 000, ce dont bénéficient principalement des
commerçants et des industriels. Même l'abolition des *Corn
Laws*, en 1846, malgré les rudes affrontements auxquels
elle donne lieu, ne fut pas un désastre pour les propriétaires
terriens, qui furent incités à un nouvel effort de « bonne
gestion » et de mécanisation. Et ceux-ci, quand ils donnè-
rent en quelque sorte la réplique aux industriels à travers
l'adoption de lois sur les fabriques, trouvèrent des appuis

non seulement dans le mouvement populaire, mais encore dans les couches « éclairées » du patronat[1].

Il n'empêche : même si elle ne s'est pas faite contre l'aristocratie, même si elle s'est faite pour une part à partir d'elle ou en liaison avec elle, la montée de la bourgeoisie britannique caractérise le XIXe siècle, et notamment le règne de la reine Victoria.

Parallèle, la montée de la BOURGEOISIE FRANÇAISE a été moins nette ; c'est que, s'étant faite dans des conditions bien différentes, elle a dû suivre un parcours plus « accidenté ».

Si la révolution de 1789 a marqué la défaite des privilégiés — noblesse et clergé —, c'est à la fois à l'avantage de la jeune bourgeoisie capitaliste naissante, de la « bureoisie[2] » moyenne (juristes, administrateurs et notables locaux) et de la paysannerie ; et la petite bourgeoisie artisanale et commerçante sera aussi un acteur avec lequel il faudra compter. Mais, après la chute de l'Empire, la bourgeoisie des banquiers, des fabricants et des négociants n'a plus la possibilité de s'allier, comme en Grande-Bretagne, avec l'aristocratie terrienne ; elle devra donc s'appuyer sur la petite bourgeoisie artisanale et commerçante et la paysannerie.

La première alliance est en effet exclue :

> Il y avait, après les Cent-Jours, deux peuples différents par leurs souvenirs, par leurs idées, par leurs habitudes, et qui ne pouvaient plus se comprendre ; deux armées qui avaient combattu l'une contre l'autre et dont l'une célébrait comme des victoires ce que l'autre déplorait comme des défaites. Enfin, deux propriétaires pour la même maison, pour le même champ[3].

L'aristocratie foncière avait trop longtemps vécu dans l'attente du retour du roi légitime, Louis XVIII ; déçue par certaines de ses attitudes, elle vécut dans l'attente de sa

---

1. Voir notamment B. Moore, *Les Origines sociales de la dictature et de la démocratie*, p. 38 s.
2. On utilisera le terme de « bureoisie », pour nommer les couches sociales des bureaux : cadres administratifs et employés, et, dans l'appareil de l'État, grands commis et fonctionnaires. Quand ces couches maîtrisent une technique, on parlera de « techno-bureoisie ». Si leur reproduction est liée à leur fonction dans l'État, on parlera de « bureoisie d'État ».
3. Duvergier de Hauranne, cité *in Histoire universelle*, t. III, p. 517.

succession, et ce fut Charles X. Elle se réserva les places, en excluant les grands bourgeois, rivaux dont la puissance économique et financière s'élargissait, alors que la sienne se rétrécissait. Et lorsque Charles X est renversé en 1830, une large part de l'aristocratie foncière se résigne — se retirant sur ses terres ou se renfermant dans ses salons — à son propre déclin [1].

Dès lors, la bourgeoisie capitaliste doit s'appuyer sur la petite et moyenne bourgeoisie, soit contre l'aristocratie, comme en 1830, soit plus tard, contre le prolétariat industriel. Le ciment de cette alliance contre les privilégiés était les idées de liberté et de démocratie ; il sera, contre les « Partageux », la Propriété ; la condition en sera la protection de classes que précisément devrait détruire un rapide développement du capitalisme : protectionnisme extérieur, lenteur dans la mise en œuvre des nouvelles techniques, survie d'une agriculture et d'un artisanat nombreux en seront le prix. Là réside assurément la cause principale du lent développement du capitalisme industriel, en France, au XIXe siècle.

Il faudra que l'aile marchante de la bourgeoisie bancaire et industrielle trouve, sous Louis-Philippe, puis sous Napoléon III, le soutien, voire l'impulsion de l'État, pour que des percées soient tentées, parfois réussies, et dans certains cas spectaculaires : créations de banques dans les années 1830 et 1850-1860, développement des chemins de fer sous le second Empire, percement du canal de Suez, grands travaux d'urbanisation...

Mais, dans sa profondeur sociale, la France reste provinciale, rurale, agricole et artisanale, c'est-à-dire lente et prudente. Une partie même du capitalisme industriel et bancaire reste comme enfermé dans son cocon : coton d'Alsace ou du Nord, soierie de Lyon, métallurgie du Creusot ou de Lorraine. Dans chaque branche, les industriels se consultent, s'entendent, s'organisent : « réunion des fabricants de la soierie », en 1825 ; « comité des fabricants du sucre indigène », créé par les producteurs de sucre de betterave contre les « coloniaux », en 1832 ; comités de l'industrie du lin, en 1837, du coton, en 1839 ;

---

1. J. Lhomme, *La Grande Bourgeoisie au pouvoir, 1830-1880*, p. 71 s.

« comité des intérêts métallurgiques », en 1840 ; comité des fabricants de machines...

Quant à l'ALLEMAGNE, et plus précisément la Prusse, la révolution bourgeoise n'y a pas eu lieu :

> Le mouvement de 1848 et la cession par le monarque de Prusse d'une constitution n'ont pas marqué un tournant important dans le procès de transformation des rapports de production, et n'ont changé en rien la superstructure de l'État et les tenants du pouvoir politique. La noblesse foncière détient toujours le pouvoir politique et l'État prussien, en dépit du *Zollverein* déjà accompli au moment de ce mouvement, gardera pour longtemps une dominance de structures féodales. C'est en fait cet État, sous Bismarck, qui entreprendra de faire accéder la bourgeoisie à la domination politique (...). Ainsi, sous Bismarck, cet État se transforme en quelque sorte de l'intérieur vers l'État capitaliste [1].

C'est avec l'appui de l'État que l'industrialisation capitaliste, jusque-là modérée, s'intensifie à partir des années soixante. La bourgeoisie se trouve alors face à une classe ouvrière qui, très rapidement, s'organise ; même alliée à la petite bourgeoisie, la bourgeoisie capitaliste n'est pas en mesure de faire face sur deux fronts : elle accepte donc la domination politique de la coalition formée par la noblesse terrienne et la haute « bureoisie » d'État. Nouvelle classe dirigeante, la bourgeoisie doit, en Allemagne, accepter une place seconde.

Aux ÉTATS-UNIS, il n'y avait pas de vieille société féodale ou agraire à détruire. Trois sociétés coexistaient : une société rurale fondée sur l'esclavage de plantation et le coton dans le Sud ; un capitalisme industriel en expansion dans le Nord-Est ; une société d'exploitations agricoles familiales en extension dans l'Ouest. L'aristocratie terrienne du Sud a, depuis la formation des États-Unis, dominé l'appareil d'État fédéral. La création du parti républicain en 1854, son succès en 1860 mettent en cause cette domination au profit de la nouvelle classe dirigeante du Nord-Est : la guerre civile et la défaite du Sud seront l'occasion d'empêcher la sécession des États du Sud, mais

---

1. N. Poulantzas, *Pouvoir politique et Classes sociales*, p. 195.

aussi d'abolir l'esclavage, base économique de l'aristocratie terrienne. Elles seront aussi l'occasion de donner un nouveau souffle à l'industrialisation (armement, chemins de fer), de réorganiser le secteur bancaire, de mettre en place un tarif protecteur, d'encourager l'immigration : bref, de mettre en place les conditions d'une nouvelle et importante expansion industrielle. Une nouvelle génération de capitalistes se forme ou s'affirme dans la guerre : J.-P. Morgan, revendant à l'armée un stock de carabines défectueuses dont elle s'était débarrassée, et spéculant sur l'or ; Jay Gould, spéculant également ; Jim Fisk, vendant des couvertures à l'armée ; Vanderbilt, louant à haut prix des bateaux au gouvernement fédéral ; John D. Rockefeller vendant, déjà, du pétrole [1]...

Ainsi, dans les années 1860-1870, la bourgeoisie ne s'est réellement imposée comme classe dominante qu'en Grande-Bretagne. En France, elle doit encore compter avec les pesantes alliances de la petite bourgeoisie et de la paysannerie, et ne se lance vraiment, en de brèves périodes favorables, qu'avec le soutien de l'État. En Allemagne, elle doit se faire à la fois accepter par la noblesse terrienne et soutenir par l'État. Aux États-Unis, ce n'est qu'après la guerre de Sécession qu'elle a devant elle la voie libre pour s'imposer.

5. *Domination coloniale et marché mondial*

« L'Angleterre ouvre tous ses ports ; elle a renversé toutes les barrières qui la séparaient des nations ; elle avait cinquante colonies, elle n'en a plus qu'une, et c'est l'univers [2]... »

Angleterre, maîtresse des mers à la fin des guerres napoléoniennes ; l'Angleterre étendant sur le monde entier son empire et son commerce ; Angleterre, atelier du monde ; l'Angleterre est nettement au XIXe siècle la première puissance marchande.

---

1. Marianne Debouzy, *Le Capitalisme sauvage aux États-Unis, 1860-1900*, p. 32 s.
2. F. Bastiat, *Cobden et la Ligue*, 1846, *in* L. Baudin, *op. cit.*, p. 58.

TABLEAU N° 11

RÉPARTITION PAR PAYS DU COMMERCE MONDIAL*

	Grande-Bretagne	France	Allemagne	reste de l'Europe	États-Unis	reste du monde
1780	12	12	11	39	2	24
1800	33	9	10	25	5	17
1820	27	9	11	29	6	19
1840	25	11	8	30	7	20
1860	25	11	9	24	9	21

* En pourcentage.
Source : W.W. Rostow, *op. cit.*, t. II-8, p. 70-1.

C'est que non seulement l'économie britannique est la plus développée, mais son processus de développement a été dès l'origine lié à l'expansion coloniale et au commerce maritime : et déjà elle est engagée dans la logique de la spécialisation et de la division internationale du travail, qui ressort nettement de la structure de ses exportations et, de plus en plus nettement, de celle de ses importations.

C'est aussi que l' « effort à l'exportation » de l'économie britannique, qui était déjà considérable dans les années 1820 et 1830 (un cinquième de la production exportée), s'accentue de décennie en décennie pour dépasser un quart (1851), un tiers (1861), deux cinquièmes (1871) de la production physique.

On mesure là l'importance de la conquête des marchés extérieurs pour l'industrie britannique de l'époque victorienne ; on mesure aussi l'enjeu que représentait le débat entre tenants du protectionnisme et partisans du libre-échangisme. La Grande-Bretagne allait-elle pouvoir s'approvisionner plus largement encore en produits agricoles et en matières premières à bas prix — quitte à sacrifier un peu plus encore son agriculture et son élevage — pour que son industrie puisse produire moins cher et vendre plus encore ?

Ce commerce britannique reste déficitaire tout au long de la période : la Grande-Bretagne achète au reste du monde plus qu'elle ne lui vend. Et c'est principalement par

TABLEAU Nº 12

STRUCTURE DU COMMERCE EXTÉRIEUR
DE LA GRANDE-BRETAGNE ET DE LA FRANCE

1. Structure des exportations *

	matières premières	produits alimentaires	produits manufacturés
Grande-Bretagne			
1814-16	4	17	79
1824-26	4	11	85
1854-56	8	7	85
France			
1817-20	11	31	58
1827-30	30		70
1850-54	33		67

2. Structure des importations *

Grande-Bretagne			
1814-16	54	35	11
1824-26	64	27	9
1854-56	61	33	6
France			
1817-20	56	35	9
1827-30	63	29	8
1850-54	72	23	5

3. Part des exportations dans le produit physique *

Grande-Bretagne		*France*	
1801	31,3	1781-90	8,8
1821	21,7	1815-24	6,2
1831	18,9	1825-34	5,4
1861	34,5	1855-64	13,1
1871	46,5	1865-74	17,3

* En pourcentage.
Sources : 1 et 2, P. Bairoch, *op. cit.*, p. 261 et 335; 3, J. Marczewski, *op. cit.*, t. 22, p. LXI.

TABLEAU Nº 13

**BALANCE DES PAIEMENTS COURANTS
DE LA GRANDE-BRETAGNE** *

	balance commerciale	émigrants, touristes, gouvernements	transports maritimes	profits, intérêts, dividendes	assurances, courtage, commissions	solde net total
1816-1820	− 11	− 3	+ 10	+ 8	+ 3	+ 7
1826-1830	− 14	− 3	+ 8,5	+ 9,5	+ 2	+ 3
1836-1840	− 23	− 4	+ 11	+ 15	+ 4	+ 3
1846-1850	− 25	− 6	+ 14	+ 18	+ 4	+ 5
1856-1860	− 33,5	− 8	+ 26	+ 33,5	+ 8	+ 26
1866-1870	− 65	− 9	+ 45	+ 57	+ 13	+ 41

* Moyennes annuelles, en millions de livres.
Source : A. H. Imlah, *Economic Elements in the Pax Britannica*, cité in Ph. Deane et
W. A. Cole, *op. cit.*, t. II, p. 36.

le commerce des services, recettes du transport maritime, profits, intérêts et dividendes reçus de l'extérieur, gains des activités d'assurance et de courtage, que la balance des paiements britannique dégage un solde positif, modéré dans la première moitié du siècle, déjà appréciable dans la seconde.

Qu'il s'agisse d'exportation ou d'investissements, les principaux partenaires de la Grande-Bretagne sont, dans la première moitié du siècle, d'abord en Europe, ensuite en Amérique : là, les industriels britanniques continuent à vendre les tissus et autres produits de consommation ; mais ils vont aussi bénéficier des nouveaux marchés que constituent les industrialisations de ces pays pour y vendre moteurs, machines et autres biens d'équipement. Et la Grande-Bretagne peut acheter au meilleur prix « les blés d'Amérique et d'Europe orientale, les viandes d'Australie et d'Argentine, les produits laitiers du Danemark, les produits tropicaux de l'Empire et d'Amérique centrale, l'étain de Malaisie, le fer d'Amérique du Sud, les bois scandinaves, etc. [1] ».

A la même époque, les exportations françaises sont de

1. P. Rioux, *op. cit.*

plus en plus orientées vers les pays d'Europe qui l'entou-
rent[1] (un tiers des exportations en 1827-1836 ; plus de la
moitié en 1869), au détriment des États-Unis (respectivement 13 % et 5 %) et du reste du monde (plus de la moitié
en 1827-1836, les deux cinquièmes en 1869). Quant à
l'investissement extérieur français il est, au milieu du
siècle, presque totalement réalisé en Europe : Europe
méditerranéenne (Italie, Espagne, Portugal) pour 60 %,
Europe du Nord-Ouest (Belgique, Luxembourg, Hollande,
Grande-Bretagne, pays scandinaves) pour 24 %, Europe
centrale (Allemagne, Suisse, Autriche, Hongrie) pour
12 % ; le reste, 4 %, est réalisé en Amérique[2].

TABLEAU N° 14

RÉPARTITION GÉOGRAPHIQUE DES EXPORTATIONS
ET DES INVESTISSEMENTS EXTÉRIEURS DE LA GRANDE-BRETAGNE

1. Destination des exportations britanniques *

	Europe	Amérique	Asie	Afrique
1816-1822	59,6	33,3	6,1	1,0

	Europe	États-Unis	Amérique latine	Empire britannique	autres
1865	48	11	8	24	9

2. Répartition des investissements étrangers *

	Europe	États-Unis	Amérique latine	Empire britannique		autres
				(Inde)	(Dominions)	
1830	66	9	23	2		—
1854	55	25	15	5		—
1870	25	27	11	22	12	3

* En pourcentage.
Sources : 1. W. G. Hoffmann, *The Growth of industrial Economics*, p. 45 ; *Statistical abstract for the United Kingdom*, 1867, p. 14 s ; 2. A. G. Kenwood et A. L. Lougheed, *op. cit.*, p. 43.

1. Grande-Bretagne, d'abord, Allemagne, Belgique, Suisse, Italie, Espagne. Voir *Histoire économique et sociale de la France*, t. III, vol. 1., p. 345.
2. R. E. Cameron, *La France et le Développement économique de l'Europe*, p. 92.

Maîtresse des mers, puissance commerciale dominante, la Grande-Bretagne s'assure au xix⁰ siècle le premier empire colonial du monde.

Les empires espagnol et portugais sont en déclin ; l'empire néerlandais est stabilisé ; la Russie, si elle poursuit son expansion, le fait vers l'Asie, par le continent. La France de la Restauration reprend possession de ses colonies délaissées pendant la Révolution et l'Empire ; elle engage de nouvelles entreprises, au Sénégal, à Madagascar, en Guyane, en Algérie, que poursuivra la monarchie de Juillet. Avec le second Empire, la France intervient au Liban et en Syrie, est présente en Égypte et en Tunisie, pénètre au Sahara, crée des postes notamment en Nouvelle-Calédonie et en Cochinchine, institue un protectorat au Cambodge. Partout cette présence est principalement militaire, sauf en Algérie où s'installent des émigrants, sauf aussi en Égypte où se sont engagés des capitaux français.

Au début du xix⁰ siècle, l'empire colonial britannique paraît, après l'indépendance des colonies d'Amérique du Nord, sérieusement amputé ; le vieux système de l'Acte de navigation, du Pacte colonial, de la « traite des nègres » et de l'esclavage se désagrège ; les colonies apparaissent à beaucoup sans intérêt économique, voire comme une charge ; « Le Cap n'était qu'un poste stratégique et l'Australie un établissement pénitentiaire. Quant au Canada, il fournissait du bois, des fourrures et du poisson plutôt que du blé[1]. »

Dans le mouvement même d'industrialisation capitaliste et d'essor commercial, la Grande-Bretagne va mener une politique d'expansion territoriale : elle élargit son influence en Afrique occidentale et en Afrique du Sud, où elle occupe notamment le Natal (1843). La Tasmanie est déclarée colonie autonome en 1825, l'Australie occidentale en 1829, l'Australie méridionale en 1836, la Nouvelle-Zélande en 1839, le Victoria en 1850. Singapour a été fondé en 1819, Aden occupé en 1839, et Hong Kong en 1842. L'expansion territoriale s'est étendue à tout le Canada et en Inde.

En même temps, la Grande-Bretagne diversifie, en les

1. F. Mauro, *op. cit.*, p. 233.

assouplissant quand nécessaire, ses méthodes d'administration. L'union du Haut-Canada (anglo-saxon) et du Bas-Canada (français) est réalisée en 1840 : les francophones sont ainsi minoritaires, et un système fédéral est mis en place en 1867. La Nouvelle-Zélande est aussi dotée d'un système fédéral. En Afrique du Sud, les colonies du Cap et du Natal sont séparées et reçoivent chacune un gouvernement représentatif. En Inde, après la révolte des Cipayes, en 1857, la Compagnie est supprimée et le statut de colonie de la Couronne est appliqué.

Même s'il reste limité par rapport à l'ensemble des échanges économiques de la Grande-Bretagne, l'aspect économique de la colonisation se renforce : achat croissant d'indigo, de jute et de coton à l'Inde, où l'industrie anglaise vend ses cotonnades (ruinant les artisans locaux), mais aussi ses matériels pour chemins de fer et télégraphie ; exploitation de l'or en Australie (à partir de 1851), des diamants et aussi de l'or en Afrique du Sud (après 1867). Par vagues, l'émigration britannique se développe, au Canada, en Afrique du Sud, en Australie et en Nouvelle-Zélande. Et en 1870, les capitaux investis dans l'Empire représentent le tiers de l'ensemble des investissements étrangers britanniques.

Par-delà sa propre rêverie, c'est le rêve de la classe dirigeante britannique qu'exprimera Cecil Rhodes, créateur de la *British South Africa :* « Le transfert de la plus grande partie du monde sous nos lois signifiera la fin de toutes les guerres [1]... »

Prise de conscience et résistance

Le capitalisme du XIXᵉ siècle développe, en même temps que lui-même, un brutal face-à-face : entre la richesse et la misère ouvrière ; entre l'aisance cultivée et l'angoisse brute ; entre le pouvoir et l'absolue dépendance.

Deux univers étrangers, implacables ennemis, pourtant

1. Cité in *Histoire générale des civilisations*, t. VI, p. 181.

indissociables l'un de l'autre. Un industriel du Nord, Mimerel, écrit tout naturellement : « Le sort des ouvriers n'est pas mauvais : leur travail n'est pas excessif puisqu'il ne dépasse pas treize heures... Celui qui est à plaindre, c'est le manufacturier dont les profits sont faibles[1]. » Quant à Thiers, c'est le mérite du philanthrope qu'il souligne : « Le riche est bienfaisant quelquefois, et il quitte ses palais pour visiter la chaumière du pauvre, bravant la saleté hideuse, la maladie contagieuse et, quand il a découvert cette jouissance nouvelle, il s'y passionne, il la savoure et ne peut s'en détacher » ; raison de plus pour ne pas appliquer les idées de réforme : « Supposez toutes les fortunes égales, supposez la suppression de toute richesse et de toute misère ; personne n'aurait moyen de donner (...) vous auriez supprimé la plus douce, la plus charmante, la plus gracieuse action de l'humanité. Triste réformateur, vous auriez gâté l'œuvre de Dieu en voulant la retoucher[2]. »

Deux univers dans la même fabrique, dans la même ville : ici, les quartiers où règnent l'ordre, le calme, le « bon goût » ; là, les quartiers malsains : saleté, promiscuité, vulgarité, insécurité. Souvent, le château de l'industriel, près de la fabrique, au milieu d'un parc ; et plus loin l'entassement ou l'alignement des logements ouvriers. Déjà, les premières réalisations paternalistes se développent. Déjà, des esprits éclairés se préoccupent de cette situation explosive ; parmi eux, Louis-Napoléon Bonaparte :

> La classe ouvrière ne possède rien, il faut la rendre propriétaire. Elle n'a de richesse que ses bras, il faut donner à ces bras un emploi utile pour tous (...), il faut lui donner une place dans la société et attacher ses intérêts à ceux du sol. Enfin, elle est sans organisation et sans liens, sans droits et sans avenir, il faut lui donner des droits et un avenir et la relever, à ses propres yeux, par l'association, l'éducation, la discipline[3].

1. Cité par J.-P. Rioux, *op. cit.*, p. 176.
2. Cité par J. Chatelain et J.-F. et J. Bacot, *Développement du capitalisme et Alliances de classes en France*, thèse, Grenoble, 1978, t. II, p. 55-6.
3. *L'Extinction du paupérisme*, 1844, cité par Chatelain et Bacot, *op. cit.*, t. II, p. 86. Napoléon III fera des concessions à la classe ouvrière ; mais il laisse aussi, dès

Mais, après 1848, en France, la haine éclate : le maréchal Bugeaud écrit à Thiers, le 7 avril 1849 : « Quelles bêtes brutes et féroces ! Comment Dieu permet-il aux mères d'en faire comme cela ! Ah ! voilà les vrais ennemis et non pas les Russes et les Autrichiens[1]. » Et Morny à Louis-Napoléon Bonaparte :

> Le socialisme a fait des progrès effrayants... Il n'y aura plus qu'à plier bagage, à organiser la guerre civile et à prier Messieurs les cosaques de nous aider. Je ris en écrivant cette phrase et je pense que votre fierté nationale va se révolter, mais, croyez-moi, si vous voyiez un socialiste de près, vous n'hésiteriez pas à lui préférer un cosaque. Mon patriotisme s'arrête là[2].

1. *Maturation du mouvement ouvrier*

Quand Morny parle des progrès (effrayants) du socialisme, il résume d'une formule un cheminement lent et multiforme.

Il y a d'abord les luttes ouvrières, qui sont souvent au XIXᵉ siècle des actions d'hommes et de femmes acculés par la misère et la faim, poussés, pour tenter de survivre, à risquer la mort, la prison ou la déportation. Réactions brutales d'artisans-ouvriers, ruinés et privés de travail par l'essor de la production mécanique, et qui cassent les machines, brûlent les fabriques. Rassemblements, cortèges désespérés et menaçants des sans-travail, des affamés. Explosions brutales de colère face à l'aggravation de l'exploitation : abaissement du salaire, allongement de la journée de travail, durcissement du règlement d'atelier ; parfois une étincelle suffit, une injustice, une décision arbitraire.

Il y a aussi, plus ou moins clandestin, plus ou moins accompli, l'inlassable effort d'organisation, de mise en

---

1853, Haussmann ouvrir dans Paris de larges avenues où la troupe puisse manœuvrer.
1. Cité in *Histoire générale des civilisations*, t. VI, p. 78.
2. Cité in *Histoire générale du socialisme*, t. I, p. 507. Voir aussi J. Lhomme, *La Grande Bourgeoisie au pouvoir*, p. 150 s.

commun, de solidarité : effort pour maintenir ou ranimer les anciennes structures des métiers, compagnonnages, sociétés secrètes ; réunions de groupes dans des tavernes ; équipes se formant autour d'un journal ; influence particulière, dans une ville ou un quartier, d'un ouvrier, d'un typographe, d'un boutiquier, qui a lu et qui parle. Des sociétés de secours sont créées, des mutuelles, des coopératives ; les idées d'Owen, de Fourier, de Proudhon sont reprises, discutées, déformées, appliquées...

Car il y a aussi la pensée socialiste qui mûrit et prend force [1], avec des géants comme le XIXe siècle a su en produire : Blanqui, Proudhon, Bakounine, Engels, Marx... ; des Saint-Simoniens qui partent en milieu ouvrier, des femmes, comme Flora Tristan, qui dénoncent et l'oppression de la femme et l'oppression du prolétaire ; des ouvriers qui lisent et qui écrivent leurs observations ou leurs mémoires ; des rêveurs, des révoltés, des idéalistes, des passionnés, des réformateurs : innombrables plaquettes qui préconisent, avec une conviction désarmante, *la* solution au paupérisme. Les idées sociales ne sont pas le monopole des « socialistes » ; le grand économiste classique John Stuart Mill est un réformateur, voie qu'avait, d'une certaine manière, ouverte Sismondi [2].

Ces différentes forces à l'œuvre à partir de la classe ouvrière, en elle ou autour d'elle, interfèrent, se combinent, s'affrontent parfois ; de même que la classe ouvrière, du fait de sa diversité même, reste liée en de nombreux points aux autres couches populaires, ces forces entrant en

---

1. Quelques points de repère : Considérant, *Doctrine sociale*, 1834-1844 ; Rodbertus, *Revendication des classes laborieuses*, 1837 ; Cabet, *Voyage en Icarie*, 1838 ; L. Blanc, *De l'organisation du travail*, 1839 ; *L'Atelier*, journal ouvrier, 1840 ; Proudhon, *Qu'est-ce que la propriété ?* 1840 ; *La Gazette rhénane*, dirigée par Marx, 1842 ; Engels, *La Situation de la classe laborieuse en Angleterre*, 1845 ; Proudhon, *Philosophie de la misère*, et Marx, *Misère de la philosophie*, 1846 ; Marx et Engels, *Manifeste communiste*, 1848 ; Bakounine, *Écrits anarchistes*, 1850-1876 ; Proudhon, *Idée générale de la révolution*, 1851 ; Marx, *Critique de l'économie politique*, 1859 ; Proudhon, *De la capacité de la classe ouvrière*, 1865 ; Marx, *Le Capital*, livre I, 1867.
2. La pensée économique se diversifie : Sismondi, *Nouveaux Principes d'économie politique*, 1819 ; Villeneuve-Bargemont, *Économie politique chrétienne*, 1834 ; List, *Système national d'économie politique*, 1841 ; J. S. Mill, *Principes d'économie politique*, 1848 ; Bastiat, *Les Harmonies économiques*, 1849 ; Carey, *Harmonics of the interest*, 1850 ; Knies, *L'Économie politique envisagée du point de vue historique*, 1851 ; Juglar, *Les Crises commerciales et leur retour périodique*, 1861 ; Le Play, *La Réforme sociale*, 1864, et *L'Organisation du travail*, 1870...

contact avec celles qui mènent le combat — à partir des classes populaires, de la petite et moyenne bourgeoisie — pour la démocratie et la république. Ces combats, souvent séparés, se rejoignent parfois. Et il est d'une infinie diversité, d'une grande richesse, le cheminement à travers lequel s'effectue la maturation du mouvement ouvrier.

Après une fulgurante ascension et une réussite comme « patron social », Owen ne se laisse pas abattre par l'échec de la communauté qu'il a créée aux États-Unis ; il devient, lors d'une première phase d'organisation du mouvement syndical en GRANDE-BRETAGNE, un des animateurs du mouvement ouvrier : le Grand National Consolidated Trade Unions atteint cinq cent mille membres en 1833 avant de se démanteler. Une grande partie des énergies ouvrières britanniques vont s'investir dans un large mouvement populaire, le mouvement chartiste (1838-1848), animé par Lowett et O'Connor : l'objectif principal est d'obtenir l'instauration d'une véritable démocratie politique, notamment le suffrage universel et les indemnités parlementaires (pour que des candidats sans fortune puissent être élus) : adoptée en 1839, la charte réunit en 1842 deux à trois millions de signatures et en 1848 cinq à six millions. Mais le mouvement, divisé (Lowett est hostile à la grève générale d'un mois et à la violence que préconise O'Connor), se heurte à la tergiversation du Parlement, à la menace et à la répression, pour finir dans la confusion.

La soupape de l'émigration joue son rôle tout au long de la période. Après le milieu du siècle, une partie de la classe ouvrière verra son salaire réel progresser et les conditions de l'exploitation s'adoucir. Le suffrage universel sera accordé en 1867. Une nouvelle et décisive phase d'organisation syndicale est alors en cours qui conduit en 1868 à la fondation du Trade Union Congress. Suffrage universel et organisation syndicale : le mouvement ouvrier sera désormais considéré par la bourgeoisie britannique comme une force avec laquelle il faut compter.

En FRANCE, en 1830, les ouvriers sont actifs parmi les forces populaires et républicaines qui chassent Charles X. Ils n'avaient pas fait les barricades pour un Louis-Philippe : d'ailleurs rien n'atténue l'oppression et la précarité qui pèsent sur eux ; et si le cens est abaissé, cela ne concerne que quelques dizaines de milliers de possédants[1]. Grèves, émeutes, mouvements de rue, le mécontentement populaire et ouvrier continue de s'exprimer ; les canuts de Lyon se soulèvent : « Nous nous battons pour du pain et de l'ouvrage » ; la troupe reconquiert la ville, faisant un millier de tués et de blessés. L'agitation se poursuit ; la classe dirigeante est décidée à tout : « Il ne faut pas de quartier », dit Thiers ; « Il faut tout tuer. Point de quartier. Soyez impitoyable (...). Il faut faire un abattis de trois mille factieux », ordonne Bugeaud. Ce sera le massacre de la rue Transnonain.

En juillet 1830, toutes les classes s'étaient unies contre l'aristocratie foncière. En février 1848, toutes s'unissent contre la grande bourgeoisie, Louis-Philippe et Guizot ; mais les forces républicaines et ouvrières ne veulent pas se laisser dessaisir de cette victoire. Certes la République est proclamée, et le suffrage universel, et le droit au travail ; les ateliers nationaux ne sont décidés que sous la pression ; l'effervescence ouvrière se poursuit : « C'était, écrit Tocqueville, une chose extraordinaire et pénible de voir dans les seules mains de ceux qui ne possédaient rien toute cette ville immense, pleine de tant de richesses. » L'inquiétude, la crainte, va unir tous les possédants, des plus grands aux plus modestes : et le peuple ouvrier de Paris est isolé lorsqu'il est livré à la répression du général Cavaignac « chargé d'écraser l'ennemi » : des milliers de morts, plus de onze mille arrestations ; quelques condamnations à mort ou aux travaux forcés à perpétuité, mais surtout de très nombreuses déportations, en Algérie notamment.

Le droit au travail est transformé en « liberté du travail ». Un président va être élu au suffrage universel : le premier élu sera Louis-Napoléon Bonaparte. Une fois empereur, celui qui avait préconisé l' « extinction du paupérisme » par « une combinaison de socialisme et de militarisme » et par la création d'une classe intermédiaire, entre patrons et ouvriers, de « prud'hommes », sortes de sous-officiers de l'armée industrielle, va surtout favoriser le développement du capitalisme industriel et bancaire.

---

1. En France, le nombre des électeurs passe de 90 000 à 166 000 au lendemain de 1830, et 247 000 en 1846.

Cependant, c'est sous l'Empire « libéral » qu'est reconnu le droit de grève (1864) et que le syndicalisme connaît son véritable premier essor.

En ALLEMAGNE, le mouvement ouvrier est né aussi de durs affrontements et de luttes sanglantes, comme en témoigne, entre autres, le soulèvement des tisserands de Silésie en 1844. En 1862, Lassalle fonde l'Association générale des travailleurs allemands ; le mouvement syndical se développe. La constitution de 1867 établit le suffrage universel ; en 1869, Bebel et Liebknecht fondent le parti ouvrier social-démocrate. Dans les autres pays d'Europe et aussi aux ÉTATS-UNIS, le mouvement ouvrier s'affirme, l'organisation syndicale se développe, parfois dans un contexte de très brutale répression ; la première grande centrale syndicale américaine, la National Labor Union, est constituée par W.H. Sylvis en 1866.

En 1864, des syndicalistes anglais, des militants ouvriers français et des émigrés allemands (dont Karl Marx), italiens, suisses et polonais ont créé à Londres l'Association internationale des travailleurs ; celle-ci à la fois ouvre et concrétise, même si c'est d'une manière limitée, une nouvelle dimension du mouvement ouvrier : l'internationalisme.

Ainsi, à peine la bourgeoisie britannique commence-t-elle, sur la base d'un capitalisme flamboyant et conquérant, à s'imposer comme classe dominante, et alors que les bourgeoisies de France, d'Allemagne, des États-Unis en sont encore, pour s'affirmer, à s'appuyer sur des alliances qui par bien des aspects les entravent, les classes ouvrières s'imposent et sont reconnues comme forces politiques et sociales. Longtemps écrasées, désarmées, soumises à l'oppression quotidienne et à de brutales répressions, les voilà qui s'organisent, se dotent de partis, de syndicats, de journaux, de moyens autonomes de formation. Ni l'oppression ni la répression ne cesseront ; mais face à la classe dominante existe désormais une classe capable d'imposer un rapport de forces.

Et ce rapport de forces marquera profondément les transformations ultérieures du capitalisme.

2. Le Capital, *comme analyse du capitalisme*

Marx doit beaucoup à la réflexion des économistes classiques, aux observations des témoins d'un capitalisme conquérant, aux critiques des socialistes. Même si — pour s'en démarquer ou pour faire avancer la réflexion — il les critique, souvent avec excès. Sa force a été de systématiser, au prix d'un colossal et épuisant effort théorique, ses intuitions profondes formées, pour l'essentiel, dès le milieu du siècle. Le bilan provisoire qu'il dresse lui-même en 1852 est éclairant :

> En ce qui me concerne, je n'ai ni le mérite d'avoir découvert l'existence des classes dans la société moderne, ni celui d'avoir découvert leur lutte. Les historiens bourgeois avaient bien avant moi exposé le développement historique de cette lutte de classes, et les économistes bourgeois l'anatomie économique de ces classes. Ce que j'ai fait de nouveau consiste dans la démonstration suivante : 1° l'existence des classes ne se rattache qu'à certaines luttes définies, historiques, liées au développement de la production ; 2° la lutte de classes conduit nécessairement à la dictature du prolétariat ; 3° cette dictature elle-même constitue seulement la période de transition vers la suppression de toutes les classes et vers une société sans classes [1].

La lutte des classes, il la met en scène :

> L'histoire de toute la société jusqu'à aujourd'hui est l'histoire de la lutte des classes. Homme libre et esclave, patricien et plébéien, baron et serf, maître et compagnon, bref, oppresseurs et opprimés, dressés les uns contre les autres dans une opposition constante, ont mené une lutte ininterrompue, tantôt cachée, tantôt ouverte, une lutte qui s'est chaque fois terminée par un bouleversement révolutionnaire de toute la société ou par la ruine commune des classes en lutte [2].

---

1. Lettre à Weidemeyer, 5 mars 1852, *in* Marx, *Morceaux choisis*, Gallimard, 1934, 39ᵉ éd., 1956, p. 198-9.
2. *Manifeste du parti communiste*, 1848, Éd. sociales, 1966, p. 27-8.

Il en montre la base :

> Ce sont les hommes qui sont les producteurs de leurs
> représentations, de leurs idées, etc., mais les hommes
> réels, agissants, tels qu'ils sont conditionnés par un déve-
> loppement déterminé de leurs forces productives et des
> rapports qui y correspondent, y compris les formes les plus
> larges que ceux-ci peuvent prendre [1].

... et l'évolution :

> Esquissés à grands traits, les rapports de production
> asiatiques, antiques, féodaux, bourgeois modernes peuvent
> être désignés comme des époques progressives de la
> formation sociale économique [2].

Pour Marx, la lutte des classes atteint, avec le capitalisme,
un paroxysme :

> Notre époque, l'époque de la bourgeoisie, se distingue
> cependant par le fait qu'elle a simplifié les antagonismes de
> classes. Toute la société se divise de plus en plus en deux
> grands camps ennemis, en deux grandes classes directe-
> ment opposées l'une à l'autre : la bourgeoisie et le proléta-
> riat [3].
> Des masses ouvrières, entassées dans l'usine, sont organi-
> sées militairement. Ce sont les simples soldats de l'indus-
> trie, surveillés par toute une hiérarchie de sous-officiers et
> d'officiers. Ils ne sont pas seulement les serfs de la classe
> bourgeoise de l'État bourgeois, ils sont chaque jour, à
> chaque heure, les serfs de la machine, du contrôleur, et
> avant tout du fabricant bourgeois particulier. Ce despo-
> tisme est d'autant plus mesquin, haineux, exaspérant qu'il
> proclame plus ouvertement le profit pour son unique fin [4].

Les contradictions s'approfondissent, qui ne pourront
conduire qu'à l'écroulement du capitalisme :

> Depuis des dizaines d'années, l'histoire de l'industrie et du
> commerce n'est autre chose que l'histoire de la révolte des
> forces productives modernes contre les rapports modernes
> de production, contre le régime de propriété qui condi-
> tionne l'existence de la bourgeoisie et de sa domination. Il

---

1. *L'Idéologie allemande*, 1846, Ed. sociales, 1968, p. 35.
2. Préface de 1850 aux « Notes critiques sur l'article " Le roi de Prusse et la
réforme sociale " », in *Morceaux choisis, op. cit.*, p. 87.
3. *Manifeste du parti communiste*, 1848, *op. cit.*, p. 29.
4. *Ibid.*, p. 42.

suffit de mentionner les crises commerciales qui, par leur retour périodique, menacent de plus en plus l'existence de la société bourgeoise. (...) Une épidémie qui, à toute autre époque, eût semblé une absurdité s'abat sur la société — l'épidémie de la surproduction. La société se trouve subitement ramenée à un état de barbarie momentanée ; on dirait qu'une famine, une guerre d'extermination lui ont coupé tous ses moyens de subsistance ; l'industrie et le commerce semblent anéantis. Et pourquoi ? Parce que la société a trop de civilisation, trop de moyens de subsistance, trop de commerce. Les forces productives dont elle dispose ne favorisent plus le régime de la propriété bourgeoise ; au contraire, elles sont devenues trop puissantes pour celle-ci qui alors leur fait obstacle ; et toutes les fois que les forces productives triomphent de cet obstacle, elles précipitent dans le désordre la société bourgeoise tout entière et menacent l'existence de la propriété bourgeoise ; le système bourgeois est devenu trop étroit pour contenir les richesses créées dans son sein [1].

Et il s'agit de plus encore que du simple renversement du capitalisme ; il s'agit de la fin des sociétés de classes. Car au prolétariat, que multiplie et renforce le développement capitaliste, Marx « voit », dès 1844, une « mission » historique :

Où donc est la possibilité positive de l'émancipation allemande ? demandait-il alors. Voici notre réponse. Il faut former une classe avec des chaînes radicales, une classe de la société bourgeoise qui ne soit pas une classe de la société bourgeoise, une classe qui soit la dissolution de toutes les classes, une sphère qui ait un caractère universel par ses souffrances universelles et ne revendique pas de droit particulier, parce qu'on ne lui a pas fait de tort particulier, mais un tort en soi, une sphère qui ne puisse plus s'en rapporter à un titre historique, mais simplement au titre humain, une sphère qui ne soit pas en une opposition particulière avec les conséquences, mais en une opposition générale avec toutes les suppositions du système politique allemand, une sphère enfin qui ne puisse s'émanciper sans s'émanciper de toutes les autres sphères de la société et sans, par conséquent, les émanciper toutes, qui soit, en un mot, la perte complète de l'homme, et ne puisse donc se reconquérir elle-même que par le regain complet de

1. *Ibid.*, p. 39-40.

l'homme. La décomposition de la société en tant que classe particulière, c'est le prolétariat[1].

Pour que la révolution d'un peuple et l'émancipation d'une classe particulière de la société bourgeoise coïncident, pour qu'une classe représente toute la société, il faut (...) que tous les vices de la société soient concentrés dans une autre classe, qu'une classe déterminée soit la classe du scandale général, la personnification de la barrière générale, il faut qu'une sphère sociale particulière passe pour le crime notoire de toute la société, si bien qu'en s'émancipant de cette sphère on réalise l'émancipation générale. Pour qu'une classe soit par excellence la classe de l'émancipation, il faut inversement qu'une autre classe soit ouvertement la classe de l'asservissement[2].

« Messie » des temps modernes, ce prolétariat ? Nullement, répond Marx :

Si les écrivains socialistes assignent au prolétariat ce rôle historique, il ne s'ensuit aucunement, comme la critique feint de le croire, qu'ils tiennent les prolétaires pour des dieux. Au contraire. Dans le prolétariat complètement développé, l'abstraction de toute humanité, de l'apparence même d'humanité est pratiquement achevée ; dans les conditions de vie du prolétariat, toutes les conditions de vie de la société d'aujourd'hui, sous les formes les plus inhumaines, sont résumées ; l'homme s'y est perdu lui-même, mais en même temps il n'a pas seulement acquis la conscience de cette perte, il a été contraint immédiatement, par la détresse devenue en théorie désormais inéluctable, ou autrement dit impardonnable, absolument impérieuse, par l'expression dans la pratique de la Nécessité, à la révolte contre cette inhumanité : c'est pourquoi le prolétariat peut et doit se libérer lui-même. Mais il ne peut se libérer sans supprimer ses propres conditions de vie, sans supprimer toutes les conditions de vie inhumaines de la société d'aujourd'hui qui sont résumées dans sa situation[3].

Ainsi :

Toutes les classes qui, jusqu'ici, se sont emparées du pouvoir cherchaient à sauvegarder leur situation de fortune

1. *Contribution à la critique de la philosophie du droit de Hegel*, 1844, in Marx, *Œuvres philosophiques*, Costes, 1927, t. 1, p. 105-6.
2. *Ibid.*, p. 102.
3. *La Sainte Famille*, 1845, in *Morceaux choisis, op. cit.*, p. 165-6.

acquise, en imposant à toute la société les conditions de leur revenu propre. Les prolétaires ne peuvent s'emparer des forces productives de la société qu'en abolissant leur propre mode d'appropriation et par conséquent tous les modes d'appropriation qui ont existé jusqu'ici [1].

Ou encore :

Les rapports bourgeois de production sont la dernière forme antagoniste du processus social de production, antagoniste non point au sens d'antagonisme individuel, mais au sens d'un antagonisme découlant des conditions sociales d'existence des individus ; mais, dans le sein de la société bourgeoise, les forces productives qui se développent créent en même temps les conditions matérielles qui résoudront cet antagonisme. Avec cette formation s'achève donc la préhistoire de la société humaine [2].

C'est une puissante certitude :

Avec la bourgeoisie s'écroule la propriété privée, et la victoire de la classe ouvrière met fin pour toujours à la lutte des classes et des castes [3]...

Admirable conviction, qui va sous-tendre sa vie entière, et que Marx, pendant des décennies, va s'acharner à étayer scientifiquement à travers l'étude et la critique de l'économie politique.

Dans sa *Contribution à la critique de l'économie politique*, il résume sa conception du mouvement historique :

Dans la production sociale de leur existence, les hommes entrent en des rapports déterminés, nécessaires, indépendants de leur volonté ; ces rapports de production correspondent à un degré de développement donné de leurs forces productives matérielles. L'ensemble de ces rapports de production constitue la structure économique de la société, la base réelle sur quoi s'élève une super-structure juridique et politique, et à laquelle correspondent des formes de conscience sociale déterminées (...). A un certain stade de leur développement, les forces productives de la société entrent en contradiction avec les rapports de production existants, ou avec ce qui n'en est que l'expression juridique, les rapports de propriété à l'intérieur

1. *Manifeste du parti communiste*, 1848, *op. cit.*, p. 49.
2. *Préface* de 1850, *op. cit.*, p. 87.
3. *Protectionnisme et Libre-échange*, 1847, in *Morceaux choisis*, *op. cit.*, p. 167.

desquels elles s'étaient mues jusqu'alors. De formes évolu-
tives qu'ils étaient, ces rapports deviennent des entraves de
ces forces. Alors s'ouvre une ère de révolution sociale[1].

Il lit, plume à la main, esprit critique en éveil, l'essentiel
de la littérature économique disponible[2]. Il travaille à son
projet « L'économie » et rédige des chapitres[3], notamment sur la subordination réelle du travail au capital, sur
travail productif et improductif, sur les crises, sur le
processus immédiat de production ; dans ce dernier chapitre, il se donne pour objectif d'étudier :

1° Les marchandises en tant que produits du capital, de la
production capitaliste ;
2° La production capitaliste en tant que production de
plus-value ;
3° La production capitaliste en tant que production et
reproduction de tout le rapport ; c'est ce qui confère à ce
processus de production immédiat son caractère « spécifi-
quement capitaliste[4] ».

C'est donc d'un énorme travail, de discussions, en
particulier avec Engels, d'une observation active de l'histoire qui se fait[5], que naît *le Capital*. Le livre I, publié en
1867, s'ouvre en fanfare :

La richesse des sociétés dans lesquelles règne le mode de
production capitaliste s'annonce comme une « immense
accumulation de marchandises ». L'analyse de la marchandise, forme élémentaire de cette richesse, sera par conséquent le point de départ de nos recherches[6].

Marchandise valeur d'usage, valeur, plus-value :

Le produit — propriété du capitaliste — est une valeur
d'usage, telle que des filés, de la toile, des bottes, etc. Mais
bien que des bottes, par exemple, fassent en quelque sorte

1. *Contribution à la critique de l'économie politique*, 1859, Ed. sociales, 1957, p. 4.
2. *Théories de la plus-value*, manuscrit de 1861-1863.
3. *Matériaux pour l'économie*, manuscrit de 1861-1865.
4. Matériaux pour l'économie, in Marx, *Œuvres. Économie*, Gallimard, La
Pléiade, t. II, 1968, p. 404.
5. *Les luttes des classes en France (1848-1858)* ; *Le 18 Brumaire de Louis
Bonaparte* ; *Les Adresses* du Conseil général de l'AIT sur la guerre franco-allemande
et sur la guerre civile en France...
6. *Le Capital*, livre I, 1867, in Marx, *Œuvres. Économie*, op. cit., t. I, 1963, p. 561.
Dans la première phrase, Marx cite sa *Contribution à la critique de l'économie
politique* de 1859.

marcher le monde, et que notre capitaliste soit assurément homme de progrès, s'il fait des bottes, ce n'est pas par amour des bottes. En général, dans la production marchande, la valeur d'usage n'est pas chose qu'on aime pour elle-même. Elle n'y sert que de porte-valeur. Or, pour notre capitaliste, il s'agit d'abord de produire un objet utile qui ait une valeur échangeable, un article destiné à la vente, une marchandise. Et, de plus, il veut que la valeur de cette marchandise surpasse celle des marchandises nécessaires pour la produire, c'est-à-dire la somme de valeurs des moyens de production et de la force de travail, pour lesquels il a dépensé son cher argent. Il veut produire non seulement une chose utile, mais une valeur et non seulement une valeur, mais encore une plus-value [1].

Ainsi :

> Le capital est du travail mort, qui, semblable au vampire, ne s'anime qu'en suçant le travail vivant, et sa vie est d'autant plus allègre qu'il en pompe davantage. Le temps pendant lequel l'ouvrier travaille est le temps pendant lequel le capitaliste consomme la force de travail qu'il lui a achetée [2].

Après avoir longtemps tâtonné, Marx a en effet clarifié ce point : ce n'est pas le travail, c'est la force de travail que le prolétaire vend au capitaliste [3]. La valeur de cette force de travail est déterminée par les frais d'entretien de l'ouvrier et de sa famille [4]; et c'est en étant contraint à produire plus que la valeur de sa propre force de travail, que l'ouvrier produit la plus-value. « C'est surtout par la prolongation du travail et l'intensification du travail que l'on augmente le degré d'exploitation du travail, l'appropriation de surtravail et de plus-value [5]. »

Ainsi est dégagée la base de l'accumulation capitaliste, de la reproduction élargie, de la tendance à la baisse du taux de profit, des crises, de la prolétarisation, et finalement du nécessaire effondrement du capitalisme. Démons-

---

1. *Ibid.*, p. 737.
2. *Ibid.*, p. 788.
3. Sur ce point, voir la très intéressante thèse de H. Nadel, *Genèse de la conception marxienne du salariat*, Paris VIII-Vincennes, 1979.
4. *Le Capital*, livre I, in *Œuvres. Économie, op. cit.*, t. I, p. 940.
5. *Le Capital*, livre III, *ibid.*, t. II, p. 1016.

tration qu'il n'est pas possible de reprendre ici, mais dont on peut signaler quelques étapes :

> Le procès de production capitaliste considéré dans sa continuité, ou comme reproduction, ne produit donc pas seulement marchandise, ni seulement plus-value, il produit et éternise le rapport social entre capitaliste et salarié[1]. Si l'accumulation, le progrès de la richesse sur la base capitaliste, produit donc nécessairement une surpopulation ouvrière, celle-ci devient à son tour le levier le plus puissant de l'accumulation, une condition d'existence de la production capitaliste dans son état de développement intégral. Elle forme une armée de réserve industrielle qui appartient au capital d'une manière aussi absolue que s'il l'avait élevée et disciplinée à ses propres frais. Elle fournit à ses besoins de valorisation flottants, et, indépendamment de l'accroissement naturel de la population, la matière humaine toujours exploitable et toujours disponible[2].
>
> La loi qui toujours équilibre le progrès de l'accumulation et celui de la surpopulation relative rive le travailleur au capital plus solidement que les coins de Vulcain ne rivaient Prométhée à son rocher. C'est cette loi qui établit une corrélation fatale entre l'accumulation du capital et l'accumulation de la misère, de telle sorte qu'accumulation de la richesse, à un pôle, c'est égale accumulation de pauvreté, de souffrance, d'ignorance, d'abrutissement, de dégradation morale, d'esclavage, au pôle opposé, du côté de la classe qui produit le capital même[3].

Mais :

> A mesure que diminue le nombre de potentats du capital qui usurpent et monopolisent tous les avantages de cette période d'évolution sociale, s'accroissent la misère, l'oppression, l'esclavage, la dégradation, l'exploitation, mais aussi la résistance de la classe ouvrière sans cesse grossissante et de plus en plus disciplinée, unie et organisée par le mécanisme même de la production capitaliste. Le monopole du capital devient une entrave pour le mode de production qui a grandi et prospéré avec lui et sous ses auspices. La socialisation du travail et la centralisation de ses ressorts matériels arrivent à un point où elles ne peuvent plus tenir dans leur enveloppe capitaliste. Cette

---

1. *Le Capital,* livre I, *ibid.,* t. I, p. 1081.
2. *Ibid.,* p. 1148.
3. *Le Capital,* livre I, Éd. sociales, t. III, p. 88.

SCHÉMA IX

CLASSES SOCIALES ET EXTORSION DE LA PLUS-VALUE
SELON MARX

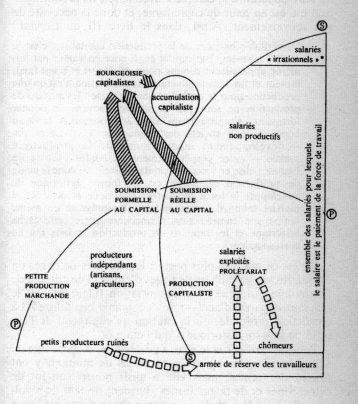

╰┄╮ flux de valeur   □□□□□⇨ flux de travailleurs

Ⓟ : sphère de la production. Ⓢ : sphère du salariat.
* Le salaire des « salariés irrationnels » n'est pas le prix de leur force de travail, mais la contrepartie de « capacités » ou de « talents » inestimables. Voir H. Nadel, *op. cit.*

enveloppe se brise en éclats. L'heure de la propriété
capitaliste a sonné. Les expropriateurs sont à leur tour
expropriés[1].

Voilà « démontrée » l'intuition profonde et fondamentale que Marx porte en lui depuis les années 1840. Il y
reviendra, inlassablement, obstinément : avec la volonté
de faire apparaître le caractère irréductible de la contradiction qui est au cœur du capitalisme, et donc la nécessité de
son renversement. Ainsi, dans le livre III du *Capital* :

> La véritable barrière de la production capitaliste, c'est le
> capital lui-même : le capital et sa mise en valeur par lui-
> même apparaissent comme point de départ et point final,
> moteur et fin de la production : la production n'est qu'une
> production pour le capital et non l'inverse : les moyens de
> production ne sont pas de simples moyens de donner
> forme, en l'élargissant sans cesse, au processus de la vie au
> bénéfice de la société des producteurs (...). Le moyen
> — développement inconditionné de la productivité
> sociale — entre perpétuellement en conflit avec la fin
> limitée : mise en valeur du capital existant. Si donc le mode
> de production capitaliste est un moyen historique de
> développer la force productive matérielle et de créer le
> marché mondial correspondant, il représente en même
> temps une contradiction permanente entre cette tâche
> historique et les rapports de production sociaux qui lui
> correspondent[2].

Qu'est-ce qui a le plus porté : les dizaines de pages du
Manifeste, ou les milliers de pages d'étude et de critique de
l'économie politique ? La dénonciation fulgurante ou le
puissant appareil d'analyse de l'économie capitaliste ? La
conviction profonde, ou la caution qu'elle reçoit de l'ex-
posé de la « loi historique » qui l'étaie ?

Tout, le meilleur et le pire, a pu découler de la pensée de
Marx ou s'y référer : des générations de militants y ont
trouvé des armes, mais elle a aussi nourri son lot de
catéchismes et de dogmatismes ; ferment de tant de révoltes, elle a pu être muée en pesante chape d'une idéologie
d'État ; féconde en philosophie et dans l'ensemble des
sciences sociales, elle peut se dessécher en économisme et

---

1. *Ibid.*, p. 205.
2. *Le Capital*, livre III (rédigé entre 1864 et 1875), Éd. sociales, t. VI, p. 263.

en plat mécanicisme ; force toujours à l'œuvre dans les luttes anticapitalistes et anti-impérialistes, honnie par les possédants et les dirigeants, elle a pu devenir la justification du pouvoir de nouvelles classes dominantes.

En cette fin du XIXe siècle, la pensée de Marx, encore peu diffusée et incomplètement connue, trouvera en Engels son premier propagandiste. A ses yeux, les « deux grandes découvertes » que « nous devons » à Marx sont : « la conception matérialiste de l'histoire et la révélation du mystère de la production capitaliste au moyen de la plus-value (...). C'est grâce à elles que le socialisme est devenu une science [1] ». Aux « socialismes utopiques » s'opposera désormais le « socialisme scientifique ».

---

1. *Socialisme utopique et Socialisme scientifique*, 1880, Éd. sociales, éditions bilingues, 1977, p. 137.

Pour revenir aux deux premiers tiers du XIXe siècle, ils ont été marqués par l'irrésistible montée du capitalisme, et d'abord en Grande-Bretagne.

L'ancienne extorsion de surtravail paysan se poursuit, au profit des propriétaires fonciers et de l'État. Mais ce qui devient dominant, c'est l'exploitation capitaliste du travail dans l'industrie : avec ce que Marx nomme la « soumission formelle » du travail (des artisans traditionnels, par exemple) au capital (négociants ou fabricants) ; avec aussi la « soumission réelle » du travail, c'est-à-dire le salariat, dans le cadre, encore, des manufactures et, de plus en plus, des fabriques ; le développement des industries textiles et métallurgiques, puis des productions des matériels pour les chemins de fer en a été le principal support. Enfin, l'extorsion de valeur à l'échelle mondiale — exploitation coloniale et échange inégal — reste une source importante d'accumulation, notamment pour la Grande-Bretagne : première puissance coloniale et commerciale, premier fournisseur en biens d'équipements, véritable « atelier du monde ».

Avec la fabrique, se généralise la logique de la production capitaliste : $A \rightarrow M \begin{cases} mp \\ ft \end{cases} \rightarrow P \rightarrow M' \rightarrow A'$. Un fabricant utilise la somme d'argent A pour acheter les marchandises M nécessaires à la production P qu'il veut mettre en œuvre : moyens de production (ou capital constant : $mp \equiv c$) et force de travail (ou capital variable : $ft \equiv v$) ; il obtient une nouvelle marchandise M' dont la valeur $(c + v + pl)$ est supérieure à celle de M ; d'où il tire le profit $\Delta A = A' - A$. Il peut être amené à partager cette plus-value (pl) avec le banquier qui lui a prêté de l'argent (intérêt) et avec le négociant qui écoule sa marchandise (profit commercial). Plus généralement, le partage de la plus-value socialement produite est l'enjeu d'une vive lutte inter-capitaliste, lutte dont la concurrence et le monopole, le libre-échange et la protection ne sont que des modalités différentes.

Sur cette base s'affirme la bourgeoisie : une bourgeoisie qui, du fait de la domination mondiale, de l'affaiblissement de la paysannerie et du *modus vivendi* trouvé avec l'ancienne classe dirigeante, s'épanouit dans toute sa splendeur en Grande-Bretagne — alors qu'elle se heurte encore à l'ancienne classe dirigeante (et doit donc s'appuyer sur de pesants alliés) en France, et qu'en Allemagne elle se développe grâce aux impulsions et au soutien de l'État ; alors, enfin, qu'aux États-Unis elle doit s'affronter aux planteurs du Sud.

La richesse, la puissance bourgeoises se développent sur la base de l'effroyable misère ouvrière du XIXᵉ siècle : journées de travail allongées, salaires abaissés, grâce à la concurrence que se livrent les différents types d'ouvriers, conditions de vie souvent jugées plus dures que celles des anciens serfs. Au dénuement le plus complet, la charité et le paternalisme apportent parfois un adoucissement ; l'émigration un exutoire ; reste aussi la révolte, mais la répression est impitoyable. Solidarité, coopératives, mutuelles, unions, syndicats : après de multiples tentatives, l'organisation du monde ouvrier connaît d'importants progrès autour des années 1860.

Tout au long de la période, le capitalisme est secoué de crises au cours desquelles s'appesantit encore l'emprise de la misère et de la faim. Les économistes les étudient[1] pour proposer des remèdes ; les socialistes les dénoncent et, avec elles, l'incohérence du système qui les produit ; Marx en produit l'analyse, pour mettre en lumière la logique du capitalisme et son nécessaire effondrement.

Respect de l'ordre établi et notamment de la propriété ; respect des riches, de la religion et de l'État ; supériorité de l'homme blanc et de la culture occidentale — les normes idéologiques modèlent l'ensemble de la société. Et interviennent, s'il le faut, le gendarme, le juge, la troupe, l'emprisonnement ou la déportation.

---

1. Notamment C. Juglar, *Les Crises commerciales et leur retour périodique*, 1861.

Pour les intellectuels, et ceux qui les lisent, toutes les audaces et les rêves du romantisme sont permis ; mais aussi toutes les certitudes du positivisme et du scientisme. Refusant une réalité déchirante, deux utopies se font face pendant la première moitié du siècle : l'utopie libérale et l'utopie socialiste, qui l'une et l'autre promettent le bonheur de chacun dans un monde harmonieux. L'utopie libérale prendra, avec les « lois de l'offre et de la demande en concurrence pure et parfaite » et, plus tard, avec les théories marginalistes[1], l'apparence d'une « théorie scientifique ». L'utopie socialiste, critiquée par Marx qui pourtant aura puisé en elle ses convictions de jeunesse, sera transformée par lui en « nécessité historique » découlant des analyses du « socialisme scientifique ».

Pessimiste, J. S. Mill était persuadé qu'allait s'établir un durable « état stationnaire », tandis que Karl Marx fut toute sa vie convaincu de l'inéluctable effondrement du capitalisme et de l'avènement d'une société sans classe : le communisme.

1. S. Jevons, *Theory of political Economy*, et K. Menger, *Grundsätze der Volkswirtschaftlehre*, 1871 ; L. Walras, *Principes d'une théorie mathématique de l'échange*, 1873, et *Éléments d'économie pure*, 1877.

DEUXIÈME PARTIE

L'ère de l'impérialisme

> Le capitalisme domine le monde et fait
> danser nos hommes d'État comme des
> marionnettes sur un fil.
>
> W. Sombart.

Le capitalisme n'est ni une personne ni une institution. Il ne veut, ni ne choisit. Il est une logique à l'œuvre à travers un mode de production : logique aveugle, obstinée, d'accumulation.

Logique qui s'appuie sur la production de biens, la valeur d'usage étant le support de la plus-value qui doit revenir au capital : encore faut-il que la valeur soit réalisée, que la marchandise soit vendue ; sinon l'accumulation se bloque, et ce peut être la crise.

Logique qui s'est étendue, au dernier tiers du XVIIIe siècle et dans les deux premiers tiers du XIXe siècle, à l'occasion de la « première industrialisation » : textiles et vêtements ; machines ; outils et ustensiles domestiques en métal ; chemins de fer et armes.

Logique qui s'est développée en Grande-Bretagne d'abord, puis, avec des décalages, dans d'autres pays d'Europe et aux États-Unis.

Car, dès lors que l'on évoque le capitalisme historiquement réalisé, on ne peut s'en tenir au « mode de production » et à sa logique : il y a les nations dans lesquelles le capitalisme se développe ; et les rivalités entre nations, même si elles sont nourries et marquées par les oppositions entre capitalismes nationaux, ne peuvent s'y réduire. Il y a les classes qui se décomposent et se recomposent en liaison avec le grand mouvement du développement capitaliste, les luttes, les alliances — avec leurs spécificités dans chaque formation sociale. Il y a l'État, appareil de domination, lieu stratégique des alliances de classes et des rapports de forces. Il y a les idées, les croyances, les religions, le couple jamais stabilisé de la connaissance et de l'ignorance, les idéologies ; il y a le racisme, le nationalisme, le militarisme, l'esprit de domination et l'esprit de gain...

Le capitalisme en expansion rencontre ces réalités sociales : il s'y heurte ou s'en sert ; il les bouleverse, les transforme, les bride ou les exacerbe. C'est donc de tout cela qu'il faut parler quand on veut saisir le capitalisme dans son mouvement historique. Mais comment le faire sans réduire à l'excès, sans tomber dans le simplisme ?

Ainsi la famille. Avec le capitalisme, elle devient la cellule de reproduction et de maintenance de la force de travail, sans cesser d'être le lieu complexe de reproduction de la société globale. C'est à travers elle que se perpétuent les anciennes classes déclinantes ; c'est aussi à travers elle que se forment, à partir des classes anciennes, les nouvelles classes : paysans déracinés ou artisans devenant ouvriers — mais aussi familles nobles s'alliant à des banquiers ou des négociants pour fonder une « dynastie bourgeoise » liée à l'industrie, au négoce ou à la banque. Par la famille se transmettent des normes fondamentales de la société (hiérarchie, discipline, épargne, consommation) ; mais sans la famille bien des luttes du mouvement ouvrier n'auraient pu se développer et bien des grèves n'auraient pu aboutir.

Ainsi l'école. Il est de mode, dans la gauche d'après 1968, de dénoncer l'école capitaliste ; et il est vrai que l'école a servi à diffuser les valeurs, les idées et les normes de la société capitaliste. Mais elle a aussi diffusé les principes et les idéaux républicains, démocratiques et souvent socialistes ; la lecture, l'écriture, la connaissance sont les bases de la liberté et de la vie démocratique, même s'ils ont permis le développement de littératures débilitantes et de nouvelles formes de propagande...

En 1870-1880, le capitalisme n'a encore révolutionné qu'en partie la Grande-Bretagne et il ne s'affirme nettement qu'en des zones bien délimitées de l'Europe continentale et de l'Amérique du Nord. En un siècle il va s'étendre, se concentrer, s'imposer avec une incroyable vigueur : à travers la montée de nouvelles techniques et de nouvelles industries, sur la base de regroupements toujours plus larges et puissants de capitaux et de l'élargissement de leur champ d'action au monde entier ; avec le déclin des premiers impérialismes et la montée des nouveaux ; avec l'affirmation et la reconnaissance du mouvement ouvrier, et la mise en place de nouveaux moyens de domination sur les travailleurs.

Extraordinaire raz de marée qui d'une première grande dépression conduit à l'impérialisme, au partage du monde et à la « Grande Guerre » ; puis d'une première reconstruction, avec ici une brève prospérité et là la montée du fascisme, bascule dans la grande crise puis dans une Deuxième Guerre mondiale ; et enfin, au lendemain d'une nouvelle reconstruction, la décolonisation, la croissance, la prospérité, jusqu'à ce qu'éclate une nouvelle « Grande Crise » mondiale, dont certains pensent qu'elle peut déboucher sur une « Troisième Guerre mondiale ». Un siècle de mise en valeur et de mise à sac de la planète ; un siècle d'industrialisation accélérée, de modernisation et de « développement du sous-développement » ; un siècle d'impérialisme.

4. De la Grande Dépression
à la Grande Guerre (1873-1914)

Avant que le capitalisme ne domine, la vie économique avait connu des secousses, plus ou moins régulières, liées aux conditions météorologiques et aux récoltes, aux équilibres démographiques, aux guerres. Toute la phase d'industrialisation capitaliste se fait à travers des mouvements cycliques d'une certaine régularité : périodes de prospérité et d'euphorie freinées par une récession ou brisées par une crise.

La perte de débouchés ou d'approvisionnement due à une guerre ou la reconversion au lendemain d'une guerre, le resserrement du marché des populations rurales dû à une ou à des mauvaises récoltes ou, de plus en plus, l'excessif développement des capacités de production, l'aiguisement de la concurrence, la baisse des profits, liée à la difficulté de réaliser la valeur produite et à la baisse des prix, étaient à l'origine de ces « crises du XIXᵉ siècle[1] ».

La « Grande Dépression » qui s'ouvre avec la crise de 1873 et qui s'étendra jusqu'en 1895 ouvre ce que l'on pourrait appeler le deuxième âge du capitalisme : l'âge de l'impérialisme. Avec notamment :

– le développement d'une deuxième génération de techniques industrielles et d'industries ;

– l'affirmation du mouvement ouvrier qui, dans les pays industrialisés, arrache d'appréciables concessions ;

– la concentration du capital et l'émergence du capital financier ;

– une nouvelle vague de colonisation et d'expansion à

---

1. C. Juglar, *Les Crises commerciales et leur retour périodique*, 1861, 2ᵉ éd. 1889 ; A. Aftalion, *Les Crises périodiques de surproduction*, 1913 ; M. Tougan-Baranowsky, *Les Crises industrielles en Angleterre*, 1912, trad. fr. 1913 ; J. Lescure, *Des crises générales et périodiques de surproduction*, 1923 ; W. C. Mitchell, *Business Cycles*, 1927 ; A. C. Pigou, *Industrial Fluctuations*, 1929.

l'échelle mondiale, débouchant sur le « partage du monde » et la « Grande Guerre ».

1. La « Grande Dépression » (1873-1895)

Au premier regard, chacune des crises qui constituent cette « Grande Dépression » s'inscrit dans la lignée des « crises du XIXᵉ siècle ».

1873 : le krach boursier de Vienne est suivi de faillites bancaires en Autriche puis en Allemagne ; l'industrie lourde allemande vient de connaître, avec l'effort de guerre, la construction des chemins de fer et des bateaux, une forte expansion qui se grippe avec l'élévation des coûts et la baisse de la rentabilité ; la production de fonte tombe de 21 % en 1874 et son prix chute de 37 % ; le chômage a entraîné un retour de certains ouvriers à la campagne et, en octobre 1875, le baron von Oppenheim peut écrire : « En cinquante-six ans, il n'y a pas eu une crise aussi prolongée [1]. »

Aux États-Unis la longueur des voies de chemins de fer achevées avait progressé de 50 % entre 1869 et 1873 ; spéculation, rareté de la main-d'œuvre, hausse des coûts se conjuguant, la rentabilité chute et c'est le tourbillon de la panique boursière et des faillites de banques et de sociétés de chemins de fer ; la construction du chemin de fer était un débouché essentiel pour la production de la fonte, dont le prix tombe de 27 % entre 1873 et 1875 ; chômage, baisse des salaires, la crise gagne le bâtiment et le textile. En Angleterre les exportations chutent de 25 % en 1872-1875 ; le nombre des faillites augmente (7 490 en 1873, 13 130 en 1879) ; le chômage s'étend, les prix baissent. Les surcapacités de production sont énormes : ainsi les maîtres de forges pouvaient produire 2,5 millions de tonnes de rails en 1873 ; la consommation de rails tombe à 500 000 tonnes ; leur prix chute de 60 % entre 1872 et 1881.

1882 : krach boursier à Lyon suivi de la faillite de la Banque de Lyon et de la Loire, puis de celle de l'Union

---

1. Cité *in* Ch. P. Kindleberger, *Manias, Panics and Crashes*, 1978, p. 216 et 251. Voir aussi M. Flamant et J. Singer-Kerel, *Crises et Récessions économiques*, p. 38 s, et H. Heaton, *op. cit.*, t. II, p. 241 s.

générale et de nombreuses autres faillites bancaires, mais aussi industrielles : mines et métallurgie, ainsi que bâtiment, textile et porcelaine. Poussée du chômage, chute des salaires. « Jamais je n'ai vu une telle catastrophe », déclare un directeur de Crédit lyonnais [1]. Venant après l'essor lié à la mise en œuvre du « plan Freycinet », le ralentissement des travaux publics, et notamment de la construction du chemin de fer, est à l'origine de ce tourbillon dépressif.

1884 : « Panique des chemins de fer » aux États-Unis ; la construction de voies ferrées avait en effet repris (4 300 km en 1878, 18 600 en 1882), mais s'essouffle rapidement (6 300 km en 1884). Les compagnies de chemins de fer sont prises entre la hausse des coûts de construction des voies et la concurrence qu'elles se livrent. Le cours des actions de l'Union Pacific s'effondre, suivi de ceux de nombreuses valeurs ferroviaires, puis de faillites bancaires et d'un ralentissement de l'activité industrielle avec faillites, chômage et baisse des salaires (de 15 à 22 % dans la métallurgie, de 25 à 30 % dans le textile). A l'occasion de cette crise le groupe Carnegie se renforce, notamment en rachetant à bas prix des usines concurrentes.

L'Allemagne, qui venait de connaître une longue période de dépression, est entrée depuis 1879 dans la voie du protectionnisme et de la cartellisation (soixante-seize cartels créés entre 1879 et 1885). La Grande-Bretagne subit les répercussions de ces crises : exportations plus difficiles dans les pays atteints, compétition accentuée sur les marchés, ralentissement de l'activité, chute des prix de gros, augmentation du chômage qui touche plus de 10 % des ouvriers syndiqués ; cette dépression ne prend fin qu'en 1886-1887.

Découverte de l'or en Afrique du Sud, projet français d'un canal de Panama, ouverture de nouvelles voies ferrées aux États-Unis, perspectives de nouveaux développements économiques en Argentine, Australie, Nouvelle-Zélande : de nouvelles perspectives de profit s'ouvrent, de nouvelles spéculations s'engagent, qui débouchent sur de nouveaux blocages.

1889 : en France la compagnie chargée de la construction

---

1. Cité *in* J. Bouvier, *Le Krach de l'Union générale*, PUF, 1960, p. 145.

du canal de Panama et la Société des métaux, engagée dans une spéculation sur le cuivre, font banqueroute. Panique boursière, crise de crédit, dépression qui conduit à une réaction protectionniste (tarifs Méline).

1890 : en Grande-Bretagne, la banque Baring, qui était devenue l'agent financier de la République Argentine, est victime d'une crise de confiance due aux difficultés économiques et financières et aux soubresauts politiques de ce pays ; elle doit suspendre ses paiements ; l'intervention de la Banque d'Angleterre et de grandes banques anglaises permet de limiter la panique bancaire. Mais une nouvelle dépression s'ouvre, qui touche d'abord le textile, notamment le coton, puis la construction navale et la métallurgie ; elle s'aggrave du fait de la réduction des échanges liée aux crises qui frappent en 1893 les États-Unis, l'Argentine et l'Australie.

L'Allemagne, de plus en plus orientée vers la conquête de marchés extérieurs, est aussi touchée par cette crise. La cartellisation accrue (cent trente-sept cartels en fonction) ouvre la voie à un nouveau mode de régulation de l'économie.

1893 : les États-Unis avaient jusque-là connu une période de prospérité, avec la reprise dans le bâtiment et la construction de chemins de fer et d'excellentes récoltes ; de grands trusts affirmaient leur puissance (Rockefeller, Carnegie, Morgan), et un tarif protecteur (tarif McKinley) avait été mis en place en 1890 pour l'industrie. Mais une nouvelle fois les sociétés de chemin de fer voient leurs profits chuter ; certaines suspendent leurs paiements ; les cours boursiers des valeurs ferroviaires s'effondrent ; 491 banques font faillite. La dépression s'accentue en 1894, avec développement du chômage et effort pour réduire les salaires.

Dans chacune de ces crises, le signe le plus spectaculaire est d'ordre boursier (effondrement des cours, panique) ou bancaire (faillite d'un grand établissement ou faillites en chaîne). A la base, la même logique revient : que les coûts s'élèvent (par exemple : hausse des salaires, relèvement des prix des rails pour les chemins de fer américains), que les débouchés se réduisent (baisse du pouvoir d'achat rural et de celui des travailleurs d'autres secteurs, réduction des investissements publics, difficultés sur les marchés étrangers), que les prix de vente baissent (concurrence sur les prix, guerre des tarifs sur les chemins de fer américains), alors la rentabilité décline ou chute brutalement, la réalisation de la valeur produite par chaque entreprise devient plus difficile, la concurrence s'aiguise, la situation des entreprises du secteur devient de plus en plus précaire. Tout peut alors déclencher la crise : une rumeur boursière, un marché perdu, une entreprise ou une banque en cessation de paiement, et c'est l'incontrôlable engrenage.

Dans les crises de la première moitié du XIXᵉ siècle la régulation s'opérait à travers un double mouvement :

– chute de prix et réduction des productions, entraînant une forte réduction de la valeur réalisé et donc l'élimination des entreprises les plus vulnérables, forme radicale de la « purge » périodique du capital ;

– chômage et réduction des salaires réels, entraînant une baisse de la consommation ouvrière, ce qui contribuait à élargir la crise (et donc la « purge ») et permettait de redémarrer la période avec une force de travail disponible à un « coût » abaissé.

Dans les crises de la « grande dépression », on observe également une baisse des prix accompagnant le tassement et la réduction des productions. Mais cette baisse constitue une « tendance lourde » au cours de ces vingt années ; ainsi, de 1873 à 1896, la baisse des prix de gros a été de 32 % en Grande-Bretagne, de 40 % en Allemagne, de 43 % en France et de 45 % aux États-Unis. Ce mouvement touche plus certains produits : le prix de la fonte écossaise tombe de 60 % entre 1872 et 1886[1].

On observe également l'accroissement du chômage : en Grande-Bretagne, le taux des ouvriers syndiqués touchés par le chômage s'élève brutalement à l'occasion de chaque crise : il monte de 1 % en 1872 à plus de 11 % en 1879, de 2 % en 1882 à plus de 10 % en 1886, et encore de 2 % en 1889-1890 à 7,5 % en 1893[2].

Quant aux salaires réels, ils tendent encore à baisser à

1. M. Tougan-Baranowsky, *Les Crises industrielles en Angleterre*, 2ᵉ éd., 1912, trad. fr., Giard, Paris, 1913, p. 139.
2. J. Lescure, *Des crises générales et périodiques de surproduction*, Sirey, 1923, p. 474.

chaque crise, aux États-Unis, dans les secteurs touchés, ce qui suscite des luttes très dures. Mais ce phénomène est déjà moins net en Grande-Bretagne et en France. En Grande-Bretagne, sur la base 100 en 1850, le taux de salaire réel par travailleur employé à temps plein passe de 128 à 1873 à 176 en 1896 ; certes il connaît des fléchissements à l'occasion des crises : de 137 en 1876 à 132 en 1878, de 137 en 1879 à 134 en 1880, de 136 en 1881 à 135 en 1882, et encore de 166 en 1890 à 163 en 1892 ; mais, sur la période, il a progressé de 37 %[1].

TABLEAU N° 15

MOUVEMENT DES PRIX DE GROS A LA FIN DU XIXᵉ ET AU DÉBUT DU XXᵉ SIÈCLE *

période 1860-1913	Grande-Bretagne	France	Allemagne	États-Unis
maximum de la période	1873 : 152	1872 / 1873 } 144	1873 : 136	1865 : 213 (1873 : 136)
minimum de la période	1896 : 83	1896 : 82	1895 / 1896 } 82	1896 / 1897 } 75
maximum avant la Grande Guerre	1912 / 1913 } 116	1912 / 1913 } 116	1912 / 1913 } 115	1910 : 113 (1912-3 : 112)

* Indice base 100 = 1901-1910.
Source : d'après F. Mauro, *Histoire de l'économie mondiale*, p. 400.

En France, le salaire réel s'accroît d'environ 25 % entre 1873 et 1896 ; mais ce mouvement global est « rythmé » par les crises : stagnation en 1873, recul en 1876-1877, stagnation en 1883 et en 1887-1892[2] ; et l'augmentation d'ensemble du salaire réel reste inférieure à celle de la productivité[3].

On peut voir là l'amorce d'une transformation du mode

1. D'après A. G. Pigou, *Industrial Fluctuations*, Mac Millan, Londres, 1929, p. 385.
2. J. Lhomme, « Le pouvoir d'achat de l'ouvrier français au cours d'un siècle : 1840-1940 », *Le Mouvement social*, avr.-juin 1968 ; J. Singer-Kerel, *Le Coût de la vie en France de 1840 à 1954*.
3. Cepremap, *Approches de l'inflation : l'exemple français*, t. III et IV.

de régulation capitaliste : la rigidité à la baisse du salaire réel en période de crise, dans les pays où la classe ouvrière réussit à établir un rapport de force suffisamment favorable.

Parallèlement, le patronat organise le capitalisme : formation d'entreprises ou de groupes de grande dimension (États-Unis, Grande-Bretagne), cartellisation (Allemagne), organisations professionnelles (France). Là encore se mettent en place les éléments d'un nouveau mode de régulation de l'économie capitaliste.

Certes, il serait excessif d'opposer radicalement le mode de régulation que l'on observe dans la Grande Dépression de 1873-1896 à celui des deux premiers tiers du siècle : mais on doit remarquer qu'il vient de subir une première et fondamentale transformation.

Au total, comment caractériser cette Grande Dépression de la fin du XIXᵉ siècle ?

Toute crise capitaliste résulte du jeu de quatre contradictions fondamentales :

– entre capital et travail, c'est-à-dire, concrètement, entre entreprises capitalistes et classes ouvrières ;

– entre capitalistes (soit dans le même secteur, soit de secteurs à secteurs) ;

– entre capitalismes nationaux ;

– entre capitalismes dominants et peuples, pays ou régions dominés.

Dans cette période, la première et la troisième contradictions nous paraissent déterminantes :

– les classes ouvrières s'organisent, s'affirment et finissent par peser d'un poids sensible dans le fonctionnement des capitalismes nationaux ;

– la montée des capitalismes allemand et nord-américain met en cause l'hégémonie jusqu'alors indiscutée du capitalisme britannique.

La deuxième contradiction joue d'une manière complexe : car, d'une part, de nouvelles structures capitalistes se mettent en place (concentration, centralisation du capital, formation du capital financier) et, d'autre part, le développement de nouveaux secteurs va permettre de pallier l'essoufflement des industries de la première génération.

Quant à la quatrième contradiction, elle ne joue guère ici comme facteur de crise ; elle joue plutôt comme facteur de solution à la crise avec l'expansion du capitalisme à l'échelle mondiale, les exportations de capitaux, la colonisation.

2. *La fin de l'hégémonie britannique*

Quel *gentleman* pourrait douter de la supériorité britannique ? L'anglomanie gagne les classes aisées d'Europe. La mode britannique marque l'élégance masculine. Les sports de Grande-Bretagne sont de plus en plus copiés ou adaptés : *base-ball, basket-ball, football, lawn-tennis, rugby*; l'ère des *matchs* et du *fair-play* s'ouvre : l'influence britannique est indéniable, même si c'est un Français, Pierre de Coubertin, qui lance et concrétise l'idée de faire renaître les Jeux olympiques à Athènes en 1896. Les troupes et les administrations britanniques sont présentes partout dans le monde ; les touristes britanniques envahissent les sites les plus agréables de la Méditerranée et explorent des contrées plus lointaines ; Rudyard Kipling « constate » la grandeur et la responsabilité de l'homme blanc, dont l'Anglais est le plus éminent représentant ; après avoir participé à la guerre des Boers, Baden Powell fonde le scoutisme et publie en 1908 *Scouting for Boys* ; il y a alors plus de quinze ans que Conan Doyle a créé le

TABLEAU N° 16

BALANCE DES PAIEMENTS COURANTS DE LA GRANDE-BRETAGNE *

	balance commer- ciale	émigrants touristes gouver- nements	transports maritimes	profits intérêts divi- dendes	assu- rances courtages commis- sions	solde net total
1876-1880	— 124	— 9	+ 54	+ 88	+ 16	+ 25
1806-1900	— 159	— 11	+ 62	+ 132	+ 16	+ 40
1911-1913	— 140	— 22	+ 100	+ 241	+ 27	+ 206

* En millions de livres (moyenne annuelle de chaque période).
Source : A. H. Imlah, cité *in* Ph. Daene et W. A. Cole, *British economic Growth*, t. II, p. 36.

TABLEAU N° 17

**PRODUCTION DE CHARBON, DE FONTE ET D'ACIER
EN GRANDE-BRETAGNE, EN ALLEMAGNE ET AUX ÉTATS-UNIS** *

1. charbon

	Grande-Bretagne	Allemagne	États-Unis
1871	117	29	42
1880	147	47	65
1890	182	70	143
1900	225	109	245
1913	292	190	571

2. fonte et acier

	Grande-Bretagne		Allemagne [a]		États-Unis	
	fonte	acier	fonte	acier	fonte	acier
1880	7,9	3,7	2,7	1,5	4,8 [b]	1,9 [b]
1890	8,0	5,3	4,7	3,2	10,1	4,7
1900	9,1	6,0	8,5	7,4	20,4 [c]	17,2 [c]
1910	10,2	7,6	14,8	13,1	30,8 [d]	31,8 [d]

* En millions de tonnes.
a. Luxembourg compris. — b. Moyenne 1881-1885. — c. Moyenne 1901-1905. —
d. Moyenne 1911-1915.
Sources : J. H. Clapham, *The economic Development of France and Germany*
(1815-1914), Cambridge, University press, 1951, p. 281 et 285, et S. B. Clough,
Histoire économique des États-Unis, 1865-1952, p. 28 et 33.

personnage de Sherlock Holmes, élégante synthèse du pragmatisme et de la rigueur, de l'intuition et de la déduction.

La puissance, la prospérité, la richesse de la Grande-Bretagne sont indéniables. La place de Londres est la première du monde. La livre sterling est la monnaie internationale. La domination britannique s'étend aux cinq continents et le capitalisme britannique en tire d'importants revenus.

TABLEAU N° 18

TAUX DE CROISSANCE PAR DÉCENNIE
DU PRODUIT ET DU PRODUIT PAR TÊTE

Produit total

	Grande-Bretagne	France	Allemagne	États-Unis
1885-1894 à 1905-1914	23,8	15,7[a]	32,9[c]	44,7
1905-1914 à 1925-1929	14,0	18,4[b]	17,7[d]	36,7[e]
1925-1929 à 1950-1954	16,3	11,5	26,5	33,2

2. Produit par tête

	Grande-Bretagne	France	Allemagne	États-Unis	Japon
1885-1894 à 1905-1914	11,4	13,5[a]	17[c]	20,1	25,5
1905-1914 à 1925-1929	5,2	16,1[b]	7,3[d]	16,5[e]	32,8
1925-1929 à 1952-1954	11,3	10,0	12,5	19,2	9,9

a. 1861-1870 à 1890-1900. — b. 1896-1929. — c. 1880-1889 à 1905-1913. — d. 1895-1904 à 1925-1929. — e. 1900-1909 à 1925-1929.
Source : W. W. Rostow, *op. cit.*, t. V-1, V-6, V-8 et V-12.

Et pourtant, un déclin relatif s'est amorcé, dont les crises de 1873-1896 constituent les premières secousses ; ces crises n'ont en effet pas la même portée pour les différents capitalismes nationaux : aux États-Unis et en Allemagne, elles accompagnent la vigoureuse croissance des chemins de fer, du charbon, de l'acier, de la construction navale ; en Grande-Bretagne, elles marquent l'essoufflement d'un capitalisme en pleine maturité et en pleine puissance.

En témoigne l'évolution des industries de base de la première industrialisation : le charbon, la fonte et l'acier.

En 1871, et encore en 1880, la Grande-Bretagne produisait plus de charbon que les États-Unis plus l'Allemagne ; en 1913, sa production est à peine supérieure à la moitié de celle des États-Unis. Et pour l'acier, elle est très rapidement surclassée par les États-Unis et dépassée par l'Allemagne dès 1900.

TABLEAU N° 19

PART DES PRINCIPAUX PAYS INDUSTRIALISÉS DANS LA PRODUCTION INDUSTRIELLE MONDIALE*

	Grande-Bretagne	France	Allemagne (RFA)	Russie (URSS)	États-Unis	Japon	reste du monde
1870	32	10	13	4	23	—	18
1881-1885 .	27	9	14	3	29	—	18
1896-1900 .	20	7	17	5	30	1	20
1906-1910 .	15	6	16	5	35	1	22
1913	14	6	16	6	38	1	19
1926-1929 .	9	7	12	(4)	42	3	23
1936-1938 .	9	5	11	(19)	32	4	20
1963	5	4	(6)	(19)	32	4	30

* En pourcentage.
Source : W. W. Rostow, *op. cit.*, t. II-2, p. 52.

Remarque : pendant cette période, la part de la Belgique tombe de 3 % à 1 % ; celle de l'Italie monte de 2 à 3 %, pour retomber à 2 % ; celle de la Scandinavie monte de 1 % à 2 % comme celle du Canada.

Plus largement, les nouveaux capitalismes allemand et nord-américain bénéficient désormais d'une dynamique de croissance qui l'emporte nettement sur celle des « vieux » capitalismes français et anglais.

De la « grande dépression » à la veille de la Grande Guerre, la croissance est deux fois plus rapide en Allemagne qu'en France et presque deux fois plus rapide aux

États-Unis qu'en Grande-Bretagne. Et, en moyenne, la supériorité de la croissance américaine se maintiendra jusqu'au lendemain de la Seconde Guerre mondiale.

C'est donc bien le déclin relatif du capitalisme britannique (accompagné par le capitalisme français) qui s'amorce dans le dernier tiers du XIXe siècle, alors que s'engage la montée en puissance des capitalismes allemand et nord-américain.

La part de la Grande-Bretagne dans la production industrielle mondiale tombe de 32 % en 1870 à 14 % à la veille de la Grande Guerre et 9 % à la veille de la crise de 1930 ; tandis que celle des États-Unis passe de 23 % à 38 % et 42 %.

TABLEAU N° 20

RÉPARTITION PAR PAYS DU COMMERCE MONDIAL*

	Grande-Bretagne	France	Allemagne (RFA)	reste de l'Europe	États-Unis	reste du monde
1880	23	11	10	27	10	19
1913	16	7	12	29	11	25
1928	14	6	9	22	14	35
1938	14	4	9	20	10	43
1948	12	5	(2)	22	16	43
1958	9	5	(8)	26	14	38

* En pourcentage.
Source : W. W. Rostow, *op. cit.*, t. II-8, p. 71-3.

La Grande-Bretagne représentait le quart des échanges mondiaux en 1880, le sixième en 1913, le huitième en 1948.

Ce déclin, ce recul, il faut le redire, n'est que relatif ; dans l'ensemble, les productions, les échanges continuent de croître ; les investissements à l'étranger augmentent, la Grande-Bretagne est présente, active, influente dans le monde entier. Mais, face aux « bonds en avant » des capitalismes allemand, nord-américain et ensuite japonais, elle n'a plus le ressort qui lui permettrait de se maintenir en tête.

Le « fléchissement de l'esprit d'entreprise et d'innovation », le développement d'une « mentalité de rentier », sans doute liés aux avantages que présente la rentrée régulière d'importants revenus extérieurs, se manifestent alors.

> L'agriculture anglaise, après une dépression prolongée, survécut au prix d'une conversion de ses méthodes les plus éprouvées, mais devint incapable de satisfaire plus de 40 % des besoins alimentaires du pays et, sans connaître un véritable déclin de ses revenus, dut se résigner à un rôle de second plan et caresser l'espérance de secours gouvernementaux : elle ne les obtint que progressivement au cours de la guerre pour les voir supprimer dès 1921. Les grandes industries de base vécurent de plus en plus sur les acquis techniques et se fermèrent aux innovations les plus prometteuses : les sidérurgistes furent trop fidèles aux procédés Bessemer et Siemens, les cotonniers répugnèrent à adopter, après 1900, le tissage circulaire et, plus tard, les machines automatiques. Les industries chimiques, les nouvelles entreprises de l'électricité, du caoutchouc, du cycle, de l'automobile se développèrent à une allure très lente[1].

Au total, dans la période qui précède la Première Guerre mondiale, les capitalismes anciens — anglais et français — sont rattrapés, puis surclassés par les nouveaux capitalismes — allemand et nord-américain. Cela s'opère en partie à travers les crises qui marquent la fin du XIXᵉ siècle.

L'autre mouvement de fond qui marque cette période est l'affirmation des classes ouvrières.

3. *L'affirmation des classes ouvrières*

Ce mouvement est assurément le plus fondamental : car il marque le passage d'une phase où le capitalisme s'est développé en utilisant une main-d'œuvre déracinée, dépendante, asservie, écrasée, à une phase où la bourgeoisie capitaliste doit compter avec une classe ouvrière qui prend conscience, s'organise, et finalement impose un nouveau rapport de forces.

Il se développe dans le cadre d'une transformation plus large de la société, provoquée elle aussi par l'industrialisation capitaliste :

---

1. R. Marx, *Le Déclin de l'économie britannique (1870-1929)*, p. 8 ; voir aussi A. Siegfried, *La Crise britannique au XXᵉ siècle*.

– La poursuite du processus de *salarisation* : 80 % de la population active est salariée en Grande-Bretagne à la fin du xixᵉ siècle, 63 % aux États-Unis en 1880, 66 % en Allemagne en 1902, 58 % en France en 1911 ; c'est désormais par dizaines de millions que se comptent les salariés dans le monde capitaliste, où ils l'emportent désormais en nombre sur les petits producteurs indépendants de l'agriculture, du commerce et de l'artisanat.

– L'accentuation de l'*urbanisation* : au début du xxᵉ siècle, Londres a plus de 4 millions d'habitants, Glasgow, Manchester, Birmingham et Liverpool atteignent un million d'habitants et une quarantaine de villes britanniques en ont plus de 100 000. La part de la population américaine habitant des villes de plus de 8 000 habitants passe de 23 % en 1880 à 32 % en 1900 et 44 % en 1920. Celle de la population allemande vivant dans des agglomérations de plus de 2 000 habitants passe de 41 % en 1880 à 60 % en 1910. Ce pourcentage est alors de 78 % en Grande-Bretagne, 46 % aux États-Unis et 44 % en France. Ainsi se créent les conditions nouvelles de l'action collective.

Dans ce contexte, le *développement des classes ouvrières* se saisit d'abord par quelques chiffres :

– En Grande-Bretagne, le nombre des travailleurs de l'industrie passe de 5,7 millions en 1881 à 8,6 millions en 1911 (soit 6,2 dans les industries manufacturières, 1,2 dans les mines et 1,2 dans le bâtiment), à quoi il faut ajouter 1,5 million de salariés dans les transports.

– Aux États-Unis, la population employée dans le secteur secondaire passe de 23 % de la population active en 1870 à 31 % en 1910 ; le nombre des salariés dans l'industrie (usines seulement) passe de 2 millions en 1870 à 4,5 en 1899, 6,2 en 1909 et 8,4 en 1919.

– En Allemagne, la part des personnes travaillant dans l'industrie passe de 41 % en 1895 à 43 % en 1907 ; le nombre des ouvriers passe de 5,9 à 8,6 millions, à quoi il faut ajouter, à ces deux dates, 300 000 travailleurs à domicile.

– En France, les effectifs de la classe ouvrière sont passés de 3 millions à la fin du xixᵉ siècle à 5 à la veille de la Grande Guerre. La transformation de l'emploi manufacturier est marquée entre 1850 et 1910 : l'emploi dans l'artisanat tombe de 2,5 à 0,9 million, l'emploi dans les entreprises industrielles croît de 1,2 à 4,5 millions.

Ainsi, dans les quatre grands pays capitalistes, les classes ouvrières représentent environ 30 millions d'hommes et de femmes ; et pour l'ensemble des pays touchés par l'industrialisation capitaliste autour de 40 millions. En même temps, ces travailleurs prennent conscience de leur solidarité, et peu à peu de leur force.

Il y a toujours les innombrables formes de *résistance à l'oppression et à l'exploitation*. Laissons témoigner F. W. Taylor, qui fut ouvrier avant d'être contremaître, puis de devenir le prophète de l' « organisation scientifique du travail » :

> Dans cet atelier de machines-outils, la presque totalité du travail était payée aux pièces. L'atelier marchait nuit et jour, cinq nuits et six jours par semaine. Il y avait deux équipes d'ouvriers, une de nuit et une de jour.
>
> Nous autres, ouvriers, nous avions soigneusement convenu entre nous de la production journalière à faire pour tous les travaux de l'atelier. Nous limitions notre production à environ un tiers de ce que nous aurions pu facilement faire. Nous nous estimions justifiés d'agir ainsi en raison du système de paiement aux pièces.
>
> Quand je devins chef d'équipe, les ouvriers qui passèrent sous mes ordres et qui, naturellement, savaient que j'étais au courant de tout le jeu de limitation délibérée de la production et de flânerie systématique vinrent me trouver immédiatement et me dire : « Maintenant, Fred, vous n'allez pas devenir un de ces damnés chiens de garde, n'est-ce pas ? » Je leur répondis :
>
> « Si vous voulez dire que vous craignez que j'essaie de faire produire à ces tours plus que par le passé, eh bien, vous avez raison. Je me propose de leur faire produire plus. Souvenez-vous que, quand je travaillais avec vous, je me suis conduit en compagnon régulier. Je n'ai pas dépassé une seule cadence dont nous avions convenu. Mais, maintenant, je suis de l'autre côté de la barricade. J'ai accepté un poste dans l'équipe de direction de la compagnie et je dois vous dire très franchement que je vais essayer d'obtenir une production plus élevée. » Ils me répondirent : « Vous allez devenir un de ces damnés salauds[1]. »

1. F. W. Taylor, « Témoignage devant la commission d'enquête de la Chambre des Représentants », 1912, in *La Direction scientifique des entreprises*, Éd. Marabout, 1967, p. 105 et 106.

Taylor en fit d'ailleurs un élément clé de son diagnostic :

> Flâner, c'est-à-dire travailler lentement d'une façon délibérée afin de s'épargner d'accomplir une journée normale de travail, « agir comme un soldat », ainsi que l'on dit dans notre pays, « se la couler douce », comme on dit en Angleterre ou en Écosse, c'est une façon universelle d'agir dans les établissements industriels et c'est également un comportement qui est très fréquent parmi les ouvriers du bâtiment. L'auteur affirme, sans crainte d'être contredit, que cette flânerie constitue le mal le plus aigu dont sont atteints les ouvriers d'Angleterre et d'Amérique [1].

Il y a aussi, de plus en plus puissantes, de plus en plus longues, particulièrement dans ces périodes de crise, les *grèves*.

Mouvement de grève américain qui culmine en 1877 avec la « commune de Pittsburg » et la grève des cheminots. En France, grève d'Anzin, en 1884, et de Decazeville, en 1886 ; aux États-Unis, plus de trois mille grèves et plus d'un million de grévistes entre 1881 et 1886, avec notamment la grève du rail (1884-1886) et la grève de mai 1886 pour la journée de huit heures : 80 000 grévistes à Chicago et, à la suite d'une provocation, des chefs du mouvement arrêtés, condamnés et pendus. Grève des dockers, qui paralyse le port de Londres, en 1885.

Grèves des mineurs américains en 1893 et, en 1894, la grève Pullman, brisée par l'application du Sherman antitrust Act et l'emprisonnement des dirigeants. En France, grève des tisseurs de Roanne et des verriers de Carmaux, en 1895. En Allemagne, la même année, mise en œuvre d'une nouvelle stratégie concentrant le mouvement en une seule entreprise.

Grèves, à nouveau, des mineurs américains, en 1899 et 1902, des travailleurs du Creusot en 1899, des dockers du port de Marseille en 1900, des mineurs de Montceau-les-Mines en 1901, et des mineurs de toute la France en 1902. En Allemagne, grèves dans le textile et les mines en 1905 ; en France, grève des mineurs du Nord en 1905, des cheminots en 1910. Aux États-Unis, grèves des bûcherons

---

1. *Principles of scientific Management*, 1911, trad. fr. in *La Direction scientifique des entreprises, op. cit.*, p. 22.

de Louisiane en 1910, et des travailleurs du textile en 1912-
1913...

Il y a aussi le développement des *organisations ouvrières :*
syndicats, bourses du travail, mutuelles, partis.

En Grande-Bretagne où le mouvement ouvrier, malgré
son fléchissement dans les années 1870, bénéficie déjà
d'une longue expérience, le nombre des syndiqués s'accroît
puissamment : 1,1 million en 1876, 2,2 millions en 1900,
4,1 millions en 1913 ; des courants socialistes reprennent
vie dans les années 1880 ; les premiers représentants
ouvriers sont élus en 1892, mais ce n'est que lorsque les
syndicats décideront de participer à un Comité pour la
représentation du travail (Labour representation Commit-
tee, 1900) que pourra s'organiser le Labour Party, qui
n'arrive pas alors à s'imposer dans le système bipolaire
britannique ; en 1914, sur 1 600 000 adhérents, 1 570 000
sont des syndicalistes.

En France, c'est dans le foisonnement des écoles de
pensée, des sectes et des traditions, dans un contexte de
débat permanent et de scissions que s'organise le mouvement ouvrier à la fin du XIXe siècle (419 000 syndiqués en
1895, 750 000 en 1905) ; et quand les diverses forces
socialistes se rassemblent dans la Section française de
l'Internationale ouvrière (SFIO, 1905), la CGT affirme au
Congrès d'Amiens (1906) la totale autonomie d'un mouvement syndical qui constitue en soi, avec l'arme de la grève
générale, la force qui renversera le capitalisme ; le nombre
des syndiqués dépasse le million en 1912 ; les adhérents de
la SFIO passent de 30 000 en 1905 à 90 000 en 1914 et, aux
élections, le nombre de suffrages socialistes passe de
880 000 en 1906 à 1 400 000 en 1914.

En Allemagne, après les lois d'exception votées en 1878
contre les socialistes et une dure période d'action semi-
clandestine, la social-démocratie remporte, avec 550 000 suffrages et 24 élus, un premier succès en 1884 ; elle réussira
à élargir notablement son influence avec plus de 3 millions
de suffrages et 81 élus en 1903, plus de 4 millions de voix et
110 députés en 1912. Les syndicats se développent parallèlement : 300 000 syndiqués en 1890, 680 000 au tournant du
siècle, 2,5 millions en 1913 ; l'accord de « parité », adopté
au Congrès de Mannheim, en 1906, oblige le parti et

l'organisation syndicale à prendre en commun les décisions essentielles.

Aux États-Unis, enfin, c'est au rythme des crises, des grèves et de la répression que se forge le mouvement syndical. Les Chevaliers du travail passent de 110 000 en 1885 à 729 000 en 1886 pour retomber en 1890 à 100 000 adhérents ; certaines organisations se gonflent à l'occasion d'un mouvement réussi : l'American Railway Union (150 000 adhérents en 1893), la Fédération des mineurs américains (100 000 adhérents en 1897) ; l'American Federation of Labor se développe plus progressivement et plus prudemment : 100 000 adhérents en 1886, 250 000 en 1892, 2 millions en 1912.

Au total, il y a dans le monde, en 1913, environ 15 millions de travailleurs syndiqués.

Effet de masse et poids électoral ; manifestations de rues, grèves, sang versé, organisations syndicales, bourses du travail, coopératives, mutuelles, partis et mouvements, l'ensemble fait, dans le mouvement spécifique de chaque pays, que le rapport de forces se modifie. La classe ouvrière pèse désormais, même si elle en est encore par de nombreux aspects exclue, dans la vie locale et nationale. Et c'est ce nouveau rapport de forces et lui seul qui explique les conquêtes, les avantages nouveaux du monde du travail en cette fin du XIXᵉ siècle et au début du XXᵉ siècle.

Du nouveau rapport de forces résulte la tendance à la *hausse du salaire réel* dans les quatre principaux pays capitalistes. Entre les années 1870 et la période précédant la guerre de 1914, les salaires réels se sont élevés en moyenne d'un cinquième en Allemagne et de deux cinquièmes en France[1]. Parallèlement la tendance à la *baisse de la durée du travail* est nettement engagée. Certains auteurs souligneraient ici que pendant cette période l'augmentation de la productivité a été suffisamment élevée pour « rendre possibles », du point de vue du capital, ces concessions ; certes, mais sans le rapport de forces, il est infiniment peu probable que ces concessions eussent été faites.

---

1. D'après G. Kuczynski, *Die Geschichte der Lage der Arbeiter*, cité *in* J.-A. Lesourd et C. Gérard, *Histoire économique, XIXᵉ, XXᵉ siècles*, t. I, p. 103. Des évaluations nationales plus récentes confirment ces estimations qui, de toute façon, ne peuvent qu'indiquer les tendances.

Ce nouveau rapport de forces explique l'importance des *lois sociales* qui sont alors votées. En Grande-Bretagne d'abord, l'*Employers and Workmen Act* de 1875, qui remplace le *Master and Servant Act* de 1867 ; lois de 1875 et 1876 autorisant les piquets de grève exercés sans violence et accordant un statut légal aux Trade Unions. En Allemagne, lois dont Bismarck prend l'initiative dans le souci de mettre en place des contre-feux : lois sur l'assurance maladie (1883) ; sur l'assurance accident (1884) et sur l'assurance vieillesse ; retraite à soixante ans (1889). En France, loi accordant la liberté d'association (1884), lois sur la durée du travail (1874, 1892 et 1900), sur l'hygiène et la sécurité (1893), sur les accidents du travail (1898), sur les retraites (1905), sur le repos hebdomadaire (1906). En Grande-Bretagne encore, loi de 1906 facilitant l'action syndicale ; loi de 1908 sur les retraites ouvrières ; loi de 1908 réglementant le travail à domicile ; loi de 1911 instituant des indemnités de chômage et élargissant l'assurance maladie. Aux États-Unis, des États plus ou moins nombreux adoptent des lois sociales : journée de huit heures pour les mineurs, réglementation du travail des enfants, loi sur les accidents du travail, principalement.

Ce nouveau rapport de forces amène l'Église à « se pencher » sur la question sociale : Léon XIII publie en 1891 son encyclique *Rerum novarum*. Il s'adresse « aux riches et aux patrons »[1] : « Ils ne doivent point traiter l'ouvrier en esclave ; il est juste qu'ils respectent en lui la dignité de l'homme, relevé encore par celle du chrétien. Le travail du corps (...), loin d'être un sujet de honte, fait honneur à l'homme (...). Ce qui est honteux et inhumain, c'est d'user de l'homme comme d'un vil instrument de lucre, de ne l'estimer qu'en proportion de la vigueur de ses bras. » Il s'adresse aussi « au pauvre, à l'ouvrier[2] » : « Il doit fournir intégralement et fidèlement tout le travail auquel il est engagé par contrat libre et conforme à l'équité. Il ne doit point léser son patron, ni dans ses biens, ni dans sa personne. Ses revendications mêmes doivent être exemptes de violences et ne jamais revêtir la forme de

---

1. *Encycliques et Messages sociaux*, présentés par H. Guitton, Dalloz, 1948, p. 64.
2. *Ibid.*, p. 64.

séditions. Il doit fuir les hommes pervers qui, dans des discours mensongers, lui suggèrent des espérances exagérées. » Car « dans la société les deux classes sont destinées par la nature à s'unir harmonieusement et à se tenir mutuellement dans un parfait équilibre. Elles ont un impérieux besoin l'une de l'autre ; il ne peut y avoir de capital sans travail, et de travail sans capital[1] ». Pour un lecteur avisé, le conseil perce cependant sous la prudence : « Nous estimons cependant plus approprié aux conditions présentes de la vie sociale de tempérer quelque peu, dans la mesure du possible, le contrat de travail par de éléments empruntés au contrat de société. »

Ce nouveau rapport de force explique enfin la conviction qu'ont d'innombrables socialistes, anarchistes et communistes du renversement proche du système capitaliste[2]. Lafargue (1882) : « La révolution est proche (...) il suffira du choc de deux nuages pour déterminer l'explosion humaine. » Kropotkine (1883) : « Messieurs, croyez-moi, la révolution sociale est proche. Avant dix ans, elle éclatera. Je vis au milieu des travailleurs et je l'affirme. » Émile Pouget, dans *le Père Peinard* (1889) : « Voyez-vous ce qui arriverait si, dans quinze jours, il n'y avait plus de charbon ? Les usines s'arrêteraient, les grandes villes n'auraient plus de gaz, les chemins de fer roupilleraient (...). Du coup, le populo presque tout entier se reposerait. Ça lui donnerait le temps de réfléchir ; il comprendrait qu'il est salement volé par les patrons et, donc, il se pourrait bien qu'il leur secoue les puces dare-dare ! » Guesde (1897) : « Le commencement du siècle prochain sera le commencement de l'ère nouvelle. » Plus prudent, c'est en 2000 que l'écrivain américain Edward Bellamy situe la société socialiste réalisée qu'il décrit dans *Looking Backward* (1888).

4. *Un nouvel âge du capitalisme*

La concurrence entre les capitalistes s'aiguise, notamment dans les secteurs de la première industrialisation ; la

---

1. *Ibid.*, p. 63.
2. Voir *Histoire générale du socialisme*, t. II, et E. Dolléans, *op. cit.*, t. II.

rivalité des grands capitalismes nationaux se durcit ; les classes ouvrières s'organisent et contraignent le capital à d'appréciables concessions ; les crises s'élargissent ; certains voient proche la mort du capitalisme.

Mais déjà le capitalisme s'adapte, se transforme, ouvre de nouvelles perspectives, modifie le terrain de l'affrontement.

Face aux classes ouvrières organisées, d'abord.

Les lois sociales ? Il y a toujours des patrons pour les condamner, tel Henri Schneider, interviewé dans *le Figaro* en 1897 : « L'intervention de l'État dans les problèmes ouvriers, très mauvais, très mauvais (...). Je n'admets pas du tout un préfet dans les grèves (...). C'est comme la réglementation du travail des femmes, des enfants (...). On met des entraves inutiles, trop étroites. Quant à la journée de huit heures, c'est encore un dada (...). Dans cinq ou six ans on n'y pensera plus ; on aura inventé autre chose (...). Pour moi, la vérité c'est qu'un ouvrier bien portant peut bien faire ses dix heures et qu'on doit le laisser libre de travailler davantage si ça lui fait plaisir [1]... » Il y a des patrons pour les tourner. Mais de plus en plus s'y résignent ou les acceptent, certains par calcul, quelques-uns par philanthropie.

Les grèves ? Elles sont combattues avec dureté. Appel aux forces de police, à la troupe, en France ; aux détectives et aux milices (notamment de l'agence Pinkerton), aux jaunes, aux troupes fédérales, aux États-Unis [2]. En France, la Cour de Cassation confirme encore en 1907 que l'employeur n'est pas obligé de reprendre des ouvriers grévistes, « attendu que l'ouvrier qui se met en grève rend impossible, par son fait volontaire, la continuation de l'exécution du contrat de travail qui le liait à son patron ; que cet acte, s'il ne lui est pas interdit par la loi pénale, n'en constitue pas moins de sa part, quels que soient les motifs auxquels il a obéi, une rupture caractérisée dudit contrat [3] ».

Mais le droit de grève sera peu à peu admis, comme le

---

1. Cité *in* Jean Bron, *Histoire du mouvement ouvrier français*, t. II, p. 43.
2. « Je peux embaucher la moitié de la classe ouvrière pour tuer l'autre moitié », Gould, cité *in* M. Debouzy, *op. cit.*, p. 149.
3. B. Edelmann, *La Légalisation de la classe ouvrière*, p. 33.

demandait Jaurès dans *l'Humanité* en 1904, comme « l'exercice d'une des clauses implicites et essentielles du moderne contrat de travail[1] ». Et la grève sera intégrée dans un dispositif institutionnalisé de négociation collective…

Le freinage de la production ? Là, l'effort patronal a été incessant. Il a longtemps porté sur les systèmes de salaires. A la fin du XIXᵉ siècle, le salaire à la tâche perd de son efficacité : « Il demeure vrai, note l'économiste Leroy-Beaulieu, que, si utile, si nécessaire que soit le travail à la tâche, il peut multiplier, en divers cas, les difficultés entre ouvriers et patrons et qu'un grand esprit de conciliation et de justice de part et d'autre est indispensable à son pacifique fonctionnement[2]. » Or, observe-t-il encore, « l'hostilité populaire contre le travail à la tâche (…) semble croître chaque jour au lieu de diminuer avec le progrès de l'instruction[3] ». F. W. Taylor, qui en a vécu l'application, est plus réaliste : « Lorsqu'un ouvrier a vu le prix de la pièce qu'il produit baisser deux ou trois fois parce qu'il a travaillé plus vite et augmenté son rendement, il est porté à abandonner entièrement le point de vue de son patron et s'obstine dans la résolution de ne plus subir de réduction de tarif, si la flânerie peut l'en préserver. » Et encore : ce système « établit un désaccord permanent entre les patrons et les ouvriers ; il conduit les seconds à la dissimulation à l'égard des premiers ; il oblige les patrons à paraître implacables et rapaces, même s'il n'en est rien, aux yeux des ouvriers[4] ».

De nombreux systèmes de salaires sont inventés : salaires à prime, tel le « tarif Lallemand » appliqué en 1888, présenté sommairement en 1899 et plus systématiquement en 1912, et dont son auteur disait : « Mon système est, je crois bien, le premier qui ait tenté de rémunérer, non le temps ou le travail produit, deux éléments qui, au fond, laissent l'ouvrier un peu indifférent, mais l'effort qu'il doit déployer à chaque instant[5] » ; tarifs dégressifs, appliqués

---

1. Cité par B. Edelmann, *ibid.*, p. 38.

2. P. Leroy-Beaulieu, *Traité d'économie politique*, cité *in* B. Mottez, *Système des salaires et Politique patronale*, CNRS, 1966, p. 122.

3. P. Leroy-Beaulieu, *La Question ouvrière au XIXᵉ siècle*, cité *in* B. Mottez, *ibid.*, p. 121.

4. F. W. Taylor, *La Direction scientifique…, op. cit.*, p. 30.

5. Cité *in* B. Mottez, *op. cit.*, p. 125.

dans les arsenaux et qui conduisirent à de piètres résultats, ou tarifs progressifs utilisés dans différents secteurs au cours de la seconde moitié du XIXe siècle et, dans certaines usines d'automobiles, au début du XXe siècle ; certains patrons prônent déjà la participation des travailleurs et, en 1889, est créée la « Société pour l'étude pratique de la participation des personnels dans les bénéfices » : en 1911, 114 entreprises l'ont mise en œuvre en France, 77 en Angleterre, 46 en Allemagne et 43 aux États-Unis...

C'est l'organisation du travail qui va donner au patronat l'arme dont il a alors besoin. En France, Fayol, ingénieur des mines, directeur général de la société Commentry-Fourchambault présente, en 1916, dans le *Bulletin de la Société de l'industrie minérale,* ses conceptions sur l'administration industrielle générale ; il distingue la « capacité professionnelle » (des agents inférieurs) et la « capacité administrative » (des chefs), prône une claire définition des rôles et une organisation systématique. F. W. Taylor, devenu « ingénieur consultant, spécialiste en organisation systématique des ateliers », comme l'annonce sa carte de visite, est, à partir de 1893, l'obstiné propagateur de l'organisation scientifique du travail : décomposition en tâches, organisation, définition des mouvements, norme, rémunération incitant à respecter la norme... Il présente lui-même les étapes permettant de mettre en place sa nouvelle organisation dans une production :

1º Trouver de dix à quinze ouvriers (si possible dans différentes entreprises et dans différentes régions) qui soient particulièrement habiles dans l'exécution du travail à analyser.

2º Définir la série exacte de mouvements élémentaires que chacun de ces ouvriers accomplit pour exécuter le travail analysé, ainsi que les outils et matériels dont ils se servent.

3º Déterminer avec un chronomètre le temps nécessaire pour faire chacun de ces mouvements élémentaires et choisir le mode le plus simple de leur exécution.

4º Éliminer tous les mouvements mal conçus, ceux qui sont lents ou sans utilité.

5º Après avoir ainsi supprimé tous les mouvements inutiles, réunir en une séquence les mouvements les plus rapides et les meilleurs permettant d'employer les meilleurs matériels et outils.

Ses résultats sont souvent spectaculaires : ainsi, il obtient que là où un ouvrier chargeait dans un wagon 12,7 tonnes de gueuses de fonte par jour, il en charge 48 à 49 tonnes, avec le bonheur en prime, puisqu'il se disait assuré que les ouvriers étaient « plus heureux et plus satisfaits quand ils chargeaient à la cadence de 48 tonnes que quand ils chargeaient à la vieille cadence de 12,7 tonnes[1] ».

Mais il ne s'agit encore que de pionniers ; il faudra la guerre, il faudra le développement de la production de masse pour que les principes de l'organisation du travail soient plus systématiquement mis en œuvre.

Face à l'*accentuation de la concurrence intercapitaliste,* les réactions, les offensives, les initiatives sont multiples.

C'est d'abord le protectionnisme, principalement sous la forme de relèvement des tarifs : en Allemagne, en 1879 et à partir de 1902 ; aux États-Unis en 1857 ; en France, en 1892, 1907 et 1910. Seule échappe à cette vague la Grande-Bretagne, dont une force essentielle réside justement dans sa prééminence sur le marché mondial.

Ce sont ensuite les cartels et les ententes, particulièrement nombreux et organisés en Allemagne : les producteurs s'y entendent pour fixer les niveaux de production, coordonner les investissements, se répartir le marché, déterminer les prix. En 1903, le cartel houiller rhéno-westphalien contrôle 98,7 % de la production du bassin ; en 1905, une enquête officielle constate l'existence de 17 cartels dans les mines, 73 dans la métallurgie, 46 dans l'industrie chimique. Aux États-Unis, ces ententes, sous des formes multiples et changeantes, ont concerné de très nombreux secteurs : chemins de fer, poudre, tabac, pétrole, notamment. En 1914, fonctionnent 114 cartels internationaux, 29 dans les industries houillères et métallurgiques, 19 dans les industries chimiques, 18 dans les transports.

Parallèlement, se développent, dans un foisonnement extraordinaire, des progrès scientifiques et techniques, des inventions, des innovations, qui ouvrent de nouvelles voies. Le nombre de brevets délivrés chaque année dépasse 30 000 en Grande-Bretagne entre 1880 et 1887 ; il est

---

1. *Principles of scientific Management,* in *La Direction scientifique, op. cit.,* p. 281.

encore supérieur à 16 000 en 1908. Aux États-Unis, il passe de 14 000 en 1880 à plus de 36 000 en 1907 ; en France, de 6 000 en 1880 à 12 600 en 1907 ; en Allemagne de 9 000 en 1900 à 12 000 en 1910[1].

Parmi ces inventions, les diverses utilisations de l'électricité : en 1869, Gramme avait pris un brevet de génératrice à courant continu ; en 1883, Deprez réussissait le premier transport d'énergie de Vizille à Grenoble ; en 1891, Francfort utilise les 15 000 volts produits, à 140 km, sur le Neckar. L'éclairage électrique devient possible, à partir de 1879, avec l'ampoule à filament de carbonne fabriquée par Edison ; il s'étend, après 1910, avec l'ampoule à filament de tungstène. Équipement de centrales électriques — hydrauliques ou thermiques —, pose des câbles, éclairage des villes, transports publics électrifiés, moteurs électriques, équipement des usines, des bureaux et des foyers. De puissantes entreprises se développent rapidement dans ce nouveau secteur.

TABLEAU N° 21

ÉNERGIE PRODUITE DANS LE MONDE *

	charbon	pétrole	gaz naturel	houille blanche	total
1860	136	2	—	—	138
1880	310	6	3	—	319
1900	735	28	10	5	778
1920	1 250	140	20	21	1 431

* En millions de tonnes pour le charbon ou leur équivalent pour les autres.
Source : Histoire générale du travail, t. III, p. 223.

Parallèlement, la construction du moteur à explosion (à partir de 1862) conduit, avec l'invention du carburateur (1889), au moteur à essence, puis au moteur Diesel (1893-1897) utilisant le *gas-oil*. D'innombrables constructeurs fabriquent des automobiles, qui se modernisent d'année en année ; d'autres fabriquent les pneus en caoutchouc ; il faut

1. N. Boukharine, *L'Économie mondiale et l'Impérialisme*, 1915-1917, trad. fr. Anthropos, 1969, p. 22.

TABLEAU N° 22

**INDUSTRIES MOTRICES DE LA DEUXIÈME GÉNÉRATION
DANS CINQ PAYS CAPITALISTES**

	acier	électricité	véhicules à moteur	acide sulfurique
Grande-Bretagne				
(a)	1870-1879	1900-1910	1900-1910	1870-1879
(b)	1870-1929	1900-1959	1920-1969	(c)
États-Unis				
(a)	1870-1879	1880-1889	1900-1910	1870-1879
(b)	1870-1929	1900-1959	1910-1959	(c)
Allemagne				
(a)	1870-1879	1900-1910	1900-1910	1870-1879
(b)	1870-1959	1900-1969	1920-1969	(c)
France				
(a)	1870-1879	1920-1929	1900-1910	1945-1950
(b)	1870-1959	1900-1969	1920-1979	(c)
Japon				
(a)	1900-1910	1920-1929	1930-1939	1930-1939
(b)	1900-1969	1920-1959	1930-1979	(c)

(a) période où l'on repère le taux d'expansion maximal — (b) période pendant laquelle le secteur est estimé moteur pour l'industrie nationale — (c) le secteur n'a pas atteint un poids suffisant pour jouer un rôle moteur.
Source : d'après W. W. Rostow, *op. cit.*, t. V-2, V-7, V-10, V-13 et V-19, p. 379, 393, 400, 407 et 422.

construire des routes, les élargir, les améliorer ; le premier Salon de l'auto ouvre à Paris en 1898. Quelques années plus tard sont réussis les premiers vols en aéroplanes ; puis, c'est la traversée de la Manche, en 1909, et celle de la Méditerranée, en 1912 : à cette industrie aéronautique naissante, comme à l'industrie automobile, la guerre de 1914-1918 va donner un puissant coup de fouet.

Les nouvelles sources d'énergie se développent principalement après 1900, même si le charbon conserve une indiscutable suprématie.

Les *pipe-lines* en acier sont construits à partir de 1875, aux États-Unis notamment ; le premier *tanker* est mis en service en Russie, sur la Caspienne, en 1877 ; en 1890, soixante pétroliers sillonnent les mers. En 1914 deux millions d'automobiles circulent dans le monde (la moitié aux États-Unis).

La chimie se développe : nouveaux procédés, nouveaux produits, progression fulgurante des quantités. En quelques décennies, la production d'aluminium passe à un stade industriel (75 tonnes en 1890, plus de 50 000 en 1912). Électrochimie et électrométallurgie permettent la fabrication de nouveaux produits ; la soudure autogène se répand. Rayonne, papiers photographiques, nitroglycérine, ciments, téléphone, télégraphe et bientôt radio, produits pharmaceutiques et produits pour l'agriculture... de nouveaux secteurs se développent, dont la production va bouleverser les conditions de vie.

Ces nouveaux secteurs, ces nouvelles productions sont l'occasion de réalisation de hauts profits et vont permettre la constitution rapide de quelques puissantes entreprises.

Les industries d'armement connaissent un renouveau avec l'acier, avec les moteurs, avec les nouveaux explosifs : fusil à répétition (Lebel ou Mauser), mitrailleuses, canons, plaques de blindage, tourelles en acier, navires cuirassés, premiers sous-marins... — d'autant plus qu'un des aspects du renouveau du capitalisme réside dans l'expansion à l'échelle mondiale, ce qui contribue à exacerber les rivalités nationales.

5. *L'âge de l'impérialisme*

Essoufflement des secteurs industriels de la première génération ; renforcement et organisation des classes ouvrières dans les pays capitalistes développés ; durcissement de la concurrence intercapitaliste ; crises violentes... — certains voient là les symptômes de l'effondrement prochain du capitalisme.

Mais déjà de nouveaux et importants secteurs industriels se déploient ; de nouveaux modes de domination sur les travailleurs et de nouvelles relations avec la classe ouvrière se préparent ; et, au-delà des réactions défensives (protectionnisme, cartels), à leur abri, s'amorce une fondamentale mutation du capitalisme : concentration et centralisation du capital industriel, formation de trusts et de monopoles nationaux, et, indissociablement, mondialisation de l'aire d'influence des capitalismes dominants, à travers le commerce et l'exportation de capitaux, la formation de groupes multinationaux, la colonisation qui conduit au partage du monde.

Partout, la taille moyenne des établissements et des entreprises industrielles s'accroît ; en Grande-Bretagne, elle double pour les filatures entre 1884 et 1911, et pour les hauts fourneaux entre 1882 et 1913 ; en France, en 1906, un dixième de la main-d'œuvre salariée est employé dans des entreprises de plus de 500 salariés ; aux États-Unis, le nombre moyen de salariés par entreprise industrielle passe de 22 en 1899 à 40 en 1919. A l'occasion des crises, des fusions d'entreprises s'opèrent au profit des plus puissantes : ainsi, au cours de la période 1880-1918, en Grande-Bretagne, 655 entreprises « disparaissent » dans 74 ensembles fusionnés [1].

Mais surtout, sous la direction d'un capitaliste ou d'une famille, des regroupements de capitaux sans précédents sont réalisés : trusts, groupes, qui très vite dominent l'ensemble d'un secteur industriel national, notamment aux États-Unis et en Allemagne. Aux États-Unis, en 1908, les sept premiers trusts possèdent ou contrôlent 1 638 sociétés [2] ; dès 1900, la part des trusts représente 50 % de la production textile, 54 % de la verrerie, 60 % du livre et du papier, 62 % de l'alimentation, 72 % des spiritueux, 77 % des métaux non ferreux, 81 % de la chimie, 84 % du fer et de l'acier [3]. C'est notamment l'United States Steel Corporation, constituée par J. P. Morgan et E. H. Gary, et intégrant les aciéries de Carnegie. C'est la Standard Oil,

1. L. Hannah, cité in *The Cambridge economic History of Europe*, t. VII, vol. I, p. 207.
2. Nazarevski, cité *in* N. Boukharine, *op. cit.*, p. 58.
3. I. Goldstein, cité *in* N. Boukharine, *op. cit.*, p. 59.

fondée en 1870 par J. D. Rockfeller, qui ne raffine alors
que 4 % du pétrole américain, mais qui en 1879 contrôle
90 % des raffineries américaines, et en 1904 contrôle 85 %
du commerce national et 90 % des exportations. En
Allemagne, c'est l'empire industriel constitué par Krupp :
7 000 salariés en 1873, 78 000 en 1913 ; c'est dans l'industrie électrique l'AEG, qui, grâce à un fulgurant processus
de concentration, contrôle en 1911 175 à 200 sociétés,
emploie plus de 60 000 salariés, coopère depuis 1908 avec
l'autre groupe allemand Siemens et se partage les marchés
mondiaux avec le groupe américain General Electric (en
gros, l'Europe pour l'AEG et l'Amérique du Nord pour
GE)[1]. En Grande-Bretagne ce mouvement est moins net ;
mais on observe pendant cette période un important
processus de concentration bancaire : 250 banques privées
en 1880, 48 en 1913 ; 120 Joint-Stock Banks en 1880, 43 en
1913. De même, en Allemagne : lors de la crise de 1873,
70 banques font faillite ; autre vague de faillites lors de la
crise de 1890-1891 ; et la crise de 1901 est une véritable
« crise de nettoyage » : la Deutsche Bank en absorbe 49
autres, la Dresdner Bank 46 et la Diskonto Bank 28 ; il
reste cinq ou six grandes banques, « chaque grande banque
étant l'âme financière d'un ensemble d'entreprises, mais
aussi, afin de partager les risques, plusieurs banques
s'associant pour patronner une même entreprise[2] ». De
même, aux Etats-Unis : deux « empires financiers » se
constituent, l'un formé par la First National Bank de
Morgan, la General Electric, Rubber Trust, US Steel, les
chemins de fer Vanderbilt et diverses sociétés d'électricité ;
l'autre formé par la National City Bank de Rockfeller, la
Standard Oil, la Tobacco, l'Ice Trust, les chemins de fer de
Gould et des entreprises de téléphone[3].

1. Lénine, *L'Impérialisme, stade suprême du capitalisme*, 1916-1917, Éd. du
Progrès, 1969, p. 85 s.
2. F. Mauro, *Histoire de l'économie mondiale*, p. 212.
3. En France, les banques d'affaires participent au développement industriel
(Banque de Paris et des Pays-Bas, Banque française pour le commerce et
l'industrie), et Schneider a mis la main, lors de sa création, sur la Banque de l'Union
parisienne. Mais les grandes banques de dépôt ne démentent pas la sage prudence de
Henri Germain, directeur du Crédit lyonnais : « Les entreprises industrielles, même
les plus sagement administrées, comportent des risques incompatibles avec la
sécurité indispensable dans l'emploi des fonds d'une banque de dépôts. » Cité *in*
M. Reberioux, *La République radicale ?*, Seuil, 1975, p. 120.

« Concentration de la production avec, comme conséquence, les monopoles ; fusion ou interpénétration des
banques et de l'industrie, voilà l'histoire de la formation du
capital financier et le contenu de cette notion », écrit
Lénine dans *l'Impérialisme, stade suprême du capitalisme.*
Comme Boukharine, il reprend le concept forgé par
Hilferding :

> Le capital financier signifie en fait l'unification du capital.
> Les secteurs, autrefois distincts, du capital industriel,
> commercial et bancaire, sont désormais sous le contrôle de
> la haute finance où les magnats de l'industrie et des
> banques sont étroitement associés [1].
>
> Ainsi s'efface dans le capital financier le caractère spécial
> du capital. Ce dernier apparaît en tant que force unie qui
> découle directement de la propriété des moyens de produc-
> tion, des richesses naturelles et de tout le travail passé
> accumulé, et la disposition du travail vivant comme décou-
> lant des moyens de propriété. En même temps, la pro-
> priété, concentrée et centralisée entre les mains de quel-
> ques grandes associations du capital, apparaît directement
> opposée à la grande masse des non-capitalistes [2].

Indissociablement, se développe l'impérialisme, comme
l'écrit encore Hilferding :

> La politique du capital financier poursuit un triple but :
> premièrement la création d'un territoire économique aussi
> vaste que possible, deuxièmement, la défense de ce terri-
> toire contre la concurrence étrangère par des barrières
> douanières et, par suite, troisièmement, sa transformation
> en champ d'exploitation pour les monopoles du pays [3].

Et Boukharine :

> Cette politique du capital financier, c'est l'impérialisme [4].

Développement des exportations et durcissement de la
concurrence internationale ; exportations de capitaux, prises de participation et créations de filiales à l'étranger ; et,
dans ce mouvement, une deuxième et puissante vague de

---

1. *Das Finanzkapital,* Vienne, 1910, trad. russe 1912, trad. fr. Éd. de Minuit,
1970, p. 407.
2. *Ibid.,* p. 330.
3. *Ibid.,* p. 440.
4. N. Boukharine, *op. cit.,* p. 105.

colonisations, accompagnée de rivalités, de heurts et de guerres.

De 1875 à 1913, et malgré le protectionnisme, les exportations allemandes sont multipliées par 4 et celles des États-Unis par près de 5. Les exportations britanniques sont multipliées seulement par 2,2 et les exportations françaises par 1,8 ; mais pour ces deux pays l'effort à l'exportation s'accroît : pour la Grande-Bretagne, la part exportée du produit physique, qui était passée de 26 % en 1851 à 46 % en 1871 et qui avait fléchi après 1881, remonte après 1900 pour atteindre 50 % en 1911 ; en France, cette part progresse plus modérément, de 17 % dans le dernier tiers du XIXᵉ siècle à 21 % en 1905-1913[1]. La Grande-Bretagne exportait 13 % du charbon qu'elle produisait en 1870, 21 % en 1890, 33 % en 1913 ; elle exportait 35 à 40 % de la fonte puis de l'acier qu'elle produisait dans la seconde moitié du XIXᵉ siècle, mais 50 % en 1905-1907[2]. Et là, l'industrie britannique continue à bénéficier d'un avantage qui tient à sa structure, puisque la part des productions de moyens de production s'est encore renforcée : 47 % en 1881, 58 % en 1907[3] : les nouveaux pays qui s'industrialisent, s'urbanisent, s'équipent, sont d'essentiels débouchés.

L'exportation de capitaux est un des moyens de s'assurer ces débouchés : elle prend une importance croissante à la fin du XIXᵉ siècle et au début du XXᵉ siècle. Les investissement étrangers, en flux annuels, doublent en Grande-Bretagne de 1880-1884 à 1890-1894, puis ils quadruplent de 1890-1894 à 1910-1913 ; en Allemagne, ils doublent une première fois de 1883 à 1893 et une seconde fois de 1893 à 1914 ; en France, ils triplent de 1880 à 1914[4].

A eux trois, ces pays représentent plus des trois quarts des capitaux investis à l'étranger en 1914 : 43 % pour la seule Grande-Bretagne, 20 % pour la France, 13 % pour l'Allemagne ; restent seulement 7 % pour les États-Unis, 12 % pour l'ensemble des investissements belges, hollandais et suisses, 5 % pour tous les autres[5].

1. J. Marczewski, *Cahiers de l'ISEA*, nº 163, juil. 1963, t. 22, p. LXI.
2. Ph. Deane et W. A. Cole, *op. cit.*, t. 54 et 56, p. 216 et 225.
3. T. J. Markovitch, *Cahiers de l'ISEA*, nº 179, nov. 1966, p. 287.
4. H. Feis, *Europe, the world Banker, 1870-1914.*
5. A. G. Kenwood et A. L. Lougheed, *op. cit.*, p. 41.

Quant aux zones « investies », l'Europe en représente la plus grosse part (27 %), suivie de l'Amérique du Nord (24 %), de l'Amérique latine (19 %) et de l'Asie (16 %) ; l'Afrique ne reçoit que 9 % des investissements à l'étranger, et l'Océanie 5 %[1].

La Grande-Bretagne reste de loin le premier investisseur mondial ; mais la répartition de ses investissements s'est profondément modifiée : ils s'orientent beaucoup moins vers l'Europe et moins aussi vers les États-Unis et l'Inde, plus vers le reste du Commonwealth et l'Amérique latine.

TABLEAU N° 23

RÉPARTITION DES AVOIRS À L'ÉTRANGER
DE LA GRANDE-BRETAGNE*

	1870	1914
Europe	25	5
États-Unis	27	21
Amérique latine	11	18
Inde	22	9
reste du Commonwealth	12	37
reste du monde	3	9
total	100	99
total en millions de livres	*770*	*4 107*

* En pourcentage.
Source : A. G. Kenwood et A. L. Lougheed, *op. cit.*, p. 43.

Les avoirs français restent principalement en Europe (près des trois cinquièmes), avec une forte réorientation vers l'Europe orientale et notamment la Russie. Ils ne sont encore guère investis dans les colonies.

Les capitaux allemands sont aussi principalement investis en Europe (Autriche, Russie, Hongrie, Roumanie, notamment), mais aussi dans certains pays tels que le Japon, le Mexique et l'Empire ottoman. Les capitaux des États-Unis restent en Amérique : Canada, Mexique, Cuba, notamment.

1. *Ibid.*, p. 42.

TABLEAU N° 24

RÉPARTITION DES AVOIRS A L'ÉTRANGER DE LA FRANCE *

	Investissements réalisés		Avoirs
	1816-1851	1852-1881	1914
Europe méditerranéenne	62	36	14
Europe centrale	12	19	8
Europe orientale	—	9	28
Europe du Nord-Ouest	22	4	8
total Europe	96	68	58
Proche-Orient	—	23	11
colonies	—	4	9
Amériques	4	5	16
reste du monde	—	—	6
total	100	100	100
total en milliards de francs	*2,5*	*17,6*	*52,7*

* En pourcentage.
Source : R. E. Cameron, *op. cit.*, p. 92, 97 et 380.

Ces avoirs à l'étranger prennent des formes très diverses : souscription à des emprunts publics (dont sont très friands les épargnants français), prêts à des gouvernements, des banques ou des entreprises, prises de participations ou achats dans les différents secteurs d'activité ou, déjà, pour les trusts ou les groupes, créations de filiales à l'étranger. Ainsi, Westinghouse crée dès 1903 une filiale en Angleterre et l'AEG a, avant 1912, des filiales à Londres, Petrograd, Paris, Gênes, Stockholm, Bruxelles, Vienne, Milan et de nombreuses villes d'Amérique. Les banques jouent là un rôle décisif. En 1913, les actifs de la Société générale de Belgique sont répartis pour trois cinquièmes en valeurs nationales et pour deux cinquièmes en valeurs à l'étranger, notamment en Autriche, en Russie, au Canada, en Argentine et en Nouvelle-Calédonie... La Deutsche Bank a des sous-filiales en Amérique du Sud (Argentine, Pérou, Bolivie, Uruguay, Brésil) et en Espagne ; des participations en Suisse, en Irak et en Chine ; des intérêts en Autriche, dans l'Empire ottoman, en Amérique centrale, en Afrique de l'Est et en Afrique du Sud... La Diskonto-Bank a des filiales en Grande-Bretagne, Roumanie, Bulgarie, au Brésil et au Chili ; des participations en Belgique et en Italie, en Argentine et au Brésil, au Cameroun, en Guinée, en Asie ; des intérêts en Europe (Grande-Bretagne, Finlande, Autriche, Roumanie, Russie) et en Afrique... Les banques britanniques comptaient en 1910 plus de cinq mille succursales ou agences dans le monde, les banques françaises cent quatre succursales, les allemandes soixante-dix et les hollandaises soixante-huit[1].

C'est dans ce mouvement d'expansion des capitalismes nationaux à l'échelle mondiale que se développent les différentes poussées nationales de colonisation de cette période. En témoignent ces propos de Cecil Rhodes en 1895 :

> J'étais hier dans l'East End [quartier ouvrier de Londres] et j'ai assisté à une réunion de sans-travail. J'y ai entendu des discours forcenés. Ce n'était qu'un cri : « Du pain ! Du pain ! » Revivant toute la scène en rentrant chez moi, je me sentis encore plus convaincu qu'avant de l'importance de l'impérialisme... L'idée qui me tient le plus à cœur, c'est la solution du problème social, à savoir : pour sauver les quarante millions d'habitants du Royaume-Uni d'une guerre civile meurtrière, nous les colonisateurs devons conquérir des terres nouvelles afin d'y installer l'excédent de notre population, d'y trouver de nouveaux débouchés pour les produits de nos fabriques et de nos mines. L'Empire, ai-je toujours dit, est une question de ventre. Si vous voulez éviter la guerre civile, il vous faut devenir impérialistes[2].

Et Joseph Chamberlain, ministre des colonies britanniques, dans un discours à la Chambre de commerce de Birmingham, en 1896 : « Si nous étions demeurés passifs (...) la plus grande partie du continent africain aurait été occupée par nos rivaux commerciaux (...). Par notre politique coloniale, aussitôt que nous acquérons et déve-

---

1. N. Boukharine, *op. cit.*, p. 40 s.
2. *Die Neue Zeit*, 1898, n° 1, p. 304, cité par Lénine, *L'Impérialisme...*, *op. cit.*, p. 100.

loppons un nouveau territoire, nous, nous le développons comme les fondés de pouvoir de la civilisation pour la croissance du commerce mondial. » Et Jules Ferry : « La politique coloniale est fille de la politique industrielle. » P. Leroy-Beaulieu, membre de l'Institut, professeur au Collège de France, directeur de *l'Économiste français*, publie en 1891 *De la colonisation chez les peuples modernes*; il place en exergue cette phrase de Stuart Mill : « On peut affirmer, dans l'état actuel du monde, que la fondation de colonies est la meilleure affaire dans laquelle on puisse engager les capitaux d'un vieil et riche pays. » Et il écrit :

> La colonisation est la force expansive d'un peuple, c'est sa puissance de reproduction, c'est sa dilatation et sa multiplication à travers les espaces ; c'est la soumission de l'univers ou d'une vaste partie à sa langue, à ses idées et à ses lois. Un peuple qui colonise, c'est un peuple qui jette les assises de sa grandeur dans l'avenir, et de sa suprématie future (…). Il est impossible de ne pas considérer [la colonisation] comme une des tâches qui s'imposent aux États civilisés [1].

Réalisme économique et racisme se confortent :

> Il n'est ni naturel ni juste que les civilisés occidentaux s'entassent indéfiniment et étouffent dans les espaces restreints qui furent leurs premières demeures, qu'ils y accumulent les merveilles des sciences, des arts, de la civilisation, *qu'ils voient, faute d'emplois rémunérateurs, le taux de l'intérêt des capitaux tomber chez eux chaque jour davantage* [2] et qu'ils laissent la moitié peut-être du monde à de petits groupes d'hommes ignorants, impuissants, vrais enfants débiles, clairsemés sur des superficies incommensurables, ou bien à des populations décrépites, sans énergie, sans direction, vrais vieillards incapables de tout effort, de toute action combinée et prévoyante [3].

La bonne conscience civilisée ou religieuse bénit ; le racisme et la certitude de la supériorité ôtent les derniers

---

1. P. Leroy-Beaulieu, *De la colonisation chez les peuples modernes*, Guillaumin, 1891, p. 839 et 841.
2. *Nous soulignons (NdA)*. Mais Leroy-Beaulieu insiste en note : « La colonisation est l'un des moyens de prévenir, par l'ouverture de nouveaux emplois aux capitaux, la rapidité de cet avilissement de l'intérêt, et ce n'est pas l'un de ses moindres bienfaits, quoique aucun écrivain ne l'ait jusqu'ici signalé. » *Ibid.*, p. 842.
3. *Ibid.*, p. 842.

TABLEAU Nº 25

EXPANSIONS COLONIALES ENTRE 1876 ET 1914

	colonies				métropoles	
	1876		*1914*		*1914*	
	super-ficie *	*popula-tion* **	*super-ficie* *	*popula-tion* **	*super-ficie* *	*popula-tion* **
Grande-Bretagne	22,5	251,9	33,5	393,5	0,3	46,5
Russie	17	15,9	17,4	33,2	5,4	136,2
France	0,9	6	10,6	55,5	0,5	39,6
Allemagne	–	–	2,9	12,3	0,5	64,9
États-Unis	–	–	0,3	9,7	9,4	97
Japon	–	–	0,3	19,2	0,4	53
total pour les six grandes puissances	40,4	273,8	65	523,4	16,5	437,2
colonies appartenant aux petits États (Belgique, Hollande...)	–	–	9,9	45,3	–	–

* En millions de kilomètres carrés. ** En millions d'habitants.
Source : N. Boukharine, *op. cit.*, p. 81.

scrupules ; les intérêts poussent ; le mysticisme du plein soleil et des grands espaces anime parfois ; les armes modernes donnent le courage nécessaire. Et, britanniques, françaises, allemandes, mais aussi belges et hollandaises, ce sont les expéditions coloniales ; quand il le faut, les massacres d'hommes ou de populations : la curée.

A une moindre échelle et d'une autre manière, la Russie, d'un côté, les États-Unis, de l'autre, participent à ce mouvement [1].

Frictions des expansionnismes nationaux. Durcissement de la compétition économique et financière. Rivalités

1. Voir notamment C. Julien, *L'Empire américain.*

nationales, alliances et renversements d'alliances. Tout cela, sur fond de nationalisme, de chauvinisme et de racisme, de défilés militaires et d'expositions universelles. Les dépenses militaires s'accroissent, fournissant, dans chaque pays, aux industriels nationaux des débouchés élargis et aux militaires les moyens de nouvelles conquêtes. Elles sont particulièrement importantes dans les quatre pays capitalistes dominants de l'époque.

TABLEAU N° 26

CROISSANCE DES DÉPENSES MILITAIRES DANS LES PRINCIPAUX PAYS CAPITALISTES

	1. Accroissement des dépenses militaires par tête d'habitant *		2. Part des dépenses militaires dans les dépenses totales de l'État *	
	*de 1875 ** à 1908*	*de 1908 à 1913-1914*	*1875 ***	*1908*
Gde-Bretagne	62	29	38,6	48,6
France	63	14	29,0	37,0
Allemagne	95	28	28,5	28,3 ***
États-Unis	67	a	33,5	56,9

* En pourcentage. ** Pour l'Allemagne, 1881-1882. *** Non compris les dépenses « extraordinaires et provisoires ».
a. Non disponible.
Sources : O. Schwarz, cité *in* N. Boukharine, *op. cit.*, p. 126, et W. Sombart, *Le Capitalisme moderne*, trad. fr. *l'Apogée du capitalisme*, Payot, 1932, t. I, p. 88.

Concentration de capital, cartels, trusts, monopoles ; interpénétration du capital industriel et du capital bancaire dans cette nouvelle réalité : le capital financier ; rôle renouvelé de l'État, à la fois par la législation sociale, le rôle majeur dans les grands travaux, l'expansion territoriale, le militarisme ; exportation de capitaux, colonisation, partage du monde. C'est un « nouveau capitalisme » qui se développe au début du xxᵉ siècle et que beaucoup baptisent « impérialisme ».

Ainsi Hobson, dès 1902 : « Le nouvel impérialisme se distingue de l'ancien, premièrement, en ce qu'il substitue aux tendances d'un seul Empire en expansion la théorie et la pratique d'Empires rivaux, guidés chacun par les mêmes aspirations à l'expansion politique et au profit commercial : deuxièmement, en ce qu'il marque la prépondérance sur les intérêts commerciaux des intérêts financiers ou relatifs aux investissements de capitaux [1].

Grâce à l'impérialisme, le capital financier va pouvoir, pour un temps, dépasser les contradictions tenant au cadre national. Hilferding, 1910 :

> D'un œil assuré, il regarde le mélange babylonien des peuples et, au-dessus des autres, il voit sa propre nation. Elle est réelle, elle vit dans son puissant État, multipliant sans cesse sa force et sa grandeur. A son élévation toutes ses forces sont vouées. Ainsi, on obtient la subordination des intérêts de l'individu aux intérêts généraux supérieurs qui constituent la condition de toute idéologie sociale vitale ; l'État, ennemi du peuple, et la nation ne font qu'un, et l'idée nationale, force motrice, est subordonnée à la politique. Les contradictions de classes ont disparu, supprimées, englouties par le fait que tout est mis au service des intérêts du tout. La dangereuse lutte de classes, grosse pour les possédants de conséquences inconnues, a fait place aux actions générales de la nation, cimentée par un but identique : la grandeur nationale [2].

Et Otto Bauer, 1913 : « L'impérialisme est en fait un moyen d'étendre les limites de l'accumulation [3]. »

Si l'économie mondiale est « un système de rapports de production et de rapports d'échange correspondants embrassant la totalité du monde [4] », l'impérialisme c'est l'élargissement à l'échelle du monde des rapports de production et d'échange capitaliste, cet élargissement s'opérant, au début du XXᵉ siècle, sous la domination des capitalismes et des bourgeoisies britanniques, allemands, français, américains...

La « paix » qui règne alors — certains estiment qu'à la *pax britannica* succède la *pax germanica* — est une paix impérialiste, déjà zébrée des éclats de la guerre.

Expéditions coloniales, françaises au Dahomey, à Mada-

---

1. Hobson, *Imperialism*, 1902, cité par Lénine, *L'Impérialisme, op. cit.*, p. 118.
2. Hilferding, *Das Finanzkapital*, Vienne, 1910, cité par N. Boukharine, *op. cit.*, p. 107.
3. O. Bauer, *Neue Zeit*, nº 24, 1913, p. 873, cité in P.-P. Rey, *Les Alliances de classes*, p. 140.
4. N. Boukharine, *op. cit.*, p. 17.

gascar, au Tchad, au Maroc ; britanniques en Afrique du
Sud et au Soudan ; belges au Congo ; italiennes en Abyssi-
nie et à Tripoli ; interventions américaines aux Hawaï, à
Porto Rico, aux Samoa, aux Philippines, à Panama ;
expansionnisme japonais en Chine et en Corée ; expédition
internationale en Chine. Les rivalités débouchent sur des
situations explosives à Fachoda en 1898, au Maroc en 1905
et 1911 ; ou sur des guerres, guerre des Boers (1899-1902),
guerre hispano-américaine (1898), guerre russo-japonaise
(1904-1905) : premiers avertissements d'un autre bascule-
ment qui s'annonce, puisque par deux fois des puissances
européennes sont battues par des « pays d'outre-mer ».
Guerres nationales, gréco-turque (1897) et balkaniques
(1912 et 1913), d'où les intérêts des grandes puissances ne
sont pas absents.

Rivalités, concurrence, frictions, affrontements ; intérêts
industriels et financiers, mais aussi élans patriotiques ;
même si elle n'en est pas seule cause, l'expansion impérialiste des capitalismes nationaux à la fin du XIXe et au début
du XXe siècle est fondamentalement à l'origine de la
« Grande Guerre » de 1914-1918. Charnier gigantesque,
que seule pouvait rendre supportable l'idée que c'était la
« Der des der ».

Propos d'étape 4

Dans chaque période de leurs formations et de leurs développements, les capitalismes nationaux ont puisé à l'extérieur : or des Amériques, pillage, travail forcé, esclavage, prélèvements coloniaux, gains commerciaux. Ce ne sont donc ni l'existence ni même l'importance de ces ressources extérieures qui caractérisent l'impérialisme.

L'impérialisme, c'est le fonctionnement et le développement d'un capitalisme national à l'échelle mondiale : l'extorsion de valeur à l'occasion de la production, la réalisation de la valeur produite à l'occasion de la vente des marchandises, la mise en valeur sous forme de capitaux nouveaux des profits antérieurement réalisés ne sont plus pensés et organisés principalement à l'échelle locale/nationale, mais le sont d'emblée à l'échelle nationale/mondiale. Cette nouvelle attitude est le fait d'entités capitalistes de grande dimension : oligopoles, prenant des formes diverses, grandes entreprises, trusts, groupes ; elle repose de plus en plus sur l'alliance, parfois l'interpénétration, du capital industriel et du capital bancaire, dans le capital financier ; elle est animée par des fractions de la bourgeoisie qui, surmontant les horizons locaux/nationaux, entreprennent et impulsent à l'échelle nationale/mondiale et qui, dans cette dynamique, obtiennent l'appui de l'État, de sa diplomatie, de sa flotte et de ses armes.

C'est dire, qu'avec l'impérialisme :

1. les contradictions tenant au mouvement de reproduction élargie du capital se développent désormais dans le cadre national/mondial ;

2. de nouvelles contradictions surgissent et se développent, principalement, pour la période où nous nous situons, au stade de la réalisation de la valeur produite et du contrôle de régions du monde.

SCHÉMA X

**FORMATIONS SOCIALES, CLASSES,
EXTORSION ET CIRCULATION DE LA VALEUR
DANS L'IMPÉRIALISME D'AVANT 1914**

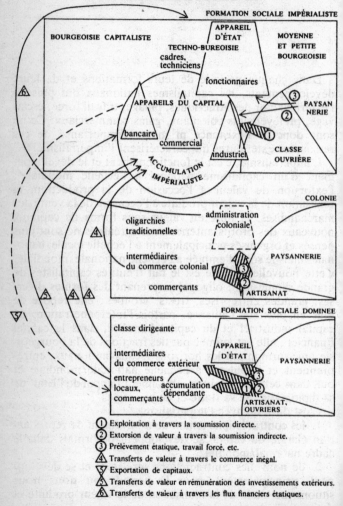

① Exploitation à travers la soumission directe.

② Extorsion de valeur à travers la soumission indirecte.

③ Prélèvement étatique, travail forcé, etc.

④ Transferts de valeur à travers le commerce inégal.

▽ Exportation de capitaux.

⑤ Transferts de valeur en rémunération des investissements extérieurs.

⑥ Transferts de valeur à travers les flux financiers étatiques.

Moments du processus d'accumulation	Contradictions correspondantes
A. Soumission réelle des travailleurs. Achat de la force de travail, salariat. Organisation du travail, contrainte au surtravail.	1. Contradiction classe ouvrière/bourgeoisie : reste principalement nationale.
B. Réalisation de la valeur produite. Vente des marchandises : — pour le secteur I, vente des biens d'équipement aux entreprises des deux secteurs — pour le secteur II, vente des biens de consommation aux travailleurs des deux secteurs et aux autres classes. Recherche de débouchés extérieurs; tentatives des capitalistes étrangers de s'implanter sur le marché national.	2. Concurrence entre capitalistes nationaux. 3. Contrainte d'équilibre entre production et débouchés pour chaque secteur, et entre les secteurs. 4. Concurrence entre capitalistes nationaux et capitalistes étrangers.
C. Recherche d'opportunités d'investissements rentables pour les capitaux formés à partir des profits antérieurs.	5. Contradiction entre l'essoufflement des anciennes industries et l'incertitude des nouvelles. 6. Concurrence entre capitaux nationaux et étrangers. 7. Contradiction entre l'ampleur des risques et les perspectives de profit.

Essayons de systématiser ce point, pour cette période du premier tiers du xxᵉ siècle.

En schématisant, les crises de la fin du xixᵉ siècle résultaient principalement du jeu des contradictions 1, 2, 3 et 5, contradictions qui jouaient encore essentiellement dans chaque cadre national. Elles ont poussé à la recherche accentuée de débouchés extérieurs et à l'exportation de capitaux, ce qui a fait surgir et aiguiser les contradictions 4, 6 et 7. Pour en atténuer l'effet, chaque puissance a cherché à se tailler dans le monde une zone de puissance, ce qui —

nationalisme, racisme, xénophobie, chauvinisme et prosélytisme aidant — a contribué à démultiplier les antagonismes économiques en oppositions nationales et donc politiques et militaires ; oppositions qui se nourrissent des haines et des rancœurs historiques, des certitudes de supériorité (britannique, française ou allemande), des mythes de la grandeur ou de la mission civilisatrice.

Ce qui fut largement suffisant pour déclencher la guerre mondiale qui, alors, apparut comme la plus sanglante, la plus meurtrière, la plus barbare...

5. Le Grand Chambardement
(1914-1945)

Notre siècle, à peine écoulé, aura vu se succéder deux âges radicalement dissemblables et sans autre transition que la guerre. Les contemporains doivent faire effort pour se représenter les années d'autrefois : ère de stabilité, d'économie, de prudence ; société des droits acquis, des partis traditionnels, des maisons de confiance ; régime des revenus fixes, des traitements certains, des retraites calculées au plus juste ; époque du trois pour cent, du vieil outillage et de la dot réglementaire. La concurrence aidée par la technique a fait fuir cette sagesse et tué cette douceur (...). La guerre a grossi en torrent le cours naturel des choses et transformé l'assiette des besoins. Pour satisfaire ceux-ci tels qu'ils sont, divers, impérieux, changeants, l'activité des hommes se multiplie et se précipite (...). Le machinisme et la division du travail font reculer tous les jours l'éclectisme et la fantaisie [1].

Entraînés par leur logique d'accumulation et de production élargie, les capitalismes nationaux ont cherché dans le monde l'espace de leur expansion, s'y concurrençant et s'y confrontant de plus en plus rudement. Les réactions nationales sont devenues plus aiguës, les nationalismes se sont échauffés, avec l'esprit de conquête et l'esprit de revanche. La guerre mondiale n'a rien résolu, bien au contraire. Le besoin de l'expansion à l'échelle mondiale reste vivace alors qu'a été détruit l'ancien système de paiements internationaux. Et ce monde éclaté connaîtra dans les années vingt la coexistence de la prospérité et de la crise, sera entraîné à partir de 1929 dans une nouvelle grande crise, puis à une nouvelle grande guerre.

1. Charles de Gaulle, *Le Fil de l'épée*, 1932, Berger-Levrault, 1954, p. 54 et 90.

De la guerre à la crise

« Le capitalisme porte en lui la guerre, comme la nuée
l'orage », avait dit Jaurès. Le capitalisme porte avant tout
en lui la crise et l'impérieuse nécessité de conquête de
nouveaux espaces. Et c'est son développement concret à
travers des formations sociales nationales, c'est l'affrontement des capitalismes nationaux qui rend le capitalisme
porteur de guerre.

La Grande Guerre de 1914-1918 bouleverse l'Europe,
accentue le déclin britannique, renforce les États-Unis,
sans résoudre au fond les contradictions d'avant 1914. Et
c'est une longue période de crise qu'elle ouvre, larvée et
multiple dans les années vingt, générale malgré sa diversité
à partir de 1929.

1. *Les bouleversements de la Grande Guerre*

L'élan brisé du mouvement ouvrier, le déclin aggravé des
capitalismes européens, le durcissement des nationalismes... Et pourtant, avec la Première Guerre mondiale, le
grand chambardement ne fait que commencer.

Le beau mythe de l'internationalisme prolétarien s'est
brisé. La grève générale devait empêcher la guerre ; les
classes ouvrières devaient refuser de s'entre-tuer pour le
compte des capitalistes... 1910 : « Dans chaque grève,
l'armée est pour le patronat ; dans chaque conflit européen,
dans chaque guerre entre nations ou coloniale, la classe
ouvrière est dupe et sacrifiée au profit de la classe
patronale parasitaire et bourgeoise. C'est pourquoi le
Congrès (de la CGT) approuve et préconise toute action de
propagande antimilitariste et antipatriotique (...)[1]. » Et
encore : « En cas de guerre entre les puissances européennes, les travailleurs répondront à la déclaration de guerre
par une déclaration de grève générale révolutionnaire[2]. »

1. Cité *in* E. Dolléans, *op. cit.*, t. II, p. 192.
2. *Ibid.*, p. 195.

1912 : préparée par une campagne de plusieurs années, la grève générale contre la guerre du 16 décembre est, malgré son ampleur et ses temps forts, un échec. 1914, le manifeste de la CGT du 29 juillet : « Les gouvernants (...) ont le peuple français avec eux si, comme on le dit, ils travaillent sincèrement pour la paix [1]. »

Certains resteront jusqu'au bout fidèles à leurs convictions pacifistes ; beaucoup seront déchirés ; quelques-uns reprendront en plein conflit le combat pour la paix. Il n'empêche : par millions, les prolétaires de tous les pays d'Europe s'entre-tuent. Et les déchirures, les divisions, les rancœurs resteront vives et brûlantes.

Autre défaite : à la veille de la guerre, des travailleurs d'Europe s'opposaient à l'introduction des nouvelles méthodes d'organisation du travail. Grèves chez Renault en 1912 et 1913, chez de Dietrich à Argenteuil et chez Brasier à Ivry en 1913 ; les travailleurs de ces entreprises refusent le chronométrage :

> Son application aux usines Renault a démontré clairement à quelle situation intolérable, à quel labeur exténuant ce système devait conduire les travailleurs assez naïfs pour l'accepter (...) ; l'ouvrier réduit à l'état de brute, à qui il est interdit de penser, de réfléchir ; à l'état de machine sans âme produisant intensément, avec excès, jusqu'à ce qu'une usure prématurée, en faisant une non-valeur, le rejette hors des ateliers. La méthode Taylor est impitoyable ; elle élimine les non-valeurs et ceux qui ont dépassé l'âge de la pleine activité musculaire [2].

Et Merrheim, dans *la Vie ouvrière* du 31 mars 1913 :

> L'intelligence est chassée des ateliers et des usines. Il ne doit y rester que des bras sans cerveau et des automates de chair adaptés à des automates de fer et d'acier [3].

Mais la guerre permet l'implantation des méthodes de l'organisation scientifique du travail : l'armée les utilise dans l'atelier central de réparations du service automobile. Et Louis Renault souligne en 1919, devant les membres de

1. Cité *in* J. Bron, *op. cit.*, t. II, p. 146.
2. Tract de la CGT de 1913, reproduit in *Histoire économique et sociale de la France*, t. IV, vol. I, p. 528 bis
3. Cité *in* E. Dolléans, *op. cit.*, t. III, p. 264.

la chambre syndicale des constructeurs d'automobiles, « l'intérêt de l'organisation du travail, les méthodes qui permettent les fabrications les plus délicates sans main-d'œuvre spécialisée ». Déjà, dans une circulaire de 1918 à ses ingénieurs, il soulignait « qu'à peu près tous les éléments nécessaires à une organisation complète existent ». En même temps, le _Bulletin des usines Renault_ avertissait les ouvriers que l'effort, loin de s'alléger, devrait se poursuivre et s'intensifier : « Vous vous doutez que lorsque cette guerre sera finie, l'autre guerre, la guerre économique, commencera (...). Dans cette guerre, vous serez les soldats de première ligne [1]. »

Enfin, comme les autres classes, la classe ouvrière a été décimée : pour dix hommes actifs dans l'industrie en 1913, un mort au cours de la guerre de 1914-1918 [2].

A cela, il faut ajouter : la tentative de révolution communiste en Allemagne, noyée dans le sang (janvier-mars 1919) ; la révolution hongroise écrasée (juillet 1919) ; puis en France la scission entre communistes et socialistes au Congrès de Tours (1920). Au moment où, pour d'innombrables travailleurs, la révolution soviétique vient de donner au socialisme une patrie, le mouvement ouvrier, dans les grands pays capitalistes d'Europe occidentale, se retrouve affaibli, meurtri, déchiré.

Ces pays eux-mêmes sont exsangues et en ruine, même si certaines industries se sont développées dans la guerre, et par elle. Environ 8 millions de morts : 2,7 en Allemagne, 1,7 en France, autant en Russie, 1,5 en Autriche-Hongrie, 930 000 en Grande-Bretagne, 150 000 pour les États-Unis ; en Allemagne comme en France, un homme sur dix d'âge actif, en Grande-Bretagne un sur vingt. Le coût total de la guerre a représenté 32 % de la fortune nationale de l'Angleterre, 30 % de celle de la France, 22 % pour l'Allemagne, 9 % seulement pour les États-Unis. Chaque État engagé dans la guerre a contracté à l'égard de ses ressortissants une énorme dette publique : globalement, la

---

1. Cité par B. Coriat, _op. cit_, p. 68 ; voir aussi P. Fridenson, _Histoire des usines Renault_, t. I, Seuil, 1972, p. 76.
2. A cause de la mobilisation sur place, la proportion est un peu plus faible pour les travailleurs de l'industrie (8,8 %) ou des transports (8,1 %) que pour les agriculteurs (10 %) ou les professions libérales (10,7 %). (A. Sauvy, _Histoire économique de la France_, t. I, p. 442.)

dette publique de l'ensemble des pays belligérants est passée de 26 milliards de dollars à la veille de la guerre à 225 milliards en 1920. A cela s'ajoute la dette extérieure : la Grande-Bretagne a emprunté environ 4 milliards de dollars aux États-Unis, et la France 3 milliards. En 1921, la commission alliée des réparations impose l'Allemagne pour 33 milliards de dollars.

Sur la base 100 en 1913, l'indice de la production industrielle est, en 1920 :

— 141 aux États-Unis
— 100 en Grande-Bretagne
—   62 en France et 61 en Allemagne.

Les réserves d'or des États-Unis ont plus que quadruplé pendant la guerre et dépassent, en 1921, 2,5 milliards de dollars (près des deux cinquièmes de l'ensemble des réserves mondiales).

En outre, avec la révolution d'Octobre, les puissances d'Europe se trouvent pour plusieurs décennies coupées d'un marché prometteur et où elles avaient investi. En Russie, c'est l'idéal socialiste qui a animé le mouvement porteur de rupture, tant avec le capitalisme qu'avec l'Occident. En Turquie, après le dépècement de l'Empire ottoman, puis en Perse, en Afghanistan, s'affirment de nouvelles dynamiques nationales. En Égypte enfin, occupée depuis 1882, protectorat britannique depuis 1914, grèves, boycottages et attaques de trains conduisent le gouvernement britannique à proclamer l'indépendance en 1922, indépendance qui doit, souhaite-t-il, rester toute théorique. Enfin, pendant la guerre, le Japon a fortement augmenté sa production industrielle, ses échanges et ses avoirs extérieurs : une nouvelle puissance industrielle est en train de s'affirmer en Asie.

Affaiblissement des capitalismes d'Europe et « déclin de l'Europe » : impossible de dissocier ces deux mouvements. Les États-Unis sont désormais la première puissance économique ; l'Allemagne va reconstituer sa puissance industrielle ; l'URSS et le Japon selon des voies différentes vont s'engager dans un formidable effort d'industrialisation ; la Grande-Bretagne et la France ont encore, avec leurs appareils industriels, leur réseaux bancaires et financiers, leurs empires, des cartes maîtresses. Comme le prévoyait

Louis Renault, à peine signés les traités de paix, s'ouvre une formidable guerre économique.

2. *La crise des années 1920-1930*

Traditionnellement, cette période est découpée en quatre tranches : le boom de l'immédiat après-guerre, la crise de reconversion de 1921, la période de « prospérité », la crise de 1929 et ses prolongements dans les années trente. Très souvent sont dissociés les aspects monétaires (dettes et paiements internationaux, inflation) et les aspects économiques (production, échanges commerciaux).

L'hypothèse que nous proposons est au contraire que c'est la même crise qui se développe sous des formes différentes dans les années 1920-1930 ; et que, sans qu'aient disparu (est-il nécessaire de le dire ?) les contradictions fondamentales, avec les classes ouvrières d'une part, avec les formations sociales dominées d'autre part, ce sont les contradictions entre capitalismes nationaux qui donnent la clé de la grande crise de cette période.

Destructions de guerre ? Énorme dette publique ? Dette extérieure à l'égard des États-Unis et de la Grande-Bretagne ? En France la réponse revient, toujours la même : « L'Allemagne paiera. » La France avait bien « payé » après la défaite de 1871. Mais les réparations exigées de l'Allemagne vont forcer les industriels de ce pays à exporter plus, notamment du charbon, de l'acier, des produits métallurgiques et mécaniques, ce qui va durcir la compétition germano-britannique.

Au cours de la guerre, la puissance économique américaine s'est renforcée ; sa puissance financière également : les investissements extérieurs américains sont passés de 3,5 milliards de dollars en 1913 à 6,5 en 1919, tandis que ceux de la Grande-Bretagne reculaient de 18,3 à 15,7 ; parallèlement les réserves d'or américaines s'accroissent fortement aux États-Unis, de 0,7 en 1913 à 2,5 milliards de dollars en 1921, beaucoup plus qu'en Grande-Bretagne (de 0,2 à 0,8). Le cours de la livre sterling en dollars est tombé de 4,78 en 1914, avant le détachement de l'or, à 3,78 en janvier 1921 ; or l'idée est fortement ancrée que, pour

SCHÉMA XI

LE RÉSEAU DES ENGAGEMENTS FINANCIERS INTERNATIONAUX AU LENDEMAIN DE LA PREMIÈRE GUERRE MONDIALE*

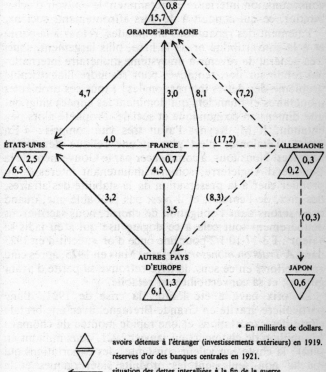

* En milliards de dollars.

avoirs détenus à l'étranger (investissements extérieurs) en 1919.

réserves d'or des banques centrales en 1921.

situation des dettes interalliées à la fin de la guerre.

« réparations » dues par l'Allemagne en 1921.

Sources : schéma établi d'après A. Sauvy, Histoire économique de la France, t. I, p. 141 s et 169 ; H. Heaton, Histoire économique de l'Europe, t. II, p. 257 s ; M. Byé et G. de Bernis, Relations économiques internationales, t. I, Dalloz, 1977, p. 347 ; J. Néré, La Crise de 1929, p. 8. Les chiffres donnés doivent être pris comme « ordres de grandeur ».

pouvoir retrouver son statut de monnaie mondiale, la livre doit pouvoir « regarder le dollar en face » (c'est-à-dire regagner la parité d'avant guerre et revenir à la convertibilité or). Mais, dans la mesure où l'industrie britannique ne réalise pas des gains de productivité supérieurs à ceux de ses concurrentes, cette politique rend les exportations plus coûteuses, donc plus difficiles, et le redressement commercial plus problématique ; ou bien alors, il faut réduire la consommation intérieure et notamment le pouvoir d'achat ouvrier, ce qui conduit à de durs affrontements sociaux.

Paiement des réparations allemandes, retour à la parité et à la convertibilité or de la livre, plus largement, souci très général de revenir à un système monétaire international fondé sur l'or, tentatives pour résoudre l'inextricable problème des dettes internationales[1] : tous ces problèmes monétaires et financiers qui dominent les années vingt ont une dimension économique et sociale. Prophète alors peu entendu, J. M. Keynes l'avait très vite compris : « En vérité, l'étalon-or n'est plus qu'une relique des temps barbares. Nous tous, à commencer par le Gouverneur de la Banque d'Angleterre, sommes maintenant intéressés au premier chef à la préservation de la stabilité des affaires, des prix, de l'emploi, et il n'est pas probable que, quand nous serons dans l'obligation de choisir, nous sacrifierons délibérément tout cela à ce dogme usé qui a eu jadis sa valeur : £ 3-17-10 1/2 pour une once d'or », écrit-il en 1923 dans *A Tract on monetary Reform*. Mais en 1925, après cinq ans d'efforts en ce sens, la livre retrouve sa parité d'avant guerre ; et sa convertibilité est rétablie.

Le prix payé a été lourd : la crise de 1921, d'une particulière gravité en Grande-Bretagne, avec une brutale chute des exportations et une rapide montée du chômage (un million de chômeurs en janvier 1921, deux millions en juin) ; la chute, en valeur constante, des exportations qui touche non seulement les produits sidérurgiques et le charbon, mais aussi les industries cotonnières et lainières et

---

1. Conférences de Paris et de Londres en 1921 ; Conférence de Gênes en 1922 ; occupation de la Rhur par les Français et les Belges, et accord anglo-américain sur les dettes interalliées (1923) ; Commission Dawes, 1923 ; plan Dawes, 1924, accords Mellon-Béranger et Churchill-Caillaux, 1926 ; Commission Young, 1928 ; plan Young, 1929... jusqu'au moratoire Hoover, 1931, et à la Conférence de Lausanne.

les fabrications de machines (alors qu'en 1923, les exportations allemandes ont retrouvé, en volume, leur niveau de
1913) ; le chômage, qui va toucher tout au long des années
vingt plus d'un million de travailleurs britanniques. Mais la
place de Londres a retrouvé son rang.

Ce n'est qu'en 1928, et au cinquième de sa valeur
d'avant-guerre que le franc français revient officiellement à
la convertibilité or. Quant au mark allemand, après l'effondrement de 1922-1923, il est reconstitué, avec l'aide des
crédits extérieurs, britanniques notamment, dans le même
mouvement qu'est développé et modernisé l'appareil
industriel : pendant la période 1924-1930 les crédits extérieurs obtenus par l'Allemagne sont deux fois et demi
supérieurs aux réparations effectivement versées, ce qui
lui permet non seulement de s'approvisionner en matières
premières, mais de reconstituer un stock d'or et de devises
et de développer ses investissements à l'étranger[1].

Importance massive du réseau de dettes internationales
qui impliquaient, pour être épongées, un formidable essor
de la production et des échanges internationaux permettant
de dégager les soldes nécessaires ; mais choix des responsables monétaires de l'époque de revenir à un système
monétaire fondé sur l'or, qui pèse sur la reprise des
échanges britanniques et rend vulnérable tout pays incapa-
ble d'équilibrer ses échanges. En même temps, aucun
centre financier n'assume la responsabilité de l'ensemble :
les banques américaines n'en ont pas encore la capacité ; et
la place de Londres, tout occupée qu'elle est à reconstituer
son *leadership,* n'en a pas alors la puissance. Sur ce point, le
diagnostic de C. P. Kindleberger est juste :

> Le système économique international fut rendu instable
> par l'incapacité de l'Angleterre et la réticence des États-
> Unis à assumer les responsabilités de la stabilisation dans
> trois domaines particuliers : a) en maintenant un marché
> relativement ouvert pour les marchandises n'ayant pas
> trouvé preneurs ; b) en fournissant, de façon contra-
> cyclique, des prêts à long terme ; c) en minimisant l'am-
> pleur de la crise. Le système économique mondial était
> instable, à moins qu'un pays ne le stabilise, ainsi que l'avait

1. Sur ce point, voir J. Akerman, *Structures et Cycles économiques*, t. II, vol. 2,
p. 509.

fait au XIXe siècle et jusqu'en 1913 l'Angleterre. En 1929, les Anglais ne le pouvaient pas et les Américains ne le voulaient pas. Quand chaque pays se mit à protéger ses intérêts nationaux propres, l'intérêt général mondial fut évacué et avec lui les intérêts privés de chacune des nations[1].

C'est dans ce contexte international fragile que se développent, selon des cheminements qui leur sont propres, les différents capitalismes nationaux : le britannique, pris entre la combativité d'une classe ouvrière qui refuse les sacrifices exigés et la pugnacité de ses concurrents industriels étrangers ; l'allemand, concentré, dynamique, expansif, soutenu par une volonté nationale de surmonter l'humiliation ; le français, plus disparate que jamais, écartelé entre la grande industrie et l'artisanat, entre le calme de la province et l'aventure de l'empire ; l'américain, emporté dans la frénésie de la production de masse, de la consommation de masse, des embouteillages et de la spéculation ; et puis tous les autres : les différents capitalismes européens, le japonais, les nouvelles productions des « pays neufs » à qui la Première Guerre mondiale a donné une première chance.

La lutte sur les marchés extérieurs se raidit : ainsi, alors que la livre revient à la convertibilité or, les exportations britanniques chutent en valeur de 1924 à 1926 et restent, de 1927 à 1929, en dessous du niveau qu'elles avaient atteint en 1924 ; les exportations françaises avaient bénéficié de la dévaluation du franc dans la première moitié des années vingt, mais avec la stabilisation financière de 1926 et le rattachement à l'or de 1928, les exportations de nombreux secteurs fléchissent dès 1928[2]. Dans cette lutte les vieux capitalismes reculent face à la poussée des nouveaux.

Ainsi se trouve de plus en plus fermée la voie des débouchés extérieurs. Or le capitalisme américain vient de connaître une exceptionnelle période d'accumulation et d'expansion, ainsi que les capitalismes japonais, allemand, français... D'autre part, la crise qui secoue l'agriculture

1. C. P. Kindleberger, *The World Depression 1929-1939*, University of California Press, 1973, p. 292, cité par R. Boyer et J. Mistral, *Accumulation, inflation, crises*, p. 161-2.
2. Cf. les travaux en cours de J. Marseille, historien, enseignant à l'université de Paris VIII.

mondiale depuis la fin de la Première Guerre — surproduction, chute des prix, chute des revenus des agriculteurs — réduit un autre débouché essentiel pour les produits industriels. C'est en revenant à ces réalités économiques fondamentales, et non en se contentant de suivre, comme le fait J. K. Galbraith[1], les péripéties de la spéculation boursière, que l'on peut comprendre la grande crise de l'entre-deux-guerres.

TABLEAU Nº 27			
RÉPARTITION DES EXPORTATIONS MONDIALES DE PRODUITS MANUFACTURÉS			
	1913	1929	1937
Grande-Bretagne	30,2	22,4	20,9
France	12,1	10,9	5,8
États-Unis	13,0	20,4	19,2
Allemagne	26,6	20,5	21,8
Japon	2,3	3,9	6,9
autres	15,8	21,9	25,4
	100	100	100

Source : H. Magdoff, *L'Age de l'impérialisme*, p. 55.

La crise a été chronique en Grande-Bretagne tout au long des années vingt ; elle est latente dans la plupart des autres pays capitalistes, et notamment aux États-Unis et en France, à la fin des années vingt. La spéculation et la panique de Wall Street constituent le fascinant catalyseur de la crise économique américaine ; la connaissance de celle-ci, ses répercussions bancaires et financières dans le monde, les effets qu'elle aura à travers la chute des échanges commerciaux américains vont précipiter dans chaque pays des crises qui, en fait, étaient déjà à l'œuvre ou en gestation.

1. J. K. Galbraith, *La Crise économique de 1929*, 1955, trad. fr., Payot, 1961.

Un monde éclaté

> En 1929, l'indice des cours des valeurs aux États-Unis se
> tenait aux environs de 200-210 ; en 1932, il avait fléchi à
> 30-40. Le prix de l'ensemble des marchandises tomba, dans
> le même temps, de 30 à 40 % ; la chute fut même plus
> terrible encore sur certains marchés. Dans les principaux
> pays industriels du monde, la production se réduisit de 30 à
> 50 %, suivant les cas, et la valeur du commerce mondial en
> 1932 n'atteignait que le tiers de celle de 1923. L'Office
> international du travail a calculé qu'en 1933 quelque
> 30 millions d'individus étaient sans travail dans le monde
> entier (...). Il ne s'est jamais rien produit de semblable à
> cela. 1929 à 1933 sont les années de la grande dépression [1].

A l'œuvre au sein de chaque capitalisme national où
s'épuise le modèle propre d'accumulation de l'après-
guerre, aggravée par un cadre international où l'absence
d'un système établi de paiements internationaux et les
poussées de protectionnisme limitent l'expansion des
échanges, c'est aux États-Unis que se déclenche le processus décisif de la « Grande Crise ».

1. *America first... ? Business first !*

Au lendemain de la Grande Guerre, les États-Unis sont
la première puissance économique du monde. Le revenu
national est passé de 33 millards de dollars en 1914 à 61 en
1918. L'industrie s'est particulièrement renforcée, acqué-
rant désormais une prédominance mondiale dans la plupart
des domaines : 75 millions de tonnes (longues) de minerai
de fer extraites en 1917 et 555 millions de tonnes (courtes)
de charbon ; 60 millions de tonnes de pétrole extraites en
1920 (les deux tiers de la production mondiale) ; une
production d'électricité équivalente à celle de toute l'Europe ; environ 40 millions de tonnes d'acier produites en

---

1. L. Robbins, *La Grande Dépression, 1929-1934*, trad. fr., Payot, 1935, p. 27-8.

1920 (plus que la moitié de la production mondiale) ; et l'avance des industries modernes : automobile, électrique, chimique. Si, malgré sa forte croissance, la flotte américaine n'a pas encore dépassé la flotte britannique, le commerce américain a profité des besoins et des difficultés des autres pays pour atteindre en 1920 un niveau record : plus de 5 millions de dollars d'importations ; plus de 8 millions de dollars d'exportations. Et, si les investissements extérieurs des États-Unis sont encore, en 1919, inférieurs à la moitié de ceux de la Grande-Bretagne (6,5 contre 15,7 milliards de dollars), leur stock d'or est de 2,5 milliards de dollars en 1921 et leurs créances de guerre sur les Alliés de l'ordre de 12 milliards de dollars.

En outre, l'intervention militaire américaine a été décisive dans l'issue de la guerre ; la participation du président Wilson à la Conférence de la paix et le rôle qu'il y joue ont consacré l'accession des États-Unis au premier rang des puissances mondiales.

Mais le Sénat américain refuse de ratifier le traité de Versailles et rejette même l'adhésion des États-Unis à la Société des nations, à l'édification de laquelle le président Wilson avait puissamment contribué. Aux élections de 1918, ce sont les républicains qui conquièrent la majorité à la Chambre des représentants et, en 1920, c'est un républicain, W. G. Harding, qui est élu à la présidence. Aux idéaux de démocratie et de coopération internationale qui avaient animé Wilson, Harding oppose sa conviction nationaliste : « J'ai en notre Amérique une confiance qui rend inutile la réunion d'un conseil des puissances étrangères pour indiquer où se trouve notre devoir. Appelez cela, si vous le voulez, de l'égoïsme nationaliste, mais moi je pense que c'est une inspiration de la ferveur patriotique. Sauvegarder l'Amérique d'abord ! Penser à l'Amérique d'abord ! Exalter l'Amérique d'abord[1] ! »

America first ! Les États-Unis vont désormais se protéger, contre les marchandises étrangères (1922) et, peuple fait d'immigrés, contre l'immigration (1924). Même si les principales d'entre elles ont déjà commencé leur internatio-

1. W. G. Harding (janvier 1920), cité *in* C. Julien, *op. cit.*, p. 171.

nalisation[1], les banques américaines ne se sentent ni la responsabilité ni les moyens de contrôler un système mondial de paiement. Et la croissance américaine va, pendant les années 1920, pouvoir se faire largement sur la base des ressources américaines et pour des marchés américains.

America first! Si le capitalisme américain est déjà un impérialisme, son horizon ce sont principalement les Amériques. A l'occasion de la guerre, les liens des capitalismes britannique et canadien se sont relâchés, et le Canada est tombé sous influence américaine : en 1904-1914, huit fois plus d'obligations canadiennes étaient placées en Grande-Bretagne qu'aux États-Unis ; en 1921-1930, le montant des obligations canadiennes placées aux États-Unis est vingt fois plus important que le montant de celles placées en Grande-Bretagne[2].

Car le Canada et l'Amérique latine sont désormais les principaux champs d'investissement pour les capitaux américains.

Et c'est en Amérique latine que s'exercent l'intervention et la domination américaines, diplomatie du dollar et politique du « gros bâton », avec comme slogan paravent : « L'Amérique aux Américains » (voir tableau n° 28).

America first! C'est une formidable croissance, une fascinante prospérité que connaissent les États-Unis dans les années vingt. Et c'est principalement la classe ouvrière américaine qui en supporte la charge. Pendant la guerre, le nombre des ouvriers américains est passé de 10 millions à 13 millions en 1920 (dont 5,5 millions d'ouvriers qualifiés) ; il atteindra 14 millions en 1930 (dont 6,3 millions qualifiés). De 1913 à 1919, le salaire réel a baissé ; et si le principe de la journée de huit heures a été posé, elle est encore loin d'être générale. L'organisation du travail, les systèmes de rémunération poussent les cadences ; fatigue, risques pris pour gagner du temps — et c'est l'accident : 2 millions d'accidents du travail par an au début des années vingt, dont 20 000 mortels chaque année.

1. En 1914, les grandes banques américaines ont 26 succursales hors des États-Unis ; en 1918, 61 dont 31 en Amérique latine et 26 en Europe (O. Pastré, *La Stratégie internationale des groupes financiers américains*, p. 169 s).

2. J. Niosi, *La Bourgeoisie canadienne*, Boréal Express, Montréal, 1980, p. 59.

TABLEAU N° 28

SUCCURSALES BANCAIRES
ET INVESTISSEMENTS AMÉRICAINS A L'ÉTRANGER

succursales bancaires américaines			investissements à l'étranger *		
	1918	*1939*		*1924*	*1940*
Amérique latine	31	47	Amérique latine	4,0	4,0
territoires d'outre-mer US	4	8	Canada	2,5	3,8
Europe	26	16	Europe	1,9	2,0
Asie	0	18	Asie	} 0,7	0,6
autres	0	0	autres		0,4
total		61	89	*total*	9,1	10,8

* En milliards de dollars.
Sources : H. Magdoff, *L'Age de l'impérialisme*, p. 72 ; C. Palloix, *L'Économie mondiale capitaliste et les Firmes multinationales*, t. II, p. 126 ; H. U. Faulkner, *op. cit.*, t. II, p. 695, et C. Julien, *op. cit.*, p. 125 et 172.

Alors que le mouvement ouvrier américain était, avant guerre, le moins structuré des grands pays capitalistes, le voilà soumis à une offensive en règle. C'est l'injonction fédérale qui brise la grève des mineurs en 1919. C'est l'action du ministre de la Justice, M. Palmer, contre des syndicalistes et des militants socialistes et anarchistes en 1920. Ce sont les arrêts des cours de justice, notamment de la Cour suprême, qui bloquent l'application des quelques lois sociales qui avaient été votées (notamment sur le travail des enfants). Ce sont les syndicats jaunes, contrôlés par les directions des entreprises : en 1927, plusieurs centaines de grandes entreprises y recourent et ces syndicats groupent 1,4 million d' « adhérents ». C'est aussi la méthode douce : actionnariat ouvrier (plus d'un million d'ouvriers actionnaires) et paternalisme (logement, programmes scolaires, cantines, assistance médicale, congés « octroyés » par l'entreprise, et toujours susceptibles d'être « repris »). Signe du recul du mouvement ouvrier, le nombre des adhérents à l'AFL tombe de 4 millions en 1920 à 3 en 1929 et 2,5 en 1932.

C'est dans ce contexte qu'une partie du patronat déve-

loppe la mise en œuvre de l'organisation scientifique du
travail (taylorisme) et du travail à la chaîne (fordisme).
« Depuis 1921, écrit W. C. Mitchell, la science a été mise
au service de l'industrie plus intensément que jamais[1]. »
C'est surtout le fait de la grande entreprise concentrée qui,
si elle ne représente pas toute l'industrie américaine, y pèse
d'un poids décisif. L'US Steel, dont la part dans la
production d'acier « tombe » en 1929 à 40 %, à cause du
développement de la Bethlehem Steel et de la Republic
Steel ; l'automobile, dominée par Ford, General Motors et
Chrysler ; l'électricité, par General Electric et Westinghouse ; la chimie, par Du Pont et deux groupes nés dans
la guerre *(« war babies »)*, Allied Chemical and Dye et
Union Carbide and Carbon. La concentration se développe
après la Première Guerre et tout au long des années 1920 ;
on enregistre, en 1929, 1 245 fusions. Ainsi, « en 1930, les
deux cents plus grandes sociétés contrôlaient près de la
moitié de la fortune qui n'était pas en banque (soit 38 %
environ des capitaux investis dans les affaires), touchaient
43,2 % du revenu des sociétés industrielles et étaient
dirigées par quelque deux mille individus[2] ». Enfin trois
banques dominent : la Chase National Bank, la National
City Bank of New York et la Guaranty Trust Co.

Ce sont ces grandes entreprises concentrées qui, les
premières et sur une large échelle, mettent en œuvre la
rationalisation de la production sous ses différents aspects :

> La *mécanisation* et, en particulier, le remplacement du
> travail humain et de la machine à vapeur (qui relativement
> exigeait encore une certaine quantité de main-d'œuvre) par
> des moteurs électriques : en 1914, 30 % des machines
> énergétiques de l'industrie étaient des machines électriques
> dont la puissance totale était de 9 millions de chevaux ; en
> 1929, 70 % de la production d'énergie était d'origine
> électrique et représentait 35 millions de chevaux ; la
> *standardisation* des produits en un petit nombre de types
> éprouvés : en 1900, on comptait 55 000 types différents de

1. H. U. Faulkner, *op. cit.*, p. 608. A cela correspond une formidable concentration de la propriété privée : le centième le plus riche de la population détient, en
1922, 61,5 % des actions, 69 % en 1939, 76 % en 1953 (J.-M. Chevalier, *La Structure
financière de l'industrie américaine*, p. 29 ; d'après K. J. Lampman, *Review of
Economics and Statistics*, novembre 1959).
2. H. U. Faulkner, *op. cit.*, p. 613 et 615.

lampes électriques ; en 1923, on n'en comptait plus que 342 ; la *planification du travail*, dans tous les ateliers, grands ou petits, l'achat des matières premières, le rythme de travail et l'exploitation maximale de la capacité des machines étaient minutieusement réglés par un plan de production ; *la fabrication à la chaîne*, le principe de la méthode utilisée aux abattoirs Armours de Chicago (qui consistait à placer les cadavres de porcs sur un ruban transporteur qui les présentait tour à tour devant chaque opérateur) se propagea dans l'industrie automobile, l'industrie électrique, la production des réfrigérateurs et bien d'autres ; *l'organisation des bureaux*, les mêmes principes qui étaient à l'origine de l'accroissement de la productivité dans les usines furent appliqués dans les bureaux et contribuèrent, là aussi, à accroître le rendement du travail[1].

Mais, ce n'est pas seulement un nouveau mode d'organisation du travail qui se met en place avec le fordisme : c'est, dans un même mouvement, *un nouveau modèle de production de la marchandise capitaliste* (avec salaires relativement élevés pour une fraction de la classe ouvrière, et fort relèvement de la productivité grâce à la production de masse et à la rationalisation) *et de réalisation de la valeur ainsi créée* (avec développement de la consommation de masse, qui s'élargit à une partie de la classe ouvrière, dont les conditions de vie se rapprochent de celles des couches moyennes). Il est intéressant de suivre le processus par lequel s'est mis en place ce nouveau modèle[2].

Si la description des abattoirs de Chicago permet de présenter le « travail à la chaîne » d'une manière « sensationnelle », c'est Henry Ford qui met en œuvre ce mode d'organisation de la production de la manière la plus systématique. Chaque travailleur occupe un poste, dont il ne bouge pas, car « la marche à pied, répétait Ford, n'est pas une activité rémunératrice ». Ce sont donc les pièces qui se déplacent sur un convoyeur ; et chaque travailleur effectue une opération, quelquefois deux ou trois : dans les ateliers de fonderie de Highland Park, 95 % des modeleurs

1. J. Akerman, *op. cit.*, t. II, vol. 2, p. 484.
2. Voir notamment F. Courtel, *L'Organisation rationnelle du travail*, thèse soutenue à l'UER d'économie politique de l'université de Paris VIII ; B. Coriat, *op. cit.* ; J. H. Lorenzi, O. Pastré et J. Toledano, *La Crise du XXᵉ siècle*.

et fondeurs sont « spécialisés dans une seule opération que l'individu le plus stupide peut apprendre à exécuter en deux jours[1] ». En 1926, pour 79 % du personnel employé aux usines Ford, le temps de formation était inférieur à une semaine.

La chaîne, en décomposant au maximum les tâches et en imposant une cadence à tous les travailleurs, permet d'élever la productivité d'une manière considérable. Ainsi l'assemblage du volant magnétique, réalisé par un ouvrier, demandait vingt-cinq minutes ; avec un convoyeur et vingt-neuf ouvriers « spécialisés » chacun dans une opération, cet assemblage ne prend d'abord plus que treize minutes ; puis, le convoyeur ayant été élevé, sept minutes ; et enfin, les cadences ayant été augmentées avec la vitesse du convoyeur, cinq minutes. La productivité a été multipliée par cinq. Mais chaque travailleur doit répéter le même geste toutes les dix secondes et dans sa journée de neuf heures il aura refait plus de trois mille fois le même geste sur autant de volants magnétiques.

Comme Charlot dans *les Temps modernes*, beaucoup n'acceptent pas, ne supportent pas, refusent : absentéisme et *turn over* atteignent des niveaux élevés. En 1913, « pour un effectif de 15 000 ouvriers, 53 000 personnes avaient été embauchées dans l'année[2] » ; à la fin de cette même année, pour augmenter de 100 personnes les effectifs d'une usine, la compagnie dut en embaucher 963[3]. Au-delà, le secrétaire de l'Association des employeurs de Detroit s'inquiète : « Les usines sont une poudrière (...). Il faut absolument faire quelque chose[4]. »

Ce « quelque chose », Henry Ford en a l'idée, et en quelque sorte l'audace : alors que les salaires de l'industrie automobile sont de deux à trois dollars par jour, il décide de les porter à cinq dollars à partir du 1er janvier 1914, en ramenant la journée de neuf heures à huit heures. C'est le

---

1 H. Ford, *Ma vie, mon œuvre*, Payot, 1926, cité par Lorenzi et al., *op. cit.*, p. 109.

2. H. Beynon, *Working for Ford*, Penguin, 1973, et J. Wolf, *Revue économique*, mars 1957, p. 297, cité par B. Coriat, *op. cit.*, p. 95.

3. K. Sward, *The Legend of Henry Ford*, 1948, p. 48, in Lorenzi et al., *op. cit.*, p. 113.

4. A. Nevins, *Ford : the Times, the Man, the Company*, Sribner, 1954, p. 518, cité par B. Coriat, *op. cit.*, p. 95.

Five Dollars Day. L'effet est immédiat : le *turn-over* tombe
à moins de 0,5 % et l'absentéisme suit le même mouvement. De longues files d'attente se forment devant les
bureaux d'embauche de Ford. La production va pouvoir
s'élever rapidement : deux cent mille voitures en 1913, cinq
cent mille en 1915, un million en 1919, deux millions en
1923, plus de cinq millions en 1929. Le prix de revient
baisse et le prix de base du fameux modèle T (produit
jusqu'en 1927) tombe de 1 950 à 290 dollars. « La fixation
du salaire de la journée de huit heures à cinq dollars fut une
des plus belles économies que j'aie jamais faites ; mais en le
portant à six dollars j'en fis une plus belle encore [1] » :
Henry Ford porte en effet la journée à six dollars le 1er
janvier 1919 et à sept dollars le 1er décembre 1929.

Mais il ne s'agit pas seulement, pour Ford, de s'assurer
une main-d'œuvre disciplinée et fidèle. Il s'agit d'abord
d'ouvrir des brèches, d'élargir les différences au sein de la
classe ouvrière : entre ceux qui travaillent chez Ford et les
autres ; et, parmi les « Ford's », entre ceux qui peuvent
bénéficier des cinq dollars par jour et ceux qui n'en sont pas
(encore) dignes. N'ont pas droit au *Five Dollars Day* :
– les ouvriers qui ont moins de six mois d'ancienneté,
– les jeunes ouvriers de moins de vingt et un ans,
– les femmes (puisqu'elles sont appelées à se marier).

En outre, une « bonne moralité » était nécessaire :
« propreté et réserve », ne pas fumer, ne pas boire, ne pas
jouer, ne pas fréquenter les bars... Le *Five Dollars Day* est
ainsi un instrument de contrôle et en quelque sorte de
« dressage [2] ».

Mais il s'agit aussi de permettre à ces « bons travailleurs » d'accéder à un « bon niveau de consommation » (et
donc d'assurer des débouchés aux usines Ford) et de faire
de « beaux enfants » (et donc d'assurer pour l'avenir une
main-d'œuvre en « bonne santé » pour les usines Ford).
Mais laissons parler H. Ford :

> En sous-payant les hommes, nous préparons une généra-
> tion d'enfants sous-alimentés et sous-développés, aussi
> bien physiquement que moralement ; nous aurons une

1. H. Ford, *op. cit.*, p. 168, cité par B. Coriat, *op. cit.*, p. 99.
2. Avec un corps d'inspecteurs qui contrôlent de quelle manière les différents
ménages ouvriers dépensent leurs salaires... (B. Coriat, *op. cit.*, p. 96).

génération d'ouvriers faibles de corps et d'esprit, et qui, pour cette raison, se montreront inefficaces quand ils entreront dans l'industrie. En définitive, c'est l'industrie qui paiera la note[1].

Notre propre réussite dépend en partie de ce que nous payons. Si nous répandons beaucoup d'argent, cet argent est dépensé. Il enrichit les négociants, les détaillants, les fabricants et les travailleurs de tous ordres, et cette prospérité se traduit par un accroissement de la demande pour nos automobiles[2].

Une enquête a été réalisée à la demande de la compagnie Ford en 1929 à Detroit ; sur 100 familles ouvrières, 98 possédaient un fer à repasser électrique, 76 une machine à coudre, 51 une machine à laver, 49 un phonographe, 47 une automobile, 36 une radio et 21 un aspirateur. En 1929, il y a 23 millions d'automobiles en circulation aux États-Unis (19 pour 100 habitants, contre 2 pour 100 habitants à la même date en France et en Grande-Bretagne) ; avec les pneumatiques et les fournitures, l'essence, les réparations, plus de quatre millions d'emplois sont liés à l'automobile. Parallèlement se développent la construction de routes et d'autoroutes et l'extraction de pétrole ; les villes peuvent s'étendre et la construction de logements progresse à un rythme sans précédent ; l'équipement électrique et téléphonique progresse également et la production d'électricité double en dix ans.

Exploitation d'une partie de la classe ouvrière selon les méthodes d'avant 1914, d'un côté (bas salaires, méthodes brutales d'encadrement et de mise au pas, *factory system* et *sweating system*) ; mais aussi production de masse, organisation rationnelle du travail, politique de hauts salaires pour une autre partie des travailleurs, et donc consommation de masse à laquelle accède une fraction de la classe ouvrière : voilà les bases de la « prospérité » américaine des années vingt :

– un accroissement de 90 % de la production industrielle entre 1921 et 1929 ;

– un investissement qui dépasse, pendant ces années, 20 % du PNB ;

---

1. Cité par Beynon, *op. cit.*, p. 124 (*in* B. Coriat, *op. cit.*, p. 101).
2. H. Ford, *op. cit.*, p. 142 (cité par B. Coriat, *op. cit.*, p. 144).

– une productivité de l'heure de travail qui augmente de 47 % pendant les années vingt (alors que pendant les deux premières décennies du siècle elle augmente respectivement de 17 % et de 11 %).

Un des slogans de Calvin Coolidge, président républicain élu en 1924, était : « La grande affaire de l'Amérique, ce sont les affaires. »

Mais ce modèle s'épuise à la fin des années vingt. Même s'il est accepté grâce à la « carotte » des hauts salaires et de l'accès à certaines dépenses de consommation, le travail à la chaîne reste épuisant, et l'effet des mesures novatrices de Ford s'atténue. Les gains de productivité se ralentissent. Les segments de marché se saturent. En outre, la crise agricole, avec la baisse des prix et des revenus, réduit un débouché important. Les marchés extérieurs sont âprement disputés. Au second semestre de 1929 les profits de l'automobile fléchissent. La spéculation boursière s'enfièvre, enflammée par la soif de gagner plus. Et c'est la spirale infernale. Puis la crise.

Cette crise dont, dans l'euphorie des années vingt, les économistes américains étaient convaincus qu'elle ne pouvait plus survenir. Ainsi Irving Fisher, en 1928 : « Rien ne peut survenir qui ressemble à un krach » ; en 1929 : « Il se peut qu'il y ait récession dans le prix des actions, mais rien de la nature d'une catastrophe » ; en 1930 : « pour l'avenir immédiat, au moins, la perspective est brillante ». Et la Harvard Economic Society, en novembre 1929 : une « crise grave comme celle de 1920-1921 est en dehors de toute probabilité » ; en janvier 1930 : « des indications existent selon lesquelles la phase la plus grave de la crise est terminée » ; en novembre 1930 : « nous sommes maintenant à la fin de la phase déclinante de la crise » ; et en octobre 1931 : « une stabilisation aux niveaux actuels est nettement possible[1] ».

Les prix de gros, relativement stables depuis 1922 avec une légère tendance au fléchissement après 1925, baissent d'un tiers entre 1929 et 1932. L'indice de la production industrielle qui, sur la base 100 en 1923-1925, avait atteint 126 en mai 1929, tombe à 105 en mai 1930, 89 en mai 1931,

1. Cités par J. H. Lorenzi et al., *op. cit.*, et J. K. Galbraith, *op. cit.*

61 en mai 1932. Le nombre des chômeurs pour l'ensemble des secteurs d'activité atteint trois millions en 1930, et va dépasser six millions en 1931, dix millions en 1932 et treize millions en 1933 ; la productivité du travail s'accroît encore (de 23 % entre 1929 et 1933) ; les salaires baissent, selon les sources, d'un tiers ou d'un quart, entre 1929 et 1933. Exprimant l'opinion d'une partie du patronat américain, Mellon, secrétaire au Trésor du président Hoover, voit l'aspect « positif » de ce drame : « Le peuple travaillera plus dur, mènera une vie plus morale [1]. » C'est ce même Mellon qui, en les caricaturant, avait rappelé les lignes de force de la « purge » que constitue toute crise capitaliste : « Liquidez la main-d'œuvre, liquidez le capital, liquidez les agriculteurs [3]… »

Il faut aussi se protéger des concurrents étrangers : c'est fait dès 1930, avec le vote du tarif Hawley-Smoot. Les importations tombent de 4,4 millions de dollars en 1929 à 1,3 en 1932 ; les exportations de 5,2 millions en 1929 à 1,6 en 1932. Mais les États-Unis détiennent près des deux cinquièmes des réserves mondiales d'or [3].

En 1932, le président sortant Hoover est battu par le candidat démocrate Franklin D. Roosevelt. Utilisant largement la nouvelle audience de la radio, Roosevelt a dénoncé la « dictature industrielle », les « rois de l'économie », le « nouveau despotisme » ; il critique l'administration républicaine et annonce une nouvelle politique : « Sacrifiés par les philosophies politiques du gouvernement antérieur, d'un bout à l'autre de la nation, citoyennes et citoyens tournent vers nous leurs espérances. Ils veulent équitablement leur part dans la distribution des richesses nationales. Je fais le serment de donner au peuple américain le *New Deal*, le nouveau pacte, la chance qu'il attend. » Élu grâce à un large éventail de votes hétérogènes — démocrates du Sud conservateurs, fermiers mécontents, syndicalistes, chômeurs, noirs, minorités ethniques et religieuses —, Roosevelt ne savait sans doute pas quel serait le contenu de ce New Deal. Il l'élabore peu à peu, avec pragmatisme et

---

1. Cité par C. Julien, *op. cit.*, p. 200.
2. Cité par J. K. Galbraith, *Le Temps des incertitudes,* 1977, trad. fr., 1978, p. 241.
3. Sur la crise, voir les séries statistiques publiées *in* L. Robbins, *op. cit.*, p. 235 s. et les ouvrages déjà cités de H. U. Faulkner, M. Dobb, C. Julien…

ténacité, s'appuyant sur les forces sociales qui peuvent l'aider à avancer (notamment le mouvement syndical), se heurtant à de puissantes résistances (cristallisées notamment par les arrêts de la Cour suprême).

Avec le recul, on peut dégager trois lignes de force :

– La réorganisation et la relance de secteurs d'activité fondamentaux : la banque d'abord, dans la foulée de la crise bancaire du début de 1933 ; l'industrie avec le NIRA (National Industrial Recovery Act) de juin 1933 ; l'agriculture avec l'AAA (Agricultural Adjustement Act) de mai 1933 ; l'énergie électrique avec le Tennessee Valley Act de mai 1933 et le Public Utilities Holding Compagny Act de 1935 ; les transports, avec le Railroad Emergency Act de 1933 et le Wheeler Lea Transportation Act de 1940[1].

– Une politique visant à remettre les États-Unis en position favorable sur le marché mondial : abandon de l'étalon-or (19 avril 1933), dévaluation progressive du dollar par rapport à l'or et politique d'accords commerciaux réciproques sur la base du Reciprocal Trade Agreements Act de 1934.

– Enfin, et c'est là sans doute l'essentiel du New Deal, la recherche d'un nouveau compromis social sur lequel puissent s'accorder les principales forces sociales. Il ne s'agit certes pas de renverser le capitalisme : « C'est mon administration, déclare-t-il pendant la campagne électorale de 1936, qui a sauvé le système du profit privé et de la libre entreprise[2]. » Mais il s'agit d'imposer aux forces les plus réactionnaires et aux intérêts les plus égoïstes un ensemble de réformes.

Ainsi, en liaison avec le NIRA, l'administration démocrate proposa aux employeurs un cadre auquel ils pouvaient adhérer : travail des enfants interdit, semaine de quarante heures dans les bureaux et de trente-cinq heures dans l'industrie, salaire minimum (quarante cents par heure dans l'industrie, douze à quinze dollars par semaine dans les autres emplois). Le NIRA garantissait aux travailleurs le droit de s'organiser librement et de choisir leurs

---

1. Voir L. R. Franck, *L'Expérience Roosevelt et le Milieu social américain*, 1937 ; A. M. Schlesinger, *The Age of Roosevelt*, 3 vol. ; M. Einaud, *Roosevelt et la Révolution du New Deal*, 1961.
2. Cité *in Histoire générale des civilisations*, t. VII, p. 141.

représentants, ce qui favorisa le développement des syndicats. En 1937, les grévistes recourront sur une large échelle à l'occupation des usines. Cette même année, le NIRA ayant été déclaré inconstitutionnel par la Cour suprême, Roosevelt en reprend les principales dispositions sociales dans le Fair Labor Standard Act, dont il demande le vote rapide :

> Le temps est venu pour nous de prendre de nouvelles mesures pour reculer les frontières du progrès social (...). Un tiers de notre population, dont l'écrasante majorité est employée dans l'agriculture ou l'industrie, est mal nourrie, mal vêtue, mal logée (...). Une démocratie qui vit de son travail et se respecte, ne peut invoquer aucune justification à l'exploitation des enfants, aucune raison économique aux escroqueries sur les salaires des ouvriers et à l'augmentation des heures de travail[1].

Parallèlement, il lance des programmes de grands travaux, crée un système de « bourses de travail » pour certains chômeurs, lance des actions pour la construction de logements à bon marché. En 1936, le Social Security Act systématise, pour les travailleurs ayant eu une période suffisamment longue d'emploi salarié, le droit à l'assurance chômage et à la retraite.

Dans cette période, les adhésions syndicales augmentent[2]. Beaucoup de ces adhésions se font dans une entreprise d'une manière collective, faisant éclater l'inadéquation du vieux système des syndicats de métier sur lequel est fondé l'AFL. Le système des syndicats d'industrie se développe qui conduit à la création du CIO en 1935. En 1938, le CIO, avec quatre millions d'adhérents, a plus de membres que l'AFL. Une partie du patronat poursuit une lutte systématique contre les syndicats : polices privées, briseurs de grèves, indicateurs infiltrés dans les syndicats, filatures et intimidation de syndicalistes (du matraquage à l'attentat ou au dynamitage des locaux syndicaux ou des habitations), utilisation de shérifs et de juges corrompus. Mais à force de courage, d'opiniâtreté et de solidarité, l'action collective syndicale remporte des succès décisifs :

1. Cité par H. U. Faulkner, *op. cit.*, t. II, p. 688.
2. Le nombre des syndiqués passe de 3 millions en 1933 à 4,7 en 1936, 8,2 en 1939, 13,5 en 1943.

en 1937, après les grèves de General Motors et de Chrysler, le CIO est reconnu comme syndicat représentatif et signe un contrat collectif pour l'automobile ; Ford ne finira par céder qu'en 1941. Dans la sidérurgie, l'US Steel, renversant sa politique traditionnelle, signe des contrats collectifs avec le CIO, contrats que les producteurs « indépendants » refusent pendant plusieurs années.

Le New Deal n'a pas réussi à relancer l'énorme mécanique d'accumulation que constitue le capitalisme américain : seule la guerre y parviendra. Le chômage a certes reculé, mais il y a encore 10 % de chômeurs en 1940. Mais la durée moyenne du travail a effectivement baissé, passant d'environ cinquante heures à environ quarante heures par semaine ; les salaires réels des travailleurs employés augmentent ; les contrats collectifs couvrent un nombre de plus en plus grand de secteurs. Et, finalement, l'apport décisif du New Deal pour le capitalisme américain paraît tenir en ceci :

– il a conduit une partie du patronat à accepter des concessions qui allaient permettre l'intégration de l'ensemble de la classe ouvrière dans le système de la consommation ;

– il a marqué une rupture par rapport au vieux principe républicain : « Moins de gouvernement dans les affaires et plus d'affaires dans le gouvernement », ouvert la voie d'une « fructueuse coopération » entre le gouvernement et les affaires.

Car, à partir du moment où « ce qui est bon pour la General Motors est bon pour l'Amérique », *America first* peut aussi bien se dire *Business first !*

2. *Sterling first...*

L'envers de la montée de la puissance américaine, c'est le déclin de l'Europe. Déclin qui touche particulièrement les deux capitalismes les plus anciens : le britannique, qui a dominé le monde au XIXe siècle, et le français, qui n'a jamais réussi à s'arracher complètement de son enracinement provincial et rural. Chacun va s'acharner, après la Grande Guerre, à restaurer sa monnaie, à la fois instru-

ment et symbole de sa puissance : en en faisant largement
payer le prix à sa classe ouvrière et en puisant dans son
empire ressources et richesses.

Engagée dès le lendemain de la guerre dans une politique de retour de la livre sterling à l'ancienne parité et à la
convertibilité-or, l'économie britannique a été profondément touchée par la crise de 1920-1921 et est restée en
quelque sorte empêtrée dans une crise larvée tout au long
des années vingt. Keynes avait clairement critiqué les
implications d'une telle politique :

> Améliorer la valeur marchande internationale de la livre et
> la porter à sa parité-or d'avant-guerre alors qu'elle devrait
> lui être inférieure de 10 % signifie que, chaque fois que
> nous ferons une vente quelconque à l'extérieur, ou bien
> l'acheteur étranger aura à payer 10 % de plus dans sa
> monnaie ou bien nous, nous devrons accepter 10 % de
> moins dans notre monnaie. Ce qui veut dire que nous
> devrons réduire nos prix en sterling du charbon, du fer, du
> fret maritime ou de tout autre produit de 10 % pour être en
> position concurrentielle (...). Ainsi la politique d'améliora-
> tion de la monnaie de M. Churchill devait tôt ou tard,
> devenir une politique de réduction des salaires de deux
> shillings par livre (...). La déflation ne réduit pas les
> salaires « automatiquement ». Elle les réduit par l'intermé-
> diaire du chômage (...). Honte à ceux que leur foi conduit à
> utiliser [la cherté de l'argent] pour agraver une dépres-
> sion [1] !

Et il propose une autre politique :

> Ce dont nous avons besoin, en vue de restaurer la
> prospérité aujourd'hui, c'est une politique facile. Nous
> désirons encourager les hommes d'affaires à créer de
> nouvelles entreprises, non pas, comme on le fait, les en
> décourager [2].

En 1925 la livre retrouve sa parité d'avant-guerre et la
convertibilité-or est rétablie. Mais à quel prix pour la classe
ouvrière !

Celle-ci paraissait pourtant en pleine puissance au lende-

1. John Maynard Keynes, *The economic Consequences of Mr. Churchill*, 1925 (*in
Essays in Persuasion*, Norton Library, New York, 1963, III, 5, p. 244-70), cité *in*
R. Marx, *Le Déclin de l'économie britannique*, p. 28, 29 et 30.
2. *Ibid.*, p. 30.

main de la guerre, avec plus de huit millions de syndiqués et un parti travailliste qui gagnait d'élection en élection sur le parti libéral. Mais le patronat est résolu et s'appuie sur un puissant parti conservateur ; face à la grève des cheminots de 1919, le *Times* écrit : « Comme la guerre avec l'Allemagne, ce doit être une guerre jusqu'au bout » ; en 1920, les cheminots en grève n'obtiennent pas la nationalisation des mines, mais obtiennent la semaine de quarante-huit heures et des augmentations de salaires. Mais la crise de 1920-1921 fait monter le nombre des chômeurs : 1 million en janvier 1921, 2,5 millions en juillet ; le chômage touche la moitié des travailleurs dans la métallurgie, le tiers dans la construction navale ; les propriétaires des mines cherchent à réduire les salaires, parfois jusqu'à 35 % : le mouvement ouvrier se heurte à la détermination du patronat (lock-out) et du gouvernement qui, résolu à « affronter une situation analogue à la guerre civile » envoie les forces armées ; il se divise, souffre de l'indécision des dirigeants, pour finalement connaître la défaite. Le gouvernement travailliste minoritaire de 1924 ne peut engager aucune réforme sociale. Et, quand, après le retour à la convertibilité-or de la livre, le patronat vient engager une nouvelle baisse des salaires, les mineurs se mettent à nouveau en grève (1926) ; le Conseil général des Trade Unions décide de les appuyer par une grève générale ; mais le gouvernement conservateur fait décréter par le roi l' « état de circonstances exceptionnelles » et déclare la grève illégale ; une nouvelle fois, le mouvement ouvrier se divise et connaît l'échec La confiance dans les syndicats s'affaiblit, le nombre de syndiqués tombe en dessous de cinq millions.

Dès 1927, les conservateurs consolident leur avantage avec le vote d'une loi qui limite les droits syndicaux : interdiction du droit de grève pour les fonctionnaires, qui ne peuvent plus adhérer au Trade Unions Council ; interdiction des grèves de solidarité, des grèves visant à faire pression sur le gouvernement ; la grève générale est déclarée illégale ; l'exercice du droit de grève est lui-même strictement réglementé et le versement des cotisations au Labour Party rendu plus difficile.

Fondamentalement, la classe ouvrière est affaiblie : d'abord par le chômage, qui frappe tout au long des années

vingt plus d'un million de travailleurs (12 % de la population active) et va atteindre, au début des années trente,
trois millions de salariés ; elle l'est aussi par une considérable hétérogénéité, correspondant à la grande diversité du
capitalisme britannique, aux inégalités de salaires, aux
différences de statuts, aux traditions de métiers. Ainsi, en
1926, la plupart des travailleurs des chemins de fer, des
services publics et des mines sont payés au temps ; mais la
moitié des travailleurs du textile (les deux tiers dans le
coton) sont payés aux pièces, ainsi que les deux cinquièmes
des travailleurs des mines et de la confection et un tiers des
travailleurs des industries mécaniques, chimiques, de la
poterie, de la verrerie... En outre, de multiples systèmes de
salaires dégressifs ou progressifs, de primes et de pénalités
multiplient à l'infini les spécificités et les divisions [1].

Ainsi s'explique la forte chute des salaires nominaux
de 1920 à 1922 et leur quasi-stagnation de 1922 à 1929,
l'accroissement parallèle de la productivité (+ 12 % de 1924
à 1930 et + 10 % de 1930 à 1934), et donc « la réduction
lente mais constante » de la part des salaires dans la
production nette des industries de transformation. Mais la
baisse des prix de gros et surtout celle des denrées
alimentaires permet de penser qu'une partie des salariés
ont pu maintenir leur pouvoir d'achat ; certains ont pu
l'améliorer : de 1924 à 1939, les salaires réels augmentent
de 15 %. En outre, dans les années trente, des mesures
vont être prises ou généralisées : journée de huit heures,
semaine annuelle de congé (1938). Les plus démunis
peuvent recevoir quelque chose, souvent bien peu : moins
de la moitié des vieux perçoivent une pension qui n'atteint
que rarement un minimum décent ; des chefs de famille
malades peuvent percevoir de maigres allocations ; et les
conditions d'attribution des allocations-chômage restent
tout au long des années trente différenciées et restrictives.
D'où les marches de la faim, notamment en 1932, durement réprimées par la police [2].

Chômage, pression sur le pouvoir d'achat, productivité
accrue, misère pour les plus faibles : la classe ouvrière

1. W. Sombart, *op. cit.*, t. II, p. 444 s.
2. M. Dobb, *Études sur le développement du capitalisme* ; R. Marx, *La Grande-
Bretagne contemporaine* ; C. Ambrosi et Tacel, *Histoire économique*.

britannique a durement payé la politique de restauration de la livre des années vingt, puis les effets sur le capitalisme britannique de la crise mondiale des années trente.

On voit donc quels enjeux, énormes pour la classe dirigeante, sous-tendaient les débats feutrés des économistes britanniques. Alors que Keynes et quelques isolés réclamaient l'augmentation des dépenses publiques, une politique de crédit moins restrictive, des travaux publics et s'opposaient à la recherche systématique de la baisse des salaires nominaux, les économistes faisant autorité voyaient, dans cette dernière voie, la principale solution. Ainsi Pigou, élève de Marshall et maître de Keynes : si rien n'entrave le libre fonctionnement du marché, « les taux de salaires auront toujours tendance à correspondre à la demande de travail, de façon que le plein emploi soit garanti. Donc, en situation satble, tout le monde trouvera effectivement un emploi[1] ». Et Robbins, en termes plus explicites :

> En général, on peut affirmer sans se tromper que, si les taux de salaires étaient beaucoup plus flexibles, le chômage se trouverait considérablement diminué (...). Si l'on ne s'était pas obstiné dans l'idée que les taux de salaires ne doivent être réduits à aucun prix, afin de préserver ainsi le pouvoir d'achat des consommateurs, la dépression actuelle aurait été beaucoup moins violente et le chômage qui l'accompagne n'aurait pas atteint une telle ampleur[2].

La *Théorie générale* est une construction qui doit, aux yeux de Keynes, permettre de réfuter et de remplacer la vision classique :

> Nous avons critiqué longuement la théorie du chômage du professeur Pigou, non pas parce qu'elle nous semble plus critiquable que la théorie d'autres économistes classiques, mais parce que, à notre connaissance, elle représente le seul effort qui ait été tenté pour exposer avec précision la doctrine de l'école classique au sujet du chômage. Nous nous devions de combattre cette doctrine sous la forme la plus redoutable qui lui ait été donnée[3].

1. A. C. Pigou, *Theory of Unemployment*, 1933, cité par M. Stewart, *Keynes*, trad. fr., Seuil, 1969, p. 63.
2. L. Robbins, *The Great Depression*, trad. fr. 1935, p. 218, cité par M. Stewart, *op. cit.*, p. 63.
3. J. M. Keynes, *General Theory of Employment, Interest and Money*, 1936 ; trad. fr. 1949, p. 295.

A une issue capitaliste à la crise qui imposait à la classe ouvrière d'énormes sacrifices et qui risquait donc de conduire à d'inquiétants affrontements, Keynes proposait une autre issue capitaliste qui, par une relance de l'activité, permettait de réduire le chômage, sans amputer le pouvoir d'achat des travailleurs. En ce sens, et trente après le *Five Dollars Day* de Ford, Keynes expose une théorie économique qui permettra de justifier de nouvelles politiques à travers lesquelles sera recherchée, et en partie accomplie, l'intégration du monde du travail dans la société capitaliste. Ce qui est déjà en cours aux États-Unis, mais qui apparaît encore largement irréaliste en Europe...

La longue crise des années vingt et trente frappe particulièrement les secteurs de la première industrialisation qui ont fait la puissance du capitalisme britannique au XIXe siècle : les charbonnages, la métallurgie, l'industrie textile. Au contraire, se développent les industries de la deuxième génération : industrie électrique (qui double le nombre de ses salariés entre 1924 et 1937), automobile (qui double sa production entre 1929 et 1937), transports routiers, soie artificielle, industries alimentaires. Cette restructuration est renforcée par d'importantes opérations d'organisation sectorielle ou de concentration : l'industrie charbonnière comprenait plus de mille entreprises dans les années vingt ; après 1930, une Commission de réorganisation a la haute main sur la production et l'exportation et un Conseil central des houillères favorise réorganisation et fusion. Dans la sidérurgie, le Comité de réorganisation suscite en 1932 la fusion de deux mille entreprises dans le British Iron and Steel. Le textile reste dispersé et peu efficace : ainsi, en 1927, il y a 57 millions de broches en Grande-Bretagne contre 38 aux États-Unis et 6 au Japon ; mais la production britannique n'atteint pas la moitié de celle des États-Unis et elle est en voie d'être rattrapée par celle du Japon. Dans les industries modernes, de puissants groupes se constituent : dans la chimie, l'Imperial Chemical Industries, ICI, avec la participation de la Nobel anglaise ; dans l'automobile, la Rootes Motor Ltd résulte en 1932 de la fusion de huit entreprises ; Courtauld domine la rayonne ; et Lever (savon) s'associe en 1929 à la société hollandaise Margarine Unie pour former le groupe Unilever dont Unilever Ltd (britannique) détient 46 % et Unilever NV (hollandaise) 54 % du capital.

En 1935, les trois premières entreprises de chaque secteur contrôlent respectivement 83 % des chemins de fer, 82 % du pétrole, 71 % des tubes d'acier, 71 % du sucre, 48 % de la chimie, 43 % de la mécanique et de l'automobile... mais 23 % seulement du textile. En même temps 30 000 entreprises emploient entre 10 et 100 personnes (soit le cinquième des travailleurs de l'industrie); 130 000 en emploient moins de 10 (soit 500 000 salariés). L'héritage d'un passé prestigieux pèse lourd sur la destinée du capitalisme britannique.

Dans cet héritage, il y a aussi un atout de poids : l'Empire, colonies et dominions, qui s'est élargi après la Première Guerre d'un mandat sur l'Afrique orientale allemande, et d'une zone d'influence au Moyen-Orient. Chaque dominion dispose d'une voix à la SDN, ce qui assure une prédominance aux Anglo-Saxons. A la Conférence impériale de 1926 est affirmée l'égalité en matière de politique extérieure des dominions et de la Grande-Bretagne, même si cette dernière a des « responsabilités particulières » en matière de défense. Les échanges commerciaux de la Grande-Bretagne avec l'Empire résistent mieux à la crise que ses autres échanges extérieurs. Et quand, en septembre 1931, la livre est détachée de l'or, un tarif protectionniste est aussitôt mis en place. A la conférence d'Ottawa, en 1932, l'Empire est rebaptisé British Commonwealth of Nations et un accord de « préférence réciproque » est conclu : la Grande-Bretagne admet en franchise la plupart des produits du Commonwealth; et l'Australie, la Nouvelle-Zélande, l'Inde, le Canada, Terre-Neuve, l'Union sud-africaine et la Rhodésie accordent aux produits anglais d'appréciables tarifs préférentiels. En 1939, la Grande-Bretagne recevra du Commonwealth 38 % de ses importations (contre 26 % en 1929) et lui vendra 45 % de ses exportations (contre 40 % en 1929).

Parallèlement, les investissements britanniques à l'extérieur, qui reculent aux États-Unis et stagnent au Canada, progressent en Europe, en Argentine et au Mexique, mais surtout dans des pays du Commonwealth : Australie, Nouvelle-Zélande et Inde notamment [1].

Or le revenu de ces investissements constitue pendant tout l'entre-deux-guerres une ressource essentielle pour les comptes extérieurs de la Grande-Bretagne (voir tableau n° 29).

Enfin les termes de l'échange s'améliorent, notamment du fait de la forte baisse des prix relatifs des produits de base et particulièrement des produits agricoles des « pays neufs » : pour la Grande-Bretagne, le rapport des prix à l'exportation aux prix à l'importation s'élève de l'indice 60 en 1881-1885 à 82 en 1926-1930 et 100 en 1931-1935 [2].

Prélèvements occultes à travers l'échange inégal accentué par cette amélioration des termes de l'échange et prélèvement à travers les revenus de l'investissement extérieur signifient élargissement et intensification de l'exploitation à l'échelle mondiale. Dans des formes adaptées à chaque production, à chaque formation sociale et à chaque type de présence de la métropole, la contrainte au surtravail est à l'œuvre de plus en plus profondément sur les cinq continents. De nouvelles formes de misère jaillissent. De nouvelles injustices. De nouvelles aspirations à la libération, à l'indépendance : souvent ce sont les couches aisées et les intellectuels, parfois des membres des clergés, des religieux qui s'en font les porte-parole. Alors même qu'il devient plus vital que jamais pour le capitalisme britannique, l'Empire est déjà marqué par d'innombrables fêlures.

1. *Répartition par régions des investissements extérieurs de la Grande-Bretagne* (en millions de dollars) :

	1914	1938
Europe	1 050	1 750
États-Unis	4 250	2 750
Canada	2 800	2 700
Amérique latine	3 700	4 900
Océanie	2 200	3 350
Asie	3 550	5 250
Afrique	2 450	2 150
Total mondial	20 000	22 850

Source : P. Mathias, *The first industrial Nation*, p. 469.

2. S. Amin, *L'Accumulation à l'échelle mondiale*, p. 89.

TABLEAU N° 29

BALANCE DES PAIEMENTS COURANTS
DE LA GRANDE-BRETAGNE*

	commerce des mar-chandises	revenus des investis-sements extérieurs	autres opérations courantes	or et devises	solde
1920-4	− 279	+ 199	+ 221	+ 21	+ 162
1925-9	− 395	+ 250	+ 213	+ 1	+ 68
1930-4	− 324	+ 174	+ 127	− 66	− 89
1935-8	− 360	+ 199	+ 133	− 77	− 105

* En millions de livres (moyenne annuelle de chaque période).
Source : P. Mathias, *op. cit.*, p. 469.

3. *Le franc d'abord ?*

Certaines fractions du capitalisme français avaient aussi, dès les années vingt, privilégié la « mise en valeur » de l'Empire : plan Sarraut de 1921, création de la Banque de Syrie et du Liban (1919), de la Banque d'État de l'AOF (1925), de la Banque de Madagascar (1925)... Face à l'accentuation de la concurrence sur le marché mondial, c'est dès 1928 qu'une loi douanière organise la préférence impériale et, pour l'essentiel, supprime les tarifs entre la métropole et les colonies. En 1931 est organisée l'Exposition coloniale de Vincennes. En 1934-1935 la Conférence impériale ne réussit guère qu'à proposer de substituer aux termes « colonies » et « colonial » la formule « outre-mer ».

C'est dans la crise des années trente, que le repli impérial apparaît le plus nettement : les échanges avec les colonies ne représentaient que 12 % pour les importations et 19 % pour les exportations en 1928-1930 ; ils atteignent 27 % des importations et 30 % des exportations en 1936-1938. En 1913, seulement le dixième des capitaux français investis à l'extérieur le sont dans l'Empire ; cette proportion ne semble pas évoluer notablement dans l'entre-deux-guerres, malgré la présence active de quelques grands groupes : la CFAO (groupe à capitaux principalement marseillais), la SCOA (groupe à capitaux lyonnais, lié à la banque Demachy), la Banque de l'Union parisienne (associée à des capitaux bordelais), la Banque de l'Indochine, la Banque de Paris et des Pays-Bas. Significatif de l'état d'esprit des capitalistes français à l'égard de l'Empire, les investissements qui y sont réalisés le sont surtout dans le commerce (39 %) et la banque et l'immobilier (10 %), mais peu dans l'industrie (10 %) et les mines (7 %)[1]. Cet investissement dans les colonies pèse finalement d'un faible poids : car dès cette période l'investissement extérieur de la France est en déclin.

TABLEAU N° 30

INVESTISSEMENTS A L'ÉTRANGER
DES PRINCIPAUX PAYS CAPITALISTES *

	1914	1930	1960
Grande-Bretagne	50,4	43,8	24,5
France	22,2	8,4	4,7
Allemagne	17,3	2,6	1,1
Pays-Bas	3,1	5,5	4,2
États-Unis	6,3	35,3	59,1
Canada	0,5	3,1	5,5
Suède	0,3	1,3	0,9
	100	100	100

* En pourcentage.
Source : H. Magdoff, *L'Age de l'impérialisme*, p. 56.

Et déjà — mais il est plus facile, avec le temps, d'en saisir la portée — des fissures apparaissent : troubles en Tunisie en 1920-1921, révolte d'Abd el-Krim au Maroc (1925-1926), soulèvement de Yen Bay et révoltes paysannes en Indochine (1930-1931), mouvements, eux aussi réprimés,

1. C. Coquery-Vidrovitch (éd.), *Connaissance du Tiers Monde* (contributions de C. Coquery-Vidrovitch et de J. Suret-Canale) et *La France et le Tiers Monde* (contribution de M. Beaud).

en Tunisie et au Maroc en 1937-1938. Ces mouvements ne sont pas « admissibles », non seulement parce qu'ils heurtent les intérêts coloniaux, mais aussi parce que dans une très large partie de l'opinion française les idées coloniales et les idées républicaines se sont mêlées d'une manière qui, aujourd'hui, peut paraître étrange : en témoigne, par exemple, cette note d'un haut fonctionnaire :

> C'est la République qui, en moins de quarante ans, a refait une France coloniale et qui a répandu sur le monde français les idées d'affranchissement et de progrès social (...). La tâche de cette politique coloniale est double (...) : créer un droit des populations coloniales, développer et favoriser l'évolution sociale et économique des peuples indigènes (...). [Ainsi] la France pourra faire des peuples indigènes qu'elle dirige et instruit des peuples associés à sa vie, libres de leurs coutumes et de leur évolution, mais fédérés dans la France d'Outre-Mer [1].

Mais si l'Empire a permis d'amortir en partie les effets de la crise des années trente, ce n'est pas principalement sur son exploitation que s'est fondée la croissance dont a bénéficié le capitalisme français dans les années vingt. Cette croissance est indéniable : sur la base 100 en 1913, la production industrielle était à 57 en 1919, et 55 du fait de la crise en 1921, elle atteint 109 en 1924 et 127 en 1928. Entre 1922 et 1929, le taux de croissance de la production est de 5,8 par an, taux comparable à celui de l'Allemagne (5,7), inférieur seulement à celui du Japon (6,8), supérieur à ceux des États-Unis (4,8), de la Grande-Bretagne (2,7) et de l'Italie (2,3). Cette croissance a été plus forte pour les industries de biens d'équipement (qui dépassent de 50 % leur niveau d'avant-guerre) que pour les industries de biens de consommation (qui ne dépassent leur niveau d'avant-guerre que de 10 %).

Ainsi se renforce la place qu'occupe le secteur des moyens de production dans l'industrie française, alors que pour l'industrie britannique (très en avance dans ce domaine avant la Première Guerre) le mouvement s'inversait.

1. Cité par C. Coquery-Vidrovitch, in *Connaissance du Tiers Monde, op. cit.*, p. 231.

TABLEAU N° 31

**STRUCTURE DU PRODUIT INDUSTRIEL
EN GRANDE-BRETAGNE ET EN FRANCE ***

Grande-Bretagne			France		
	biens de consommation **	moyens de production		biens de consommation **	moyens de production
1881	53	47	1875-84	78	22
1907	42	58	1905-13	72	28
1924	47	53	1920-24	66	34
			1935-38	59	41

* En pourcentage.
** Bâtiment et TP compris.
Source : T. J. Markovitch, *Cahiers de l'ISEA*, n° 179, nov. 1966, p. 287.

Cette croissance est surtout le fait des industries de la deuxième génération. La production d'électricité quadruple de 1920 à 1928 ; Ernest Mercier, soutenu par les Rothschild, regroupe les sociétés de la région parisienne dans une Union d'électricité et renforce les liens avec les entreprises de fabrication de matériel électrique : la Compagnie générale d'électricité et l'Alsthom (née en 1928 de la fusion de la Société alsacienne de constructions mécaniques et de Thomson-Houston, filiale du groupe américain General Electric). L'industrie automobile va construire 250 000 véhicules en 1928, beaucoup pour l'Europe, mais peu par rapport aux États-Unis ; plus de la moitié sont construits par Renault, Peugeot et Citroën. L'industrie du caoutchouc, qui a en 1929 une production huit fois et demie supérieure à celle de 1913, est dominée par Michelin. Progrès importants aussi de l'industrie chimique, dominée par Kuhlmann, mais où s'affirment aussi de nouveaux venus notamment à l'occasion des « réparations » : l'Office national de l'azote (capitaux publics), la Société du Rhône (capitaux suisses), Progil (capitaux du textile, de Lyon — les Gillet — et du Nord — les Motte). Progrès rapide de l'aluminium et de l'électro-métallurgie, avec Pechiney et Ugine. Même la production de fer et de produits sidérurgiques, toujours dominée par les Schneider et les Wendel, progresse pendant cette période [1].

Cette croissance est stimulée par une forte progression des exportations, favorisée par la dévalorisation du franc jusqu'en 1926-1928 : la part exportée de la production manufacturière était de 7 % à la fin du XIXe siècle et de 8 % en 1905-1913 ; elle dépasse 10 % en 1920-1924 (mais retombera à 4 % en 1935-1938). En 1930, la part de la production exportée est de 10 % pour la houille, 15 % pour le caoutchouc, 17 % pour l'automobile, 25 % pour les industries chimiques, 29 % pour les produits sidérurgiques ; elle est plus importante encore pour les industries traditionnelles : 30 % pour les cuirs et peaux, 32 % pour les tissus de coton, 38 % pour les tissus de laine, 50 % pour la confection et la lingerie, les produits pharmaceutiques, les instruments de musique, 60 % pour la parfumerie, l'horlogerie-bijouterie et la maroquinerie, 65 % pour les tissus de soie et de rayonne [2]. Cette croissance a donc reposé, en partie, sur une dévalorisation relative du travail français par rapport au travail américain ou britannique, réalisée à travers la baisse relative du franc, laquelle facilite le maintien ou le développement des courants d'exportation.

Elle a reposé sur d'importants progrès de la productivité. En francs 1905-1913, la valeur de la production par travailleur est passée de 2 500 F environ en 1920-1924 (même niveau qu'en 1905-1913) à 3 500 F en 1925-1934 et 4 250 F en 1935-1938. La croissance de la productivité a été particulièrement forte dans la période 1925-1935 (+ 37 %). Alors qu'elle avait reculé de 1913 à 1920 (− 1,8 % par an en moyenne), la productivité par travailleur de l'industrie s'est accrue à un rythme très rapide dans les années vingt (+ 5,8 % par an) et a continué de progresser de 1930 à 1937 (+ 2,8 % par an). Sur la base 100 en 1913-1914, la productivité industrielle était tombée à 84 en 1920 ; elle atteint 136 en 1929. Compte tenu du fait que, pendant cette période, la durée hebdomadaire du

1. Voir P. Bernard, *La Fin d'un monde* (1914-1929), et M. Beaud, P. Danjou, J. David, *Une multinationale française : Péchiney-Ugine-Kuhlmann.*
2. T. J. Markovitch, *art. cit.*, p. 307 s.

travail est réduite et les congés annuels se généralisent, la
croissance de la productivité horaire est plus forte encore :
elle double presque entre 1920 et 1938[1].

Cet accroissement de la productivité est lié à une
accentuation de la mécanisation et de la motorisation, à la
modernisation et à la rationalisation de l'appareil industriel : de 15 % en 1896-1913 le taux d'investissement s'élève
à 19 % en 1928-1931 ; en même temps, des méthodes
diverses d'intensification du travail se développent dans les
différents secteurs et des mesures visant à une plus grande
stabilité de la classe ouvrière sont prises par les dirigeants
des grandes entreprises. Ainsi, dans la sidérurgie : « La
réduction du nombre des ouvriers due aux pertes résultant
de la guerre, à la hausse des salaires, écrit Eugène
Schneider en 1931, obligea à développer et à perfectionner
les outillages en les substituant à l'ancienne main-d'œuvre
aussi bien pour la fabrication que pour la manutention » ;
le nombre des hauts fourneaux s'élève de 73 en 1921 à 154
en 1929 ; dans ce secteur, chez les Wendel comme chez les
Schneider, l'insertion d'une partie de la main-d'œuvre dans
des cités ou des bourgs, où tout, du logement au cimetière,
du magasin à l'école et au dispensaire, appartient à l'usine,
est déjà une tradition.

Dans les mines de charbon, le nombre des marteaux
piqueurs passe de 1 400 en 1913 à 13 300 en 1925 ; parallèlement est mis en place le « système Bedeaux » qui définit
une norme de travail : l'ouvrier est pénalisé s'il ne l'atteint
pas et gratifié s'il la dépasse..., et de temps à autre les
normes sont relevées ; là encore, une politique de stabilisa-
tion-intégration est menée, qui s'appuie sur la « fierté
d'être mineur », le coron, avec le logement, le jardin et le
voisinage, l'école, l'église, les fêtes, le charbon gratuit et,
dans le Nord, la langue locale[2]. Dans l'automobile et
d'autres industries mécaniques, c'est le travail à la chaîne
qui sert de base aux progrès de la productivité ; chez
Renault le nombre de machines-outils passe de 2 250 en

1. T. J. Markovitch, art. cit. ; J.-J. Carré, P. Dubois, E. Malinvaud, *La Croissance française* ; A. Sauvy, *Histoire économique de la France entre les deux guerres*, t. I ; Cepremap, *Approches de l'inflation : l'exemple français*, t. III.
2. L. Lengrand, *Mineur du Nord*, Seuil, et D. Bertaux, *Destins personnels et Structure de classe*.

1914 à 5 210 en 1920, et chez Citroën de 3 450 en 1919 à
12 260 en 1927 ; le nombre de journées de travail vivant
contenues dans la fabrication d'une voiture tombe de 563
en 1920 à 129 en 1929 (160 chez Renault où les modèles
sont plus variés et l'organisation « plus souple », mais 100
chez Citroën) [1]. Chez Pechiney, avant la Deuxième
Guerre, environ deux travailleurs sur cinq habitent dans
des « logements Pechiney », et souvent dans des cités où
tout est contrôlé par l'usine.

Ainsi, les progrès de productivité de l'entre-deux-guerres
résultent à la fois de la mécanisation/motorisation/rationa-
lisation de la production et de l'intensification du travail
sous la pression de méthodes d'organisation et de rémunération diverses, avec, très fréquemment, une politique
paternaliste de stabilisation/intégration des travailleurs
menée par les grandes entreprises. Mais les grandes
entreprises restent un îlot dans le capitalisme français : les
établissements de plus de cinq cents salariés ne représentent qu'un cinquième des ouvriers en 1926 et 1936, alors
que les établissements de moins de dix salariés en
emploient encore deux cinquièmes ; et dans les petites
entreprises, ce sont les méthodes les plus traditionnelles
d'incitation au surtravail qui se perpétuent.

Cette phrase d'accumulation commence à rencontrer
vers 1926 ses propres limites : difficulté plus grande à
écouler les productions, tenant d'un part aux divergences
des croissances sectorielles, d'autre part à la faiblesse du
pouvoir d'achat ouvrier et paysan ; en outre, la concurrence
se durcit sur le marché mondial et va devenir plus rude
encore avec la stabilisation financière de 1926 et le rattachement du franc à l'or en 1928. Les prix de gros
commencent à baisser en 1926 : sur la base 100 en 1913, ils
tombent, pour 94 matières industrielles, de 793 en 1926 à
697 en 1928 et 579 en 1930, l'année où la « crise américaine » est censée commencer à toucher la France ; cette
baisse touche notamment les minéraux et les métaux, les
textiles et les cuirs, les produits chimiques et le caoutchouc.
Parallèlement, la valeur des exportations commence à

---

1. P. Fridenson, *op. cit.*, et M. Freyssenet, *La Division capitaliste du travail*,
p. 45 s.

reculer : dès 1926 pour les tissus de laine et de soie, la lingerie et les vêtements, les automobiles, les outils et ouvrages en métaux, en 1927 pour les tissus de coton et les fils de laine... Enfin, en 1926, le taux de profit pour l'ensemble des secteurs monte à un niveau qui ne sera jamais atteint au cours des quatorze années suivantes [1].

Ainsi une crise est bien déjà à l'œuvre dans l'économie française lorsque celle-ci subit les contrecoups de la crise américaine. La politique entêtée de maintien de la convertibilité-or du franc et de déflation contribuera à la faire durer : le maximum du nombre des chômeurs secourus est atteint en 1935 et 1936 (plus de quatre cent mille) ; baisse légère, mais constante, des salaires nominaux jusqu'en 1936 ; baisse des prix jusqu'en 1935 (plus accentuée pour les prix de gros que pour les prix de détail) ; stagnation durable de la production industrielle à un niveau de 10 à 25 % inférieur à celui de 1928 ; baisse des exportations, en volume jusqu'en 1932, en valeur jusqu'en 1936 [2]. Et le protectionnisme, le malthusianisme, la poussée de la droite, 1934... Puis, face à la montée du fascisme, le Front populaire.

A deux moments de cette période, le mouvement ouvrier français s'est trouvé en position de force : au lendemain de la guerre, où la CGT retrouve ses effectifs de 1913 (neuf cent mille ouvriers) et où la classe ouvrière fait preuve de combativité (1919-1920) ; au moment du Front populaire, avec le grand mouvement de 1936 et une poussée sans précédent, en France, de la syndicalisation (huit cent mille syndiqués en 1935, quatre millions en 1937). Mais, dès 1919, de sérieuses divergences existent au sein du mouvement ouvrier : certains font grève surtout pour l'application de la journée de huit heures, d'autres pour un changement radical de la société ; et un autre clivage se développe, entre ceux qui voient dans l'URSS la patrie du socialisme (la victoire du socialisme dans le monde étant dès lors conditionnée par les succès soviétiques)... et la

1. A. Sauvy, op. cit., t. I ; « Croissance sectorielle et accumulation en longue période », Statistiques et Études financières nº 40 ; R. Boyer, La Crise actuelle : une mise en perspective historique, Cepremap, ronéotypé.
2. A. Sauvy, op. cit., t. II ; Cepremap, op. cit., t. IV.

gamme variée des autres : ce sera la cassure de la SFIO, puis de la CGT ; ce sera une longue période d'affrontements et d'affaiblissement. Et dans le Front populaire, lors des difficultés qu'il rencontre à l'approche de la guerre, cette division continue de peser.

Cependant, dans l'ensemble, la classe ouvrière française, et plus largement le monde des salariés, réussit à maintenir un rapport de forces qui lui permet, dans la période, de bénéficer d'une partie des gains de productivité dont elle supporte la charge , et cela sous deux formes :
– la réduction de la durée du travail,
– la défense et la progression du salaire réel.

En 1919 est votée la loi sur la journée de huit heures : son application entraîne une nette chute de la durée du travail en 1920 et 1921. Le ralentissement de l'activité provoque à partir de 1929 une nouvelle et sensible chute de la durée annuelle du travail. Enfin, la semaine de quarante heures et les congés payés, en 1936, se traduisent par une nouvelle chute. Comparée à la lente diminution de la période 1896-1913 et à la parcimonieuse réduction (après un net relèvement) dans les années 1960, l'évolution est sensible. Et on conçoit la satisfaction qu'ont pu avoir les travailleurs non chômeurs de reconquérir « du temps pour vivre ».

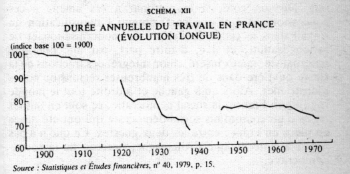

SCHÉMA XII

DURÉE ANNUELLE DU TRAVAIL EN FRANCE
(ÉVOLUTION LONGUE)

(indice base 100 = 1900)

Source : Statistiques et Études financières, n° 40, 1979, p. 15.

Quant au salaire réel, pour chaque travailleur il a progressé en moyenne de 2,2 % par an de 1920 à 1930, et de 1,5 % par an de 1930 à 1937. En 1930, le pouvoir d'achat de différentes catégories de salaires était en progression de 14 % à 50 % par rapport à 1914 ; la structure de la consommation alimentaire des familles ouvrières se modifie : la part des produits à base de céréales diminue (12 % en 1930 contre 19 % en 1905), tandis que progressent la part des volailles et de la charcuterie (10 % contre 9 %) et des fruits et légumes (16 % contre 10 %) ; restent stables les postes œufs/produits laitiers/corps gras (19 %) et boissons (13 %)[1]. Dans des agglomérations industrielles, des maîtresses de maison de la moyenne bourgeoisie s'en offusquent : pensez-vous, des femmes d'ouvriers se mettent à acheter des poulets !

La loi de 1919 sur les conventions collectives n'a guère été appliquée. Celle de 1928 sur les assurances sociales entraînera un premier élargissement du salaire indirect dont le poids représentera le quart de la masse salariale en 1937. En 1936, outre les relèvements de salaires, les quarante heures et les congés payés, le droit syndical est élargi et renforcé, le système des conventions collectives généralisé, et les délégués d'entreprise sont créés...

Ainsi, sur l'ensemble de la période, la classe ouvrière a réussi à la fois à obtenir l'institutionnalisation d' « acquis » importants, et à bénéficier, sous forme de réduction de la durée du travail et de progression du pouvoir d'achat, d'une partie des progrès de la production qu'elle supportait. De son côté, si le patronat a été amené à ces concessions, il a, d'une part, obtenu l'intensification du travail dans le cadre de l'effort de modernisation et de rationalisation ; et il a, d'autre part, par une politique paternaliste, mieux inséré, sinon intégré, des fractions de la classe ouvrière dans de très nombreuses régions ou zones industrielles. Alors qu'à gauche et à droite tout le monde rejette, en France, la social-démocratie, ce sont en fait les bases d'un compromis social-démocrate qui ont été mises en place en France entre les deux guerres. Ce que n'a pas réussi à cette époque l'Allemagne, berceau de la social-démocratie.

1. J. Lhomme, « Le pouvoir d'achat de l'ouvrier français... », *Le Mouvement social*, avril-juin 1968 ; A. Sauvy, *op. cit.*, t. I et II ; Cepremap, *op. cit.*, t. III. Dans les phases de déflation, c'est par une plus forte résistance à la baisse des salaires nominaux que s'opère la progression du pouvoir d'achat des salariés.

4. *Deutschland über alles !*

Un impérialisme bloqué dans son expansion et amputé. Un capitalisme mutilé et lourdement pénalisé au profit de ses rivaux. Certes.

Pourtant, ici plus nettement encore, tout ne peut être réduit au capitalisme, à ses avatars et à ses soubresauts. Il y a une armée défaite, et la caste des militaires. Il y a un peuple humilié, et le nationalisme. Il y a des ferments immaîtrisables du racisme, du chauvinisme et de la xénophobie. Et puis il y a eu la rencontre d'un démagogue hors du commun, de ce peuple blessé, de ces intérêts avides, et leur fascination à travers la radio, la propagande, la mise en scène monumentale et la violence de masse. Il y a eu le poids de l'idéologie. Pour l'homme : « *Arbeit macht frei* » (« C'est le travail qui te fait libre »... et comment le nier quand on a connu le chômage ?) ; et pour la femme : « *Kinder, Küche, Kirche* » (« Enfants, cuisine, église »... et, contre de si saines idées, que pourrait avoir à redire l'Église ?). Il y a les coups de force, les coups de poker, l'arbitraire du plus fort, la violence déchaînée ou menaçante, les camps.

En face, il y a les erreurs de jugement, les chapelets de lâchetés, les mauvais calculs. Mais n'y a-t-il pas aussi une large part de complicité de l'ensemble des classes dirigeantes ? A partir du moment où le mal, c'était l'URSS, le communisme, le rouge, l'Allemagne nazie ne pouvait-elle pas être un utile contre-feu ? n'allait-elle pas trouver d'utiles compensations dans une nouvelle poussée vers l'Est ? Pour un temps, le pacte germano-soviétique brisa ce rêve-là... Et l'incendie embrasa le monde.

Le programme du Parti national-socialiste, en 1920, a des aspects nettement anticapitalistes. Il préconise la nationalisation des sociétés par actions qui deviendront « biens de la Communauté nationale ». Otto Strasser, animateur de cette ligne de pensée, écrit :

> L'industrie allemande, l'économie allemande entre les mains du capital financier international, c'est la fin de toute possibilité de libération sociale, c'est la fin de tous les rêves

d'une Allemagne socialiste (...). Nous, jeunes Allemands de la guerre, nous, révolutionnaires nationaux-socialistes, nous engageons la lutte contre le capitalisme et l'impérialisme dont l'incarnation est la paix de Versailles [1].

Les hymnes nazis en conservent des traces :

> Nous sommes l'armée de la croix gammée ;
> Brandissez les drapeaux rouges,
> Pour les travailleurs allemands, nous voulons
> Aplanir les chemins de la liberté [2].

Et Hitler, dans *Mein Kampf* (1925-1927) :

> En tant que socialistes nationaux, nous voyons dans notre drapeau notre programme. Dans le rouge nous voyons l'idée sociale de notre mouvement ; dans le blanc l'idée nationaliste ; dans la croix gammée, la mission de combattre pour la victoire de l'homme aryen, qui sera aussi la victoire de l'idée du travail créateur, qui de toute éternité a été antisémite et sera antisémite pour l'éternité [3].

Et Goebbels, dans *Révolution des Allemands :*

> Quel est le but du socialiste allemand ? Il veut que dans l'avenir, en Allemagne, il n'y ait plus un prolétaire. Quel est le but du nationaliste allemand ? Il veut que dans l'avenir, l'Allemagne ne soit plus le prolétaire de l'Univers. Le national-socialisme n'est pas autre chose que la synthèse de ces deux conceptions [4].

Au fur et à mesure que le mouvement national-socialiste s'implante dans la moyenne et petite bourgeoisie et dans la moyenne et la petite « bureoisie [5] », et surtout qu'il se rapproche du grand capital industriel et financier, le mouvement nazi met en sourdine cette dimension anticapitaliste (1927), et les animateurs de ce courant sont éliminés dès la prise du pouvoir (1933-1934).

C'est désormais le mysticisme de la nation et de la race, du sang et de la force qui l'emporte. Hitler : « Ce n'est pas

---

1. Cité par N. Poulantzas, *Fascisme et Dictature*, p. 207.
2. Cité par W. Reich, *Psychologie de masse du fascisme*, 1933, trad. fr. La pensée molle, 1970, T. I, p. 80.
3. *Ibid.*
4. Cité par D. Guérin, *Fascisme et Grand Capital*, Gallimard (1re éd. 1936) 1945, p. 92 ; voir aussi N. Poulantzas, *Fascisme et Dictature.*
5. C'est-à-dire les couches de fonctionnaires, d'employés, de salariés des bureaux et des administrations.

l'intelligence coupant les cheveux en quatre qui a tiré l'Allemagne de sa détresse, mais notre foi (...). La raison vous eût déconseillé de venir à moi et seule la foi vous l'a commandé[1]. » Et Goebbels à Hitler : « Dans notre profond désespoir, nous avons trouvé en Vous celui qui montre le chemin de la foi (...). Vous avez été pour nous l'accomplissement d'un mystérieux désir. Vous avez adressé à notre angoisse des paroles de délivrance. Vous avez forgé notre confiance dans le miracle à venir[2]. » Et c'est l'hystérie enflammée par les mots : « Allemagne, éveille-toi ! » — « *Deutschland über alles !* » (« l'Allemagne au-dessus de tout ! ») « Les peuples qui renoncent à maintenir la pureté de leur race renoncent du même coup à l'unité de leur âme[3]. » « Le rôle du plus fort est de dominer et non point de se fondre avec le plus faible[4]. »

Des idées simples, des formules choc, martelées, ressassées par la propagande. Hitler : « Je m'étais toujours extraordinairement intéressé à l'activité de la propagande, art qui pour les partis bourgeois restait presque inconnu. » Et encore : « La propagande doit être maintenue au niveau de la masse et l'on ne doit mesurer sa valeur qu'aux résultats obtenus. » Et Goebbels : « La propagande n'a qu'un but : la conquête des masses. Et tous les moyens qui servent à ce but sont bons. » Et la violence, organisée, systématisée, programmée : les SA, les SS, les brimades puis les attaques contre les Juifs, les attaques contre les syndicalistes, contre les (mauvais) rouges, les SS éliminant les SA, l'État SS...

Certes, il y a eu la défaite, les amputations et les humiliations : il y a eu les dettes de guerre, l'occupation de la Ruhr, l'inflation absolue qui a détruit la monnaie, le poids des réparations, l'effort de l'austérité... Et il y a la crise des États-Unis qui vient frapper de plein fouet un redressement économique d'une extrême fragilité, tant à l'intérieur qu'à l'extérieur : l'encaisse-or de la Reichsbank qui fond, la production industrielle qui, sur la base 100 en 1928, tombe à 59 en août 1932 ; le nombre des chômeurs

---

1. Cité in *Histoire générale des civilisations*, t. VII, p. 93.
2. Cité par D. Guérin, *op. cit.*, p. 79.
3. Cité par J.-J. Chevallier, *Les Grandes Œuvres politiques, op. cit.*, p. 369.
4. *Ibid.*, p. 367.

qui monte de 2,5 millions en 1929 à 6 millions en 1932. Il y a
un mouvement ouvrier affaibli par ses échecs du début des
années vingt et par la division profonde qui fait du PC
allemand, étroitement lié à l'URSS, et de la social-
démocratie deux irréductibles adversaires. Il y a une classe
dirigeante elle-même divisée, où le patronat industriel et
financier s'oppose aux propriétaires terriens, les industries
manufacturières à l'industrie lourde, le patronat moyen
(désireux de négocier un compromis avec la classe
ouvrière) au grand patronat (soucieux d'une revanche sur
le mouvement ouvrier et de retrouver un absolu pouvoir).
Stinnes, magnat de l'industrie, a annoncé ce moment, dès
1919 : « Les grands industriels, tous les chefs de la vie
économique recouvreront un jour leur influence et leur
pouvoir. Ils seront rappelés par le peuple dégrisé, à demi
mort de faim, qui aura besoin de pain et non de phrases. »
Et Fritz Thyssen, en 1924 : « La démocratie, chez nous,
cela ne représente rien. » En 1929, se regroupent dans un
« front national uni » le parti national-allemand et le
Stahlhelm Casques d'acier (mouvements animés par
Hugenberg, président du Conseil d'administration de
Krupp et magnat de la presse), la ligue pangermaniste et le
parti national-socialiste.

Il y a enfin des classes moyennes — entrepreneurs et
exploitants individuels de la petite et moyenne bourgeoisie ; fonctionnaires et employés de la petite et moyenne
« bureoisie » traumatisés et frappés par la crise ; la paysannerie dont le pouvoir d'achat est atteint ; la classe ouvrière
dont, souligne Reich, certaines couches « s'embourgeoi-
sent » et où les femmes restent largement soumises à
l'influence de l'Église. Les adhérents au parti nazi, en 1934,
sont pour 21 % des employés salariés (12 % de la
population), pour 13 % des fonctionnaires (5 % de la
population), pour 20 % des commerçants et artisans (9 %
de la population) ; mais 11 % « seulement » de paysans
(23 % de la population) et 32 % de la classe ouvrière (45 %
de la population). En 1940, le tiers des cadres SS viennent
des milieux « intellectuels » : instituteurs, enseignants,
étudiants diplômés [1].

1. N. Poulantzas, *op. cit.*, p. 205, 283, 314 et 375.

TABLEAU N° 32

STRUCTURE DE CLASSE ET STRUCTURE IDÉOLOGIQUE EN ALLEMAGNE EN 1928-1930 D'APRÈS W. REICH*

IDÉOLOGIE STRUCT. DE CLASSE	prolétarienne (14,4)		petite-bourgeoise (20,1)		bourgeoise (0,7)
prolétariat (21,8)	travailleurs de l'industrie des trans- ports, du commerce, etc.	11,8	travail. à domicile	0,1	
			employés de maison	1,3	
			pensionnés sociaux	1,7	
			employés subalter- nes (moins de 250 marks par mois)	2,8	
	travailleurs agricoles	2,6	fonctionnaires subal- ternes et retraités	1,4	
	total	*14,4*	*total*	7,4	
classes moyennes (12,8)			*couches moyennes des villes*	6,2	
			dont : petits exploi- tants (avec 2 em- ployés ou moins)	1,9	
			petits exploitants (avec 3 employés ou plus)	1,4	
			employés ou fonc- tionnaires moyens	1,8	
			professions libéra- les et étudiants	0,4	
			petits propriétai- res et rentiers	0,6	
			couches moyennes des campagnes	6,6	
			dont : petits paysans et fermiers (jus- qu'à 5 ha)	2,4	
			paysans moyens (5 à 50 ha)	4,2	
bourgeoisie (0,7)					bourgeoisie (y compris gros pay- sans et pro- priétaires fonciers) 0,7

* En millions. *Sources :* d'après W. Reich, *op. cit.*, t. I, p. 10 et 11.

La base sociale de la montée du national-socialisme a donc principalement été la petite et moyenne « bureoisie » ; mais l'alliance avec le grand capital a été la condition nécessaire de l'accession au pouvoir. Le mouvement ouvrier organisé a très vite été brisé par la violence et l'envoi dans les camps de ceux qui résistaient. Mais, après la prise du pouvoir, le pouvoir d'achat de la classe ouvrière semble se maintenir, et progresse même pour certaines catégories — alors qu'il recule pour les fonctionnaires, les petits commerçants et les artisans, nombre de ceux-ci devant fermer boutique et devenir salariés. Ce qui fait désormais la grande force du pouvoir hitlérien, c'est le recul du chômage, l'État totalitaire et la perspective de l'affirmation d'une Grande Allemagne.

Cinq millions et demi de chômeurs en 1933, deux millions en 1935, moins d'un en 1937 ; quelques dizaines de milliers en 1939. La production a plus que doublé entre 1933 et 1939 : à cette date, elle dépasse de 26 % son niveau record de 1929. Politique de grands travaux — autoroutes, lignes de chemins de fer, aéroports (autant de travaux d'où ne sont pas absentes les préoccupations stratégiques) — mais aussi de réalisations d'urbanisme — constructions, immeubles de prestige pour le Régime. Armement : dès 1935, les dépenses allemandes d'armement dépassent de 50 % les dépenses françaises et les usines de Krupp travaillent à la limite de leur capacité ; entre 1935 et 1939, elles sont multipliées par six. Politique des ersatz industriels, qui stimule la chimie, la métallurgie, les industries textiles et alimentaires. Le tout réalisé dans le cadre d'une politique rigoureuse de contrôle des prix, de crédit et de neutralisation du pouvoir d'achat en excédent ; avec une stratégie du commerce extérieur, fondée sur les accords bilatéraux et des mécanismes de paiement par compensation, qui permet un renforcement des échanges notamment avec des pays d'Amérique latine et des pays de l'Europe centrale et méditerranéenne.

Mais cette relance, cette politique, ce dirigisme s'appuient sur les puissants ensembles industriels et bancaires du capitalisme allemand et les renforcent. Même les groupes étrangers — General Motors (Opel), Ford, Unilever, Shell, Schroeder — ont été respectés : obligation leur

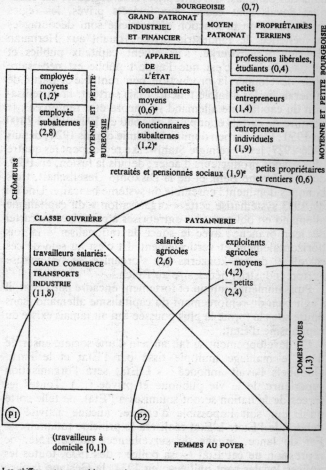

SCHÉMA XIII

CLASSES SOCIALES EN ALLEMAGNE VERS 1930

Les chiffres entre parenthèses représentent, en millions, le nombre d'actifs en 1928 1930.
D'après W. Reich, *Psychologie de masse du fascisme, op. cit.*, t. I, p. 10 et 11.
e : estimation. —℗1 : sphère de la production matérielle. —℗2 : sphère de la production pour
l'autoconsommation.

a été simplement faite de réinvestir en Allemagne tous leurs bénéfices.

Des participations que l'État avait été amené à prendre dans des banques, des entreprises sidérurgiques, des chantiers navals sont cédées aux intérêts privés, les régies municipales de production d'électricité sont découragées au bénéfice de l'industrie privée ; quant aux Hermann Goering Reichswerke, s'ils allient capitaux publics et capitaux privés, c'est que l'apport public est nécessaire pour développer la production peu rentable à partir de minerais de fer à faible teneur. Mais surtout, la cartellisation du capitalisme allemand va encore être renforcée : le nombre de cartels était passé de 1 500 en 1923-1924 à 2 100 en 1930 ; l'IG Farben domine la chimie depuis 1926 ; depuis 1926-1927, les Vereinigte Stahlwerke regroupent les quatre plus grands producteurs d'acier ; depuis la fusion, en 1929, de la Deutsche Bank et de la Diskonto Gesellschaft, trois banques dominent l'ensemble du système bancaire. Une loi de 1933 systématise cette « organisation » du capitalisme allemand en obligeant les entreprises à participer au cartel de leur branche ; avec le souci de rationaliser à la fois horizontalement et verticalement. Et c'est au sein de ces cartels et de ces konzerns que s'organise, se systématise l'effort industriel nécessaire au Reich.

Puissamment soutenu et fortement encadré par l'État, il s'agit bien du renforcement du capitalisme allemand, sans doute sous la forme la plus poussée qui ait jamais existé du capitalisme d'État.

Ce développement se fait au sein d'une société enserrée dans le maillage multiple tissé par l'État et le Parti. Goebbels l'avait annoncé : « L'État sera l'organisation supérieure de la vie publique et privée (...). Toutes les forces de la nation seront soumises à l'État, de telle sorte qu'il leur soit impossible d'exercer aucune activité en dehors de l'État. L'État réalisera le principe totalitaire. » Fer de lance, organe de surveillance, de contrôle, de répression de cet État — sa police : dès 1933, toutes les polices locales sont unifiées ; en 1934, la Gestapo (police politique) et les SS ont fusionné sous la direction de Himmler ; en 1936, toutes les polices sont soumises à l'appareil Gestapo-SS. De 1933 à 1938, plus de quatre cent mille Allemands sont arrêtés et nombre d'entre eux mis en camps. Tous les aspects de la vie sont enserrés dans de multiples filets. Les travailleurs sont organisés dans le Front du travail créé dès mai 1933, alors même que sont dissous les syndicats. Pour les loisirs, *Kraft durch Freude* (la Force par la Joie). Pour tout, pour tous, il y a des organisations : pour les jeunes, les étudiants, les enseignants, les artistes, les femmes, les parents... La radio, la presse, le cinéma, l'enseignement sont totalement au service de l'idéologie et de la propagande national-socialistes.

Enfin, aux Allemands humiliés, Hitler a ouvert la perspective d'une Allemagne triomphante, dès *Mein Kampf* : tous les hommes « d'un même sang doivent appartenir au même Reich ». Une fois rassemblé, que faire d'un « peuple sans espace » ? Le mouvement national-socialiste doit « trouver le courage de rassembler notre peuple et sa puissance pour le lancer sur la voie qui le sortira de son étroit habitat actuel et le mènera vers de nouveaux territoires ». Certes, il faut anéantir la France : « Ne permettez jamais que se forment en Europe deux puissances continentales. Dans toute tentative d'organiser aux frontières de l'Allemagne une deuxième puissance militaire, voyez une attaque contre l'Allemagne. » Mais c'est en Europe, vers l'Est que doit s'étendre le Reich : « Veillez que la source de la puissance de notre pays ne soit pas dans les colonies, mais en Europe, dans le sol de la patrie (...). L'État gigantesque de l'Est est mûr pour l'effondrement. » Et finalement, pourquoi s'en tenir à l'Europe ? « Un État qui, à une époque de contamination des races, veille jalousement à la conservation des meilleurs éléments de la sienne doit devenir un jour le maître de la terre. Que les adhérents de notre mouvement ne l'oublient jamais. »

1935 : rétablissement du service militaire en Allemagne ; 1936 : réoccupation de la Rhénanie ; 1938 : Hitler commandant en chef de la Reichswehr, occupation de l'Autriche, ultimatum à Prague, accords de Munich. 1939 : occupation de la Tchécoslovaquie, prise de Memel, alliance militaire italo-allemande, pacte de non-agression germano-soviétique, invasion puis partage de la Pologne avec l'URSS qui annexera une partie de la Finlande. Le brasier de la Seconde Guerre mondiale est désormais allumé. L'Allemagne domine l'Europe. Mais l'attaque de l'URSS et l'entrée en guerre des États-Unis (1941) inversent le rapport de forces. Il faudra encore plus de trois ans d'une guerre impitoyable, de destructions de masse (prolongement militaire de la production de masse et de la consommation de masse), cinquante millions de morts (six fois plus que pour la « Grande Guerre ») avant la capitulation allemande ; et l'emploi de la première bombe atomique avant la capitulation japonaise.

Deux grandes puissances dominent désormais un monde ravagé : les États-Unis, leader désormais prédominant du camp capitaliste ; l'URSS, au centre d'un nouveau bloc se réclamant du socialisme.

Propos d'étape 5

Pour l'essentiel, la crise des années 1920-1930 résulte des mêmes contradictions dont la combinaison conduisit à la guerre de 1914-1918 : essoufflement des industries de la première industrialisation ; accentuation de la compétition entre les capitalismes nationaux ; poussées du mouvement ouvrier pour obtenir un partage moins inégal de la valeur produite. Et ces contradictions jouent dans un monde partagé : avec la zone d'influence américaine, le Common-wealth britannique, l'Empire français (mais aussi les Empires hollandais, belge) et — à la fois encerclée et repliée sur elle-même — l'URSS.

Mais les industries de la deuxième génération sont alors en plein développement. Et, éclatant retournement dialectique, le relèvement du pouvoir d'achat de fractions de la classe ouvrière, qui, aux yeux de la plupart des capitalistes, devait ruiner le système, se révèle un élément de dynamisme économique et d'intégration sociale : dans l'ensemble, la durée du travail se réduit et le salaire réel progresse pour les travailleurs des grands pays industriels ; mais le chômage pèse en permanence, et d'un poids énorme en période de crise.

A travers les revenus des investissements à l'étranger, à travers l'échange inégal, à travers le ciseau des prix et l'amélioration des termes de l'échange [1], un important transfert de valeurs se développe des colonies — mais aussi des pays neufs, producteurs de minerais et de produits

1. Termes de l'échange de l'Europe industrielle (ensemble de neuf pays : Grande-Bretagne, Allemagne, France, Italie, Belgique, Luxembourg, Hollande, Suède, Suisse) : le rapport des prix à l'exportation aux prix à l'importation, sur la base 1913 = 100, s'élève de 96 en 1920 à 109 en 1929, 138 en 1933, et retombe à 124 en 1937 (C. P. Kindleberger, *The Economic Journal*, mars 1955, cité *in* M. Moret, *L'Échange international*, Rivière, 1957, p. 119).

agricoles — vers les grands pays capitalistes industrialisés. Donc, l'amélioration relative du pouvoir d'achat des classes ouvrières européennes et américaines est en partie assurée, ou compensée, du point de vue du capital, par un prélèvement sur les paysanneries du monde entier.

Dans la même période, on l'a vu, la concentration industrielle s'accentue sous de multiples formes : grandes entreprises, groupes, konzerns, cartels. Les ensembles industriels utilisant plusieurs milliers de travailleurs ne sont plus rares ; certains atteignent plusieurs dizaines de milliers. Le rôle de l'État, notamment à l'occasion des guerres, mais aussi avec les grands travaux et le développement du salaire indirect, s'élargit et s'approfondit[1]. D'une manière plus générale, les tâches de direction, d'organisation, d'administration se développent ; à côté de la paysannerie, des petite et moyenne bourgeoisies, à côté de la classe ouvrière, une nouvelle classe se développe : la « technobureoisie » ; pour l'essentiel salariée, comme la classe ouvrière, elle n'est pas directement confrontée à la production matérielle comme le sont la paysannerie et la classe ouvrière ; et, par son genre de vie, elle est souvent plus proche de la petite et moyenne bourgeoisie[2].

Ces évolutions ont lieu dans un monde éclaté. Éclaté d'abord, parce que, coin solidement enfoncé dans le marché mondial, se développe désormais en URSS le collectivisme d'État[3]. Éclaté aussi, parce que l'impérialisme dominant d'hier, la Grande-Bretagne, n'a plus la capacité d'assurer la régulation d'un système de paiement mondial et que la première puissance économique, les États-Unis, n'a pas pris en charge le relais. Éclaté, encore, parce que chaque grande puissance s'est polarisée sur un objectif national : la prospérité américaine, la livre, le franc, la restauration de la puissance allemande. Éclaté, enfin, parce que, dans les difficultés de la crise, chaque

1. En France, la part des dépenses publiques dans la production intérieure brute est passée de 11 % en 1872 à 33 % en 1920 ; elle retombe à 27 % en 1932, mais remontera à 41 % en 1947 et 49 % en 1953. Cepremap, *L'Évolution des dépenses publiques en France (1872-1971)*.
2. Aux États-Unis, la part des employés dans la population active passe de 10 % en 1910 à 14 % en 1920 et 17 % en 1940 (L. G. Reynolds, *Labor Economics and Labor Relations*, Prentice Hall, New York, 1949, p. 27.
3. Voir M. Beaud ; *Le Socialisme à l'épreuve de l'histoire*, chapitres 4, 5, 6 et 7.

grande puissance s'est enfermée dans son cocon (le Commonwealth pour la Grande-Bretagne, l'Empire pour la France) ou sur son projet (le New Deal américain), tandis qu'avec Hitler l'Allemagne se mobilisait pour la grandeur nationale, le réarmement, la conquête, la maîtrise de l'Europe et du monde.

6. Le grand bond en avant du capitalisme (1945-1978)

N'en déplaise à ceux qui voient dans chaque guerre, dans chaque crise, dans chaque indice de crise, une nouvelle aggravation de la « crise générale du capitalisme », c'est principalement un nouveau « bond en avant » du capitalisme qui s'accomplit dans la période actuelle.

Certes, dans une partie importante du monde, le capitalisme ne règne plus ; un nouveau mode d'accumulation et d'industrialisation, une autre société de classes, une formidable condensation du pouvoir d'État y font régner d'autres modalités de production et d'affectation des ressources.

Mais la Seconde Guerre mondiale, la reconstruction et la période de prospérité qui suivit, la décolonisation, l'internationalisation du capital et les nouvelles industrialisations dans le Tiers Monde marquent une nouvelle poussée du capitalisme à l'échelle mondiale. Et la crise des années 1970-1980 est en quelque sorte l'opérateur à travers lequel s'accomplissent cette nouvelle expansion du capitalisme et les mutations qui l'accompagnent.

De la guerre à la crise

Face à un bloc collectiviste d'État notablement élargi et dans un contexte mondial marqué par le mouvement historique de la décolonisation, les pays capitalistes développés ont connu, une fois relevées les ruines de la guerre, une exceptionnelle période de prospérité. Mais, dans les conditions mêmes de cette prospérité, se développaient déjà les germes de la crise actuelle.

1. *Les trois mondes*

Au lendemain de la première victoire d'un pays nouveau (les États-Unis) sur un vieux pays d'Europe (l'Espagne), en 1898, Jaurès le prévoit : « C'est d'un poids énorme que les États-Unis vont peser de plus en plus sur les destinées du monde (...). La richesse et la puissance des États-Unis sont un quart de la richesse et de la puissance du globe. » A la fin de la Première Guerre mondiale, les États-Unis sont la première puissance du monde ; mais c'est sur leur territoire qu'ils déploient leur expansion et sur les Amériques qu'ils étendent leur puissance. A la fin de la Seconde Guerre, les États-Unis constituent une énorme puissance industrielle, monétaire et militaire : en 1945, leur production industrielle a plus que doublé par rapport à 1935-1939 ; ils produisent la moitié du charbon du monde, les deux tiers du pétrole mondial, plus de la moitié de l'électricité ; leurs capacités de production atteignent 95 millions de tonnes pour l'acier, 1 million de tonnes pour l'aluminium et 1,2 pour le caoutchouc synthétique ; elles sont énormes pour la construction navale, aéronautique et de véhicules terrestres, pour l'armement, les machines-outils, la chimie, etc. Les États-Unis détiennent 80 % des réserves d'or. Ils disposent d'une puissante armée et de la bombe atomique.

Face à l'URSS, dont la puissance s'est aussi renforcée et dont l'emprise territoriale s'étend, les États-Unis assument le rôle de dirigeant du camp capitaliste. Dès 1943, ils étudient avec des responsables britanniques la reconstitution de ce qui a si cruellement fait défaut entre les deux guerres : un système de paiements internationaux permettant à la fois d'imposer les nécessaires équilibres et de laisser possible l'expansion des échanges et des paiements ; en 1944, est mis en place à Bretton Woods un système fondé sur la définition de chaque monnaie par rapport à l'or et les parités de change fixe : ce système est appelé « étalon de change-or » *(Gold Exchange Standard)* ; en fait, au moins pendant les quinze premières années, le dollar sera la clé de voûte de ce système de paiement. En 1945, Roosevelt et Churchill préparent l'après-guerre en négociant à Yalta avec Staline les zones d'influences respectives; la même année les troupes américaines et russes font leur jonction en Allemagne, et se font face en Corée.

Une fois vaincus l'Allemagne et le Japon, vont se développer deux mouvements qui dominent l'immédiat après-guerre et sont déterminants pour l'ensemble de la période :

– La coupure du monde en deux blocs, l'un dominé par les États-Unis, l'autre dominé par l'URSS ;

– La décolonisation.

A travers l'effort d'industrialisation voulu par Staline, avant et dans la guerre, l'URSS est devenue une grande puissance industrielle ; les sacrifices et les destructions de la guerre ont été énormes (peut-être vingt millions de morts, quelque 10 % de la population), mais en 1950, à la fin du IVe Plan, l'indice de la production industrielle dépasse de 71 % celui de 1940 (de 60 % pour les machines et le matériel d'équipement et de 80 % pour les produits chimiques) ; la production de charbon atteint deux cent cinquante millions de tonnes, et celle d'acier vingt-cinq millions. L'armée rouge est nombreuse, puissante, bien équipée, et la première bombe atomique russe explose en 1949. L'URSS est présente par son armée dans l'ensemble des pays d'Europe centrale : et les États-Unis peuvent craindre que son influence ne s'étende en Turquie ou dans les pays d'Europe où les partis communistes sont puissants (Grèce, Italie, France...). Alors commence une partie de Go à l'échelle de la planète, chacune des deux super-puissances plaçant des pions, renforçant les zones où elle domine, menaçant celles où l'autre paraît faible ; avec d'exceptionnelles périodes de tension permettant de mesurer jusqu'où il ne faut pas aller trop loin. En 1947, est lancé le plan Marshall, et constitué le Kominform ; en 1948-1949, au blocus soviétique de Berlin, répond le « pont aérien » organisé par les Américains. A l'Ouest, les communistes sont évincés des gouvernements auxquels ils participaient, les partis communistes sont parfois interdits, une terrible guerre civile conduit à l'écrasement des partisans en Grèce : à l'Est, les communistes prennent le contrôle absolu des appareils d'État, et des généraux soviétiques sont nommés chefs d'état-major en Pologne, en Tchécoslovaquie, en Hongrie. La guerre de Corée marque à la fois la volonté de chacun de remporter un succès et leur souci commun d'éviter l'élargissement du conflit avec le risque d'une nouvelle guerre mondiale. Les États-Unis institutionnalisent leurs alliances militaires, dans les Amériques (1947), pour l'Atlantique Nord (1949), pour l'Asie du Sud-Est (1954) ; l'URSS de son côté a, dès la fin des années quarante, établi de solides liens — politiques, économiques, militaires — avec les démocraties populaires d'Europe. Ainsi s'organisent — économie, monnaie, défense — deux mondes face à face : le monde capitaliste, hier hégémonique, découvre aujourd'hui que la terre ne lui appartient plus, que des matières premières et des marchés ne lui sont plus accessibles, qu'un autre monde d'accumulation et d'industrialisation existe, fondé sur l'appropriation collective des moyens de production, la planification, la direction et la contrainte de l'État.

En même temps, naît un troisième monde : le Tiers Monde. Il naît principalement à travers le puissant mouvement de décolonisation qu'ont engendré, à travers la guerre, le renforcement, ici de nouvelles bourgeoisies, et là d'intelligentsia, la prise de conscience du caractère insupportable et non inéluctable de la domination coloniale, la volonté d'indépendance (le plus souvent sous la forme d'indépendance nationale). L'affaiblissement des métropoles européennes, l'occupation japonaise en Asie, la participation d'hommes de ces pays aux batailles des métropoles européennes, l'influence des analyses marxistes et des perspectives ouvertes par la révolution soviétique, ou le renforcement à partir d'une spécificité nationale et religieuse d'un mouvement de libération ont, sous des formes différentes et selon des processus multiples, fait apparaître qu'il existait une alternative : qu'il était possible de se libérer de la domination coloniale, de l'administration coloniale, de l'exploitation coloniale, du paternalisme, du racisme, des brimades ou de l'oppression... Indépendances : Syrie, Liban, Philippines, Inde, Pakistan, Birmanie ; processus semé d'embûches de l'indépendance indonésienne ; guerre d'Indochine ; émeutes et mouvements populaires en Afrique du Nord et en Afrique noire... Avant même que la décolonisation politique ne soit ache-

	Décolonisation	Bloc capitaliste	Relations Est-Ouest	Bloc collectiviste
1943	Indépendance de la Corée garantie par les États-Unis, la Grande-Bretagne et la Chine.	Plan Keynes, plan White. Débarquement allié en Sicile et en Italie.		Dissolution du Komintern.
1944	Conférence de Brazzaville. Manifeste de l'Istiqlal.	Débarquements alliés en France. Conférence de Bretton Woods.		Troupes russes en Bulgarie et en Hongrie.
1945	Indépendance proclamée en Indonésie, au Laos, au Cambodge et au Vietnam; interventions françaises. Soulèvements dans le Constantinois et à Sétif; répression. Création du nouvel État de Libye. Indépendance de la Syrie et du Liban. Création de la LIGUE ARABE au Caire.	Progression des troupes alliées en Europe occidentale.	CONFÉRENCE DE YALTA. Troupes russes en Corée du Nord. Troupes US en Corée du Sud. Jonction des troupes russes et des troupes US en Allemagne. Bombe atomique US sur Hiroshima. Charte des Nations-Unies.	Progression des troupes russes en Europe occidentale. République proclamée en Yougoslavie et en Bulgarie.
1946	Troupes françaises au Tonkin. Troupes anglaises en Indonésie. Indépendance de la Transjordanie reconnue par la Grande-Bretagne. Indépendance des Philippines. Échec des négociations franco-vietnamiennes. Insurrection générale du Tonkin. Accords hollando-indonésiens.	Début de la guerre civile en Grèce.	Expérience atomique US à Bikini.	République populaire d'Albanie. Élections favorables au PC en Tchécoslovaquie.

1947	Insurrection de Madagascar. Opérations militaires hollandaises à Java. Indépendance de l'Inde et du Pakistan; guerre du Cachemire. Offensive française au Tonkin. Indépendance de la Birmanie. Guerre d'Indochine (suite).	PLAN MARSHALL. Communistes ne sont plus au gouvernement en Belgique, en France et en Autriche. PC interdit dans l'État de New York, au Brésil, en Grèce. Loi US d'aide à la Grèce et à la Turquie. Lois anti-grèves aux USA. Pacte de défense interaméricaine à Rio. Scission de la CGT et de FO. Échecs électoraux des communistes en Finlande et en Norvège.	Doctrine Truman. Refus de l'URSS et de la Tchécoslovaquie de participer au plan Marshall. Échec de la Conférence sur la Corée.	République populaire de Roumanie; dissolution du parti paysan. Interdiction du parti agrarien en Bulgarie. Constitution du KOMINFORM. Renforcement des liens économiques entre l'URSS et les démocraties populaires.
1948	Trêve hollando-indonésienne. Assassinat de Gandhi. Ceylan reçoit le statut de dominion. 1re guerre israélo-arabe. Nouvelle intervention hollandaise en Indonésie. Guerre d'Indochine (suite).	Scission de la CGT italienne. Dissolution du PC au Chili.	Début du blocus soviétique de Berlin.	Démission des ministres non communistes en Tchécoslovaquie. Conflit de Tito avec le Kominform; la Yougoslavie exclue du Kominform. Émeute de Berlin-Est; les chars russes tirent sur la foule. Arrestation du cardinal Mindszenty en Hongrie. Progression des communistes en Chine.
1949	Évacuation de Djakarta par les Hollandais. Formation des États de Jordanie et d'Israël. Vote de l'ONU sur l'indépen-	Traité de l'Atlantique Nord à Washington; OTAN. Constitution de l'Allemagne occidentale. Excommunication des catho-	Fin du blocus de Berlin. Explosion atomique russe.	Procès et condamnation de Rajk en Hongrie. République populaire de Chine. Un maréchal russe chef d'état-major de Pologne.

	Décolonisation	Bloc capitaliste	Relations Est-Ouest	Bloc collectiviste
1949	dance de la Libye. Guerre d'Indochine (suite); accords sur l'« indépendance » du Laos et du Cambodge; création de l'« État » du Vietnam (Bao Daï).	liques communistes ou communistes. Lutte contre les activités communistes aux États-Unis. Nationalistes chinois à Formose.		Création du COMECON.
1950	Émeutes en Côte-d'Ivoire. Guerre d'Indochine (suite).	Institution de l'Union européenne des paiements. Lois US sur les activités anti-américaines, début du maccarthysme. Fin de la guerre civile en Grèce.	Décision US de fabriquer la bombe H. Début de la guerre de Corée.	Accord RDA-Pologne sur la frontière Oder-Neisse. Des généraux russes chefs d'état-major en Tchécoslovaquie et en Hongrie.
1951	Nationalisation du pétrole en Iran; ministère Mossadegh. Émeutes de Casablanca. Émeutes anti-anglaises dans la zone du canal de Suez; intervention militaire britannique. Indépendance de la Libye. Guerre d'Indochine (suite).	Communauté européenne du charbon et de l'acier. Traité de paix et alliance entre le Japon et les USA. Invitation à la Grèce et à la Turquie d'adhérer à l'OTAN.	Guerre de Corée (suite).	Arrestation de Slansky à Prague. Intervention chinoise au Tibet.
1952	Émeutes et grèves en Tunisie; répression, arrestation des chefs néo-destouriens et communistes. Émeutes sanglantes au Caire. Néguib prend le pouvoir. État d'alerte contre les Mau Mau au Kenya. Rupture des relations diplomatiques entre l'Irak et la Grande-Bretagne. Émeute à Casablanca. Guerre d'Indochine (suite).	Accord de Bonn entre les Alliés et l'Allemagne occidentale. Première bombe atomique britannique.	Guerre de Corée (suite).	

1953	Déposition du sultan du Maroc. Chute de Mossadegh; aide US à l'Iran. Grave attentat à Casablanca. Guerre d'Indochine (suite).		Premier obus atomique US. Armistice en Corée. L'URSS déclare posséder la bombe H. Refus de l'ONU d'admettre la Chine communiste.	Mort de Staline. Nagy remplace Rakosi en Hongrie. Grèves et manifestations en RDA.
1954	Dien-Bien-Phu; conférence de Genève sur l'Indochine. Nasser président du Conseil de l'Égypte; destitution de Néguib. Principe de l'autonomie interne de la Tunisie. Abolition de l'Union hollando-indonésienne. Insurrection des Aurès; début de la guerre d'Algérie. Révolte Mau-Mau au Kenya.	Accords militaires US avec le Japon, le Pakistan, la Chine nationaliste; conférence de Manille, mise en place de l'OTASE. Échec de la Communauté européenne de défense; adhésion de la RFA à l'OTAN.	Première explosion d'une bombe H.	
1955	Attentat à Casablanca; retour du sultan au Maroc. Guerre d'Algérie (suite). Conférence afro-asiatique de Bandoeng.		Conférence des Quatre Grands à Genève.	
1956	Indépendance du Maroc, de la Tunisie, du Soudan, de la Malaisie, et du Ghana. Nationalisation du canal de Suez; intervention franco-britannique. 2ᵉ guerre israélo-arabe. Guerre d'Algérie (suite).	Pression des États-Unis sur la France et la Grande-Bretagne pour imposer le cessez-le-feu.		Rapport Khrouchtchev; XXᵉ congrès. Chars russes tirent sur la foule en Pologne; retour de Gomulka. Réhabilitation de Rajk; soulèvement en Hongrie; chars russes à Budapest.

vée sur tout le globe, de nouveaux États indépendants cherchent à reconquérir la maîtrise de leurs richesses naturelles (nationalisation du pétrole iranien en 1951) ou de leurs atouts économiques (nationalisation du canal de Suez par l'Égypte en 1956). Les chefs d'États du Tiers Monde se rencontrent et cherchent à constituer une force qui pèse sur les destinées de la planète : et c'est, en 1955, la conférence afro-asiatique de Bandoeng ; une trentaine de pays, mais qui représentent plus de la moitié de la population de la terre et surtout qui parlent, avec une nouvelle force, un langage que la domination occidentale avait jusqu'ici étouffé. C.P. Romulo : « Nous avons connu et certains d'entre nous connaissent encore la flétrissure d'être rabaissé dans son propre pays, systématiquement ravalé à une condition inférieure, non seulement politiquement, économiquement et militairement, mais aussi racialement (…). Pour fortifier son pouvoir, pour le justifier à ses propres yeux, le Blanc occidental tenait pour établi que sa supériorité résidait dans ses gènes mêmes, dans la couleur de sa peau. » Soekarno : « Pendant des générations, nos peuples ont été sans voix dans le monde (…). Nous avons été ceux auxquels aucune attention n'était accordée, ceux dont le sort était décidé par d'autres selon leurs intérêts qui primaient les nôtres et qui nous faisaient vivre dans la pauvreté et l'humiliation. » Soekarno, encore : « Comment pourrions-nous dire que le colonialisme est mort aussi longtemps que de vastes contrées d'Asie et d'Afrique ne sont pas libérées… » Et Nehru : « L'Asie veut aider l'Afrique. »

C'est dans ce contexte mondial que s'opère la reconstruction des pays capitalistes ravagés par la guerre et que s'y épanouit une exceptionnelle période de prospérité.

2. *Une exceptionnelle prospérité*

Après la reconstruction, l'ensemble des pays capitalistes connaît une remarquable période de croissance. Jamais le monde n'aura connu à la fois une telle progression de la production industrielle et du commerce mondial.

Ainsi, quelle qu'ait été l'ampleur des destructions de la

TABLEAU N° 33

TAUX ANNUELS MOYENS DE CROISSANCE DE L'INDUSTRIE ET DU COMMERCE MONDIAUX

	industrie mondiale	commerce mondial
1860-1870	2,9	5,5
1870-1900	3,7	3,2
1900-1913	4,2	3,7
1913-1929	2,7	0,7
1929-1938	2,0	− 1,15
1938-1948	4,1	0,0
1948-1971	5,6	7,3

Source : W. W. Rostow, *op. cit.*, t. II-1 et II-7, p. 49 et 67.

TABLEAU N° 34

POIDS RESPECTIFS DES « TROIS MONDES » DANS LA PRODUCTION INDUSTRIELLE ET LE COMMERCE MONDIAUX *

	monde capitaliste		monde collectiviste		Tiers Monde
	total	(dont USA)	total	(dont URSS)	
part dans la production industrielle					
1936-1938	76	(32)	19	(19)	5
1963	62	(32)	29	(19)	9
1971	61	(33)	26	(16)	13
part dans le commerce mondial					
1938	64	(10)	1	(1)	35
1948	59	(16)	5	(2)	36
1963	63	(11)	12	(5)	25
1971	68	(13)	10	(5)	22

* En pourcentage.
Source : W. W. Rostow, *op. cit.*, t. II-2 et II-8, p. 52-3 et 74.

Seconde Guerre mondiale, l'effort de guerre, l'élargissement de la mobilisation de travailleurs en vue de la production, la systématisation des méthodes d'organisation du travail et les progrès de productivité ont été tels que, dans la décennie 1938-1948, le taux de la croissance industrielle est du même ordre que le taux le plus élevé atteint depuis le milieu du XIX⁰ siècle, dans les années 1900-1913. Et sur cette base déjà élevée, commence une nouvelle phase exceptionnelle de croissance, puisque sur près d'un quart de siècle les taux de croissance atteignent 5,6 % par an en moyenne pour la production industrielle et 7,3 % pour les échanges commerciaux.

TABLEAU N⁰ 35

ÉVOLUTION DU PRODUIT NATIONAL BRUT
PAR TÊTE SELON LES RÉGIONS DU MONDE

région	population 1975 *	produit national brut par habitant		
		taux de croissance 1950-1975 **	valeur en dollars US de 1974	
			1950	1975
Asie du Sud	830	1,7	85	132
Afrique	384	2,4	170	308
Amérique latine	304	2,6	495	944
Asie de l'Est	312	3,9	130	341
Chine (Rép. populaire)	820	4,2	113	320
Moyen Orient	81	5,2	460	1 660
Pays en cours d'industrialisation	1 912	3,0	187	400
Pays capitalistes développés ***	654	3,2	2 378	5 238

* En millions. ** En pourcentage. *** Pays de l'OCDE, sauf Espagne, Grèce, Portugal, Turquie.
Source : D. Morawetz, *Vingt-cinq années de développement économique*, p. 13.

Dans ce mouvement général, le poids du monde capitaliste développé reste prédominant : trois cinquièmes de la production industrielle et deux tiers du commerce mondial ; et celui des États-Unis domine : un tiers de la production industrielle mondiale. Il n'empêche : un autre mode d'accumulation et d'industrialisation est à l'œuvre, avec son efficacité propre, dans les pays collectivistes. Et une tendance à l'industrialisation s'affirme dans les pays du Tiers Monde : en partie, effet de l'internationalisation des groupes industriels des pays capitalistes développés ; en partie, résultat d'initiatives — privées ou étatiques — propres à ces pays.

Enfin, dans ce mouvement général de croissance s'accentue l'inégalité à l'échelle mondiale ; même quand des taux de croissance supérieurs indiquent l'amorce d'un rattrapage, en valeur absolue l'écart s'élargit entre le produit par tête dans les pays capitalistes développés et dans le Tiers Monde.

TABLEAU N° 36

CROISSANCE DE LA PRODUCTION, DE L'EMPLOI, DE LA PRODUCTIVITÉ ET DU CAPITAL PAR TÊTE (TAUX ANNUELS MOYENS 1950-1975[a])

	États-Unis [*]	Grande-Bretagne [**]	France	RFA	Japon [***]
1. production intérieure brute (en volume)	3,3	2,5	4,9	5,5	8,6
2. effectifs employés	0,9	0,3	0,9	0,7	1,2
3. productivité du travail.	1,5	2,3	4,6	4,7	8,6
4. capital par tête	2,7	3,1	4,5	5,2	9,0

a. En pourcentage.
[*] Pour les États-Unis (lignes 2 à 4) : 1952-1975. [**] Pour la Grande-Bretagne (lignes 2 à 4) : 1949-1976. [***] Pour le Japon (lignes 2 à 4) : 1955-1975.
Sources : « La spécificité du " modèle allemand " », *Statistiques et Études financières*, numéro hors série, 1980, p. 30 ; J. H. Lorenzi et al., *op. cit.*, p. 104, 327, 330, 332, 334 ; J.-J. Carré et al., *op. cit.*, p. 104, 115 et 211.

La croissance de l'après-guerre est la plus forte qu'ait connue l'ensemble des pays capitalistes. Plus lente en Grande-Bretagne, appréciable aux États-Unis compte tenu du niveau élevé de la production à la fin des années 1940, elle est particulièrement importante en France et en

Allemagne, et plus encore au Japon. Elle repose relativement peu sur l'accroissement des effectifs employés ; elle
résulte donc principalement de l'élévation de la productivité du travail, qui elle-même s'appuie sur une augmentation des moyens de production mis à la disposition de
chaque travailleur et implique une intensification du travail
demandé à chacun.

L'augmentation de la productivité a été obtenue à
travers les différents modes de contrainte au surtravail que
le capitalisme a mis au point au cours de son développement :

– ce sont les diverses pressions qui s'exercent à travers la
soumission indirecte du capital sur l'ensemble des agriculteurs, les transporteurs « indépendants » et un nombre
croissant d'artisans et de petits commerçants ; ainsi, les
agriculteurs : « coincés » entre les prix des achats qu'ils
effectuent à l'industrie et celui de leurs ventes, à quoi
s'ajoute le poids de l'endettement, ils sont obligés de
produire chaque année plus ;

– ce sont, lorsque l'automatisation n'est guère possible,
les vieilles méthodes de travail à la tâche, du travail à
domicile, du *sweating system* ; ainsi, dans la confection où
sont employés des femmes, des immigrés récents, voire des
immigrés en situation irrégulière (Mexicains à Los Ange-
les, Turcs à Paris) ;

– c'est la sous-traitance, qui permet à une grande
entreprise qui tient à son image de marque d'exiger de bas
prix de revient d'un petit entrepreneur, celui-ci étant ainsi
contraint d'exiger de hauts rendements de ses propres
travailleurs... et de ceux qu'il emploie comme intéri-
maires ;

– c'est la mise en place de nouveaux équipements, ayant
une plus grande capacité, une plus grande vitesse, bénéficiant des progrès de l'automatisation, modifiant la nature
du travail (moins de fatigue physique et de confrontation
avec la matière ; plus de tension nerveuse, de monotonie...
et de responsabilité en cas d'incident) ; ainsi dans la
métallurgie, la chimie, le textile ;

– partout où ils avaient été peu développés, notamment
en Europe et au Japon, et chaque fois qu'ils peuvent l'être,
ce sont les procédés désormais « classiques » d'organisa-

tion du travail qui sont mis en place : taylorisme, fordisme, systèmes de salaires incitant à la productivité (en France, en 1973, 6,5 % des ouvriers travaillent à la chaîne) ;

– c'est aussi, pour mieux rentabiliser des équipements de plus en plus coûteux, le développement du travail posté, travail en équipe qui permet de produire quatorze, seize ou vingt-quatre heures par jour ; ce système, limité en France, avant guerre, aux productions où la technologie l'exigeait (feu continu), se développe particulièrement depuis 1957 : la proportion d'ouvriers travaillant en équipe passe de 14 % en 1957 à 31 % en 1974 ;

– enfin, c'est l'intensification du travail dans les bureaux, dans les banques et assurances, à la poste, etc. ; les progrès de la mécanographie, puis l'introduction de l'informatique et de l'ordinateur permettent, là aussi, d'intensifier le travail et d'en accroître les rythmes.

C'est donc à travers un processus diversifié de contrainte au surtravail et sur la base d'un important effort d'accumulation permettant la mise en place de matériels modernes qu'a été obtenue l'élévation de la productivité dans les années 1950-1960. Dans certains cas, il s'agit d'allongement de la durée de travail avec ou sans intensification (agriculteurs, transporteurs routiers, travailleurs à domicile) ; dans d'autres cas, il s'agit principalement d'intensification du travail (travail à la chaîne, taylorisme, salaires au rendement) ; dans d'autres cas, de déqualification/intensification du travail ; dans d'autres cas encore, de dégradation des conditions de vie (travail de nuit, travail en équipe, 3 × 8 ou 4 × 8)... avec toutes combinaisons possibles.

Pendant deux décennies, cet effort a, dans l'ensemble, été accepté : il l'a été en Europe et au Japon, par une génération de travailleurs qui avaient subi la guerre et en avaient connu les privations et les destructions, parce que leur était offert d'accéder, avec un pouvoir d'achat en progression, à la « société de consommation », à la « consommation de masse » qu'avaient connues les États-Unis entre les deux guerres ; et aux États-Unis, parce que le choix restait entre une répression toujours très « énergique » et l'accès (à crédit) à une consommation encore améliorée.

Écoutons des ouvriers américains[1].
Phil Stallings soudeur chez Ford :

> Je reste sur place, une surface de un mètre, un mètre
> cinquante toute la nuit. Le seul moment où on s'arrête,
> c'est quand la chaîne s'arrête. On fait à peu près trente-
> deux opérations par pièce, par voiture quoi. — Quarante-
> huit pièces à l'heure, huit heures par jour. Trente-deux fois
> quarante-huit fois huit. Calculez. C'est ce que je pousse le
> bouton (...). Le bruit, terrible. Vous l'ouvrez et vous
> risquez de prendre plein d'étincelles dedans *(il montre ses
> bras)*. Ça c'est une brûlure ; tout ça c'est des brûlures. On
> peut pas lutter avec le bruit. Vous gueulez et en même
> temps vous poussez pour amener le poste à l'endroit qu'il
> faut (...). Il vous faut de la fierté ? Alors vous la mettez
> ailleurs. Moi c'est ma collection de timbres.

Hobart Foote, dépanneur chez Ford :

> Phil Stallings, il est arrivé à détester la compagnie. Pas moi.
> C'est la compagnie qui me met le pain et le beurre sur la
> table. Je peux nourrir ma famille et, avec deux grands
> gosses, il en faut. Et on verse les mensualités pour deux
> voitures. Et je ramène une paie de quarante heures depuis
> Dieu sait quand. Et c'est pour ça que je travaille (...).
> Encore treize ans dans ma boîte et j'aurai mes trente.
> Quand j'aurai ma retraite, j'aurai un petit jardin. Quelque
> part dans le Sud. Je ferai un peu de pêche, de chasse. Je
> regarderai le soleil se lever, se coucher. J'aurai l'esprit
> occupé[2].

Gary Bryner, exerçant des responsabilités syndicales à la
General Motors :

> Mon père était contremaître dans une usine. Il était là pour
> pousser les gens à produire. Il a laissé et il est retourné dans
> une aciérie. Il était aux pièces. Alors, tout ce qu'il savait :
> plus on travaille, plus on fait de l'argent (...). Il n'était pas
> bien chaud pour le syndicat. C'était un ouvrier, il était là
> pour gagner (...). J'ai été contremaître pendant six, sept
> semaines et puis j'ai décidé que ça ne me convenait pas
> (...). J'ai été repris comme inspecteur au dépannage (...).
> C'était un travail monotone, ennuyeux à crever. Moi

1. Extraits du livre de Studs Terkel, *Working*, Pantheon Books, 1972, trad. fr.
Gagner sa croûte, Fayard, 1976, p. 147 et 151.
2. *Ibid.*, p. 153 et 155.

j'inspectais, je ne serrais pas les boulons. Un type était là huit heures et il en venait un autre après qui faisait la même chose sans arrêt, toute la journée, toute la semaine, toute l'année. Des années. Quand on y pensait, on se disait qu'il fallait faire quelque chose. Les hommes sont des animaux pas comme les autres. Ils peuvent s'adapter[1].

Et Mike Lefevre, aciériste :

Casser la gueule à qui ? On peut pas casser la gueule à un système[2].

Toujours plus. Toujours plus vite. Sans arrêt. Toute la journée. Toute la semaine. Toute l'année. Des années... L'ensemble des travailleurs bénéficie d'une partie de la production supplémentaire qu'ils sont amenés à fournir pendant cette période. Le salaire horaire par tête augmente de 7,9 % par an au Japon entre 1955 et 1975, de 6 % en RFA dans les années cinquante et de 2,8 % par an en Grande-Bretagne entre 1949 et 1971, tandis que l'accroissement du salaire réel horaire était aux États-Unis de 2,5 % par an entre 1948 et 1970. En France, le salaire réel hebdomadaire augmente en moyenne de 4 % par an de 1949 à 1973, alors que dans les périodes antérieures les plus « fastes » (entre 1870 et 1895 et entre 1920 et 1930) il avait augmenté en moyenne de 2 % par an[3]. Dès lors, le niveau de consommation s'élève ; la structure de consommation se modifie ; l'achat des nouveaux biens durables, symboles de la « société de consommation », se généralise.

Cette croissance se traduit par une augmentation de la construction de logements et une nouvelle poussée de l'urbanisation ; par un développement des réseaux routiers et autoroutiers ; par l'extension des sorties de week-end et des grands exodes des congés annuels ; par un élargissement des dépenses pour la santé ; par la généralisation du recours au crédit non seulement pour l'accession à la propriété du logement mais aussi pour l'achat de voitures et de biens durables. Si le « plus », l'accroissement, est

1. *Ibid.*, p. 166, 164 et 165.
2. *Ibid.*, p. de couverture et p. 30.
3. Cepremap, *op. cit.*, t. III, p. 106 s. ; J. H. Lorenzi, et al. *op. cit.*, p. 205 ; *Économie prospective internationale*, n° 2, avr. 1980 ; « La spécificité du modèle allemand », *Statistique et Études financières*, 1980, p. 9.

indéniable, le « mieux », l'amélioration, est moins facile à
saisir : ainsi la voiture devient une nécessité pour les
déplacements de travail, et souvent une charge et un souci ;
et les dépenses de loisir, de vacances et de santé sont aussi
rendues nécessaires par un rythme de vie et de travail plus
tendu...

TABLEAU N° 37

NOMBRE DE VOITURES EN CIRCULATION DANS LES PRINCIPAUX PAYS CAPITALISTES

	États-Unis	Grande-Bretagne	France	RFA	Japon
1. *nombre total**					
1947	30,7	1,9	1,5	0,2	0,03
1957	55,7	4,2	4,0	2,4	0,2
1975	106,8	14,2	15,3	17,9	17,2
2. *Nombre de voitures pour 1 000 habitants en 1975*	500	255	290	289	154

* En millions.
Sources : W. W. Rostow, *Les Étapes de la croissance*, p. 109-10 et 202-3, et INSEE, *Annuaire statistique de la France*, 1979.

TABLEAU N° 38

DIFFUSION DES BIENS DURABLES DANS LES FAMILLES D'OUVRIERS ET D'EMPLOYÉS EN FRANCE *

	ouvriers			employés		
	1954	1965	1975	1954	1965	1975
automobile	8,0 **	47,0	73,6	18,0 **	53,3	71,4
téléviseur	0,8	45,9	86,8	1,3	46,6	84,9
réfrigérateur	3,3	56,4	91,3	9,9	67,6	92,0
machine à laver	8,5	44,0	77,1	6,7	43,2	75,0

* En pourcentage des familles de la catégorie. ** 1953.
Source : Cepremap, *Approches de l'inflation : l'exemple français*, t. III, p. 94.

Cependant, une nouvelle fois, la conviction qu'est enfin arrivée l'ère de l'abondance se répand[1]. Les économistes œuvrent à mettre la croissance en modèle, soit dans l'optique keynésienne, en cherchant à transposer en dynamique l'équilibre entre l'épargne et l'investissement[2], soit dans l'optique néo-classique en systématisant les relations entre le produit et les facteurs de production[3]. Certains établissent des chronologies, ou des extrapolations[4]. Et tandis que quelques marxistes obstinés annoncent à chaque fléchissement de la conjoncture l'accomplissement de l'inexorable crise générale du capitalisme, l'ensemble des économistes colloquent dans une rassurante euphorie. Ainsi P. Samuelson déclare en 1971 : « L'ère post-keynésienne s'est donné les moyens d'une politique de la monnaie et de l'impôt permettant de créer le pouvoir d'achat indispensable pour éviter les grandes crises (...). Avec nos connaissances d'aujourd'hui, nous savons assurément comment éviter une récession chronique. »

3. *Une nouvelle grande crise*

Années soixante : la crise paraissait inconcevable. Années soixante-dix : la crise est là, avec son cortège de conséquences, incontrôlable, immaîtrisable.

Ralentissement de la croissance, montée du chômage, accentuation de l'inflation, baisse du pouvoir d'achat des travailleurs ; incertitude, inquiétude, angoisse latente ; pro-

---

1. Les idées de Colin Clark (*The Conditions of economic Progress*, 1940, 2ᵉ éd. 1951, trad. fr. 1960) ont été vulgarisées en France par J. Fourastié, *Le Grand Espoir du xxᵉ siècle*, 1952 ; J. K. Galbraith, *The affluent Society*, 1959, trad. fr. 1961 ; L. Erhard, *Une politique de l'abondance*, 1962, trad. fr. 1963.
2. R. F. Harrod avait ouvert la voie en 1939 dans l'*Economic Journal* avec « An essay in dynamic theory » puis, en 1948, *Toward a dynamic Economy* ; W. Fellner, *Trends and Cycles in economic Activity*, 1956 ; E. D. Domar, *Essays in the Theory of economic Growth*, 1957 ; N. Kaldor, « A model of economic growth », *Economic Journal*, décembre 1957.
3. R. M. Solow, articles du *Quarterly Journal of Economic*, 1957, et *Growth Theory : an Exposition*, 1970, trad. fr. 1972 ; J. E. Meade, *A neoclassical Theory of economic Growth*, 1961.
4. W. W. Rostow, *The Process of economic Growth*, 1953 ; W. A. Lewis, *Theory of economic Growth*, 1955, trad. fr. 1963 ; W. W. Rostow, *The Stages of economic Growth*, 1960, trad. fr. 1962 ; publications de F. Perroux et de l'ISEA des années 1950-1960.

grès de la droite en Europe et aux États-Unis. Menace, crainte, après la Première Guerre qui suivit la première « grande dépression » et la Deuxième Guerre qui fut engendrée par la deuxième « grande crise mondiale », que de cette troisième « grande crise » ne résulte une Troisième Guerre mondiale.

TABLEAU N° 39

CROISSANCE, INFLATION ET CHÔMAGE
DANS LES PRINCIPAUX PAYS CAPITALISTES

	États-Unis	Grande-Bretagne	France	RFA	Japon
*taux de croissance annuel du produit intérieur brut**					
1960-1970	3,8	2,8	5,6	4,7	11,2
1970-1973	4,7	4,3	5,6	3,9	8,1
1973-1978	2,4	0,9	2,9	2,0	3,7
*indice des prix à la consommation***					
1973	114	128	120	119	124
1977	156	249	183	146	204
*nombre de chômeurs****					
1968	2,8	0,6	0,3	0,3	0,6
1973	4,3	0,6	0,4	0,3	0,7
1977	6,8	1,5	1,1	1,0	1,1
1979	6,2	1,3	1,2	0,8	1,1

* PIB en volume. ** Base 1970 = 100. *** En millions.
Sources : *Économie prospective internationale*, n° 1, janv. 1980; INSEE, *Annuaire statistique de la France*, 1979; ONU, *Annuaire statistique*, 1978; BIT, *Annuaire des statistiques du travail*, 1979.

Comment en est-on arrivé là ?

La logique de la croissance capitaliste l'implique : dans le mouvement même de l'accumulation se développent les obstacles sur lesquels celle-ci va buter. Dans la prospérité des années soixante étaient déjà les germes de la crise des années soixante-dix.

Selon les indicateurs retenus et les méthodes de calcul, des décalages peuvent apparaître. Mais les taux de profit des principaux pays capitalistes commencent à décroître dans le courant des années soixante. En Grande-Bretagne, il baisse tout au long des années soixante et jusqu'en 1975 [1-a,b,c] ; en Allemagne, il stagne avec un léger déclin à partir de 1960 et baisse à partir de 1968-1969 jusqu'en 1975 [1-a,b,c] ; en France, il décline à partir de 1968-1969 et chute de 1973 à 1975 [1-a,b,c,e] ; aux États-Unis, il baisse à partir de 1965-1966, jusqu'en 1974 [1-a,b,c,d]. Il n'y a qu'au Japon qu'il progresse au cours des années soixante, avec un retournement, selon les sources, en 1970 [1-b], 1971 [1-c] ou 1973 [1-a].

C'est qu'en effet s'érodent, du point de vue du capital, et les conditions de la production de la valeur et de la plus-value, et les conditions de leur réalisation.

Du côté de la production, c'est d'abord la poussée du mouvement ouvrier pour le relèvement des salaires : elle permet tout au long de la période un net relèvement du salaire réel de l'ensemble des travailleurs ; et, conformément à l'intuition profonde qu'en avait eue Ford quelques décennies plus tôt, cette hausse du pouvoir d'achat des salariés contribue à faciliter la vente des marchandises du secteur des biens de consommation et donc à soutenir la croissance ; il n'empêche que, pour certains secteurs ou certaines entreprises, elle pèse sur le partage de la valeur ajoutée et contribue au fléchissement de la rentabilité du capital.

Dans la production, c'est ensuite et surtout la montée du refus d'une certaine forme d'organisation du travail : refus du travail déqualifié, parcellisé, répétitif ; révoltes contre les « cadences infernales », contre les rythmes de la chaîne qui usent les nerfs et provoquent les craquements ou

---

1. Sources (et indicateurs utilisés) :
a) Loiseau, Mazier, Winter, cités *in* R. Boyer et J. Mistral, *Accumulation, Inflation, Crises*, p. 241 (excédent brut d'exploitation/stock de capital brut en début de période) ;
b) A. G. Frank, cité *in* J. H. Lorenzi, et al., *op. cit.*, p. 193 (taux de profit brut) ;
c) *Économie prospective internationale*, n° 1, janvier 1980, p. 78-9 (taux de marge brute du secteur manufacturier) ;
d) *Économie prospective internationale*, n° 2, avril 1980, p. 74 et 76 (rentabilité avant impôt du capital fixe ; ensemble des sociétés non financières) ;
e) Cepremap, *Approches de l'inflation : l'exemple français*, t. III, p. 364 s. (rentabilité brute économique).

accidents. Ce sont les grèves des OS qui explosent, notamment dans l'industrie automobile (en France, chez Renault) ; ce sont aussi les grèves des cols blancs, touchés à leur tour par l'automation, la déqualification et les cadences (dans les postes, les banques, les assurances). C'est, comme en Italie, le mouvement de contrôle des cadences auto-organisé dans l'atelier. C'est aussi le refus du travail : absentéisme dont le taux passe, dans l'ensemble de l'industrie allemande de 4 à 11 % entre 1966 et 1972 et, dans les industries minières et métallurgiques en France, de 6,5 % à 9,5 % entre 1964 et 1973 ; chez Renault en France, il passe de 4 % à 8,5 % de 1961 à 1974 et chez Chrysler aux États-Unis de 7,6 % à 9,7 % de 1970 à 1975. Rotation de la main-d'œuvre (*turn over*) qui dépasse 100 % à la fonderie chez Fiat en Italie, 40 % chez Ford en Grande-Bretagne et 25 % chez Ford aux États-Unis, et qui passe entre 1966 et 1972 de 40 à 60 % dans huit industries de transformation américaines. Désintérêt du travail, manque de soins, défauts de fabrication : comme l'explique Gary Bryner, syndicaliste américain, la monotonie, l'ennui, la fatigue aidant, à un moment un travailleur en arrive à se dire : « " Ah merde, c'est jamais qu'une tinette ! " (...) il laisse passer une voiture. Si quelque chose n'a pas été soudé, ou installé, quelqu'un changera ça — on l'espère [1]. »

Enfin le développement de la production de masse a entraîné l'aggravation de la pollution ; les premiers touchés — les agriculteurs, pêcheurs, amis de la nature, habitants — protestent, s'organisent et obtiennent de plus en plus que des dispositifs antipollution soient mis en place ; parfois, les travailleurs, craignant pour leur emploi, sont méfiants ou hostiles à l'égard des écologistes ; dans d'autres cas, ils se rendent compte qu'ils sont les premiers pollués et obtiennent dans le même mouvement l'amélioration de l'hygiène et de leurs conditions de travail. Dans tous les cas, ce sont des charges supplémentaires pour les entreprises.

Or ces baisses de rendement, ces alourdissements de coût ont lieu à un moment où la concurrence se durcit

---

1. Cité *in* S. Terkel, *op. cit.*, p. 169. Voir aussi A. Gorz (éd.), *Critique de la division du travail* ; B. Coriat, *op. cit.* ; J. H. Lorenzi, et al., *op. cit.*

d'autant plus que le modèle de consommation des années cinquante-soixante s'érode également.

La grande vague de reconstruction, puis celle de la construction de nouveaux logements commencent à s'amortir ; les équipements des foyers « non pourvus » se saturent. Bien sûr, après le frigo, il y a le congélateur et après la télé en noir et blanc il y a la couleur. Mais un palier a été atteint.

En outre, les mouvements de consommateurs dénoncent les produits qui s'usent trop vite ; les acheteurs sont nombreux à être attentifs à la qualité et à la durée de vie du produit qu'ils achètent.

A ce stade, seul un relèvement massif et durable du pouvoir d'achat des couches les plus défavorisées pourrait relancer la consommation. Or l'inégalité apparaît comme inhérente aux sociétés capitalistes. Aux États-Unis, selon les critères mêmes de l'administration américaine, on pouvait dénombrer trente-cinq millions de pauvres, soit un cinquième de la population ; en France, en 1970, dix millions de personnes enfermées dans le cercle vicieux de la pauvreté, soit aussi un cinquième de la population. Aux États-Unis, en 1966, les 10 % plus riches ont une masse de revenus qui représente vingt-neuf fois celle des 10 % les plus pauvres ; en France, la même année, cette proportion est de dix-huit fois [1]. Ainsi le développement capitaliste de l'économie, qui engendre et entretient cette inégalité, trébuche une nouvelle fois sur elle.

Au total, la tendance d'ensemble est, dans chaque grand pays capitaliste, à l'alourdissement des coûts, à la saturation des marchés, à l'accentuation de la compétition, ce qui explique les tendances à la baisse de la rentabilité que l'on observe dès les années soixante.

Restent, bien sûr, les marchés extérieurs. Pour chaque capitalisme national, l'effort à l'exportation apparaît devoir au moins permettre de pallier la saturation progressive des marchés intérieurs : de 1967 à 1971, les exportations progressent aux taux annuels de 9 % pour les États-Unis,

---

1. B. Rosier, *Croissance et Crises capitalistes* ; J.-M. Chevalier, *La Pauvreté aux États-Unis* ; M. Parodi, *L'Économie et la Société française de 1945 à 1970* ; Credoc, *Les Inégalités en France.*

12 % pour la Grande-Bretagne, 16 % pour la France et la RFA, 23 % pour le Japon. Pour les industries mécaniques et métallurgiques, la part du chiffre d'affaires réalisé à l'exportation passe, de 1960 à 1970, de 18 % à 25 % pour la France, de 31 % à 37 % pour la RFA, de 41 % à 76 % pour l'Italie. En France, de 1963 à 1973, la part de la production exportée passe de 16 % à 23 % pour l'ensemble de l'industrie et de 22 % à 33 % pour les industries de biens d'équipement[1]. C'est dire que la concurrence entre les producteurs industriels de chaque pays avec les producteurs étrangers s'intensifie, aussi bien d'ailleurs sur les marchés tiers que sur les marchés nationaux. Et ce sont les plaintes des fabricants français d'électroménager contre les Italiens, puis contre les Japonais..., celles des constructeurs d'automobiles américains contre les Européens et les Japonais, et Européens contre les Américains et les Japonais. *Buy american!* Achetez français ! Les Japonais n'ont pas besoin de le dire : les Japonais achètent japonais.

Pour vendre, il apparaît de plus en plus nécessaire d'être présent dans le pays ; d'y effectuer des montages, voire des productions. Alors, se développe ce qui n'était resté jusqu'ici qu'une forme exceptionnelle de l'internationalisation du capital : l'implantation de filiales ou la prise de contrôle d'entreprises à l'étranger. De 1967 à 1971, l'investissement à l'étranger augmente aux taux annuels de 8 % pour la Grande-Bretagne, 10 % pour les États-Unis, 12 % pour la France, 24,5 % pour la RFA et 32 % pour le Japon. Dans la même période le capital investi à l'étranger passe de 108 à 165 millions de dollars. (Voir tableau n° 40.)

On le voit, c'est principalement dans les autres pays capitalistes qu'investissent les groupes américains, allemands, suisses et japonais ; alors que les « vieux capitalismes » français et britannique conservent une part supérieure de leurs avoirs dans le Tiers Monde. Si l'on s'en tient aux investissements dans les pays dominés, la Grande-Bretagne est présente dans les trois grandes zones d'influence ; mais les États-Unis, la Suisse et la RFA préfèrent l'Amérique latine ; et la France, l'Afrique...

---

1. C. A. Michalet, *Le Capitalisme mondial ;* C. Palloix, *L'Internationalisation du capital ;* Indicateurs du VIIe Plan, avr. 1980.

TABLEAU N° 40

CAPITAL INVESTI ET FILIALES A L'ÉTRANGER
(PAR PAYS D'ORIGINE)

		pays d'origine des capitaux				
	États-Unis	Grande-Bretagne	France	RFA	Suisse	Japon
répartition * *par pays d'origine, dans la valeur totale du capital investi à l'étranger :*						
1967	55,0	16,2	5,5	2,8	3,9	1,3
1971	52,0	14,5	5,8	4,4	4,1	2,7
nombre de filiales à l'étranger, en 1969, pour chaque pays d'origine	9 691	7 116	2 023	2 916	1 456	n.d.
répartition * *de ces filiales selon leur implantation :*						
autres pays capitalistes	74,7	68,2	59,7	82,2	85,7	n.d.
Tiers Monde	25,3	31,6	40,3	17,8	14,4	n.d.
répartition * *pour les filiales du Tiers Monde :*						
Afrique	8,3	40,0	66,6	21,8	15,8	
Asie	18,8	31,5	9,2	28,3	23,9	
Amérique latine	72,8	28,5	24,1	49,9	60,3	

* En pourcentage.
Sources : C. A. Michalet, *op. cit.*, p. 30 ; C. Palloix, in *La France et le Tiers Monde*, p. 92.

Simultanément, les banques américaines renforcent leur présence à l'étranger, en Amérique latine d'abord, mais aussi en Europe et en Asie. (Voir tableau n° 41.)

Mise en place de technologies plus performantes et d'outillages plus coûteux, accentuation de la compétition,

recherche et conquête de débouchés extérieurs, internationalisation de la production : l'ensemble de ces processus
liés s'accompagne du renforcement de la concentration.
Aux États-Unis, après celle de 1897-1903 et celle des
années 1920, la troisième grande vague de concentration
apparaît au cours des années cinquante ; au début des
années soixante, on dénombre environ mille fusions par
an ; les cent plus grandes sociétés contrôlaient, en 1929,
44 % des actifs des sociétés industrielles ; elles en contrôlent 58 % en 1962 ; et ce sont d'énormes puissances
financières et industrielles américaines qui dominent la
production et la commercialisation du pétrole (Standard
Oil, Mobil, Texaco, Gulf), l'automobile (General Motors,
Ford, Chrysler), la construction électrique (General Electric, Western Electric), l'informatique (IBM) ; les télétransmissions (ITT)...

TABLEAU Nº 41

SUCCURSALES BANCAIRES AMÉRICAINES A L'ÉTRANGER

	1950	1960	1969	1975
Amérique latine	49	55	235	419
Territoire d'outre-mer US	12	22	38	—
Europe	15	19	103	166
Asie	19	23	77	125
Moyen Orient	0	4	6	17
Afrique	0	1	1	5
	95	124	460	732

Sources : H. Magdoff, *op. cit.*, p. 72 ; C. Palloix, *L'Économie mondiale capitaliste* (...), t. II, p. 126 et, pour 1975, O. Pastré, *La Stratégie internationale des groupes financiers américains*, p. 280.

En France le nombre des fusions s'élève après 1960 et
particulièrement à partir de 1963 : huit cent cinquante
fusions entre 1950 et 1960, plus de deux mille entre 1961 et
1971 ; et c'est à la fin des années 1970 qu'ont lieu les
« mariages » de Saint-Gobain *et* Pont-à-Mousson, Pechiney
et Ugine Kuhlmann, Wendel *et* Marine Firminy, BSN *et*
Gervais Danone, Empain *et* Schneider, Mallet *et* Neuflize
Schlumberger, ainsi que les renforcements des deux grands

groupes financiers, Suez et Paribas[1]. En RFA, la concentration proprement dite est doublée « par la forte concentration des pouvoirs au sein des conseils d'administration des grandes banques et des principales entreprises (...) ; ainsi en 1973, 35 représentants des trois grandes banques ne détenaient pas moins de 324 mandats de conseils de surveillance dans les entreprises allemandes[2] ».

A travers le monde, ce sont principalement de puissants groupes industriels et financiers qui se surveillent, coexistent, s'affrontent ou s'allient.

4. *Crise du SMI et poussée du Tiers Monde*

Dans ce combat de titans, les groupes américains disposent d'un avantage qui biaise considérablement le jeu : la monnaie américaine, le dollar, est en fait la monnaie du monde. Certes, ce qui avait été mis en place à Bretton Woods était en principe un *Gold Exchange Standard,* un système d'étalon de change-or, avec définition de chaque monnaie par rapport à l'or et parités de change fixes ; mais ce qui a en fait fonctionné tout au long des années cinquante, c'était un système de paiement fondé sur le dollar et où toutes les monnaies se définissaient par rapport au dollar, lui-même étant convertible en or, et surtout « aussi bon que l'or », « *as good as gold* ».

Car dans l'immédiat après-guerre, comme dans les années cinquante, ce qui domine les relations économiques et monétaires des pays capitalistes, c'est la « pénurie de dollars », la « famine » de dollars. De 1946 à 1955, l'excédent de la balance des paiements courants américaine est de 38 milliards de dollars (la totalité du stock d'or mondial en 1951 est de 34 milliards de dollars, dont 24 détenus par les États-Unis...). Dès lors, l' « aide américaine » est nécessaire à la fois pour reconstruire et relancer les activités des partenaires des États-Unis et pour maintenir les exportations américaines ; de 1945 à 1952, elle

1. J.-M. Chevalier, *op. cit.* ; P. Dockès, *L'Internationale du capital* ; Allard, Beaud, Bellon, Lévy, Liénart, *Dictionnaire des groupes industriels et financiers en France* ; B. Bellon, *Le Pouvoir financier et l'Industrie en France.*
2. « La spécificité du modèle allemand », *Statistiques et Études financières,* 1980.

atteint 38 milliards de dollars (26,5 en dons et 11,5 en prêts ; 33,5 d'aide économique et 4,5 d'aide militaire), dont 29 pour l'Europe et 7 pour les pays d'Asie et du Pacifique.

Mais au fur et à mesure que se reconstituent et se modernisent les économies des principaux pays capitalistes, leurs échanges reprennent, leurs monnaies s'affirment, leurs comptes s'améliorent, leurs poids relatifs augmentent par rapport aux États-Unis. La part des États-Unis dans l'ensemble de la production du monde capitaliste tombe des sept dixièmes en 1950, à moins des deux tiers au début des années 1960 et moins de la moitié au début des années 1970 ; en même temps, leur part dans les échanges « occidentaux » tombe de la moitié à un tiers, puis à un quart. Dans l'ensemble, l'économie américaine bénéficie à l'extérieur de deux atouts majeurs :

– son excédent commercial (plus de 70 milliards de dollars pour la période 1950-1970) ;

– les revenus nets de ses avoirs à l'étranger (environ 36 milliards de dollars de 1950 à 1970)[1].

A cela s'ajoute le fait que le dollar est la monnaie du monde, ce qui permet à tout investisseur US, à tout commerçant US, à tout spéculateur US de disposer des moyens d'acheter dans le monde entier, sans d'autres freins que ceux que mettent en place les autorités monétaires et bancaires américaines. Le Pr Jame Tobin le reconnaissait

---

1. On peut établir le compte suivant pour la période de 1950-1970 (en milliards de dollars) :

	total	*éléments affectant les comptes extér. des États-Unis*
- investissements US réalisés à l'étranger	115	
(dont . payés sur sortie de capitaux des États-Unis ..	(42)	(− 42)
. financés sur autofinancement ou emprunts locaux)	(73)	
- revenus des investissements réalisés à l'étranger ...	90	
(dont . rapatriés aux États-Unis	(63)	(+ 63)
. réinvestis sur place	(27)	
- redevances de licences	15	(+ 15)
revenu net total des avoirs à l'étranger		(+ 36)

M. Beaud, B. Bellon, P. François, *Lire le capitalisme*, p. 176 ; C. Goux, in *Critique de l'économie politique*, n° 2, et *Monde diplomatique*, mars 1973.

avec beaucoup de simplicité devant une commission du Congrès en 1963 :

> Il est agréable d'avoir une planche à billets dans sa propre cour, et le *Gold Exchange Standard* nous a donné ce privilège, non moins d'ailleurs qu'à l'Afrique du Sud. Nous avons pu nous permettre des déficits dans notre balance des paiements depuis dix ans parce que nos titres de créance sont acceptés de manière générale en tant que monnaie [1].

Et le secrétaire d'État aux Finances, C. D. Dillon :

> Nous tirons un bénéfice très réel du fait que nous avons pu financer nos déficits en augmentant les avoirs extérieurs en dollars. Si le dollar n'avait pas été une monnaie de réserve, si nous n'avions pas été le banquier mondial, cela ne serait pas arrivé (...). Au premier déficit, nous aurions dû équilibrer nos comptes d'une manière ou d'une autre (...). Il fallait bien que quelqu'un soit le banquier du monde et fournisse ces liquidités supplémentaires. Ce furent les États-Unis, ce qui est juste, car nous sommes le pays financier le plus puissant et nous avons la monnaie la plus puissante [2].

Dans les années soixante, en effet, les charges américaines à l'extérieur s'alourdissent : dépenses gouvernementales, dépenses militaires (avec notamment la charge croissante de la guerre du Vietnam, elles atteignent quelque 35 milliards de dollars entre 1961 et 1970), aide économique et militaire aux régimes que les États-Unis ont choisi de soutenir (56 milliards de dollars de 1957 à 1967). En outre, l'excédent commercial s'amenuise à la fin des années soixante (avec l'accentuation de la concurrence internationale), et des déficits commerciaux apparaissent, pour la première fois depuis 1935 : 2,7 milliards en 1971, 6,9 milliards en 1972. Ainsi les avoirs en dollars à l'étranger se gonflent, et certains gouvernements préfèrent les convertir en or — certains spectaculairement, comme le gouvernement du général de Gaulle. On assiste alors à un double mouvement d'où va sortir la crise du dollar :

– la montée des avoirs en dollars des partenaires des États-Unis ;

– la chute du stock d'or américain.

1. Cité *in* H. Magdoff, *op. cit.*, p. 100-1.
2. H. Magdoff, *op. cit.*, p. 101.

	Stock d'or des États-Unis [1]	Avoirs hors des États-Unis [1]
1955	22	12
1960	18	19
1965	15	25
1968	11	32
1972	10	82

Les avoirs en dollars hors des États-Unis dépassent le stock d'or américain dès 1960 ; ils lui sont trois fois supérieurs en 1968, huit fois en 1972. Détenant des dollars, les banques européennes ouvrent des crédits en dollars : cette masse d' « eurodollars » approche cent milliards fin 1971. Les États-Unis suspendent la convertibilité du dollar le 15 août 1971 ; ils le dévaluent de 8 % par rapport à l'or en décembre 1971, et le dévaluent à nouveau en 1973 : ce qui permet d'améliorer la situation des industriels américains par rapport à leurs concurrents européens et japonais. Fort, le dollar était un moyen de domination ; dévalué, il facilite la compétition commerciale. D'autant plus que les prix américains qui augmentaient très peu au début des années soixante (2 % par an environ jusqu'en 1965) montent plus vite (5 % environ) depuis cette date.

Mais le pétrole, et notamment le pétrole du Moyen-Orient, est payé en dollars, à des prix fixés en dollars. La dévalorisation, puis la dévaluation du dollar cristallisent l'inquiétude des oligarchies des pays producteurs qui voient leurs richesses prélevées dans leurs sous-sols, et leurs avoirs grossir dans une monnaie qui soudain n'apparaît plus « aussi bonne que l'or ». Plus profondément, une nouvelle étape paraît pouvoir être franchie, dans la longue lutte pour le contrôle des ressources nationales et pour un partage plus favorable de la valeur qu'elles recèlent. Rappelons-en quelques dates :

1938 : nationalisation du pétrole mexicain ; boycottage par les sociétés américaines.

1948 : partage 50/50 des bénéfices par le gouvernement vénézuélien ; celui-ci est renversé par un coup d'État.

1. En milliards de dollars, d'après H. Magdoff, *op. cit.*, p. 104 ; S. Amin, *op. cit.*, p. 461 ; Beaud et al., *op. cit.*, p. 177.

1951 : nationalisation du pétrole iranien par le gouvernement Mossadegh ; boycottage du pétrole iranien, puis chute du gouvernement Mossadegh.

Années 1950 : les pays producteurs obtiennent progressivement le partage 50/50 des bénéfices.

1960 : création de l'OPEP (organisation des pays producteurs et exportateurs de pétrole).

Années 1960 : création de compagnies nationales (Venezuela, Koweït, Arabie Saoudite, Algérie — en 1963, au lendemain de l'indépendance —, Irak, Libye).

1970 : la Syrie, en bloquant le Tapline, empêche l'évacuation d'une partie du pétrole d'Arabie Saoudite ; la Libye réduit ses livraisons et accroît ses prélèvements...

Quand éclate la quatrième guerre israélo-arabe, en octobre 1973, la décision de réduire les livraisons et de relever le prix du pétrole s'inscrit dans cette incessante pression pour réduire les avantages de l'impérialisme. Et le relèvement du prix du pétrole de 1973 permet pour une large partie de compenser la baisse de son prix relatif : au début des années 1970, le baril de pétrole ne permettait d'importer que les deux tiers de ce qu'il permettait d'importer en 1949 [1].

Mais, paradoxalement, il y a, à ce moment, convergence d'intérêts des sociétés américaines avec les pays producteurs de pétrole. Les sociétés pétrolières américaines ont intérêt au relèvement des prix pétroliers, d'une part parce qu'elles sont de plus en plus amenées à exploiter des gisements plus coûteux (gisements en mer, pétrole de l'Alaska...), et d'autre part parce qu'elles sont en train de se muer en sociétés énergétiques et qu'il faut un net relèvement du prix de l'énergie pour assurer la rentabilité de nouvelles énergies (nucléaire notamment). De même, les industriels américains ont intérêt à ce relèvement : ils s'approvisionnent en effet pour 80 % en brut américain à trois dollars par baril... alors que les Européens et les Japonais s'approvisionnent à 100 % en brut acheté à deux dollars par baril ; s'ajoutant à la dévaluation du dollar, le

1. M. Beaud, B. Bellon et P. François, *op. cit.* ; J.-M. Chevalier, *Le Nouvel Enjeu pétrolier.* Voir aussi S. Amin, *L'Accumulation à l'échelle mondiale* ; S. Amin, A. Faire, M. Hussein, G. Massiah, *La Crise de l'impérialisme* ; Y. Fitt, A Fahri, J.-P. Vigier, *La Crise de l'impérialisme et la Troisième Guerre mondiale.*

relèvement du prix du pétrole mondial contribue encore à améliorer la situation des industriels américains par rapport à leurs concurrents d'Europe et du Japon.

Accessoirement, donc, le relèvement du prix du pétrole renforce les États-Unis par rapport à leurs principaux concurrents capitalistes. Mais principalement, il accroît considérablement les recettes d'exportation des pays producteurs de pétrole.

Les pays capitalistes ont réagi diversement, en fonction des rapports de force sociaux et des situations politiques spécifiques. La RFA a choisi de répercuter brusquement les effets de la hausse pétrolière : la cure a été rude (brusque montée du chômage, des centaines de milliers de travailleurs étrangers renvoyés dans leurs pays, une pression énergique sur le pouvoir d'achat) ; mais la hausse des prix est restée modérée, le Deutsche Mark est resté solide et la balance commerciale est rapidement devenue positive. Au contraire, en France, en Italie, en Grande-Bretagne (qui toutefois bénéficiait du développement de ses propres ressources pétrolières), les choix ont été différés, et la pression sur le pouvoir d'achat des travailleurs s'est exercée en large partie à travers l'inflation et le chômage.

Ceux qui pensaient « récupérer » la hausse pétrolière par une hausse ultérieure des prix des produits industriels en ont largement été pour leurs frais : de 1974 à 1978, le prix du pétrole a en gros suivi les prix industriels et, en 1979-1980, il a pris une nette et nouvelle avance [1]. Hausse du prix du pétrole et de l'or ; dérèglement du système monétaire international conduisant à l'adoption des taux de change flottants ; affaiblissement du dollar, dont la principale force réside dans le fait qu'aucune monnaie n'est en mesure de le remplacer dans le rôle de monnaie mondiale ; fuite en avant de la création monétaire, chaque grande banque multinationale étant en mesure d'accorder des crédits en différentes monnaies, et donc de contribuer à la création de ces monnaies à l'échelle mondiale [2] ; spécula-

1. Le prix du pétrole, en dollars par baril, est passé de deux en 1973 à dix en 1974, treize fin 1978 et trente en 1980.
2. Alors que les dollars en circulation aux États-Unis (billets et dépôts bancaires) sont passés de 220 milliards en 1970 à 360 en 1979, les avoirs en dollars dans les

tion internationale ; inflations nationales et mondiale ; entreprises ou secteurs pris dans le tourbillon de la crise ; chômage, inquiétude, peur de l'avenir...

Si l'on s'en tient à l'essentiel, le scénario de la crise peut être ainsi résumé :

1. Épuisement des schémas d'accumulation des années 1950-1960 dans chaque pays capitaliste (saturation des marchés et résistance du monde du travail), chute de la rentabilité, au cours des années 1960.

2. Recherche accrue des débouchés extérieurs ; développement des exportations et des investissements à l'étranger ; accentuation de la concurrence intercapitaliste.

3. Alourdissement des charges de l'impérialisme US ; mise en cause du dollar et du système monétaire international ; crise du dollar qui doit être détaché de l'or (1971).

4. Riposte américaine à l'encontre de ses concurrents européens et japonais à travers la dévaluation du dollar (1971 et 1973) et le relèvement du prix du pétrole.

5. Dans la dynamique ouverte par le processus de décolonisation de l'après-guerre, essai réussi des pays pétroliers d'obtenir un meilleur partage de la valeur produite (1973).

6. Essai de récupérer les effets de cette hausse, soit par le recyclage des capitaux des pays pétroliers, soit par la hausse des prix industriels ; indexation modérée (1974-1978), puis forte hausse des produits pétroliers (1979-1980).

7. Demande des autres pays du Tiers Monde d'un « nouvel ordre économique international » ; et notamment volonté du Tiers Monde de s'industrialiser... ce qui heurte les intérêts de certains secteurs industriels des pays capitalistes développés.

Ainsi la crise en cours résulte à la fois :

– des contradictions internes propres au processus capitaliste d'accumulation, avec leurs spécificités dans les différents capitalismes nationaux [1] ;

---

banques hors des États-Unis sont passés de 100 milliards en 1970 à 660 en 1979 ; à quoi il faut ajouter plus de 200 milliards de dollars, en marks, francs suisses, etc., déposés hors de leurs pays...

1. Voir M. Beaud, *Le Socialisme à l'épreuve de l'histoire.*

– de la compétition et des rivalités qui opposent les principaux pays capitalistes développés (2, 3, 4) ;
– des oppositions d'intérêts, voire des antagonismes entre l'ensemble des pays capitalistes développés — et chaque pays d'une manière spécifique selon ses ressources et son histoire — à l'ensemble des pays du Tiers Monde — et, de manières qui leur sont propres, aux pays producteurs de pétrole, aux pays producteurs d'autres matières premières, aux pays en cours d'industrialisation, aux pays présentant un intérêt stratégique... — (5, 6, 7).

C'est de l'enchaînement de ces différentes contradictions et de leur incessante interaction que résulte la gravité particulière de la crise actuelle.

La nouvelle mutation du capitalisme

Rien n'empêche d'espérer que, d'une crise du capitalisme, naîtra le socialisme ; pour quiconque ne reconnaît pas, dans les pays à appropriation collective des moyens de production et à planification centralisée tels qu'ils se sont développés, le socialisme réalisé, envisager cette perspective oblige à reprendre au fond la réflexion sur le socialisme [1]. Un taux important d'accumulation est-il compatible avec la marche vers le socialisme ? Qui en décidera la grandeur et l'application ? Qui en supportera la charge ? Comment faire reculer les attitudes, qui viennent de la nuit des temps, de peur, de dépendance, de soumission ? Comment éviter que ne se perpétue ou ne se reconstitue la domination d'une classe sur l'autre ? Autant de problèmes qui se posent de différentes manières selon l'histoire, la nature, la situation actuelle de chaque formation sociale nationale.

Rien n'empêche de craindre que cette crise ne débouche sur le pire : sur d'absolues tyrannies modernes, sur une multiplication des conflits, voire sur une troisième guerre mondiale, avec le risque de destruction totale de notre planète.

---

1. Voir M. Beaud, *Le Socialisme à l'épreuve de l'histoire.*

Le plus probable est qu'à travers cette crise, comme pour celles qu'il a déjà connues, le capitalisme réalise de profondes mutations et de nouvelles avancées. Cet avenir est déjà là : on peut dans les évolutions actuelles en saisir les lignes de force, ainsi que les zones d'incertitude.

1. *L'Est et l'Ouest*

Commençons par une certitude... qui s'ouvre sur quelques interrogations majeures.

Le monde tend de plus en plus à être coupé en deux : le camp capitaliste et le camp collectiviste. Avec deux superpuissances, les États-Unis et l'URSS ; et deux groupes de puissances intermédiaires ; et deux ensembles de pays peu développés et dominés.

Depuis le début des années cinquante, c'est le camp collectiviste qui est en expansion ; si en Europe la frontière paraît stabilisée sur la ligne définie à Yalta, l'URSS a désormais des points d'appui solides en Asie, au Moyen-Orient, en Afrique et même en Amérique latine ; pour étendre son influence elle dispose de trois atouts :

– la réelle volonté, dans les pays dominés par l'impérialisme occidental, de s'affranchir de cette domination et l'aspiration à l'indépendance nationale ;

– un mode d'accumulation qui a fait ses preuves dans les pays peu développés : le collectivisme d'État ;

– un mode d'organisation politique (État, parti, organisations de masse) et de mobilisation idéologique (large utilisation des thèmes du socialisme) qui a, lui aussi, fait ses preuves.

Face à cette progression, les États-Unis ont, dans l'ensemble, notamment en Amérique latine et en Asie, pris appui sur des régimes dictatoriaux dominés par d'étroites oligarchies avec le soutien de l'armée, régimes policiers recourant plus ou moins à la terreur policière, à la torture et au meurtre. États forts, donc, mais qui peuvent soudain se révéler d'une extrême fragilité, comme le régime du Shah en Iran ou la dictature des Somoza au Nicaragua.

Au-delà de ces quelques observations, une série de questions se posent : dans la crise, le camp collectiviste va-t-il continuer à progresser ? Ne va-t-il pas lui aussi se trouver dans certains pays en difficulté, avec nécessité d'une intervention militaire directe, comme en Afghanistan en 1980 ? Des guerres localisées vont-elles à nouveau éclater ? Des pays, des groupes de pays réussiront-ils longtemps à n'appartenir à aucun des deux camps — et, si oui, quels moyens auraient-ils pour éviter d'être à la merci d'un éventuel « nouveau partage du monde » ? Car l'URSS et les États-Unis ne vont-ils pas en arriver à un moment où un nouveau Yalta mondial leur paraîtra préférable — un équilibre « acceptable » par les deux s'étant réalisé — à la poursuite d'un incessant affrontement ?

Autres incertitudes : entre les deux camps, les relations vont-elles plutôt se durcir — avec des affrontements militaires localisés — ou se détendre — avec un développement des échanges commerciaux et technologiques ? En un sens, le camp collectiviste, avec ses besoins d'équipement et de consommation immenses, peut constituer un énorme marché pour les grands groupes industriels occidentaux [1]. Mais, avec la technologie qu'il leur a empruntée et une classe ouvrière relativement sous-payée, il peut aussi être un redoutable concurrent, comme cela commence à être le cas sur le marché occidental de l'automobile.

Ainsi, deux grandes questions restent ouvertes, et décisives :

— un camp va-t-il s'élargir au détriment de l'autre ?

— entre les deux camps, la tendance principale va-t-elle être à l'affrontement ou au développement des échanges ?

Des réponses à ces questions dépendra le mode d'articulation des deux grands systèmes productifs capitaliste et collectiviste d'État. Mais les réponses à ces questions dépendent elles-mêmes de ce que sera l'histoire des prochaines décennies et des rapports qui se noueront entre ces deux peuples, ces deux nations, ces deux systèmes sociaux, ces deux super-puissances, l'URSS et les États-Unis.

---

1. Les pays collectivistes d'État n'absorbaient, en 1960 que 3 %, en 1977 4 % des exportations de marchandises de l'ensemble des pays capitalistes développés ; mais ceux-ci absorbaient en 1976 14 % des exportations de biens manufacturés des pays collectivistes d'État (Banque mondiale, *Rapport sur le développement dans le monde*, 1979, p. 163 et 165). Et l'endettement du bloc collectiviste à l'égard des pays capitalistes atteint 78 milliards de dollars en 1980.

2. *Éclatement du Tiers Monde*

Pendant la période de prospérité, le développement dans les pays industrialisés avait entraîné le « développement du sous-développement » dans les pays dominés[1]. Au cours de la crise, les disparités, les inégalités se sont encore accentuées à l'échelle du monde, mais aussi du Tiers Monde.

Tout d'abord, un fossé s'est creusé entre les pays exportateurs de pétrole à faible population et l'ensemble des autres pays du Tiers Monde ; à travers les « crises du pétrole », ces pays pétroliers ont obtenu un nouveau partage de la valeur de leur marchandise aujourd'hui stratégique, devenant en quelque sorte les « nouveaux riches » de la planète : le revenu moyen par habitant de ces pays dépasse celui des pays industrialisés ; des fortunes fabuleuses sont brassées ou amassées par les oligarchies au pouvoir ; dans l'ensemble, les populations bénéficient des retombées de ces richesses et ces pays utilisent des travailleurs immigrés venus des pays voisins et d'Europe.

Les inégalités sont énormes : les habitants des pays capitalistes développés et des pays producteurs de pétrole (16,5 % de la population mondiale) disposent des deux tiers de la production mondiale, tandis que les pays du Tiers Monde (plus de la moitié de la population) n'en ont que 15 % ; et, parmi eux, les pays pauvres d'Afrique et d'Asie (près de 30 % de la population mondiale) ne disposent que de 2,4 % du produit mondial : un « autre monde », voué à l'écrasement, aux misères, aux famines. Inégalité mondiale, déjà marquée quand on observe les moyennes, mais qui est encore élargie et comme démultipliée par les inégalités nationales.

Entre les pays les plus riches et les plus pauvres apparaissent, en Europe du Sud, en Amérique latine, en Afrique, en Asie, des groupes de pays ou des pays où s'élève le revenu moyen.

---

1. A. G. Frank, *Capitalisme et Sous-Développement en Amérique latine*, 1968, et *Le Développement du sous-développement*, 1970 ; S. Amin, *L'Accumulation à l'échelle mondiale*, 1970.

TABLEAU N° 42

CROISSANCE ET PRODUCTION :
INÉGALITÉS ENTRE LES GRANDES ZONES DU MONDE

	PIB taux de croissance annuel (1960-76)	PNB* par habitant (1976)	part du groupe de pays dans le monde** (1976)		
			population	produit brut	exporta- tions de biens et services
pays exportateurs de pétrole	9,5	6 691	0,3	1,1	5,7
autres pays du Tiers Monde	5,7	538	52,2	15,3	22,6
pays capitalistes développés	4,3***	6 414	16,2	64,6	63,9
pays collectivistes d'État	5,0***	1 061	31,3	19,0	7,8

* En dollars US. ** En pourcentage. ***Période 1960-77.
Source : Banque mondiale, *Rapport sur le développement dans le monde*, 1979, p. 4, 14, 16 et 144-5.

C'est qu'une nouvelle vague d'industrialisation est en train de se former et de grossir.

A la fin du xix⁰ siècle et au début du xx⁰ siècle, l'industrialisation capitaliste s'étendait principalement à l'Europe et l'Amérique du Nord. Entre 1914 et 1945, elle s'y accentue, tandis qu'en Russie sont inaugurées les nouvelles méthodes du collectivisme d'État ; elle commence à s'étendre en Europe méditerranéenne, en Australie, en Amérique latine. Depuis 1950, l'industrialisation progresse à travers les méthodes du collectivisme d'État en Europe de l'Est et en Chine et, selon le mode capitaliste d'accumulation, en Europe du Sud et en Amérique latine. Depuis la fin de la décolonisation, capitalisme ou collectivisme, de nouvelles zones d'industrialisation se forment en Asie de l'Est et du Sud-Est, autour du bassin méditerranéen et dans quelques pays d'Afrique. Et l'industrialisation

TABLEAU N° 43

CROISSANCE ET PRODUCTION
INÉGALITÉS AU SEIN DU TIERS MONDE

	PIB taux de croissance annuel		PNB* par habitant (1976)	part du groupe de pays dans le monde** (1976)		
	1965 à 1974	1974 à 1977		population	produit brut	exportations de biens et services
pays exportateurs du pétrole	(9,5)***		6 691	0,3	1,1	5,7
pays à faibles revenus						
d'Afrique	4,1	2,4	157	3,8	0,3	0,5
d'Asie	3,9	5,5	158	25,5	2,1	1,4
pays à revenus « intermédiaires »						
Afrique sub-saharienne	5,9	1,6	523	4,6	1,5	2,9
Amérique latine et Antilles	6,5	4,0	1 159	7,8	5,0	5,7
Asie de l'Est et Pacifique	8,3	8,0	671	4,0	1,4	4,3
Europe du Sud	6,9	4,0	1 948	3,0	3,2	3,4
Moyen Orient et Afrique du Nord	7,0	7,5	989	3,5	1,8	4,4

* En dollars US. ** En pourcentage. *** Période 1960-1976.
Source : d'après Banque mondiale, rapport cité, p. 12 et 14.

de ces pays se poursuit, voire s'accentue dans la période actuelle de crise.

Car un aspect de la crise actuelle, c'est aussi la réallocation des industries à l'échelle mondiale.

TABLEAU N° 44

CROISSANCE DE LA PRODUCTION ET DE L'EMPLOI INDUSTRIELS
DANS LE MONDE*

	Monde **	URSS et pays collecti-vistes d'Europe	Pays capitalistes d'Europe	Amérique du Nord	Amérique latine	Moyen Orient, Asie de l'Est et du Sud-Est
production industrielle						
1960	52	42	60	62	54	51
1977	142	174	122	129	151	170
emploi industriel						
1960	79	72	92	87	73	73
1977	112	112	97	102	139 ***	138 ***

* Indice base 100 = 1970. ** Non compris Albanie, Mongolie, Chine, Vietnam et Corée du Nord. *** Chiffres de 1976.
Source : Annuaire statistique de l'ONU, 1978.

De 1970 à 1977, les taux annuels moyens de croissance de l'industrie sont particulièrement élevés dans des pays d'Asie de l'Est et du Sud-Est : Corée du Sud (17 %), Indonésie (13 %), Chine nationaliste (12 %), Thaïlande (10 %), Philippines, Singapour et Malaisie (9 %), Hong Kong (7 %). Certes, les taux de croissance élevés doivent être ramenés à leur juste proportion quand la base de départ est faible. D'autre part, on sait que ces croissances sont largement déterminées par les implantations ou les commandes des grands groupes industriels occidentaux... et japonais. Il n'empêche : de nouvelles bourgeoisies, de nouvelles « techno-bureoisies » se forment là, et avec elles de nouvelles classes ouvrières ; des États autoritaires et dictatoriaux peuvent tenir ces pays : ils devront tenir compte eux aussi des rapports de forces et les rapports de forces sociaux ne sont jamais fixés une fois pour toutes.

Pendant la même période (1970-1977) la croissance industrielle est aussi élevée dans différents pays d'Amérique latine : République dominicaine (14 %), Équateur

(13 %), Brésil (11 %), Paraguay (8 %), Guatemala, Nicaragua et Salvador (7 %), Mexique (6 %). Zone opprimée par la domination américaine, pays riches déjà de révolutions, de luttes paysannes et ouvrières, de conquêtes populaires et de percées démocratiques. Continent porteur de tant de promesses, mais particulièrement meurtri, écrasé, ravagé ces derniers temps par de sanglantes répressions. Pays porteurs de tant d'espérances et de tant de deuils.

Toujours en 1970 et 1977, on note des taux élevés de croissance industrielle dans quelques pays d'Afrique (Nigeria, 10 % ; Côte-d'Ivoire, 8 %), en Afrique du Nord (Tunisie, 9 % ; Maroc, 8 % ; Algérie, 6 %), au Moyen-Orient (Iraq, 12 % ; Syrie, 11 %) et en Europe méditerranéenne (Yougoslavie et Turquie, 9 %). Le taux de croissance industrielle qui avait été de 13 % par an en Iran de 1960 à 1970 était tombé à 3 % de 1970 à 1977 ; de même, ce taux qui avait été de 9 % en Grèce, Espagne et au Portugal dans les années 1960 est tombé à 5 % après 1970.

Ainsi, du point de vue des dirigeants de l'Occident capitaliste, ce n'est sans doute pas le moindre intérêt de l'évolution récente — et la crise y a de diverses façons contribué — que d'avoir fissuré, peut-être fracturé, le Tiers Monde. Il y a désormais les pays « accrochés » par leur régime au camp capitaliste, les pays « accrochés » au camp collectiviste, et ceux qui tentent — l'expression a déjà vieilli — de rester « non alignés ». Il y a les différences culturelles et religieuses qui pèsent plus que lorsque le colonisateur, la colonisation constituaient une cible évidente et permettaient de cimenter le front. Du point de vue économique, il y a désormais :

– les pays producteurs de pétrole,
– les pays producteurs de minéraux,
– les pays constituant principalement des îlots d'accueil pour les groupes industriels occidentaux,
– les pays amorçant une deuxième étape de leur industrialisation,
– les pays commençant un processus d'industrialisation,
– les pays agricoles pauvres d'Asie et d'Afrique.

En outre, il y a — et cette diversification est transversale par rapport à la précédente — une très grande variété dans les régimes politiques et les alliances de classes sur lesquelles ils reposent :

– domination d'une oligarchie traditionnelle appuyée par l'armée ;

– dictature militaire (dont les relations peuvent être plus ou moins bonnes avec les diverses fractions des classes possédantes) ;

– domination d'une « techno-bureoisie » d'État appuyée par l'armée ;

– alliance d'une « techno-bureoisie » d'État (avec, par exemple, la petite bourgeoisie, une partie de la paysannerie et une bourgeoisie naissante) ;

– régime populiste (à tonalité progressiste, religieuse...).

Et, dans chaque cas, les types de relations que peuvent établir les pays capitalistes, les points d'appui qu'ils peuvent trouver sont d'une extraordinaire multiplicité...

3. *Un centre multipolaire ?*

Dans la crise actuelle, la rivalité entre les principaux pays capitalistes a eu sa part : concurrence internationale s'exacerbant avec la progressive saturation des marchés nationaux ; accentuation des exportations et des investissements à l'étranger — en grande partie réciproques ; refus du leadership absolu qu'avaient assuré les États-Unis après la guerre ; mise en question d'un système monétaire international fondé sur le dollar...

Mais aucun pays n'est candidat à la relève ; et aucun n'a la puissance qui lui permettrait de l'être. L'Europe, toujours écartelée, ne peut être une puissance, et n'en sera sans doute jamais une tant qu'elle restera coupée par le partage décidé à Yalta. Le Japon modère ses ambitions, et s'en tient, pour l'instant, principalement à l'Asie — un peu comme les États-Unis s'en tenaient aux Amériques après 1918. Le seul rival des États-Unis, c'est l'URSS ; son ambition, aujourd'hui, est de faire reculer, de grignoter la sphère d'influence américaine.

Ainsi le camp capitaliste va rester dominé par les États-Unis ; mais ceux-ci ont dû faire des concessions aux autres puissances capitalistes, passer des compromis : en leur reconnaissant des « zones d'influence particulières » (quoique non exclusives) dans le monde ; en acceptant (par réalisme ou par faiblesse ?) que chacune dispose d'une plus large autonomie dans la définition de ses positions, à l'égard de l'URSS notamment ; en mettant peu à peu en place un système monétaire où chaque monnaie forte peut mieux être reconnue et mieux peser.

En contrepartie les États-Unis trouvent dans les pays capitalistes industrialisés des points d'appui des relais ou des alliés. Ainsi, c'est à travers IBM-France, qu'IBM est présent dans nombre de pays d'Afrique et d'Amérique latine ; en 1975, les banques américaines ne détenaient directement que cinq filiales et succursales en Afrique, mais cinq cents à travers leurs propres filiales européennes. Le groupe financier américain Morgan est lié de multiples façons au groupe financier français Suez ; or sa filiale britannique Morgan Grenfeld et Suez ont créé ensemble des filiales à Hong Kong et à Singapour[1]. Ainsi se met en place dans le domaine bancaire et industriel un système hiérarchisé, qui fonctionne déjà, principalement à travers les relations d'État, dans le domaine politique et militaire. Il s'agit d'une hiérarchie souple, multiforme, mouvante, dont on peut repérer quatre niveaux principaux :

1. IMPÉRIALISME DOMINANT
   ÉTATS-UNIS

2. IMPÉRIALISME RELAIS
   GRANDE-BRETAGNE
   FRANCE
   RFA
   JAPON
   AUTRES

3. Pays d'appui privilégié
   - *pour les États-Unis*
   - *pour chaque impé-*
     rialisme relais

	(autour de la Méditerranée)	(au Proche Orient)	(en Afrique)	(en Asie)	(en Amérique latine)

4. Autres pays

	(autour de la Méditerranée)	(au Proche Orient)	(en Afrique)	(en Asie)	(en Amérique latine)

1. Allard, Beaud, Bellon, Lévy, Liénart, *op. cit.* ; O. Pastré, *op. cit.*

L'appartenance au « corps » des impérialismes relais implique non seulement une puissance économique suffisante (à la fois bancaire, industrielle, commerciale), mais aussi une capacité — de peser et d'intervenir — à la fois politique et militaire ; l'influence idéologique ou culturelle, le prestige scientifique et technique peuvent n'être pas négligeables.

L'appartenance à ce « corps » n'est jamais acquise. Le poids pesé dépend du rapport de forces : et celui-ci est sans cesse en jeu. Là réside, aussi, un enjeu de la crise. Chacun des capitalismes développés doit, s'il veut rester dans le groupe dominant, ne pas se laisser distancer à l'intérieur de l'ensemble, et, dans certains domaines, prendre de l'avance. Il s'agit donc, pour les responsables privés et publics de chaque capitalisme national, de :

– « gérer » la régression des activités jugées non rentables... et non nécessaires ;

– maintenir et moderniser le potentiel agricole qui constituera un élément du rapport de forces dans les prochaines décennies ;

– moderniser et adapter à leurs nouvelles perspectives (régime de croisière dans les pays développés, progression importante dans les pays en cours d'industrialisation) les industries de la deuxième génération, tant de biens de consommation que de biens d'équipement ;

– engager dans de bonnes conditions le développement technique et industriel des industries de la troisième génération. Car ces industries seront la base du nouveau modèle d'accumulation qui est en train de se mettre en place.

Aux yeux des classes dirigeantes des pays impérialistes, la condition en est la restructuration des activités productrices pour une meilleure compétitivité, et donc des fermetures d'entreprises et la liquidation totale ou partielle de secteurs productifs ; c'est aussi une pression accrue sur le monde du travail pour aider les entreprises à reconstituer leur rentabilité : l'inflation, le chômage peuvent en être des moyens (ils ne sont pas, alors, l'indice de l'échec de la politique menée, mais les marques mêmes de cette politique) ; en sont aussi les moyens les multiples efforts pour limiter les hausses de salaires et, d'une manière plus générale, remettre en cause ou restreindre les acquis du monde du travail : sécurité sociale, services publics, secteur nationalisé, droit de grève et droits syndicaux, notamment dans l'Angleterre de Mme Thatcher et dans la France du président Giscard d'Estaing ; plus fondamentalement encore, ce sont les incessants efforts patronaux pour faire éclater le monde du travail, soit avec le développement de formes d'emploi précarisés (contrats à durée déterminée, vacataires, travail à temps partiel, travail intérimaire, sous-traitance, travail à domicile), soit en mettant en cause ce qu'on peut considérer comme des « acquis unifiants » (salaire minimum, semaine normale de quarante heures, indemnité de chômage garantie...). Par ces moyens, est progressivement freiné le recul de la part des revenus d'entreprise dans la valeur ajoutée nationale [1] ; sont reconstituées les conditions meilleures de profit pour les entreprises les plus performantes [2] ; et, finalement, est créé un contexte favorable à la mise en œuvre du nouveau modèle d'accumulation.

4. *Un nouveau modèle d'accumulation*

Déjà, on peut percevoir ce que seront les principales composantes de ce nouveau modèle d'accumulation :
– de nouvelles industries porteuses,

---

1. Poids relatif des « excédents bruts d'exploitation » en % de la masse des rémunérations des salariés.

	États-Unis	Grande-Bretagne	France	RFA	Japon
1960	37,0	36,2	71,0	66,9	100,3
1965	40,0	33,2	61,2	53,6	79,5
1972	30,2	30,6	56,9	43,8	73,0
1978	28,2	24,8	41,3	40,5	49,9

Source : d'après *Comptes nationaux des pays de l'OCDE (1950-1978)*, vol. 1, OCDE, 1980.

2. En 1979, dix-sept groupes industriels et énergétiques ont réalisé des profits déclarés supérieurs à un milliard de dollars : onze groupes pétroliers avec en tête Royal Dutch Shell (6,7 milliards) et Exxon (4,3) ; six groupes industriels : ATT (5,7) télécommunications ; IBM (3,0) informatique ; General Motors (2,9) et Ford (1,2) automobile ; General Electric (1,4) construction électrique ; Kodak (1,0) photographie. Sur les onze groupes pétroliers, sept sont américains ; et les six groupes industriels sont américains (*Le Monde*, 19 juillet 1980).

TABLEAU N° 45

PRODUCTIONS INDUSTRIELLES DES 1re, 2e ET 3e GÉNÉRATIONS EN FRANCE

1re génération

	charbon produit (millions de t.)	acier brut produit (millions de t.)	lignes de chemin de fer en service (milliers de km)	coton (milliers de t.)
1950	52,5	8,6	41,3	293 [c]
1965	54,0	19,6	37,8 [a]	{ 267 [c a] { 250 [d a]
1978	22,4	22,8	34,5 [b]	161 [d]

2e génération

	aluminium produit (milliers de t.)	électricité produite (millions de kwh)	pétrole consommé (millions de t.)	automobiles fabriquées (milliers)
1950	60	33 000	8,4	358
1972	504	163 574	99,3	3 017
1978	550	202 555	105,0	3 507

3e génération

	construction électrique et électronique (indice, base 1949 = 100)	électricité d'origine nucléaire (millions de kwh)	passagers aériens transportés [e] (millions)	parc des ordinateurs au 1er janvier (milliers)
1940	55	—	0,1	
1950	107	—	1,2	
1960	310	130	3,9	1964 0,8
1972	881	13 780	16,7	1968 3,4
1978	1 260	17 051	23,3	1978 23,8

Source : d'après B. Rosier, *op. cit.*, p. 16, et INSEE, *Annuaire statistique de la France*, 1979, 1968 et 1951.
a. 1966. — b. 1977. — c. Coton utilisé par l'industrie. — d. Production de filés. — e. Par les compagnies nationales.

– de nouvelles mutations dans le procès de travail,

– un bouleversement important du mode de vie qui relancera une « nouvelle consommation de masse »,

– une diversification encore accrue des formes de mobilisation des travailleurs.

Les nouvelles industries porteuses seront :

– les énergies nouvelles (nucléaire, solaire...) et les technologies nouvelles permettant d'économiser l'énergie dans les déplacements, la production, l'habitat ;

– les techniques nouvelles de fabrication des matériaux, des substances et des éléments (biochimie et bio-industrie, nouvelles synthèses...) ;

– et surtout les applications de l'électronique (informatique, télétransmission, ou, pour reprendre des termes récents : télématique, technétronique).

L'électronique va notamment provoquer de profonds changements dans le processus de production, dans l'organisation du travail, dans la vie quotidienne et le modèle de consommation. De sa maîtrise vont largement dépendre le niveau de la recherche, l'efficacité de la production, et donc la place de chaque pays dans la « hiérarchie internationale ».

Avec ces nouvelles technologies, et notamment les télétransmissions et l'électronique, le procès direct de production, le procès de travail vont être très profondément transformés, dans l'industrie bien sûr, mais aussi dans les bureaux, les postes et les banques, dans les systèmes éducatif et de santé, dans l'agriculture... En effet, vont être de plus en plus largement possibles :

– le stockage des informations nécessaires et l'accès à des informations dont on a besoin ;

– la télétransmission des informations, des demandes, des ordres, des images ;

– le traitement des problèmes complexes, mettant en jeu un grand nombre d'informations, de contraintes et de partenaires ;

– la commande de systèmes productifs complexes et leur coordination simultanée dans l'espace, entre eux, et en fonction des ordres des clients, des stocks...

Et la France est nettement en retard par rapport aux États-Unis et au Japon. Ainsi il y a — contre quatre mille

TABLEAU N° 46

PRÉVISION DE L'ÉVOLUTION
DU PARC D'ÉQUIPEMENTS AUTOMATISÉS
EN FRANCE D'ICI 1985

applications	1978	1980	1985
machines-outils à commande numérique	4 500	5 800	10 000
robots	150		3 000
automates programmables	700		10 à 20 000
mini-ordinateurs pour grandes séries	1 000 (parc 1977)		5 à 10 000
automatismes de processus	2 500 (parc d'ordinateurs de process)		automation quasi totale
conception assistée par ordinateur	100 env.		3 à 400 systèmes [a]
lecture et traitement de documents	10 CTA 23 centres de CCP		54 CTA généralisation
télécopie	5 000	25 000	85 000
machines à écrire à mémoire	10 000	18 000	70 000
terminaux, dont :	80 000	112 000	239 000
terminaux « point de vente »	800	1 150	14 700
terminaux guichets	9 000	13 200	26 000
terminaux connectés au réseau PTT, dont :	47 400 (chiffres 76)	106 000	205 000
banque et finance	21 100	35 700	55 900
services/bureaux	6 200	23 400	62 600

a. Chiffre pour 1983.
Source : J.-H. Lorenzi, et al. *op. cit.*, p. 377.

en 1975 — près de dix mille robots industriels dans le monde en 1979, dont trois mille aux États-Unis, plusieurs milliers au Japon (l'estimation varie selon la définition retenue)... et cent cinquante en France[1]. Ces engins sont depuis plusieurs années à l'œuvre dans l'industrie automobile. Ainsi, chez General Motors :

> Quand ils ont introduit les unimates, on sortait [à la chaîne] soixante [voitures] à l'heure. Le temps de se retourner, on était à cent. Un unimate, c'est un robot soudeur. Ça ressemble à une mante religieuse. Ça passe de poste en poste, ça libère la machine et ça se remet en position pour la voiture suivante. Ça peut en passer cent dix à l'heure. Ça ne se fatigue jamais, ça ne réclame jamais, ça ne s'absente jamais. Bien sûr, ça n'achète pas de voitures. La GM n'a pas l'air de comprendre cet argument-là[2].

Avec les robots, tout travail répétitif — tant dénoncé par les grèves d'OS des années soixante — et les systèmes de travail à la chaîne peuvent être remplacés au cours des deux prochaines décennies. Ils le seront certainement là où le coût de la force de travail ou l'attitude des travailleurs les rendront inadaptés et peu rentables ; mais cela n'empêchera pas que dans d'autres zones du monde se développeront le travail taylorisé et les chaînes de production... En outre, la robotisation sera, le plus souvent, réalisée sur une fraction de la filière productive : en amont et en aval subsisteront, ou se développeront, des emplois déqualifiés.

Avec l'informatique, la télécommunication, l'automatisation des grandes filières productives, va se développer le travail en « équipes autonomes », en « ateliers autonomes » — certains diront « autogérés ». Là où les robots industriels seront inaptes ou trop coûteux, les travailleurs d'un atelier pourront s'organiser de manière autonome... à condition qu'ils respectent les objectifs, les normes, les contraintes que leur transmettra l'ordinateur ; dans certains cas, ils pourront discuter, émettre des objections... mais il est probable que la masse des informations disponibles et la combinaison des contraintes ne laisseront que bien peu de « marge de liberté ».

---

1. M.-P. Savy, mémoire de maîtrise à l'UER d'économie politique de l'université de Paris VIII.

    Gary Bryner, cité *in* S. Terkel, *op. cit.*, p. 167.

En outre — les psychosociologues se sont penchés sur les nouvelles perspectives ainsi ouvertes — les individus, les équipes seront mis en concurrence les uns avec les autres.

> L'organisation autoritaire fondée sur des relations de supérieur à subordonné doit disparaître (...). Dans le nouveau modèle aucun individu ne dépendrait d'un supérieur. Il négocierait, en toute liberté, son adhésion à une structure continuellement mouvante de liaisons réciproques vis-à-vis de ceux avec lesquels il échangerait biens et services (...). Une structure non autoritaire implique l'exercice d'une concurrence interne (...). Chaque individu aurait ainsi une situation identique à celle d'un propriétaire gérant lui-même son entreprise [1].

Dans le même mouvement vont se développer de nouvelles formes de sous-traitance (avec télétransmissions des ordres et des informations techniques fournies par l'ordinateur du « client dominant ») ; de nouvelles formes aussi d'ateliers dispersés, d'ateliers à la campagne et de travail à domicile (déjà à l'œuvre en France, pour des employés des renseignements téléphoniques). Dans les lieux de travail groupé, l'horaire à la carte va pouvoir se développer, l'ordinateur permettant d'indiquer les contraintes (donc la plus ou moins large marge de choix), de coordonner et d'effectuer les contrôles.

Avec ces nouvelles technologies, cette nouvelle organisation du travail, vont se développer un nouveau mode de vie et de nouvelles consommations de masse.

Caricaturons... mais seulement à partir de ce qui existe déjà. Des crèches fonctionnent où les enfants sont sous surveillance électronique (Japon) ; les écoles se multiplient où chaque enfant, au lieu de la table de bois et du tableau, a devant lui un écran de visualisation et un clavier pour interroger l'ordinateur (Japon et États-Unis) ; une « maison électronique » a été conçue et réalisée, qui réveille (après avoir fait chauffer le café et les toasts), contrôle le niveau des provisions, peut faire chauffer les plats, répondre au téléphone, enregistrer les émissions de télévision à la demande ; elle « surveille » aussi et dissuade les visiteurs

1. J. W. Forrester, professeur au MIT, cité par D. Pignon et J. Querzola, in *Critique de la division du travail*, Seuil, 1973, p. 158.

non attendus ou non désirés (États-Unis). Un système de programmation individuelle du « trajet urbain optimal » est en cours d'expérimentation, qui permet à chaque conducteur ayant indiqué sa destination de faire programmer son itinéraire et guider sa conduite — prendre la file de droite, tourner à droite, ralentir — (Japon) ; bientôt, un « ange gardien électronique » conseillera le conducteur (attention, conduite trop brusque, trop rapide, trop « énergievorace »). Des firmes américaines recherchent le système électronique et de traction qui permettra à chaque véhicule d'entrer individuellement sur l'autoroute ; là les véhicules formeraient des « trains automobiles », chaque véhicule ne remettant son moteur en marche qu'à la sortie de l'autoroute...

Les jeux électroniques se multiplient et se diversifient. Le premier journal sur écran vient d'être expérimenté aux États-Unis ; électronique et télétransmissions vont transformer profondément les modes d'accès aux diverses informations : renseignements (téléphoniques, SNCF, météorologiques, touristiques...), nouvelles quotidiennes (générales ou spécialisées), données scientifiques et techniques, catalogues de ventes par correspondance..., et même courrier.

C'est donc un profond renouvellement du mode de vie qui va s'opérer, en entraînant la diffusion progressive puis massive des produits électroniques :

– renouvellement du stock des biens traditionnels de la deuxième génération (automobile, téléphone, téléviseurs, chaînes haute fidélité...) ;

– diffusion de biens nouveaux (systèmes de surveillance et de commandes à distance, terminaux individuels avec écrans de visualisation, ordinateurs individuels...).

Nouvelles technologies, nouvelle organisation du travail, nouvelles consommations et nouveaux modes de vie. On peut imaginer que cela pourrait entraîner la mise en place d'un contrôle permanent de chaque travailleur, dont la formation, le travail, les loisirs seraient systématiquement analysés et programmés. Le plus probable nous paraît résider dans un extrême éclatement des modes de mobilisation des travailleurs, avec :

– à un pôle, des couches et des catégories parfaitement

SCHÉMA XIV

HIÉRARCHIE IMPÉRIALISTE
ET CIRCULATION NATIONALE-MONDIALE DE LA VALEUR
DANS LES ANNÉES 1970

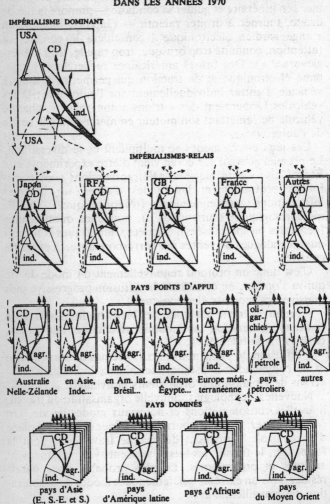

IMPÉRIALISME DOMINANT

USA

CD

ind.

USA

IMPÉRIALISMES-RELAIS

Japon CD — ind.   RFA CD — ind.   GB CD — ind.   France CD — ind.   Autres CD — ind.

PAYS POINTS D'APPUI

CD — agr. — ind. CD — agr. — ind. CD — agr. — ind. CD — agr. — ind. CD — agr. — ind. oli-gar-chies pétrole CD — agr. — ind.

Australie Nelle-Zélande   en Asie, Inde...   en Am. lat. Brésil...   en Afrique Égypte...   Europe médi-terranéenne   pays pétroliers   autres

PAYS DOMINÉS

CD — agr. — ind.   CD — agr. — ind.   CD — agr. — ind.   CD — agr. — ind.

pays d'Asie (E., S.-E. et S.)   pays d'Amérique latine   pays d'Afrique   pays du Moyen Orient

Formation sociale nationale (avec la sphère de la production matérielle : agriculture et industrie). Pour alléger la représentation, les classes sociales n'ont pas été représentées (se reporter aux schémas précédents).

Appareil d'État national

Appareil du capital financier

CD : classe dirigeante

Appareil du capital industriel

Appareil du capital industriel principalement dominé par des capitaux étrangers

Exportation de capitaux, prêts, aides gouvernementales *...

Circulation nationale/mondiale de la valeur produite (tant à travers le commerce de marchandise et le commerce des invisibles qu'à travers les rapatriements de bénéfices, versements d'intérêts et de dividendes, etc.) *

* Pour ces deux flux, seules les indications de départ et d'arrivée ont été données; le réseau, inextricable et dense, ne peut être représenté sur ce schéma.

intégrées, totalement à l'aise dans l'univers des programmes, des claviers, des écrans, des voix synthétiques et des robots ;

– à l'autre pôle, des groupes et des couches, qui refusant, rejetant ce monde, se marginaliseraient totalement ;

– entre les deux, subsisteraient, pour l'essentiel articulés avec le pôle dominant, les modes traditionnels de mobilisation du travail : travail à domicile, artisanat et exploitations individuelles dépendantes, petites entreprises de sous-traitance, nouvelles formes de travail à la tâche, travail intérimaire, temporaire, contractuel.

Si l'on conçoit qu'à travers les groupes industriels et financiers multinationaux, ce système fonctionnera sur les cinq continents, aux quatre niveaux de la hiérarchie impérialiste et dans plus de cent pays (qui chacun auront des législations propres, des traditions, des rapports de forces différents), on se rend compte qu'il y aura tout un dégradé de situations, diversifiées encore par la gamme des spécificités nationales, culturelles, religieuses : capitalisme multiple *et* unique, difforme[1] *et* cohérent, éclaté *et* structuré...

5. *Un système multinational diversifié et hiérarchisé*

J.F. Kennedy, 1962 : « L'aide étrangère est une méthode par laquelle les États-Unis maintiennent une position d'influence et de contrôle sur le monde entier et soutiennent un grand nombre de pays qui s'écrouleraient définitivement ou bien passeraient au bloc communiste[2]. » L'essentiel est dit. Aide économique et militaire, secours alimentaires, prêts, dons, investissements industriels ou commerciaux, échanges de marchandises, présence culturelle et militaire : autant de liens qui se tissent, et renforcent la dépendance. Et aux liens directement établis, s'ajoutent ceux qui passent par les pays impérialistes secondaires et les points d'appui continentaux, ou qui partent d'eux.

1. K. Vergopoulos, *Le Capitalisme difforme*, 1974.
2. Cité *in* H. Magdoff, *op. cit.*, p. 110.

Le système permet d'abord d'éviter que trop de pays ne basculent dans le camp collectiviste. Il constitue aussi un formidable système de drainage de la valeur produite à l'échelle mondiale.

	ensemble	pays à « faible revenu »	pays à « revenu intermédiaire »
TABLEAU N° 47			
ENDETTEMENT ET CHARGE DE LA DETTE DES PAYS DOMINÉS			
*en-cours de la dette à long et moyen terme**			
1965 [a]	38 [a]	11 [a]	27 [a]
1970	68	17	51
1977	260	49	211
(prév. 1985)	(740)	(124)	(616)
ratio du service de la dette en % des exportations de biens et services			
1970	—	13 **	10,2
1977	11,8	9,6 [b] 13,5 [c]	11,8
(prév. 1985)	(18,1)	(11,6) [b] (17,0) [c]	(18,3)

* En milliards de dollars. ** Estimation.
a. Les chiffres de 1965 ne sont pas obtenus des mêmes séries que ceux des autres années ; mais les ordres de grandeur restent significatifs. — b. Pays d'Afrique. — c. Pays d'Asie.
Sources : Fitt, Fahri et Vigier, *op. cit.*, p. 83 ; Banque mondiale, *Rapport sur le développement dans le monde*, 1979, p. 11 et 34.

Ce drainage s'effectue d'une manière saisissable et mesurable à travers les revenus des investissements réalisés à l'étranger. Ainsi, de 1970 à 1976, les groupes industriels et financiers américains ont réalisé pour 67 milliards de dollars d'investissements à l'étranger, pour lesquels 27 milliards sont sortis des États-Unis ; dans le même temps, ils ont bénéficié de 99 milliards de revenus de ces investissements (dont 42 ont été réutilisés hors des États-Unis et 57 rapatriés aux États-Unis) : ce qui représente un excédent net de 32 milliards pour ces groupes, et pour les comptes extérieurs américains une rentrée nette de 30 milliards [1].

1. Chiffres du *Survey of Current Business*, in S. Latouche, *Critique de l'impérialisme*, p. 209.

Ce drainage s'effectue d'abord à travers le paiement des intérêts et des charges de la dette extérieure. L'endettement des pays dominés est en effet devenu massif au cours de la période récente et constitue un nouvel « enchaînement », une nouvelle forme de dépendance. Les en-cours de la dette des pays en voie de développement sont passés de 40 milliards de dollars en 1965 à 70 milliards en 1970 et 260 milliards en 1977 ; il est prévu qu'ils atteindront 740 milliards de dollars en 1985.

L'endettement représente quatre à cinq fois les réserves de change des pays à « faibles revenus » ; deux à deux fois et demie celle des pays à revenus intermédiaires. Le service de la dette représente en moyenne le dixième des recettes d'exportation ; en 1977, ce ratio atteignait pour certains pays des niveaux élevés : plus de 20 % pour la Bolivie, la Mauritanie et l'Égypte, 28 % pour l'Uruguay, 30 % pour le Pérou, 32 % pour le Chili, 43 % pour la Guinée et 48 % pour le Mexique ; jusqu'à un tiers, voire la moitié, des recettes d'exportation consacrées à assurer le service de la dette...

Le drainage de la valeur s'effectue aussi à travers les échanges internationaux de services et de marchandises. Un aspect majeur du capitalisme diversifié à l'échelle mondiale, du « capitalisme difforme », est l'extrême disparité des coûts de la force de travail : entre le coût de la force de travail d'un ouvrier américain ou européen qui inclut — compte tenu de l'urbanisation, de la salarisation généralisée et de la coupure avec le monde rural — un habitat équipé, la voiture, les frais de santé, de loisirs, de formation des enfants, etc., et celui d'un ouvrier d'Asie du Sud-Est vivant à la limite du minimum biologique ou d'un travailleur du Tiers Monde encore largement attaché à une communauté rurale (et dont une large partie de la production/reproduction de la force de travail est assurée par des productions non marchandes et l'autoconsommation), les écarts sont très grands. Les différences de salaires peuvent servir là d'indicateurs (voir tableau n° 48).

L'éventail va de 1 à 9 pour le troisième indicateur (coût de l'heure de travail pour un groupe, en 1979, y compris les charges indirectes), à 1 à 16 pour le premier indicateur ;

pour le deuxième indicateur, l'écart dépasse souvent 1 à 10 et atteint une fois 1 à 17. Comme il s'agit de moyennes, ces indices sont suffisants, et l'on sait que l'écart est énorme si l'on prend un technicien bien payé d'un pays impérialiste et un manœuvre d'Afrique ou d'Asie — ou un enfant de ces continents (car, actuellement, environ cent millions d'enfants travaillent dans le monde dans des conditions comparables à celles de l'Europe du XIXᵉ siècle en cours d'industrialisation, ou peut-être même pires [1]).

Le système capitaliste mondial actuel est, à une échelle jamais atteinte jusqu'ici, à la fois *unique* (marché mondial, multinationalisation de la production) *et disparate* (disparité des coûts de la force de travail, large éventail des « valeurs nationales » d'une même marchandise). Peu importe dès lors que l'on raisonne en termes de valeur moyenne mondiale et de « profits-extra » ou d'inégales valeurs nationales, le phénomène fondamental est celui-ci : de même que le pétrole du Tiers Monde vendu à bas prix dans les pays capitalistes industrialisés leur permettait de bénéficier d'une partie de la rente pétrolière, de même, la force du travail du Tiers Monde, achetée à bas prix et mise au travail dans des segments productifs intégrés dans un processus productif multinational dominé par les groupes industriels et financiers, leur permet de bénéficier d'une partie de la valeur produite dans le Tiers Monde ; cela peut s'opérer soit à travers les groupes multinationaux et leurs prix de transfert, soit à travers le marché mondial et le système de prix mondial (la variation des termes de l'échange n'étant qu'un indicateur de l'amélioration ou la détérioration du partage).

Or le phénomène n'est pas marginal ou limité. Il est massif. Il y avait trente-cinq à quarante millions d'ouvriers dans le monde à la veille de la Première Guerre mondiale ; il y en a plus de cent soixante millions aujourd'hui dans le monde capitaliste : environ cent dix dans les pays impérialistes et capitalistes développés et cinquante dans les pays

---

1. *Rapport du BIT*, Genève, 1979. Un récent rapport du groupe de travail de l'ONU sur l'esclavage a notamment dénoncé le commerce des enfants en Thaïlande, et l'exploitation de cinq cent mille enfants en Italie (*Le Monde*, 12 et 13 août 1980).

TABLEAU N° 48

DISPARITÉS DE RÉMUNÉRATION
DE LA FORCE DE TRAVAIL DANS LE MONDE

	pays impérialistes		pays « points d'appui »		pays dominés	
salaire mensuel*	USA 1972	500	Mexique 1972	157	Corée du Sud 1972	50
	RFA 1972	400	Brésil 1970	87	Ghana 1971	39
			Inde 1970	30	Philippines 1971	38
taux horaire moyen* dans des productions comparables						
produit électronique de consommation	USA	3,13			Hong Kong	0,27
	USA	2,3 à 2,6	Mexique	0,53	Formose	0,14
fabrication du matériel de bureau	USA	3,67			Formose	0,38
	USA	2,9 à 3	Mexique	0,48	Hong Kong	0,30
semi-conducteurs	USA	3,36			Singapour	0,29
	USA	3,32			Corée	0,33
	USA	2,23			Jamaïque	0,30
industrie textile	USA	2,49			Trinidad	0,40
	USA	2,28	Mexique	0,53	Honduras	0,45
					Costa Rica	0,34
	USA	2,11			Honduras britannique	0,28
indice des coûts horaires de l'ouvrier pour le groupe multinational Philips en 1979**	RFA	144	Australie	97	Corée du Sud	21
	Belgique	143	Autriche	95	Hong Kong	19
	Suède	142	Italie	93	Singapour	16
	Pays-Bas	139	Finlande	87	Formose	15
	Danemark	136	Espagne	79		
	Suisse	129	Irlande	67		
	Norvège	127	Grèce	42		
	USA	118	Brésil	40		
	Canada	110	Mexique	33		
	Japon	103	Portugal	26		
	France	100				
	Gde-Bret.	74				

* En dollars.
** Base 100 = France.
Sources : C. A. Michalet, *op. cit.*, p. 144 ; Fitt, Fahri et Vigier, *op. cit.*, p. 215 ; *L'Expansion*, 4 juil. 1980.

du Tiers Monde[1]. Et plusieurs centaines de millions de paysans sont en cours de prolétarisation : chassés de leurs terres, de leurs villages, et obligés pour vivre de vendre leur force de travail — *favellas* d'Amérique latine, bidonvilles de tout le Tiers Monde, entassements urbains d'Asie sont les lieux où sont rassemblés des « travailleurs libres » disponibles sans condition pour de nouvelles industrialisations.

Et le système impérialiste doit être saisi, compris, il faut y insister, comme à la fois unique (domination principale des États-Unis, avec le dollar comme monnaie mondiale ; marché mondial, prix mondiaux des produits de base et des grands produits fabriqués) *et* diversifié (grande variété de situations sur les cinq continents ; extrême diversité des situations nationales et locales ; coexistence de modes très différents d'utilisation de la main-d'œuvre, vu qu'elle-même se reproduit dans des conditions très disparates). C'est un système hiérarchisé : avec les États-Unis, impérialisme dominant dans l'ensemble des domaines, économique, monétaire, technique, militaire, mais aussi politique, idéologique, et en matière de genre de vie et de diffusion de l'information ; avec des impérialismes relais, anciennes puissances coloniales (Grande-Bretagne et France) ou puissances plus récentes (RFA et Japon), qui ont chacun ses spécificités, ses atouts, ses faiblesses, sa zone d'influence particulière — puissances menacées et pour qui se joue, dans la crise, la place dans la hiérarchie des nations au XXIe siècle : affirmation, maintien ou déclin — ; avec aussi des « pays points d'appui », qui ne sont pas des impérialismes, même s'ils peuvent le devenir un jour, mais

1. D'après S. Amin, *Classe et Nation*, p. 158 ; S. Rubak (*La Classe ouvrière est en expansion permanente*, Spartacus, 1972, p. 73, 79 et 89) avait établi des évaluations concordantes pour l'ensemble du monde (en millions d'ouvriers) :

	vers 1950	vers 1960
Europe (sans l'URSS)	54,2	69,5
Amérique du Nord	23,1	24,2
Amérique du Sud	10,5	12,3
Afrique	2,0	2,0
Asie	29,6	47,0
URSS	30,6	32,0
total	150,0	187,0

qui par leur situation géopolitique, leur poids (démographique, économique, militaire, idéologique, politique) et leur
capacité d'influence et d'intervention, constituent des éléments clés dans une région du monde — parmi eux, les
pays pétroliers occupent, pour encore quelques décennies,
une place particulière —; avec, enfin, les « pays dominés », les plus nombreux, disparates par leurs poids comme
par leurs potentialités, et dont l'importance peut dépendre
des richesses minérales qu'ils recèlent, d'une situation
stratégique ou politique particulière, de la population —
avec, parmi eux, les plus déshérités et les plus délais-
sés.

Hiérarchisé, ce système l'est avec une extrême souplesse,
ce qui le rend à la fois vulnérable et adaptable. Par-delà le
disparate des peuples, des cultures, des langues, des
religions, des manières de vivre et de mourir, ce qui fait son
unité, c'est un réseau multiple de liens : liens économiques
(échanges commerciaux, prêts, dons, « aides » ou « assis-
tances » diverses...), mais aussi alliances de classes à
l'échelle mondiale — les classes dirigeantes des pays
impérialistes s'appuyant sur des classes ou des forces
organisées (armée, police) des pays points d'appui et des
pays dominés (d'où l'importance de l'aide militaire, de
l'assistance policière, de la présence et de l'intervention des
services secrets...). A la limite, des pays peuvent être créés
de toutes pièces, des régimes soutenus artificiellement, des
couches ou des groupes dirigeants « fabriqués » par les
interventions des groupes industriels et financiers, des
États et des services spéciaux des pays dominants[1].

Et ce réseau unifiant de liens crée de nouvelles inégalités, de nouvelles disparités : le prélèvement de valeur à
partir de la production réalisée dans les pays points d'appui
et dominés va accroître la puissance des groupes industriels
et financiers et l'enrichissement des classes dominantes des
pays impérialistes ; en même temps il accroît la pauvreté
des plus pauvres dans les nations les plus pauvres. Le
soutien apporté à des classes dirigeantes du Tiers Monde a

---

1. Cf. la notion de « protonations » mise en avant par Jean Ziegler, in *Main basse
sur l'Afrique.*

permis de fabuleux enrichissements[1], mais aussi le développement de nouvelles couches liées à l'appareil d'État ou à l'appareil du capital multinational et des inégalités nouvelles se développent qui s'ajoutent aux anciennes. Ainsi, la « tranche de 10 % » la plus riche de la population dispose dans les pays capitalistes développés de 25 à 30 % du revenu national ; dans des pays du Tiers Monde, ce pourcentage s'élève de 35 % (Inde, Venezuela, Mexique, Argentine) à 50 % (Brésil, Honduras)[2].

Et ces disparités créent de nouvelles « solidarités » : les familles dirigeantes du Tiers Monde placent leurs richesses dans des pays « sûrs » de la sphère impérialiste (États-Unis, Suisse[3], paradis fiscaux...) ; elles prennent des participations dans des groupes industriels ou bancaires des pays dominants ; elles consomment leurs produits hautement sophistiqués et de luxe. Les industries de nombreux pays dominés n'ont aucune autonomie, intégrées qu'elles sont dans des processus productifs mis en place et coordonnés par de puissants groupes industriels. Et la transformation des structures productives nationales doit désormais être analysée dans ses rapports avec le système impérialiste mondial. Ainsi le développement des « tertiaires » aux États-Unis[4] : pour une part, il correspond aux gains de productivité dans l'agriculture et dans l'industrie, et à l'accentuation de la division du travail (tâches de direction, prévision, planification, information, coordination, recherche, enseignement, contrôle, surveillance...) sur laquelle reposent en partie ces gains de productivité ; mais, pour une part aussi, il correspond au fait que la production matérielle se développe désormais plus dans les pays points

1. Sans parler de la richesse des émirs ou des princes du pétrole, on peut évoquer les fortunes accumulées par l'ex-Shah d'Iran et sa famille et par des clans ou des familles au pouvoir en Amérique du Sud.
2. Banque mondiale, *Rapport sur le développement dans le monde*, 1979, p. 188.
3. Cf. Jean Ziegler, *Une Suisse au-dessus de tout soupçon*.
4. D'après L. Gérardin, aux États-Unis, la part de la population active employée dans l'agriculture est tombée de 45 % en 1870 à 2 % en 1980 ; celle employée dans l'industrie proprement dite est passée de 17 % en 1860 à environ 35-40 % de 1914 à 1950, pour retomber à 23 % en 1980 ; celle employée dans les « services matériels » a progressé irrégulièrement de 17 % en 1860 à 28 % en 1980 ; celle employée dans les métiers de l'information a progressé de 5 % en 1870 à 47 % en 1980 (*Le Monde*, 6 juin 1979).

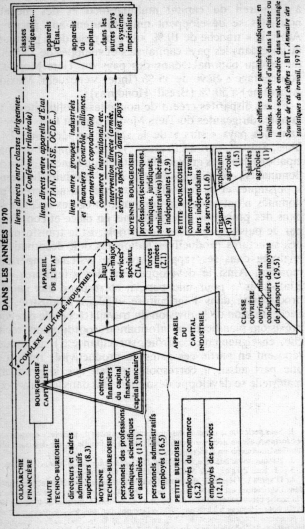

SCHÉMA XV

CLASSES SOCIALES AUX ÉTATS UNIS
DANS LES ANNÉES 1970

--- liens directs entre classes dirigeantes.
(ex. Conférence trilatérale)

-··- liens directs entre appareils d'État
(OTAN, OTASE, OCDE...)

-·-· liens entre groupes industriels
et financiers (contrôle, alliances,
partnership, coproduction)

-- commerce international, etc.
intervention directe (armée,
services spéciaux) dans les pays

	classes dirigeantes...
	appareils d'État...
	appareils du capital...
	...dans les autres pays du système impérialiste

(Les chiffres entre parenthèses indiquent, en millions, le nombre d'actifs dans la classe ou la couche sociale encadrée dans un rectangle.
Source de ces chiffres : BIT. Annuaire des statistiques du travail, 1979)

OLIGARCHIE FINANCIÈRE

BOURGEOISIE CAPITALISTE

COMPLEXE MILITAIRE-INDUSTRIEL

centres financiers du capital financier. capital bancaire

APPAREIL DE L'ÉTAT

haut état-major services spéciaux CIA...

forces armées (2.1)

HAUTE TECHNO-BUREOISIE

directeurs et cadres administratifs supérieurs (8.3)

MOYENNE TECHNO-BUREOISIE

personnels des professions, techniques, scientifiques et assimilées (13.1)

personnels administratifs et employés (16.5)

MOYENNE BOURGEOISIE

professions (scientifiques, techniques, juridiques, administratives) libérales et indépendantes (2.9)

PETITE BOURGEOISIE

commerçants et travailleurs indépendants des services (1.6)

artisans (1.9)

exploitants agricoles (1.5)

salariés agricoles (1)

PETITE BUREOISIE

employés du commerce (5.2)

employés des services (12.1)

APPAREIL DU CAPITAL INDUSTRIEL

CLASSE OUVRIÈRE
ouvriers, mineurs, conducteurs de moyens de transport (29.5)

TABLEAU N° 49

STRUCTURE DE LA POPULATION ACTIVE*
DANS DIFFÉRENTS PAYS DU SYSTÈME IMPÉRIALISTE

	imp. dom.	impérialismes-relais			pays « points d'appui »			pays dominés		
	USA 1978	France 1975	RFA 1978	Japon 1978	Brésil 1970	Égypte 1977	Inde 1971	Bolivie 1976	Thaïlande 1976	Cameroun 1976
pers. des profess. scientif., techniques, libérales, etc.	14,3	15,5	12,8	7,2	6,4	7,7	2,8	5,7	2,6	2,4
directeurs et cadres administr. sup.	10,1	3,3	3,1	3,7	1,1	1,4	0,9	0,6	1,1	0,1
pers. administr. et assimilé	17,3	14,0	18,9	15,7	4,7	6,6	2,9	4,0	1,6	1,9
pers. commercial, commerçants, vendeurs	6,1	7,3	8,5	14,3	7,5	7,4	4,2	6,1	10,4	3,2
travailleurs des services	13,5	8,0	10,8	8,8	7,7	8,9	3,3	8,6	2,9	2,0
agriculteurs, éleveurs; trav. des forêts, pêche, chasse	2,8	9,6	5,7	11,3	43,7	41,9	72,1	46,4	62,1	73,7
ouvriers, manœuvres, conducteurs d'engins de transp.	33,0	36,0	35,3	36,6	19,4	21,7	13,4	24,7	18,7	11,3
autres	2,1[a]	1,1[a]			1,5					
hors classement	0,8	5,2[b]	4,9[b]	2,4[b]	8,0	4,4	0,4	3,9	0,6	5,4
total (en millions)	102,5	21,8	27,0	55,3	29,6	9,5	180,5	1,5	13,9	2,8

* En pourcentage. – a. Membres des forces armées. – b. Dont chômeurs.
Source : BIT, *Annuaire des statistiques du travail*, 1979.

TABLEAU N° 50

INDICATEURS SOCIO-ÉCONOMIQUES
POUR DIFFÉRENTS PAYS DE LA HIÉRARCHIE IMPÉRIALISTE

	imp. dom.	impérialismes-relais			pays « points d'appui »			pays dominés		
	USA	France	RFA	Japon	Brésil	Égypte	Inde	Bolivie	Thaïlande	Cameroun
population en 1977*	220	53	61	113	116	38	632	5	44	8
PNB** par habitant en 1977	8 520	7 290	8 160	5 670	1 360	320	150	630	420	340
consommation d'énergie*** par hab. en 1976	11 554	4 380	5 922	3 679	731	473	218	318	308	98
% du revenu reçu par la tranche des 10 % les plus riches	26,6[a]	30,4[b]	30,3[c]	27,2[d]	50,6[a]	nd	35,2[e]	nd	nd	nd
% du revenu reçu par la tranche des 20 % les plus pauvres	4,5[a]	4,3[b]	6,5[c]	7,9[d]	2,0[a]	nd	6,7[e]	nd	nd	nd
taux d'alphabétisation des adultes en 1975	99	99	99	99	76	44	36	63	82	nd
nombre d'habitants pour un médecin en 1976	600	680	500	920	3 600	1 190	3 140	2 120	8 460	13 980
espérance de vie à la naissance en 1977	73	73	72	76	62	54	51	52	61	46

* En millions d'habitants. — ** En dollars. — *** En kilos d'équivalent-charbon. — a. 1972. — b. 1970. — c. 1973. — d. 1969. — e. 1964-1965. — nd : non disponible. — Source : Banque mondiale. Rapport sur le développement dans le monde. 1979.

d'appui et dominés — à quoi correspond le développement de leurs classes ouvrières.

Enfin, cette unité du système impérialiste est sous-tendue de conflits, de rivalités, de rapports de forces. Il ne s'agit pas seulement des interventions des armées, des polices, des services secrets, des milices privées ou des mercenaires des pays dominants. Il s'agit aussi des nouvelles rivalités, des nouvelles haines, des nouveaux expansionnismes : nationaux, mais aussi religieux, ethniques ou claniques ; on a pu dénombrer, depuis 1945, cent trente guerres civiles ou régionales, auxquelles ont participé quatre-vingt-un pays appartenant presque tous au Tiers Monde ; en termes réels, les budgets militaires du Tiers Monde ont quadruplé dans les vingt dernières années.

TABLEAU N° 51

DÉPENSES MILITAIRES DU TIERS MONDE

	taux annuel de croissance		part* dans les importations d'armes du Tiers Monde
	1968-1973	*1973-1978*	*1950-1978*
Moyen Orient	+ 25	+ 4	43
Extrême Orient **	+ 8	+ 8	22
Asie du Sud	+ 5	+ 4	10
Amérique centrale	+ 2	+ 4	2
Amérique du Sud	+ 8	+ 3	9
Afrique du Nord	+ 8	+ 15	6
Afrique sud-saharienne			8

* En pourcentage. ** Non compris Chine, Laos, Cambodge, Vietnam.
Source : P. Fabre, in *L'Économiste du Tiers Monde*, déc. 1979.

Et déjà, des pays du Tiers Monde (Inde, Pakistan, Philippines, Brésil, Argentine...) se dotent d'une industrie d'armement.

Et finalement, l'unité du système impérialiste est largement fondée sur le face-à-face, la rivalité, la tension face au bloc collectiviste d'État dominé par l'URSS. Plus de quatre cents milliards de dollars dépensés dans le monde en 1978 en armements ; près de cinq cents milliards en 1980 :

environ 6 % du produit mondial brut[1] — alors que le
modeste objectif du « 1 % » du PNB des pays riches
attribué à l'aide aux pays pauvres n'est dans la plupart des
pays pas atteint. En 1968 et 1978, les dépenses militaires
mondiales se répartissaient ainsi :

	OTAN	Pacte de Varsovie	Chine	Tiers Monde	Autres
1968	56	25	9	6	4
1978	43	29	10	14	4

En 1978, les exportations mondiales d'armes étaient
assurées pour 47 % par les États-Unis, pour 27 % par
l'URSS, pour 11 % par la France et puis par l'Italie (4 %),
la Grande-Bretagne (4 %), la RFA (2 %)[2]. Pour 40 % la
recherche mondiale est organisée dans l'optique de la
« défense nationale » et de la guerre ; quatre cent mille
scientifiques de haut rang y travaillent, soit les deux
cinquièmes de l'ensemble des chercheurs du monde ;
depuis 1950, « la puissance destructrice totale dans les
arsenaux mondiaux s'est multipliée par plusieurs millions
(...). L'accroissement actuel des dépenses militaires survient à un moment où un milliard et demi d'individus n'ont
pas accès à des services médicaux adéquats, où 570 millions
d'entre eux sont gravement sous-alimentés, où trois milliards d'hommes manquent d'eau salubre[3]... ».

Ainsi, voilà le monde pris dans une spirale de terreur et
de dévastation : d'un côté, les moyens de destruction
s'accumulent, qui permettraient de détruire plusieurs fois
notre planète, de l'autre, cinq cents millions d'humains
sont menacés de mourir de faim au cours des années 1980[4] ;
une crise économique que, du fait de l'énorme endettement
international, des enjeux nationaux et de la spéculation,

1. En 1978, la RFA, la France et la Suède consacraient environ 3,3 % de leur
PNB aux dépenses militaires, la Grande-Bretagne 4,7 %, les États-Unis 5 %, la
Chine 10 %, l'URSS 11 à 14 %, l'Arabie saoudite 15 %... (J. Isnard et M. Tatu, *Le
Monde*, 19 février 1980 et P. Lefournier, *L'Expansion*, 21 mars 1980).
2. P. Fabre, in *L'Économiste du Tiers Monde*, déc. 1979, et P. Lefournier, in
L'Expansion, 21 mars 1980.
3. Rapport de M. K. Tolba, cité in *Le Monde*, 8-9 juin 1980.
4. Rapport du Conseil mondial de l'alimentation présenté au Conseil économique
et social des Nations-Unies (*Le Monde*, 18 juill. 1980).

personne ne maîtrise, et de nouveaux progrès technologiques qui viennent encore renforcer la puissance des puissants et l'écrasement des faibles...

Et comment ne pas se dire que le pire est possible : que la Grande Dépression de la fin du XIXᵉ siècle a débouché sur la Première Guerre mondiale, que la crise des années 1920-1930 a conduit à une autre guerre mondiale, et que cette troisième grande crise est loin encore d'être surmontée ? Alors qu'en même temps se développent tant de moyens qui pourraient être des facteurs de progrès.

Propos d'étape 6

> Et je me suis dit là-dessus que toute cette
> violence inorganisée était comme un aveu-
> gle armé d'un pistolet.
>
> Chester Himes

Manufacture de cotonnades des XVIe-XVIIIe siècles ; grandes entreprises métallurgiques puis sidérurgiques du XIXe siècle ; entreprises de l'automobile ou de l'électricité, puis groupes de l'informatique et des télétransmissions — à travers eux, la même logique est toujours à l'œuvre : contrainte au surtravail, réalisation de la valeur produite et de la plus-value, élargissement du capital conduisant à produire plus ; plus de marchandises et plus de plus-value. Logique de croissance donc, mais aussi logique de crise : car la production accrue conduit d'une manière ou d'une autre vers la saturation, compte tenu du pouvoir d'achat distribué, au durcissement de la compétition, au déclin de la rentabilité. Crise, capitaux disponibles, réserve de main-d'œuvre plus nombreuse : cela signifie aussi recherche de nouveaux marchés, de nouveaux procédés, de nouvelles productions.

Comment nier la fascinante créativité de ce système qui en quelques siècles fait passer des métiers mécaniques mus par l'eau courante ou la vapeur aux robots industriels capables de réaliser une suite d'opérations complexes, de l'imprimerie à la télétransmission, de la découverte de l'Amérique à l'exploration de l'espace ? Et comment ne pas être hanté par la capacité destructrice de cette dynamique à l'œuvre (souvent en osmose avec d'autres : cupidité, foi religieuse, sentiment national, « mission civilisatrice », racisme, etc.) : massacre des Indiens des Amériques et pillage de leurs trésors ; destruction du mode de vie rural traditionnel et prolétarisation des paysans pauvres, en Angleterre d'abord ; utilisation gaspilleuse de ressources non renouvelables, charbon, pétrole, minerais ; dégradation de l'environnement et des cycles biologiques terrestres, notamment à travers la pollution de l'air et de l'eau ; risques de dommages qui pèseront pendant des générations avec le nucléaire ; utilisation sans frein de la force de travail — musculaire ou nerveuse — épuisement, usure précoce des hommes, accidents...

Créations et destructions des ressources, des hommes, des paysages. Et création/destruction, aussi, des sociétés. Il y a quelques siècles, des sociétés rurales dominées par d'étroites aristocraties et l'absolu pouvoir des princes : en leur sein se forment les embryons des bourgeoisies et des classes ouvrières qui se développeront avec l'industrialisation. Aujourd'hui, aux États-Unis, une étroite oligarchie qui domine de puissants groupes industriels et financiers, qui est liée à une palette diversifiée de la grande, moyenne et petite bourgeoisie (industriels, hommes d'affaires, professions libérales, entrepreneurs individuels...), mais aussi aux couches supérieures de la « techno-bureoisie » salariée (directeurs et hauts techniciens de l'appareil du capital ou de l'administration, « patrons » de la recherche, de l'enseignement, de la santé...) ; une urbanisation et une salarisation largement accomplies, une classe ouvrière et une « petite bureoisie » largement intégrées dans le cycle de la consommation à crédit. Et cette oligarchie américaine est liée aux classes dirigeantes des autres pays capitalistes, soit à travers les instances internationales où se concertent les gouvernements, soit à travers les alliances ou les contrôles qui s'établissent entre les groupes industriels et financiers, soit encore à travers des instances comme la « Conférence trilatérale » où se rencontrent et se concertent des hauts dirigeants privés ou publics ; elle a tissé ou laissé s'établir à partir des États-Unis des liens multiples avec les classes et couches dirigeantes, les forces armées, les polices, les services spéciaux qui dirigent les pays points d'appui et les pays dominés.

Face à cette logique, l'indignation devant l'injustice, la générosité, l'obstination d'espérer avaient fait naître au

XIXe siècle l'idée du socialisme : accomplissement sur terre des idées de solidarité, de fraternité, d'équité, ou d'égalité, de justice sociale, de sécurité, de démocratie. Toutes les premières ruptures avec le capitalisme se sont faites au nom du socialisme.

Aujourd'hui, face à la logique capitaliste, face à l'impérialisme, existe et fonctionne un autre mode de production et d'accumulation : le collectivisme d'État. Car dans les pays où a été réalisée une révolution que l'on pouvait croire socialiste, les contraintes économiques et sociales, la nécessité de l'industrialisation — donc de dégager un surplus, donc d'imposer une contrainte au surtravail et de transformer en ouvriers d'anciens ruraux — ont été déterminantes : c'est par la prise de l'appareil d'État que s'était imposé le noyau de la nouvelle classe dirigeante : c'est en utilisant la contrainte d'État qu'elle imposa à la fois discipline du travail et discipline sociale aux classes productrices.

Et, comme pour le capitalisme, le collectivisme d'État rencontre la réalité nationale et se combine à elle : la puissance russe, exaltée par l'idéologie du socialisme et trouvant des appuis dans la vigueur des luttes anti-impérialistes, peut à travers le collectivisme d'État se doter de l'appareil économique et militaire qui fait d'elle la deuxième du monde. Et des pays du Tiers Monde, où une alliance de classes a permis le renversement des anciennes oligarchies et l'affranchissement à l'égard de l'impérialisme, trouvent dans le collectivisme d'État un moyen de développer l'équipement et l'industrie [1].

A chaque époque, le capitalisme a fonctionné à la fois à l'échelle nationale/régionale/locale *et* à l'échelle mondiale ; particulièrement aujourd'hui, avec le système impérialiste hiérarchisé qui couvre les cinq continents, le marché mondial, les groupes multinationaux, l'endettement international.

A chaque époque, le capitalisme a été à la fois facteur d'unification, voire d'uniformisation *et* facteur d'accentuation des différences, des disparités et des inégalités ;

---

1. Voir M. Beaud, *Le Socialisme à l'épreuve de l'histoire*.

particulièrement aujourd'hui, avec le renforcement colossal des moyens de transport, d'échange, de communication, d'information : prolétarisation, salarisation, urbanisation, unification des objets de consommation des processus productifs, des modes de vie ; mais aussi, par strates, se superposent siècle après siècle les modes les plus variés de mobilisation de la main-d'œuvre et d'incitation au surtravail, et ceux-ci opèrent dans des contextes sociaux d'une infinie variété.

A chaque époque, le capitalisme a été à la fois créateur *et* destructeur ; mais aujourd'hui, c'est l'existence même de la planète et de l'humanité qui est en jeu.

Dans les pays impérialistes, les mouvements ouvriers ont réussi à s'organiser et, en partie du fait des avantages que les classes dirigeantes tiraient de l'impérialisme, ont obtenu des concessions importantes, des atténuations de la rigueur de la logique capitaliste, des possibilités effectives de peser sur des décisions, un partage plus favorable des richesses produites. Dès lors — et il faut le dire et en mesurer toutes les implications —, les classes ouvrières et, plus largement, le monde du travail des pays dominants sont à la fois :

– solidaires des peuples et des pays du Tiers Monde, car soumis comme eux à la logique de la production pour le profit ;

– dépendants, pour l'emploi, le niveau de vie et la vie même, de la production de « leur » capitalisme national, ayant là un intérêt commun avec « leur » classe dirigeante.

S'affranchiraient-ils de « leur » bourgeoisie capitaliste, le plus probable, compte tenu des précédents et des pesanteurs, serait le passage à une nouvelle société de classe, dominée par une « nouvelle classe dirigeante » (constituée à partir de la haute « techno-bureoisie » et des cadres des appareils de partis et de syndicats), avec la mise en place d'un système combinant collectivisme d'État et économie de marché. Non que l'avancée vers le socialisme soit impossible ; mais elle est plus complexe que ne l'imaginaient les grands visionnaires du XIXe siècle ; elle implique notamment, non seulement la socialisation des moyens de production, mais aussi, l'affranchissement par rapport à la multimillénaire habitude de la dépendance et de la soumission : en positif, l'invention des relations et des cheminements qui permettront la maîtrise collective des grandes décisions.

Et là, la démocratie est un acquis fondamental. Conquête contre la bourgeoisie dans la mesure où celle-ci aurait préféré que la démocratie restât l'affaire d'une étroite minorité de possédants et de compétents, elle est — l'histoire depuis un siècle nous l'a enseigné — la condition fondamentale de toute avancée vers le socialisme. Démocratie, libertés individuelles, droits de l'homme sont des acquis essentiels que nous avons la responsabilité de sauvegarder, et si possible d'élargir, de renforcer, d'approfondir.

Dans les pays du Tiers Monde, dans les pays dominés, tout est à faire. Combattre à la fois les dominations imbriquées de l'impérialisme, des anciennes classes exploiteuses et des nouvelles — bourgeoisies naissantes et « techno-bureoisie » — et combattre l'effet de l'écrasement millénaire à quoi s'ajoute le pillage moderne : faibles productions, mauvaise alimentation, mauvaise santé, mortalité, analphabétisme. La reconquête d'une indépendance — nationale ou « continentale » — paraît nécessaire ; et il ne s'agit pas de s'affranchir d'une domination pour retomber sous une autre : la constitution d'un ensemble large de pays non alignés est là fondamentale.

Dans ce cadre, les méthodes du collectivisme d'État peuvent se révéler, pour développer certaines productions ou certaines réalisations, efficientes. Peut-être de nouvelles formes de production seront-elles inventées qui permettent à la fois de développer les forces productives et de transformer les rapports sociaux dans le sens du socialisme ; et là, ne doit-on pas formuler l'espoir que, dans leurs traditions de communauté villageoise ou de solidarité populaire, dans leur sagesse de vie, dans leurs traditions philosophiques et religieuses, quelques-uns des peuples aujourd'hui écrasés sachent inventer un nouvel art de produire, de vivre, de travailler, de décider qui fera éclater ce que les jeunes de tant de pays avaient pressenti en 1968 : l'absurde et engluante boursouflure de la société capitaliste moderne.

Juin 1979-septembre 1980.

7. Au cœur de la mutation (1978-1986)

Le texte de la première édition de ce livre — et qui constitue les six précédents chapitres — a été écrit en 1979-1980 ; il y a six-sept ans : une goutte d'eau par rapport aux cinq siècles au cours desquels s'est formé, et développé à l'échelle du monde, le capitalisme.

Et si nous écrivons ce chapitre, ce n'est pas seulement par souci de mettre à jour cet ouvrage ; c'est parce que nous avons le sentiment que les sept ou huit années écoulées sont au cœur d'une mutation essentielle : au-delà de la fin de l'hégémonie américaine, la fin de celle de l'Occident ; la fin aussi d'une période où la vie économique pouvait être analysée à travers les deux grands champs du « national » et de l' « international » ; ou, si l'on préfère, la fin d'une période où le cadre national était adéquat et suffisant pour analyser la conjoncture, définir une politique économique, établir un plan ; la fin aussi de la période dominée par le capitalisme industriel, tel qu'il s'était constitué au XIXe siècle et développé au XXe sur la base du taylorisme, avec, aux États-Unis notamment, le « compromis fordiste » et, dans plusieurs pays d'Europe, le « compromis social-démocrate ».

Finalement, nous pensons que ce chapitre 7 devrait, en fait, être l'introduction d'une « Troisième partie » dont il sera possible, dans un siècle ou deux, de trouver le titre et d'écrire le contenu. Aujourd'hui, il n'est possible que d'en indiquer quelques aspects : la montée de nouvelles puissances, le Brésil, l'Inde, la Chine, plus d'autres, en Asie notamment, de moindre poids ; l'accentuation des interdépendances, avec l'atténuation relative de l'importance du fait « national », liée au renforcement relatif d'autres niveaux : l'inter et le multinational, mais aussi le local, le régional, le plurinational ; enfin, le puissant développement des productions immatérielles, des marchandises immatérielles, avec deux pôles principaux : les services directement liés à l'entretien et aux soins de l'être humain, les activités touchant à l'information, à l'informationnel, au culturel.

La mondialisation des nations et du monde

Il faut en prendre son parti : dans le champ de l'économie aussi les réalités se font plus complexes. Les mercantilistes rendaient sans doute compte de l'essentiel des réalités de leur temps, en analysant d'une part les activités productives nationales et d'autre part le commerce extérieur du pays ; de même les économistes, des premiers classiques aux keynésiens, en développant deux champs d'analyses : l'un sur l'économie nationale, l'autre sur l'économie internationale.

Cette vision simple, aujourd'hui, n'est plus satisfaisante. En témoigne l'énorme littérature qui s'est développée en complément : sur les firmes multinationales (ou transnationales) et la multinationalisation ; sur l'économie mondiale, le capitalisme mondial, l'économie-monde ; sur la dépendance, la contrainte extérieure, la déconnexion. Cet éclatement des analyses et des discours nous paraît résulter d'une transformation profonde et d'une complexification des réalités économiques.

Pour en rendre compte, nous avons été amené à construire le concept de « système national/mondial hiérarchisé »[1] : il permet de prendre en compte dans leurs interrelations les quatre dimensions clés du capitalisme contemporain : le national, l'international, le multinational et le mondial. Plus précisément : ce sont, en chaque époque, les capitalismes *nationaux dominants* qui, à travers leurs relations économiques *internationales* (échanges extérieurs, exportations de capitaux, crédit...) et la création d'espaces économiques *multinationaux* par leurs principales firmes et banques, structurent ce qu'on peut

1. Michel Beaud, *Le Système national/mondial hiérarchisé*, La Découverte, 1987.

appeler le système de l'économie *mondiale ;* et de cette structuration vont très largement dépendre les possibilités, les marges de manœuvre, les spécialisations, les modes de développement des économies *nationales dominées.* Au total un système *hiérarchisé,* avec en haut les capitalismes nationaux dominants et à la base les formations sociales dominées : ce qui implique de distinguer spécialisations dominantes et spécialisations dominées, développement dominant et développement dépendant. Mais c'est aussi un système *diversifié* avec, dans la pyramide, un ensemble hétérogène, multiple, mouvant de formations sociales nationales intermédiaires...

TABLEAU Nº 52
LE POIDS DES TROIS « PÔLES » CAPITALISTES (en %)

	États-Unis	Japon	Europe occidentale	intra-européen
1. population mondiale 1984	5,0	2,6	9,2	(s.o.)
2. revenu mondial 1984	27,7	9,4	21,8	(s.o.)
3. importations mondiales 1983	14,2	6,4	40,7	(26)
4. investissement direct à l'étranger 1981	41	9	42	(22)

s.o. : sans objet.
Sources : pour 1, 2 et 3 : statistiques CEPII-CHELEM, 1985 ; pour 4 : US Dept of commerce, *Business America,* août 1984, cité par B. Bellon et J. Niosi, version provisoire d'un livre à paraître sur l'industrie américaine.

Dans nos années 1980, ce SNMH capitaliste — avec lequel coexiste un système plurinational étatiste dominé par l'URSS — est nettement structuré autour de trois pôles : les États-Unis, le Japon, l'Europe. Deux pôles correspondent à des États nationaux : le premier, les États-Unis, est une grande puissance économique depuis près d'un siècle ; elle a été la puissance hégémonique pendant le quart de siècle qui a suivi la Seconde Guerre mondiale et elle assume aujourd'hui sa qualité de puissance dominante dans tous les domaines : économique, financier, monétaire, mais aussi technologique, scientifique, informationnel, et encore politique, militaire, stratégique. Le second, le Japon, s'est affirmé avec détermination au cours des dernières décennies et principalement dans les domaines industriel, commercial, technologique ; il est en train de s'affirmer dans de nouveaux domaines : bancaire, monétaire et financier, et se prépare à peser plus dans les domaines militaires et stratégiques.

Quant à l'Europe, elle a encore de multiples atouts hérités de son histoire et d'autres résultant de ses efforts récents. Mais elle souffre principalement de n'avoir pas su mener à bien son unité, ce qui la handicape, l'affaiblit dans presque tous les domaines.

Poids dans le commerce extérieur, les flux de capitaux, le crédit : à travers ces flux internationaux se créent à la fois des relations structurantes, des dépendances, des interdépendances. Si l'on s'en tient aux flux commerciaux, les États-Unis ont une position prédominante : avec des relations importantes à la fois vers les deux autres pôles (Europe et Japon), vers ses zones d'influence privilégiée (Canada et Amérique latine) et vers la grande zone montante du monde (Asie). Le Japon a ses relations privilégiées en Asie ; l'Europe en Afrique, dans les pays du Golfe et dans les pays de l'Est.

Mais la structuration de l'économie mondiale ne s'opère pas seulement à travers les seules relations économiques internationales : elle s'opère aussi, et de plus en plus, à travers le développement des firmes et des banques *multinationales*. Les deux cents plus grandes firmes privées mondiales réalisaient en 1984 pour près de 3 000 milliards de dollars de ventes, soit 26 % du produit brut mondial (pays de l'Est exclus) ; ce chiffre était seulement de 17 % en 1960 [1]. D'après une évaluation plus ancienne réalisée par la CNUCED [2], les firmes multinationales réaliseraient la moitié du commerce mondial : et 30 % de ce commerce serait un commerce infrafirme, c'est-à-dire interne à l'espace des firmes multinationales, et ne constituant donc pas un véritable échange international entre partenaires distincts.

---

1. F. Clairmonte et J. Cavanagh, « Le club des deux cents », *Le Monde diplomatique*, décembre 1985. Une autre évaluation, tout à fait convergente, donne en 1980 22,6 % pour les 200 plus grandes et 30,1 % pour les 500 plus grandes (R. Trajtenberg, cité par W. Andreff, *Cahier du Gemdev*, n° 6, mars 1986, p. 181).
2. Cité par B. Madeuf, *Cahier du Gemdev*, n° 5, novembre 1985, p. 51.

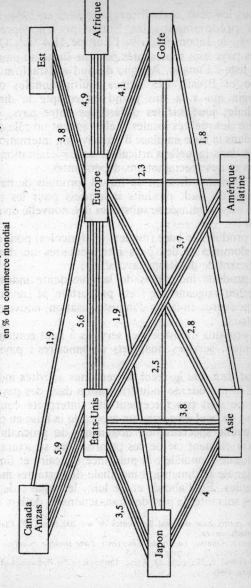

SCHÉMA XVI

AXES STRUCTURELS DES ÉCHANGES COMMERCIAUX EN 1983

Importations et exportations entre zones - non compris le commerce interne à chaque zone -
en % du commerce mondial

Anzas : Australie, Nouvelle-Zélande, Afrique du Sud.

Source : CEPII-CHELEM, 1985.

Dans les deux cents firmes recensées en 1984, les trois pôles prédominent : les États-Unis en représentent 52,6 %, le Japon, 22,7 %, l'Europe 11,4 %[1]. Quelques autres pays sont représentés par une firme au moins dans cette liste : Canada, Afrique du Sud et Israël, mais aussi Corée et Brésil. Les firmes multinationales ont une stratégie qui à la fois prend en compte la dimension mondiale, joue sur les différences entre pays, et tient compte des réalités locales[2] ; elles jouent un rôle déterminant dans la mise en place d'une division internationale du travail dans laquelle s'articulent des spécialisations dominantes et des spécialisations dépendantes.

A l'ancienne division du travail (produits de base pour les pays du Sud, produits industriels pour les pays du Nord) est en train de se substituer une nouvelle division du travail :

— produits de base (miniers ou agricoles) pour certains pays dominés *et* des pays intermédiaires ou dominants bénéficiant de dotations favorables ;

— produits industriels de la précédente industrialisation et/ou exigeant une forte proportion de travail : pays intermédiaires en cours d'industrialisation, nouveaux pays industriels[3] ;

— produits industriels et services à haut contenu technologique, services financiers et bancaires : pays dominants.

C'est dire que le recul de certaines activités industrielles de la précédente industrialisation dans des pays dominants ne doit pas forcément être interprété comme un déclin : ce peut être aussi un aspect de la mise en place de la nouvelle spécialisation dominante du prochain siècle.

Enfin élément clé de ces polarisations structurantes de l'économie mondiale : la puissance bancaire et financière que signale la dimension mondiale de certaines monnaies nationales. Et d'abord, et de loin, le dollar : depuis les années soixante, la part des transactions en dollars dans les

1. En pourcentage du total des ventes de ces 200 firmes. F. Clairmonte et J. Cavanagh, *art. cit.*
2. Kenichi Ohmae, *La Triade. Émergence d'une stratégie mondiale de l'entreprise*, 1985, trad. fr., Flammarion, 1985.
3. F. Fröbel, J. Heinrichs, O. Kreye, *Umbruch in der Weltwirtschaft*, Rowohlt, Hambourg, 1986.

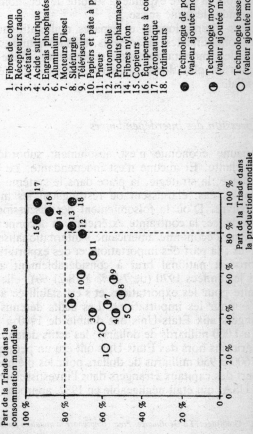

SCHÉMA XVII

POIDS DES TROIS «POLES» (ÉTATS-UNIS, EUROPE, JAPON) - LA «TRIADE» -
DANS LA PRODUCTION ET LA CONSOMMATION MONDIALES, POUR DIFFÉRENTS SECTEURS

1. Fibres de coton
2. Récepteurs radio
3. Acétate
4. Acide sulfurique
5. Engrais phosphatés
6. Aluminium
7. Moteurs Diesel
8. Sidérurgie
9. Téléviseurs
10. Papiers et pâte à papier (Canada inclus)
11. Pneus
12. Automobile
13. Produits pharmaceutiques
14. Fibres nylon
15. Copieurs
16. Équipements à commande numérique
17. Aéronautique
18. Ordinateurs

● Technologie de pointe
   (valeur ajoutée moyenne 32 %)

◑ Technologie moyenne
   (valeur ajoutée moyenne 27 %)

○ Technologie basse
   (valeur ajoutée moyenne 19 %)

Source : Kenichi Ohmae, *La Triade*, Flammarion, p. 42.

transactions bancaires internationales « n'est pratiquement jamais descendue au-dessous de 70 %. Le pourcentage des avoirs en dollars de seize banques centrales, qui
détiennent plus des deux tiers des réserves mondiales de
change, reste supérieur à 75 % depuis 1974. Le dollar est,
en effet, la seule véritable monnaie internationale [1] ».
Ensuite viennent le yen, qui bénéficie du dynamisme de
l'économie et des banques japonaises ; la livre sterling
principalement portée par la place de Londres, le deutsche
mark dont la santé exprime la solidité de l'économie ouest-
allemande, le franc suisse...

Liens internationaux et espaces multinationaux ; relations commerciales, financières, technologiques, informa-
tionnelles, monétaires : ainsi se structure, d'une manière
de plus en plus dense et serrée, l'espace de l'économie
mondiale.

La pression des interdépendances

Aucune économie n'est absolument subordonnée et
dépendante. Et aucune n'est indépendante. Le poids, la
puissance, la stratégie, la place dans le système mondial,
selon les cas, élargissent ou restreignent les marges de
manœuvre. D'où le foisonnement des discussions sur la
dépendance, la contrainte extérieure, la déconnexion.

Même l'économie américaine s'internationalise de plus
en plus : la part des importations et des exportations dans
le produit national brut a considérablement augmenté
dans les années 1970 (de 7-8 % à 18-21 %) ; elle a reculé
ensuite pour les exportations et s'est stabilisée autour de
20 % pour les importations. Les actifs détenus par des
étrangers aux États-Unis ont doublé de 1980 à 1985 (de
500 à 1 000 milliards de dollars) ; les actifs détenus par des
Américains hors des États-Unis ont crû un peu moins vite
(de 600 à 950 milliards de dollars pour les mêmes dates) ;
la part des capitaux étrangers dans l'investissement réalisé
aux USA, qui était négligeable en 1982, approche 14 % en

---

1. C. Goldfinger, *La Géofinance. Pour comprendre la mutation financière*, Seuil,
1986.

1985[1]. L'investissement de firmes étrangères aux États-Unis a été de 160 milliards de dollars en 1984 ; tandis que l'investissement de firmes américaines à l'étranger était de 233 milliards[2].

Et pour toutes les économies nationales on est obligé de prendre en compte le poids relatif des échanges extérieurs, le degré de pénétration par les firmes multinationales, l'endettement extérieur. De cette situation découle un extraordinaire degré d'interdépendance qui s'est traduit avec force, parfois avec brutalité, dans les dernières années.

A défaut d'une analyse fine, impossible ici, tentons d'en donner, à grands traits, un aperçu.

La politique d' « assainissement » économique (désinflation, amoindrissement de la protection sociale, limitation ou amputation du pouvoir d'achat) engagée au début de la première présidence de R. Reagan, et menée dans d'autres pays occidentaux, notamment la Grande-Bretagne de Mme Tchatcher et l'Allemagne de l'Ouest, a eu un effet sensible sur l'économie mondiale. Les utilisations domestiques globales (consommation, dépenses gouvernementales et investissement) ont fléchi aux États-Unis en 1980 et 1982, dans la Communauté européenne en 1982 et 1983 et au Japon en 1980, 1981 et 1983[3]. Ainsi s'est réalisée en « contre-conjoncture » la tentative de relance keynésienne et sociale de l'économie engagée par le gouvernement de gauche en France en mai-juin 1981 : ce qui a en partie contribué à son échec[4].

Les effets sur les « pays en voie de développement » ont été plus brutaux : les exportations de ces pays vers l'ensemble des pays capitalistes avaient augmenté en moyenne de 21,5 % par an de 1975 à 1980 ; elles baissent de 7,4 % en 1981, de 14,5 % en 1982, de 6,7 % en 1983[5]. Cette réduction des recettes d'exportation va être un des

---

1. J. L. Hervey, « The internationalization of Uncle Sam », *Economic Perspectives* (Federal reserve bank of Chicago), mai-juin 1986, p. 3 s.
2. R. Vernon, « Multinationals are mushrooming », *Challenge*, mai-juin 1986, p. 42.
3. UNCTAD, *Trade and Development Report 1986*, New York, 1986, p. 33.
4. Voir Michel Beaud, *La Politique économique de la gauche*, 2 vol., Syros, 1983 et 1985.
5. UNCTAD, *op. cit.*, p. 155.

facteurs de la crise de la dette extérieure ; elle va aussi
peser sur les conjonctures des pays du Tiers Monde : le
produit intérieur brut de l'ensemble des pays d'Amérique
latine et des Caraïbes avait augmenté de 5,4 % par an de
1973 à 1980, mais il baisse trois années de suite en 1981,
1982 et 1983 ; de même celui des pays d'Afrique subsaharienne avait augmenté de 1973 à 1980 de 3,6 % par an,
mais il baisse, également trois années de suite, en 1982,
1983 et 1984[1].

Il y a plus. Ne suivant que d'une manière très partielle le
programme économique du candidat qu'il avait été, le
président Reagan, s'il réduit certaines dépenses sociales
ou collectives, maintient un haut degré de dépenses de
recherche et militaires : il s'agit à la fois de maintenir la
suprématie stratégique et de « tirer » les secteurs de
pointe scientifiques, technologiques et industriels ; les
dépenses militaires passent de 134 milliards de dollars en
1980 à 227 en 1984 (soit respectivement 22,6 % et 26,7 %
du budget fédéral) ; le déficit du budget fédéral se creuse :
il passe de 74 milliards de dollars en 1980 à 185 en 1984[2].
Cela augmente le besoin d'emprunt de l'administration
américaine et conduit à de brusques relèvements des taux
d'intérêt : ainsi les taux d'intérêt réels, qui avaient été
négatifs aux États-Unis en 1979 et 1980, deviennent
positifs en 1981 et restent à un niveau élevé de 1982 à
1985[3]. Les autres pays occidentaux sont obligés de « suivre », ce qui là encore va peser sur les conjonctures
nationales, et notamment sur la tentative française de
relance économique.

Mais l'effet est particulièrement dramatique pour les
pays endettés du Tiers Monde. Les en-cours de la dette
extérieure des pays en voie de développement ont atteint
481 milliards de dollars en 1980, 552 en 1982, 711 en 1985,
soit respectivement 90 %, 116 % et 136 % des exportations de ces pays[4] ; l'élévation des taux d'intérêt a brus-

1. Banque mondiale, *Rapport sur le développement dans le monde 1986,*
Washington, 1986, p. 173.
2. *Economic Report of the President 1985,* Washington, 1985, p. 316-318, cité par
B. Bellon et J. Niosi, *op. cit.*
3. C. Goldfinger, *op. cit.*, p. 396.
4. Banque mondiale, *op. cit.*, p. 39. Voir *supra*, p. 326.

quement alourdi le service de la dette : celui-ci, qui représentait en moyenne 10 % des recettes d'exportation en 1977, atteint 16 % en 1980 et est de l'ordre de 20 % depuis 1982 ; ce chiffre est très fortement dépassé pour des pays très endettés, par exemple le Chili (55 %), le Mexique (49 %), le Brésil (35 %) et bien d'autres pays d'Amérique latine ; la Birmanie (37 %), l'Égypte (34 %), l'Algérie (34 %), ainsi que de nombreux pays d'Afrique subsaharienne [1]. On comprend que la période ait connu de très nombreux débats sur la dette, la charge insupportable qu'elle constitue pour des économies soudain freinées ou bloquées dans leur croissance, les risques pour les banques prêteuses et à travers elles la situation de l'ensemble de l'économie capitaliste : on n'a pas oublié la grande crise des années trente. En même temps ont eu lieu d'innombrables négociations, avec, dans de très nombreux cas, la pression des experts du FMI dans le sens d'une politique d' « assainissement » de l'économie [2] : le salaire réel moyen a baissé de 15 % au Chili de 1981 à 1985, de 36 % au Mexique de 1982 à 1985, de 40 % au Pérou de 1980 à 1985, de 9 % au Brésil de 1982 à 1983. Le chômage mesuré a été multiplié par plus de 4 à Singapour entre 1980 et 1983 et en Thaïlande entre 1980 et 1982 ; il a aussi sensiblement augmenté en Birmanie et en Indonésie de 1980 à 1982 et en Inde de 1980 à 1984 [3].

Situations intenables ; situations explosives dans des pays écartelés depuis des décennies entre le processus de modernisation/industrialisation/urbanisation et le « mal-développement », la misère, le sous-emploi, la sous-nutrition de larges couches de la population. Et ce n'est pas une coïncidence si, dans cette phase critique, des régimes militaires cèdent la place à des régimes civils et des dictatures à des gouvernements se réclamant de la démocratie ou soucieux de la rétablir.

Simultanément, un autre élément avait encore aggravé la situation des pays en difficulté : la montée du dollar.

1. *Idem*, p. 230-231.
2. Voir M.-F. Lheriteau, *Le Fonds monétaire international et les Pays du Tiers Monde*, PUF, 1986. P. Jacquemot et M. Raffinot, *Accumulation et Développement*, L'Harmattan, 1985, chapitre 9.
3. UNCTAD, *op. cit.*, p. 162-163.

Emprunteurs amenés à rembourser leurs dettes, spéculateurs, opérateurs soucieux d'accroître leurs liquidités en
dollars, familles fortunées — y compris de pays du Tiers
Monde endettés —, entreprises et autres agents soucieux
de disposer de dollars pour investir ou effectuer des
placements aux États-Unis, ont cherché dans la période à
acquérir des dollars. De 1980 à 1984, le taux de change du
dollar par rapport aux principales monnaies des pays
industrialisés a augmenté de 58 %[1].

Cela a renchéri les prix d'importation pour tous les
produits et équipements dont le commerce s'effectue ou
est libellé en dollars ; cela a également contribué à alourdir
le poids des dettes en dollars et de leurs services. Mais cela
a conduit aussi à rendre plus difficiles les exportations
pour les industriels produisant aux Étas-Unis et à favoriser
les importations de produits étrangers aux États-Unis.
D'où le déficit de la balance commerciale et de la balance
des paiements courants des États-Unis ; cette dernière,
excédentaire en 1981, a un déficit de 41 milliards de dollars
en 1983, 102 en 1984 et 113 en 1985[2]. Dès lors, c'est
l'endettement extérieur des États-Unis qui se gonfle : de
130 milliards de dollars en 1980 il passe à 300 milliards à la
fin de 1983[3].

Mais la situation devient de moins en moins acceptable
aussi bien pour les producteurs et les exportateurs américains que pour les principaux partenaires des États-Unis.
En outre, une fois atteints des taux manifestement exces-
sifs, des spéculateurs et des opérateurs soucieux de bonne
gestion ont cherché à se défaire d'une partie de leurs
dollars. Le risque était d'un effondrement. Les gouver-
neurs des banques centrales ont depuis l'hiver 1985 réussi
à accompagner un « atterrissage en douceur » du dollar —
avec cette difficulté particulière que nul ne sait à quel
niveau se situe le terrain d'atterrissage[4]. Dans ce cadre, les

---

1. *Economic Report of the President 1985, op. cit.*, p. 351.
2. Banque mondiale, *op. cit.*, p. 19.
3. M. Dehove et J. Mathis, « Les grands traits de l'évolution du SMI de 1974 à
1984 », *Études de l'IRES*, janvier 1986.
4. Mais dans ce fascinant jeu de yoyo mondial, chaque perspective se renverse.
Ainsi cette baisse du dollar signifie, entre autres, une appréciation du yen par
rapport à lui : les entreprises japonaises gagnent moins ou perdent... et développent leurs investissements à l'étranger. Article de Claire Blandin, *Le Monde*,
30 août 1986.

États-Unis ont cherché, avec le plan Baker, annoncé à l'automne 1985, à mettre un peu de baume sur les plaies à vif des pays endettés du Tiers Monde, et d'abord d'Amérique latine.

Or la décrue du dollar est accompagnée d'une baisse du prix en dollars du pétrole : l'OPEP a perdu sa prééminence de 1973 ; à partir de 1981, sa production est dépassée par celle des autres pays ; en outre elle est divisée, et l'Arabie Saoudite, soucieuse de reconquérir des parts de marché et de rendre moins rentables ou non rentables les exploitations coûteuses, pèse à la baisse. Les cours tombent de 28 dollars par baril en décembre 1985 à 15, 10 et finalement 7 dollars par baril fin juillet 1986 pour remonter à 15 dollars à l'automne de la même année[1]. Dans l'ensemble cette baisse est une aubaine pour les pays consommateurs de pétrole (Japon, pays consommateurs d'Europe et du Tiers Monde). Elle pose de sérieux problèmes aux pays producteurs de pétrole (pays de l'Europe du Nord et pays du Golfe) ; et elle met dans une situation qui risque de devenir dramatique les pays à forte population dont l'économie est très dépendante du pétrole : Mexique, Nigeria, Algérie, Égypte notamment...

Il y a plus : en prix réel le pétrole est retombé à ses cours d'avant 1973. Plus largement, l'ensemble des prix des matières premières ont fortement chuté : en prix réel, les cours des matières premières sont au plus bas depuis un siècle : à un niveau comparable à celui atteint en 1932-1933[2]. Ainsi le poids de la phase actuelle de la crise — qui est, dans les pays industrialisés, supporté par les chômeurs (8 à 12 % des populations actives) et en premier lieu par les générations montantes (soumises au chômage, à la précarisation et souvent à la déréglementation) — est, pour une part très lourde, supportée par les producteurs des pays du Tiers Monde : agriculteurs et salariés, et au-delà d'eux par les travailleurs des secteurs informels, les sans-emplois, les déracinés du Sud : bref, les plus pauvres des pays pauvres.

Situations dramatiques, explosives dans un système

---

1. Article de Véronique Maurus, *Le Monde,* 7 octobre 1986.
2. Article de Éric Fottorino, *Le Monde,* 6 mai 1986.

mondial instable. Rien ne permet de penser, en cette fin de 1986, qu'ait été atteint le pire de cette crise, amorcée vers 1965 et commencée en 1971-1973.

La fin du capitalisme industriel ?

Ici, la misère, écrasante, parfois dégradante, peut-être pire (mais peut-on comparer les misères ?) que celle qu'ont subie les classes ouvrières européennes lors de l'industrialisation capitaliste du xixe siècle. Là, le confort, le bien-être, même si rôde une inquiétude sur l'avenir qui se mue souvent en angoisse.

Et partout dans le monde, dans les états-majors des multinationales, dans les équipes performantes des petites ou moyennes entreprises de pointe, dans les technocraties modernistes des États, le xxie siècle surgit.

L'avenir, ce sont les nouvelles technologies.

Si l'on compare les niveaux respectifs des trois pôles mondiaux pour les principales techniques avancées, les États-Unis sont cités 23 fois comme étant au premier rang, le Japon 11 fois, l'Europe 3 fois : ce qui est conforme à de nombreuses autres analyses. Ce résultat doit être rapproché d'un autre : dans presque tous ces secteurs, et dans beaucoup d'autres de l'industrie traditionnelle en cours de mutation, se multiplient les accords, rapprochements, alliances entre groupes américains et japonais[1]. On peut donc avancer qu'en cette fin de siècle, l'industrie et la technologie mondiales vont être soumises à un condominium nippo-américain.

Par rapport à ce condominium, certaines entreprises d'Europe vont chercher à constituer des ensembles autonomes ; d'autres vont chercher à se raccrocher à lui ; d'autres, enfin, vont être laminés entre lui et de nouvelles firmes de nouveaux pays du Tiers Monde (Brésil, Corée, Inde...).

L'avenir, ce sont aussi les nouvelles activités tertiaires, les nouveaux services, liés à l'information, et souvent indissociables de produits industriels à haute technologie. Les échanges internationaux de services qui sont en pleine

---

1. Kenichi Ohmae, *op. cit.*, p. 197 s.

expansion auraient atteint, en 1983, 700 milliards de dollars ; au premier rang des exportateurs les États-Unis (132 milliards), suivis par la France (59), la Grande-Bretagne (48), l'Allemagne fédérale (47), le Japon (38) et d'autres pays d'Europe [1]. Et de plus en plus ce sont des

TABLEAU N° 53

NIVEAU COMPARÉ DES TECHNIQUES AVANCÉES
au Japon, aux États-Unis et en Europe

Technologies		Japon	USA	Europe
Informa-tique	Super-ordinateurs	A	A	C
	Micro-ordinateurs, PC	B	A	C
	Logiciels d'applications	C	A	B
Télécom-munications	Communications optiques	A	B	B
	Services à valeur ajoutée	B	A	B
	Vidéotex	A	B	B
	Réseaux câblés	B	A	B
	Satellites	B	A	B
	Équipements en télécommunications	A	A	B
Semi-conducteurs	Circuits intégrés	A	A	B
	Fabrication de semi-conducteurs	A	A	B
Méca-tronique	Robots industriels	A	B	B
	Commande numérique	A	A	A
	CAO	C	A	C
Médecine	R & D (produits pharmaceutiques)	C	A	B
	Ordinateurs (usage médical)	B	A	B
	Cœur artificiel	A	A	B
Biotechno-logies	Synthèse de l'ADN	B	A	B
	Fusion des cellules	A	A	A
	Culture de cellules animales	B	A	B
	Application aux végétaux	B	A	B
Matériaux nouveaux	Céramiques fines	A	B	B
	Métaux amorphes	B	A	B
	Plastiques à usiner	B	A	B
Énergie	Électricité photovoltaïque	B	A	B
	Liquéfaction du charbon	B	A	B
	Réacteurs à neutrons rapides	B	B	A
	Piles à combustibles	B	A	C

Source : Banque industrielle du Japon, septembre 1985, cité in *Faire gagner la France*, Hachette, 1986, p. 26.

1. Article de Michel Boyer, *Le Monde*, 2 juillet 1985.

groupes multinationaux qui dominent ce secteur et son expansion internationale[1].

La part de la population active employée dans les « services » au sens large — ce qui constitue un regroupement extrêmement hétérogène d'activités — a pu être estimée, pour 1983, à 68,5 % pour les États-Unis, 65 % pour la Suède, 64 % pour le Royaume-Uni, 58 % pour la France, 56 % pour le Japon, 52 % pour l'Allemagne et l'Italie[2]. Ainsi entrons-nous dans ce que certains ont appelé une société « postindustrielle » et que nous considérons plutôt comme un capitalisme élargi à la sphère des marchandises immatérielles : ce que ni Marx ni la quasi-totalité des marxistes jusqu'à maintenant ne pensaient possible.

L'avenir, enfin, c'est ce qui a toujours constitué le « système nerveux » du capitalisme : la finance, la banque, le crédit, la monnaie, la bourse. Le dollar, avec le système financier américain, va longtemps rester déterminant ; le yen, avec le renforcement de l'économie et du secteur bancaire japonais, va sûrement prendre de l'importance ; l'avenir de l'écu dépend étroitement de celui de l'Europe. Avec la livre ou le dollar, avec une ou plusieurs monnaies internationales, la place de Londres va longtemps encore jouer un rôle clé[3].

Ce qui nous paraît essentiel à souligner c'est, ici aussi, l'imbrication du national, de l'international, du multinational et du mondial : ce sont des monnaies nationales qui permettent au Système monétaire international d'assumer — plus ou moins — ses fonctions ; ces monnaies nationales, détenues à l'étranger, font rejet à partir des banques d'autres pays et se développent avec une large autonomie (comme toute monnaie à travers le crédit) sous forme de xéno-monnaies ; et les monnaies étrangères occupent une place de plus en plus importante dans les économies intermédiaires et dominées : en Grande-Bretagne les

1. Étude de l'UNCTAD, citée par Isabelle Vichniac, *Le Monde,* 19 octobre 1984. C'est bien le cas, par exemple, pour les groupes multi-médias : voir *Note et Études documentaires,* n° 4763, 2 éd., septembre 1985, p. 155. C'est vrai aussi des services d'informations électroniques aux États-Unis : voir *Futuribles,* octobre 1986, p. 35 s.
2. OCDE, *Perspectives de l'emploi,* septembre 1984.
3. C. Goldfinger, *op. cit.*

devises de résidents représentent en 1984 près d'un quart de la masse monétaire nationale [1] ; en Argentine, les avoirs des résidents en dollars représentent une masse monétaire supérieure à celle de la monnaie nationale [2] ; et fonctionnent en parallèle, comme dans beaucoup de pays d'Amérique latine, des comptes en dollars et des comptes en monnaie nationale.

Internationalisation, multinationalisation, mondialisation du monde et des nations, à travers la dynamique des capitalismes nationaux dominants... ; accentuation de la pression des interdépendances, pour les économies dominées, mais aussi pour les économies dominantes ; nouvelle mutation technologique, s'accompagnant d'un élargissement du capitalisme dans la sphère des marchandises immatérielles : telles sont les lignes de forces de l'évolution qui s'est affirmée en ces années 1978-1986.

Une évolution qui, à nos yeux, ouvre la troisième grande période de l'histoire du capitalisme.

Décembre 1986.

---

1. M. Dehove et J. Mattis, *op. cit.*, p. 11.
2. Alberto Sanchez, *L'État, les Groupes financiers et le Système financier en Argentine 1976-1983*, thèse de 3ᵉ cycle, université de Paris VIII, octobre 1986.

Bibliographie

Sont seuls nommés ici les principaux ouvrages contemporains que nous avons utilisés pour la préparation de cette *Histoire du capitalisme*.
Ne figurent donc pas dans cette bibliographie :
– les ouvrages contemporains qui n'ont été utilisés que pour éclairer un point très particulier ; ils sont alors cités dans le cours du livre ;
– les ouvrages d'économistes, philosophes, etc., témoins ou analystes de leur époque, et qui sont nommés dans le chapitre dans lequel leur époque est étudiée. Ceux dont un texte est cité figurent dans l'*index des principaux auteurs cités*.

1. Le capitalisme dans l'histoire

AMIN, Samir, *L'Accumulation à l'échelle mondiale*, Anthropos, 1970.

AMIN, Samir, *Classe et Nation*, Éditions de Minuit, 1979.

BAIROCH, Paul, *De Jéricho à Mexico. Villes et économie dans l'histoire*, Gallimard, 1985.

BRAUDEL, Fernand, *Civilisation matérielle, Économie et Capitalisme* (t. I, *Structures du quotidien* ; t. II, *Les Jeux de l'échange* ; t. III, *Le Temps du monde*), Armand Colin, 1980.

Cambridge economic History of Europe, MATHIAS P. et POSTAN M. M. (éd.), 8 vol., 1970-1978.

CHEVALLIER, Jean-Jacques, *Les Grandes Œuvres politiques de Machiavel à nos jours*, Armand Colin, 1949.

DELEPLACE, Ghislain, *Théories du capitalisme : une introduction*, Maspero, PUG, 1979.

DENIS, Henri, *Histoire de la pensée économique*, PUF, 1966.

DOBB, Maurice, *Études sur le développement du capitalisme*, Cambridge, 1945 ; trad. fr., Maspero, 1969.

DOBB, Maurice, *Political Economy and Capitalism*, Routledge and Kegan, 1937.

DOLLÉANS, Édouard, *Histoire du mouvement ouvrier* (t. I, *1830-1871* ; t. II, *1871-1936* ; t. III, *De 1936 à nos jours*), Armand Colin, 1936, 1946 et 1953.

FRANK, André Gunder, *L'Accumulation mondiale, 1500-1800*, Calmann-Lévy, 1977.

HEATON, Herbert, *Histoire économique de l'Europe*, 2 vol., Armand Colin, 1952.

Histoire de la science, sous la direction de DAUMAS, M., Bibl. de la Pléiade, 1957.

Histoire générale des civilisations, sous la direction de CROUZET, M., 7 vol., PUF, 1953-1956.

Histoire générale du travail, sous la direction de PARIAS, L.-H., Nouvelle librairie de France, plusieurs volumes, à partir de 1962.

Histoire universelle, sous la direction de GROUSSET, R. et LÉON, E.-G., Bibl. de la Pléiade, 3 vol., 1958.

LANTZ, Pierre, *Valeur et Richesse*, Anthropos, 1977.

LECLERC, Yves, *Théories de l'État*, Anthropos M8, 1977.

MARCUSE, Herbert, *L'Homme unidimensionnel* (1964), trad. fr., Éd. de Minuit, 1968.

MARX, Karl, *Œuvres, Économie, 1847-1880*, Bibl. de la Pléiade, 2 vol., 1963 et 1968.

MATTICK, Paul, *Marx et Keynes, Les Limites de l'économie mixte* (1969), trad. fr., Gallimard, 1972.

MOORE, Barrington Jr, *Les Origines sociales de la dictature et de la démocratie* (1967), trad. fr., Maspero, 1969.

PERROUX, François, *Le Capitalisme*, PUF, 1948 et 1960.

POLANYI, Karl, *The Great Transformation* (1944), Beacon Paperback, 1957.

POULANTZAS, Nicos, *Pouvoir politique et Classes sociales*, Maspero, 1968.

POULANTZAS, Nicos, *L'État, le Pouvoir, le Socialisme*, PUF, 1978.

SCHUMPETER, Joseph, *Esquisse d'une histoire de la science économique : des origines au début du XXᵉ siècle* (1914 et 1924), trad. fr., Dalloz, 1962.

SCHUMPETER, Joseph, *Capitalisme, Socialisme et Démocratie* (1942), trad. fr., Payot, 1963.

SOMBART, Werner, *Die Entstehung der Volkwirtschaft*, Tübingen, 1893.

SOMBART, Werner, *Der moderne Kapitalismus*, 1ʳᵉ éd., 1902 (2 tomes) ; 2ᵉ éd., 1916 (3 tomes) ; trad. fr. du 3ᵉ tome : *L'Apogée du capitalisme*, Payot, 1932.

SOMBART, Werner, *Le Bourgeois* (1913), trad. fr., 1925.

STERNBERG, Fritz, *Le Conflit du siècle* (1951), trad. fr., Seuil, 1956.

WEBER, Max, *L'Éthique protestante et l'Esprit du capitalisme* (1904-1905), trad. fr., Plon, 1964.

2. Jusqu'à la révolution industrielle (par périodes)

BRAUDEL, Fernand, *La Méditerranée et le Monde méditerranéen à l'époque de Philippe II*, Armand Colin, 1949.

BRAUDEL, Fernand, *Civilisation matérielle et Capitalisme (XVe-XVIIIe siècles)*, Armand Colin, 1967.

DOBB, M. et SWEEZY, P., *Du féodalisme au capitalisme : problèmes de la transition*, trad. fr., Maspero, 1977.

SÉE, Henri, *Les Origines du capitalisme moderne*, Armand Colin, 1940.

SÉE, Henri, *Le XVIe Siècle*, PUF, 1934.

WALLERSTEIN, Immanuel, *Capitalisme et Économie monde 1450-1640*, Flammarion, 1980.

LÉON, Pierre, *Économies et Sociétés pré-industrielles*, 2 vol., Armand Colin, 1970.

HECKSCHER, Eli F., *Mercantilism* (1931), trad. angl., Allen and Unwin, 1935.

DEYON, Pierre, *Le Mercantilisme*, Flammarion, 1963.

WALLERSTEIN, Immanuel, *Le Mercantilisme et la Consolidation de l'économie monde européen 1600-1750* (1980), trad. fr., Flammarion, 1985.

MAURO, Frédéric, *L'Expansion européenne, 1600-1870*, PUF, 1964.

MARX Roland, *L'Angleterre des révolutions*, Armand Colin, 1971.

FOUCAULT, Michel, *Histoire de la folie à l'âge classique*, Plon, 1961 ; éd. abrégée, 10/18, 1964.

SÉE, Henri, *La France économique et sociale au XVIIIe siècle*, Armand Colin, 1925 ; nouvelle éd., 1967.

WEURLESSE, Georges, *Le Mouvement physiocratique en France*, F. Alcan, 1910.

EPSZTEIN, Léon, *L'Économie et la Morale aux débuts du capitalisme industriel en France et en Grande-Bretagne*, Armand Colin, 1966.

MANTOUX, Paul, *La Révolution industrielle au XVIIIe siècle*, thèse 1906, révisée en 1928, Génin, 1959.

ASHTON, T. S., *La Révolution industrielle, 1760-1830*, 1950, trad. fr., Plon, 1955.

MARX, Roland, *La Révolution industrielle en Grande-Bretagne*, Armand Colin, 1970.

RIOUX, Jean-Pierre, *La Révolution industrielle, 1780-1880*, Seuil, 1971.

NEF, John U., *La Naissance de la civilisation industrielle et le Monde contemporain*, Armand Colin, 1954.

BAIROCH, Paul, *Révolution industrielle et Sous-Développement*, SEDES, 1964.

GALBRAITH, John Kenneth, *Le Temps des incertitudes* (1977), trad. fr., Gallimard, 1978.

ROSANVALLON, Pierre, *Le Capitalisme utopique*, Seuil, 1979.

3. Capitalismes industriels dans le monde

AKERMAN, Johan, *Structures et Cycles économiques* (1944), trad. fr., 2 vol., PUF, 1957.

BADIA, Gilbert, *Histoire de l'Allemagne contemporaine*, 1962.

BETTELHEIM, Charles, *L'Économie allemande sous le nazisme*, M. Rivière, 1946.

CHEVALIER, Jean-Marie, *La Structure financière de l'industrie américaine*, Cujas, 1970.

CLOUGH, S. B., *Histoire économique des États-Unis, 1865-1952*, PUF, 1953.

DEANE, Ph. et Cole, W. A., *British economic Growth (1688-1959)*, Cambridge UP, 1962.

DEBOUZY, Marianne, *Le Capitalisme sauvage aux États-Unis, 1860-1900*, Seuil, 1972.

Economic Growth : Brazil, India, Japan, KUZNETS, S. (éd.), Duke UP, 1955.

FAULKNER, Harold U., *Histoire économique des États-Unis d'Amérique* (1954), trad. fr., PUF, 1958, 2 vol.

FLAMANT, M. et SINGER-KEREL, J., *Crises et Récessions économiques*, PUF, 1968.

GUÉRIN, Daniel, *Fascisme et Grand Capital*, Gallimard, 1936 ; 4e éd., 1945.

HOFFMANN, W. G., *The Growth of industrial Economics*, Manchester UP, 1958.

KINDLEBERGER, C. P., *The World Depression 1929-1939*, California UP, 1973.

KINDLEBERGER, C. P., *Economic development*, Mc Graw-Hill, 1977.

LESOURD, J.-A. et GÉRARD, C., *Histoire économique, XIXe-XXe siècles*, Armand Colin, 1963, 2 vol.

MARX, Roland, *Le Déclin de l'économie britannique (1870-1929)*, PUF, 1972.

MARX, Roland, *La Grande-Bretagne contemporaine, 1890-1963*, Armand Colin, 1973.

MATHIAS, Peter, *The first industrial Nation, An economic History of Britain, 1700-1914*, Methuen, 1969, in Abstract of British historical statistics, B. R. Mitchell et P. Deane, Cambridge University Press.

MAURO, Frédéric, *Histoire de l'économie mondiale*, Sirey, 1971.

NÉRÉ, Jacques, *La Crise de 1929*, Armand Colin, 1968.

PASTRÉ, Olivier, *La Stratégie internationale des groupes financiers américains*, Economica, 1979.

POULANTZAS, Nicos, *Fascisme et Dictature*, Maspero, 1970.

ROSTOW, W. W., *Les Étapes de la croissance économique* (Cambridge UP, 1960), trad. fr., Seuil, 1962.

ROSTOW, W. W., *The world Economy, History and Prospect*, University of Texas Press, 1978.

SHONFIELD, Andrew, *Le Capitalisme d'aujourd'hui, l'État et l'Entreprise* (Oxford, 1965), trad. fr., Gallimard, 1967.

ZIEGLER, Jean, *Une Suisse au-dessus de tout soupçon*, Seuil, 1976.

4. Le capitalisme en France

ALLARD, P., BEAUD, M., BELLON, B., LEVY, A.-M., LIÉNART, S., *Dictionnaire des groupes industriels et financiers en France*, Seuil, 1978.

Approches de l'inflation; l'exemple français, recherche collective du Cepremap, ronéotypé, 4 vol., 1979.

BAUDELOT, C., ESTABLET, R., MALEMORT, J., *La Petite Bourgeoisie en France*, Maspero, 1974.

BAUDELOT, C., ESTABLET, R., TOISIER, J., *Qui travaille pour qui?*, Maspero, 1979.

BAUMONT, Maurice, *L'Essor industriel et l'Impérialisme colonial (1878-1904)*, PUF, 1965.

BEAUD, M., DANJOU, P., DAVID, J., *Une multinationale française, Pechiney Ugine Kuhlmann*, Seuil, 1975.

BELLON, Bertrand, *Le Pouvoir financier et l'Industrie en France*, Seuil, 1980.

BERGERON, Louis, *Les Capitalistes en France 1780-1914*, Archives Gallimard, 1978.

BERTAUX, Daniel, *Destins personnels et Structure de classe*, PUF, 1977.

BOUVIER, Jean, *Naissance d'une banque : le Crédit lyonnais*, Flammarion, 1958.

BOUVIER, Jean, *Un siècle de banque française*, Hachette, 1973.

BRON, Jean, *Histoire du mouvement ouvrier français*, Éditions ouvrières, 1970, 3 vol.

CAMERON, R. E., *France and the economic Development of Europe, 1800-1914*, Princeton 1961 ; trad. fr., *La France et le Développement économique de l'Europe*, Seuil, 1971.

CARRÉ, J.-J., DUBOIS, P., MALINVAUD, E., *La Croissance française*, Seuil, 1972.

CHEVALIER, Louis, *Classes laborieuses, Classes dangereuses à Paris dans la première moitié du XIXᵉ siècle*, Plon, 1958.

EDELMAN, Bernard, *La Légalisation de la classe ouvrière*, Bourgeois, 1978.

FOHLEN, Claude, *L'Industrie textile au temps du second Empire*, Plon, 1956.

FOHLEN, Claude, *Une affaire de famille au XIXᵉ siècle : Mequillet-Noblot*, Armand Colin, 1955.

FONVIELLE, Louis, *Évolution et Croissance de l'État français, 1815-1969*, Cahiers de l'ISMEA, AF 13, 1976.

La France et le Tiers Monde, publié par BEAUD, M., BERNIS, G. de, MASINI, J., PUG, 1979.

GAUDEMAR, Jean-Paul de, *La Mobilisation générale*, Champs urbain, 1979.

GILLE, Bertrand, *Recherches sur la formation de la grande entreprise capitaliste, 1815-1848*, SEVPEN, 1959.

GIRAULT, René, *Emprunts russes et Investissements français en Russie,* Armand Colin, 1973.

GRANOU, André, *La Bourgeoisie financière au pouvoir,* Maspero, 1977.

Histoire économique et sociale de la France, sous la direction de BRAUDEL, F., et LABROUSSE, E., 6 vol., PUF, 1976-1980.

Histoire quantitative de l'économie française de MARCZEWSKI, J. et MARKOVITCH, T. J., Cahiers de l'ISEA 163, 173, 174, 179, 1965-1966.

KUISEL, Richard F., *Le Capitalisme et l'État en France* (1981), trad. fr., Gallimard, 1984.

LEPORS, Anicet, *Les Béquilles du capital,* Seuil, 1977.

LEVASSEUR, E., *Histoire des classes ouvrières et de l'industrie en France,* I, *Avant 1789,* 2 vol., A. Rousseau, 1901 ; II, *1789-1870,* 2 vol., A. Rousseau, 1903.

LÉVY-LEBOYER, Maurice, *Les Banques européennes et l'Industrialisation internationale dans la première moitié du XIXe siècle,* PUF, 1964.

LHOMME, Jean, *La Grande Bourgeoisie au pouvoir, 1830-1880,* PUF, 1964.

MORVAN, Yves, *La Concentration de l'industrie en France,* A. Colin, 1972.

Nouvelle Histoire de la France contemporaine, 18 vol., Seuil, coll. Points-Histoire.

PARODI, Maurice, *L'Économie et la Société française de 1945 à 1970,* Armand Colin, 1971.

POIDEVIN, Raymond, *Les Relations économiques et financières entre la France et l'Allemagne de 1898 à 1914,* Armand Colin, 1969.

SAUVY, Alfred, *Histoire économique de la France entre les deux guerres,* 3 vol., Fayard, 1965-1972.

SÉE, Henri, *Histoire économique de la France* (t. I, *Le Moyen Age et l'Ancien Régime* ; t. II, *1789-1914*), Armand Colin, 1942.

5. L'impérialisme et ses crises

AGLIETTA, Michel, *Régulation et Crises du capitalisme,* Calmann-Lévy, 1976.

AMIN, Samir, *Sous-Développement et Dépendance en Afrique noire,* IDEP, 1971.

AMIN, S., FAIRE, A., HUSSEIN, M., MASSIAH, G., *La Crise de l'impérialisme,* Éditions de Minuit, 1975.

BAIROCH, Paul, *Le Tiers-Monde dans l'impasse,* Gallimard, coll. Idées, 1971.

BEAUD, M., BELLON, B., FRANÇOIS, P., *Lire le capitalisme, Sur le capitalisme mondial et sa crise,* Anthropos, 1976.

BERGOUNIOUX, A. et MANIN, B., *La Social-Démocratie, ou le compromis,* PUF, 1979.

BOYER, R. et MISTRAL, J., *Accumulation, Inflation, Crises*, PUF, 1978.

BRUNHOFF, Suzanne de, *État et Capital*, Maspero, PUG, 1976.

Connaissance du Tiers Monde, publié par COQUERY-VIDROVITCH, C., 10-18, 1977.

CORIAT, Benjamin, *Science, Technique et Capital*, Seuil, 1976.

CORIAT, Benjamin, *L'Atelier et le Chronomètre*, Bourgois, 1978.

DOCKES, Pierre, *L'Internationale du capital*, PUF, 1975.

FITT, Y., FARHI, A., VIGIER, J.-P., *La Crise de l'impérialisme et la Troisième Guerre mondiale*, Maspero, 1976.

FREYSSENET, Michel, *La Division capitaliste du travail*, Savelli, 1977.

GRANOU, A., BARON, Y., BILLAUDOT, B., *Croissance et Crise*, Maspero, 1979.

JULIEN, Claude, *L'Empire américain*, Grasset, 1968.

KENWOOD, A. G. et LOUGHEED, A. L., *The Growth of international Economy 1820-1960*, Allen and Unwin, 1971.

LATOUCHE, Serge, *Critique de l'impérialisme*, Anthropos M8, 1979.

LICHTHEIM, George, *De l'impérialisme* (1971), trad. fr., Calmann-Lévy, 1972.

LIPIETZ, Alain, *Crise et Inflation, Pourquoi ?*, Maspero, 1979.

LORENZI, J. H., PASTRÉ, O., TOLEDANO, J., *La Crise du XXe siècle*, Economica, 1980.

MAGDOFF, Harry, *L'Age de l'impérialisme* (1969), trad. fr., Maspero, 1970.

MICHALET, Charles-Albert, *Le Capitalisme mondial*, PUF, 1976 ; nouvelle édition refondue, 1985.

Le Nouvel Ordre intérieur, colloque de l'université de Paris VIII, A. Moreau, 1980.

PALLOIX, Christian, *L'Économie mondiale capitaliste et les Firmes multinationales*, 2 vol., Maspero, 1975.

PALLOIX, Christian, *L'Internationalisation du capital*, Maspero, 1973.

POULANTZAS, Nicos, *Les Classes sociales dans le capitalisme d'aujourd'hui*, Seuil, 1974.

REY, Pierre-Philippe, *Les Alliances de classes*, Maspero, 1973.

ROSIER, Bernard, *Croissance et Crises capitalistes*, PUF, 1975.

VERGOPOULOS, Kostas, *Le Capitalisme difforme*, Anthropos, 1974.

WALLERSTEIN, Immanuel, *The capitalist World-Economy*, Cambridge UP et Maison des Sciences de l'Homme, 1979.

ZIEGLER, Jean, *Main basse sur l'Afrique*, Seuil, 1978.

6. Sur la mutation en cours

— *Publications et rapports annuels*

Banque mondiale, *Rapport sur le développement dans le monde*, Washington, annuel, dernier paru, 1986.

UNCTAD, *Trade and Development Report,* New York, annuel, dernier paru, 1985-1986.

L'État du monde, La Découverte, annuel, dernier paru, 1985.

Ifri, RAMSES, *Rapport annuel mondial sur le système économique et les stratégies,* Economica, annuel, dernier paru, 1985-1986.

— *Autres ouvrages*

AMIN, Samir, *La Déconnexion,* La Découverte, 1986.

BOURGUINAT, Henri, *L'Économie mondiale à découvert,* Calmann-Lévy, 1985.

BOYER, Robert, éd., *Capitalismes fin de siècle,* PUF, 1986.

BOYER, Robert, éd., *La Flexibilité du travail en Europe,* La Découverte, 1986.

CASTRO, Fidel, *La Crise économique et sociale du monde,* Rapport au VIIᵉ sommet des pays non alignés, La Havane, 1983.

Cepii, *Économie mondiale : la montée des tensions,* Economica, 1983.

Cepii, *Économie mondiale : la fracture ?,* Economica, 1984.

Cepii, *L'Après-dollar,* Economica, 1986.

FRÖBEL, F., HEINRICHS, J., KREYE, O., *Umbruch in der Weltwirtschaft,* Rowohlt, 1986.

GOLDFINGER, Charles, *La Géofinance,* Seuil, 1986.

GRJEBINE, André, éd., *Théories de la crise et Politiques économiques,* Seuil, 1986.

LESOURNE, Jacques, GODET, Michel, *La Fin des habitudes,* Seghers, 1985.

LIPIETZ, Alain, *Mirages et Miracles,* La Découverte, 1985.

MICHALET, Charles-Albert, *Le Défi du développement indépendant,* Éd. Rochevignes, 1983.

NGO MANH-LAN, éd., *Unreal Growth,* H. P. C., Dehli, 1984, 2 vol.

OHMAE KENICHI, *La Triade,* Flammarion, 1985.

PARBONI, Riccardo, *Il Conflitto economico mondiale,* Etas Libri, 2ᵉ éd., 1985.

PASCALLON, Pierre, *Le Système monétaire international,* Éd. de l'épargne, 1982.

REIFFERS, J.-L., éd., *Économies et Finances internationales,* Dunod, 1985.

Index des principaux auteurs cités

Sont seuls nommés ici les auteurs de l'époque étudiée dont un texte est cité dans ce livre.
Ne figurent donc pas dans cet index :
- les auteurs dont seuls les titres des ouvrages sont évoqués dans le cours de ce livre ;
- les économistes, historiens et autres spécialistes contemporains : pour les principaux, leurs ouvrages sont cités dans la *bibliographie*.

Table des tableaux et des schémas

Schémas

Table

II

L'ÈRE DE L'IMPÉRIALISME

IMPRIMERIE BUSSIÈRE À SAINT-AMAND (2-87).
DÉPÔT LÉGAL JANVIER 1984. N° 6696-2 (152).

Collection Points

SÉRIE ÉCONOMIE

Collection Points

SÉRIE POLITIQUE